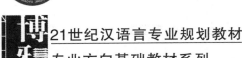

新编社会语言学概论

主　编　祝畹瑾

撰稿人　（按姓氏笔画顺序）

　　　　王　辉　　刘永厚　　孙咏梅

　　　　芮晓松　　李经伟　　李玉霞

　　　　周晨萌　　祝畹瑾　　高一虹

北京大学出版社

PEKING UNIVERSITY PRESS

图书在版编目(CIP)数据

新编社会语言学概论/祝畹瑾主编.—北京：北京大学出版社，2013.6
（博雅21世纪汉语言专业规划教材）
ISBN 978–7–301–22523–3

Ⅰ.①新… Ⅱ.①祝… Ⅲ.①社会语言学–高等学校–教材 Ⅳ.①H0

中国版本图书馆CIP数据核字(2013)第099539号

书　　名	新编社会语言学概论 XINBIAN SHEHUI YUYANXUE GAILUN
著作责任者	祝畹瑾　主编
责任编辑	严胜男
标准书号	ISBN 978–7–301–22523–3/H·3310
出版发行	北京大学出版社
地　　址	北京市海淀区成府路205号　100871
网　　址	http://www.pup.cn　新浪微博：@北京大学出版社
电子信箱	zpup@pup.cn
电　　话	邮购部 010–62752015　发行部 010–62750672 编辑部 010–62752028
印 刷 者	三河市博文印刷有限公司
经 销 者	新华书店 650毫米×980毫米　16开本　24.75印张　425千字 2013年6月第1版　2022年8月第5次印刷
定　　价	49.00元

未经许可，不得以任何方式复制或抄袭本书之部分或全部内容。
版权所有，侵权必究
举报电话：010–62752024　电子信箱：fd@pup.pku.edu.cn
图书如有印装质量问题，请与出版部联系，电话：010–62756370

前 言

《新编社会语言学概论》是一本名副其实重新编写的教材,从1992年出版的《社会语言学概论》摘录的段落仅占全书篇幅的六分之一。

社会语言学从形成独立学科至今已有近五十年历史,用英语写的专著、论文不计其数。早先的教科书多以语言变异研究为中心,之后随着会话研究的蓬勃兴起,有些教材也增添了这方面的内容。近二十年来,时代的变迁与观念的更新进一步拓宽了社会语言学者的视野,涌现出许多新的研究课题,但鲜见涵盖各方面研究的教科书问世,代之而兴的则是各个领域的"通览"和"读物"。为了满足我国高等院校语言专业师生和社会语言工作者教、学、研的需要,本书在章节安排上力求做到既呈现学科全貌,又体现其发展趋势。

社会语言学以真实的语言使用情况为依据,探究语言与社会的关系。该学科有别于传统的语言学,和人文社科联系密切。社会语言学从创建时起就有着不同的研究目标,主要有语言学、人类学、社会学(包括社会心理学和社会教育学)三种取向。学科的研究范围非常宽广,研究的课题极为繁杂。本书在第一章"社会语言学概述"中,试图揭示各类研究之间的内在联系,将其核心思想和基本内容概括成一目了然的纲要,对于一些重要主题则区分开要点,分别加以说明。第三章至第九章都可以视为独立的研究领域。各章也尽可能理清主题的发展脉络,并适当反映我国的研究情况。第三章"语言变异和演变"融入了许多汉语方言研究成果作为例证,平添了几分新意。第四章"语言与性别"和第六章"称呼语研究",主题比较集中,布局层次清楚。第五章"言语交际和互动社会语言学"涉及的面较广,显示出社会语言学研究言语交际或者会话的不同视角和路径。第七章"双语现象和语言接触"清晰地界定语言接触研究中的重要概念,阐述双语现象,宏观和微观并重,内容十分丰富。第八章"语言与认同"是同类教材中很少专门设立的一章,讨论从隐性逐渐成为显性的社会语言学研究领域。关于"语言规划",国外学术界不断提出新的主张和用语,缺乏定规和范式,对此第九章尽量理出头绪,分别给予细致描述。

社会语言学在语言研究发展史上处于什么位置?这是我国学者特别关心的一个问题。现有的国内外教科书只是简略提到社会语言学与临近学科交叉,本书则详细探讨了人类学与社会语言学之间的本源关系及社会学对社会语言学的影响。考虑到本书读者未必都具备语言学历史知识,笔者特地在第一章介绍了语言研究的发展历程及语言变异研究对语言学的承袭和革新。笔者认为,鉴于学科的多元性,社会语言学的定位需要顾及纵向和横向两方面的联系。了解这些方面的背景,可以加深我们对社会语言学的理解,有助于我们开展学术研究。

社会语言学有什么理论成就?这个问题一直困惑着我国学者,国外学术界也未达成共识。本书专设第二章"理论、范式和方法学",尝试解答这一问题。社会语言学是一门经验性学科,包括多个研究领域,各有其不同的研究目标、路径和方法。本章援用经典实例来说明什么是理论和理论体系。"范式"这一概念源于自然科学史研究,20世纪60年代开始用于社会科学。社会语言学有不少创新成果,说它建立了理论未免言过其实,但确实树立了一些被广泛认可采用的基本概念和研究模式,有些模式够得上范式称号。语言研究范式的转换意味着原先的研究方式发生了深刻的变化,它与自然科学范畴内的革命不同,研究者依然可以从若干共存的范式中选择采纳符合自己研究目标的立场、观点和方法。本章将方法学也列为议题之一,这是由于方法学对于创建社会语言学的范式乃至理论有着分外重要的意义。总之,评价社会语言学的理论建树需要综合考虑各方面的因素,本章表明了笔者的观点,一得之见,恳请批评指正。

《社会语言学概论》自1992年出版以来,一直受到读者的青睐,同时希望读到新版的呼声也不绝于耳。我有心却无力。癌症迫使我二十多年前就离开了北京大学的讲台,如今年事已高,孤陋寡闻,不谙电脑,想要编

前　言

写一本高水平的教科书，困难可想而知。承蒙北京大学出版社严胜男编审推荐约稿，又有幸得到同行的支持，我终于鼓足勇气，接受了这项任务。从搜集资料、阅读文献、设计框架、构思成文，到与撰稿人反复商议提纲、精心修改文稿，再到划一脚注格式、整理参考书目、编制汉英/英汉术语对照等，整个过程耗费了我三年的精力。期间倘若没有芮晓松、孟艳丽在后三项工作上协助，这本教科书恐怕至今还完成不了。各章的撰稿人是：

第一章　祝畹瑾（北京大学）
第二章　祝畹瑾
第三章　周晨萌（中国对外经济贸易大学）、祝畹瑾
第四章　芮晓松（哈尔滨工业大学，威海）
第五章　孙咏梅（首都师范大学）、祝畹瑾
第六章　刘永厚（北京师范大学）
第七章　李经伟（解放军外国语学院）、祝畹瑾
第八章　高一虹（北京大学）、李玉霞（中国对外经济贸易大学）
第九章　王辉（浙江师范大学）

最后，就注释、参考文献、汉英/英汉术语对照作些说明。读者也许会注意到，本书不厌其烦地注明资料出处，这样做是为了表达对原著者、编者、译者的尊重，同时也向读者提供进一步研读的线索。有些资料因篇幅有限没有整合在书中，请读者自己去查阅。参考文献包括各章撰稿人提供的书目及主编涉猎过的相关著作。撰稿人在文章中转述但没有亲自阅读过的文献则仅在正文中注明出版年代。术语的翻译尽量做到全书一致，同时也兼顾习惯的说法。附录1和附录2未收入最常用的或过于陌生的词语，挂一漏万，在所难免。

希望本书能对读者有所启发和帮助，并能激励更多的学子投身于繁荣我国社会语言学的事业中去。

祝畹瑾
2013年春于和谐雅园

目 录

第一章 社会语言学概述 / 1
1.1 社会语言学的诞生及其背景 / 1
1.2 社会语言学内涵 / 5
1.3 社会语言学的学科地位 / 9
 1.3.1 语言研究发展回顾 / 9
 1.3.2 社会语言学和语言学的关系 / 14
 1.3.3 社会语言学和人类学的关系 / 17
 1.3.4 人类学语言学的新发展——言谈民族志学 / 21
 1.3.5 社会语言学和社会学的关系 / 23
1.4 社会语言学研究的主题 / 28
 1.4.1 核心思想 / 28
 1.4.2 基本内容 / 30
 1.4.3 主题线索 / 31

第二章 理论、范式和方法学 / 49
2.1 理论诠释 / 49
 2.1.1 理论与框架 / 50
 2.1.2 理论与假说 / 52
2.2 范式的构成及价值 / 55
2.3 方法学的重要性 / 55
2.4 社会语言学理论观评说 / 57
2.5 语言变异研究范式 / 61
 2.5.1 方法学革新 / 61

  2.5.2 理论探索 / 63
 2.6 互动社会语言学的贡献 / 67
  2.6.1 理论概念 / 68
  2.6.2 解析方法 / 69

■第三章 语言变异和演变 / 73

 3.1 语言与方言 / 73
 3.2 地域方言 / 75
  3.2.1 地域方言的形成与分布 / 76
  3.2.2 地域方言的社会变异 / 81
 3.3 城市方言 / 85
 3.4 社会语言学变异研究模式 / 88
  3.4.1 社会阶层语言变异研究模式 / 89
  3.4.2 社会网络语言变异研究模式 / 94
  3.4.3 实践共同体语言变异研究模式 / 98
 3.5 语言变异和演变的机制 / 104
  3.5.1 语言变化的限制条件 / 105
  3.5.2 语言变化的语言条件 / 107
  3.5.3 语言变化的社会动因 / 110
  3.5.4 语言使用者的社会特征 / 113
  3.5.5 进行中变化 / 119
 3.6 语言变异和演变的路线 / 122
  3.6.1 词汇扩散 / 122
  3.6.2 地理扩散 / 126
  3.6.3 社会扩散 / 130

■第四章 语言与性别 / 133

 4.1 语言性别差异的表现 / 133
 4.2 语言与性别研究的发展 / 135
  4.2.1 早期的研究 / 135
  4.2.2 女性语体及男女话语研究 / 136
  4.2.3 20世纪90年代以来研究的新进展 / 141

目 录

  4.2.4 实践共同体和语言与性别研究 / 143
  4.2.5 语言与性别研究在中国 / 145
 4.3 语言性别差异的原因 / 147
  4.3.1 缺陷论 / 148
  4.3.2 主导论 / 149
  4.3.3 文化差异论 / 150
  4.3.4 社会建构论 / 151
 4.4 英语中的性别歧视现象及语言改革问题 / 155
  4.4.1 英语中的性别歧视 / 156
  4.4.2 英语改革问题 / 161

■ 第五章 言语交际和互动社会语言学 / 163

 5.1 交际民族志学 / 164
  5.1.1 交际能力 / 164
  5.1.2 交际事件 / 166
 5.2 会话分析学 / 169
  5.2.1 话轮转换 / 169
  5.2.2 邻接对 / 173
 5.3 互动社会语言学 / 177
  5.3.1 会话策略 / 177
  5.3.2 语境化提示 / 179
  5.3.3 会话推断 / 182
  5.3.4 会话风格 / 184
  5.3.5 话语标记 / 188
 5.4 语言礼貌研究 / 193
  5.4.1 关于礼貌的理论研究 / 194
  5.4.2 关于礼貌理论的评论 / 200
  5.4.3 社交套式研究 / 203

■ 第六章 称呼语研究 / 210

 6.1 称呼语的人类学研究 / 210
 6.2 称呼语的社会语言学研究 / 211

  6.2.1 T/V 研究 / 212
  6.2.2 名词称呼语研究 / 216
  6.2.3 现代汉语称呼语研究 / 220

第七章 双语现象和语言接触 / 228
7.1 双语或多语现象 / 228
  7.1.1 社会双语现象 / 228
  7.1.2 社会双语现象的由来 / 229
  7.1.3 世界各地的双语和多语现象 / 230
  7.1.4 中国的双语和多语现象 / 234
  7.1.5 英汉语言接触现象 / 236
  7.1.6 汉语普通话与粤港方言接触现象 238
7.2 语言转用和语言保持 / 241
  7.2.1 语言转用和语言保持的定义 / 241
  7.2.2 语言转用和语言保持的因素 / 242
  7.2.3 语言消亡和濒危语言 / 244
7.3 双言制 / 246
  7.3.1 双言制的定义和特征 / 246
  7.3.2 扩展式双言制 / 247
  7.3.3 双言制的渊源及历史沿革 / 249
7.4 皮钦语、克里奥耳语和混合语 / 251
  7.4.1 皮钦语 / 251
  7.4.2 克里奥耳语 / 252
  7.4.3 混合语 / 252
7.5 场域和语码转换 / 253
  7.5.1 场域 / 253
  7.5.2 语码转换的动机 / 255
  7.5.3 语码转换的功能 / 256
  7.5.4 语码转换的标记性模式 / 257
  7.5.5 主体语言框架模式 / 259
  7.5.6 语码转换的会话分析模式 / 260

7.6 借用 / 268
　　7.6.1 借用、语码转换和语码混合的区别 / 268
　　7.6.2 借用和迁移 / 270

第八章　语言与认同 / 272

8.1 语言接触和语言行为中的认同 / 272
　　8.1.1 交际顺应理论和民族语言认同理论 / 273
　　8.1.2 体现于个人言语风格中的认同 / 275
　　8.1.3 作为认同行为的语言行为 / 278

8.2 语言实践和意义建构过程中的认同 / 281
　　8.2.1 惯习、文化资本与投资 / 281
　　8.2.2 实践共同体和想象共同体 / 283

8.3 二语学习与学习者认同研究 / 285
　　8.3.1 二语投资和二语想象共同体 / 285
　　8.3.2 自我建构与自我转换 / 288
　　8.3.3 二语学习动机自我系统 / 290

8.4 全球化、英语使用与多元认同建构 / 292
　　8.4.1 新英语的传播与语言帝国主义——国家、民族和语言认同 / 293
　　8.4.2 多语、想象和多层次认同建构 / 295
　　8.4.3 网络和大众媒体时代的多元读写能力与认同建构 / 298

8.5 中国的语言与认同研究 / 301

第九章　语言规划 / 308

9.1 语言规划研究的发展 / 308
　　9.1.1 语言规划的概念 / 308
　　9.1.2 语言规划研究的发展阶段 310

9.2 语言规划的理论框架 / 313

9.3 语言规划的类型 / 315

9.4 语言规划观的发展演变 / 318

9.5 语言规划研究的未来走向 / 320

9.6 中国语言规划情况 / 321

9.6.1　19世纪末至1949年的语言规划回顾/ 322
9.6.2　1949年以来的语言规划情况/ 324

参考文献 328
■ **附录 1**　汉英术语对照 358
■ **附录 2**　英汉术语对照 367
■ **附录 3**　索引 376

第一章　社会语言学概述

1.1　社会语言学的诞生及其背景

社会语言学是 20 世纪 60 年代诞生在美国的一门交叉学科。这是由两方面的需要促成的。一方面，社会发展进程中出现的语言问题日趋复杂，需要找到恰当的途径予以解决；另一方面，传统语言学自身存在局限，需要有新的学说来弥补其不足。20 世纪 30 年代，在美国掀起了自然科学与社会科学相结合的浪潮，这股科学发展潮流也波及语言研究。四五十年代，民族语言学、心理语言学相继诞生。新学科的出现表明单凭传统语言学已经解释不了现代社会纷繁多变的语言现实，语言学者必须借助于社会科学知识体系，从更宽广的角度，用更周密的思维和更先进的技术手段去考察语言。社会语言学就是在特定历史背景下，在语言学与人类学、民族学、社会学、心理学、教育学等学科交汇处形成的一个跨学科语言研究领域。

社会语言学首先在美国蓬勃兴起与其具备厚实的人类学、社会学基础有着直接关系。美国是文化人类学的发祥地。百余年来，美国的人类学者从最初研究美洲印第安部落文化，转向重点研究发展中国家少数民族文化，继而聚焦于城市群体的亚文化，始终把研究当地人的语言和语言行为作为首要任务。文化人类学奠基人博厄斯（Franz Boas）为《美洲印第安语手册》写的"序言"（Introduction to Handbook of American Indian Languages），号召人们摆脱传统语言学的束缚，为了描写结构各别的语言创立新的概念和方法。另一位著名人类学语言学家萨丕尔（Edward Sapir）写的《语言论》（Language），阐述语言的本质和沿流，开创了美国的描写语言学时期。萨丕尔关于语言与思维、语言与种族、语言与文化的关系的论述，指引着一代又一代研究者从心理的和社会的视角去考察人类的言语行为。英国社会人类学家马林诺夫斯基（Bronislaw K. Malinowsky）倡导从功能角度，就群体的鲜活生活，从事文化和语言研究。博厄斯、萨丕尔和马林诺夫斯基等人堪称社会语言学学科的先驱。沃夫（Benjamin L. Whorf）汲取了萨丕尔的某些思想，以美洲印第安人的霍皮语（Hopi）为依据，提出母语系统中存在的语法范畴和语义体系可能影响甚至决定人们对周围环境的认识，这一被称为"萨丕尔－沃夫假说"引发了广泛的长时期的学术争辩。学者们为了验证该假说的真伪，寻找各种论据，进行相关实验，探究语言与思维、语言与真实世界的关系，对于社会语言学的问世起到了鸣锣开道的作用。

　　社会学发端于欧洲 19 世纪中叶，在美国得到迅速传布。1876 年耶鲁大学开设社会学课程，1892 年芝加哥大学成立社会学系，1895 年第一份社会学期刊《美国社会学杂志》（American Journal of Sociology）问世，1905 年美国成立社会学协会，1921 年出版第一本教科书，社会学知识广为传布。社会学关注社会运行的方方面面，从社会的宏大结构到社会成员之间的交往活动，都在它的视野之内。20 世纪 50 年代末，伊地语学者、社会学者、教育心理学者菲什曼（Joshua A. Fishman）在宾夕法尼亚大学开讲"语言（的）社会学"，把研究宏观社会语言问题提升到学科层面。方言学者拉波夫（William Labov）把社会学定量分析方法运用于城市方言研究，为历史语言学开辟了一条研究语言变异和演变的新路径。美国拥有几位现代社会学理论大师——米德（George H. Mead）、帕森斯（Talcott Parsons）、加芬克尔（Harold Garfinkel）、戈夫曼（Erving Goffman）等，他们的学说对于社会语言学的发展产生了重大影响。

　　社会语言学是一门经验性学科，具有很强的现实性和针对性。第二次世界大战后，伴随着社会变革，各地出现了许多社会语言问题。在亚洲、非洲和拉丁美洲，一批原殖民地国家独立之后，面临着重新规定官方语言、确立通用交际语、实施民族语言规范化、制定语言教育方针等问题。在欧洲，欠发达国家的劳工纷纷离开本土到西方发达国家去谋生。移民群体身处异国，是继续使用母语还是改用所在国的语言，这个问题涉及文化认同和民族认同。在美国，二战结束后，社会财富迅速增长，与此同时，争取平等权利的斗争也日益高涨。20 世纪 60 年代，美国民权运动、女权运动以及其他社会运动风起云涌。美国拥有众多的少数族裔人口,非裔族人占全国人口的11%,但黑人文化得不到尊重,黑人英语被视为劣等语言,教育体制和教育方法上的种族歧视导致许多非裔青少年失学,酿成社会危机。

  社会问题、教育问题以及由此涉及的语言问题吸引了西方发达国家尤其美国的人文、社会科学研究者的关注。他们奔赴各地考察,搜集第一手资料,写成了不少开拓性的学术论文。例如,人类学语言学者甘柏兹(John J. Gumperz)曾在20世纪50年代中期,同社会科学工作者一道,在印度北部进行了两年的实地调查,他写的《印度北部一个村庄里的方言差别和社会分层》(*Dialect Differences and Social Stratification in a North Indian Village*)明确指出,语言的运用与社会行为规范和社会结构之间存在着有规律的联系。语言学者弗格森(Charles A. Ferguson)曾在60年代主持过对亚洲、非洲、拉丁美洲语言使用和语言教学的普查工作。他同甘柏兹合编的《南亚语言的多样性——地域、社会与功能变异调查》(*Linguistic Diversity in South Asia: Studies in Regional, Social and Functional Variation*),对有些语言学家将语言结构上的相似性和通话程度作为划分"语言"和"方言"的标准提出异议,宣称语言的划定必须符合某些社会条件。他写的《双言制》(*Diglossia*)一文,率先揭示一个社会存在同一语言的"高"变体和"低"变体,具有划时代意义。菲什曼调查了美国境内移民的语言状况后,指出:当人口众多的少数族裔群体得不到鼓励来表达、维护和发展他们的传统行为模式时,我们国家的政治和文化基础就受到了削弱。[①] 1966年菲什曼发表论文集《语言忠诚在美国》(*Language Loyalty in the United States*),此书被称为第一部语言社会学著作。拉波夫对纽约市哈勒姆区(Harlem)美籍非裔人说的土话观察入微,他用科研成果有力地驳斥了黑人语言能力"缺陷论",为消除语言歧视和教育机会不均等作出了贡献。人类学者、语言学者、教育学者海姆斯(Dell Hymes)研究社会底层儿童的语言问题,他批评主流语言学家乔姆斯基(Noam Chomsky)的语言能力学说脱离实际,无视社会构成的多元性和人们语言表达能力的悬殊,他提出交际能力学说,以得体性作为衡量

---

① 参见 Joshua Fishman, *Planned Reinforcement of Language Maintenance in the United States: Suggestions for the Conservation of a Neglected National Resource*, 1966, 见 Anwar S. Dil 编 *Language in Sociocultural Change*, pp. 23—25, 1972。

语言运用能力的准绳,为社会语言学反对传统观念,研究日常言语,提供了理论支柱。

"社会语言学"这一复合名词曾经在20世纪40年代美国学者的著作中出现过。① 当时造出这个名词是为了引起人们注意,语义学研究不能忽视人类学和社会学的思想和方法。1952年美国哲学学者柯利(Haver Currie)在《社会语言学投影——言语和社会地位的关系》(A Projection of Socio-linguistics: the Relationship of Speech to Social Status)一文中预言,该词可以成为一个语言学领域的名称。② 五六十年代,一批热衷于研究现实语言问题的学者发表了许多开山之作,除了上面提到的以外,还依次有:语言学者豪根(Einar Haugen)写的《现代挪威标准语规划》(Planning for a Standard Language in Modern Norway, 1959),心理学者、教育学者布朗和吉尔曼(Roger Brown and Albert Gilman)合写的《表示权势与同等关系的代词》(The Pronouns of Power and Solidarity, 1960),英国社会学者、教育学者伯恩斯坦(Basil Bernstein)写的《社会结构、语言和学习》(Social Structure, Language and Learning, 1961),海姆斯写的《言谈民族志》(The Ethnography of Speaking, 1962),拉波夫写的《一个音变的社会驱动力》(The Social Motivation of a Sound Change, 1963),心理学者欧文-特立普(Susan Ervin-Tripp)写的《语言、话题和听话人之间相互作用的分析》(An Analysis of the Interaction of Language, Topic and Listener, 1963)等。海姆斯编辑的文集《文化和社会中的语言》(Language in Culture and Society, 1964),囊括了20世纪20年代以来关于语言的社会功能和社会意义的名作69篇及长达39页的书目。上述著作为创建社会语言学学科铺平了学术道路。

美国社会科学研究院理事会当初设立心理学与语言学委员会是出于心理学家的需求,而1963年设立社会语言学委员会则是语言学家发起的。③ 1964年5月在洛杉矶加利福尼亚州州立大学举行首次社会语言学

---

① 参见 Dell Hymes, *Sociolinguistics and the Ethnography of Speaking*,见 Ben Blount 编 *Language, Culture and Society*, p. 339, note 7, 1974。

② 参见 J. K. Chambers, *Sociolinguistic Theory: Linguistic Variation and Its Social Significance* (2nd edition), p. 15, 2003。

③ 参见 Susan Ervin-Tripp, *Two Decades of Council Activity in the Rapprochement of Linguistics and Social Science*, 载 *Items* 28, 1974。

研讨会。会后,布赖特(William Bright)编辑了会议论文集《社会语言学》(*Sociolinguistics*),菲什曼宣布编辑《语言社会学读物》(*Readings in the Sociology of Language*)。不久,弗格森主持在印第安纳大学举办的美国语言协会夏季讲习班社会语言学研讨会,会上各路专家一致赞同为这一新兴研究领域正式起名为"社会语言学"。是年秋,美国社会科学院理事会正式成立社会语言学委员会,由语言学家、社会学家、社会心理学家、人类学家组成。1963—1979年期间曾任该委员会委员的,除了前面提到过的几位社会语言学学科创始人之外,还有欧文-特立普、菲尔莫尔(Charles Fillmore)、格林伯格(Joseph Greenberg)、格里姆肖(Allan Grimshaw)、桑科夫(Gillian Sankoff)、西本奥克(Thomas Sebeok)、舒伊(Roger Shuy)、兰伯特(Wallace Lambert)等知名学者。[①]由该委员会发起召开的研讨会主题广泛,包括文章分析、语言风格、失语症等。1966—1968年期间召开的两个大会讨论的主题有:多语社会中的语言问题、发展中国家的语言问题和语言的皮钦化和克里奥耳化等。显然,社会语言学初期关注的焦点在于宏观社会语言问题。60年代中后期,对城市少数民族语言问题展开的调查推动了社会方言的调查研究,谈话分析、儿童交际能力习得和各种言语行为的微观研究也迅速发展起来。人世间的语言现象以其前所未见的魅力吸引着世界各地众多学者的注意。

1.2 社会语言学内涵

"社会语言学"一词,顾名思义,是指语言学的一个支派。然而,这个名称的实际含义却要比它的字面意义宽泛得多。社会语言学包含多个门类,在初创时期,学者们对这一名称就有着不同的理解,从社会语言学创始人关于该学科的论述,我们看到在早期就存在着三种不同的取向:

1. 将社会语言学定位在语言学范畴之内。拉波夫称社会语言学是一门"现实社会的语言学"。[②]在他看来,成功的语言学理论和实践必须以日常生活中使用的语言作为研究的基础。社会语言学研究的核心是语言

---

① 参见 Allen Grimshaw, *Sociolinguistics at the Council*,1963—1979: *Past and Prologue*,载 Items 34,1980。

② 参见 William Labov, *Sociolinguistic Patterns*, pp. xiii—xviii, 1972。

变异和演变,目标在于发展语言学理论。

2. 将社会语言学建成言语交际学科。海姆斯强调,语言是交际工具,语言活动是社会活动的构成部分,研究语言首先要研究言语交际活动的结构及其社会功能。传统的语言学理论是"关于语法的理论",现在需要建立"关于言语的理论",具体地说,就是建立关于言语交际的理论。①

3. 称"社会语言学事业"必须发展语言社会学。菲什曼从1972年起开始使用"语言社会学"名称,但从未摈弃"社会语言学"名称。②语言社会学关注的中心不仅是语言的使用,还包括社会对待语言和语言使用者的态度及采取的行动。他认为,语言行为和社会行为之间有着许多必然的联系,要努力促使语言学和社会学研究者借用彼此的概念和方法,进而研究语言行为和社会行为之间的复杂关系及变化进程。③社会语言学和语言社会学两者相互补足,构成社会语言学整体。

上述研究方向中,拉波夫开拓的语言变异研究被称为狭义社会语言学,而海姆斯创建的交际民族志学和菲什曼倡导的语言社会学则属于广义社会语言学。交际民族志学研究微观社会语言现象,语言社会学则研究宏观社会语言现象。

社会语言学既然包含不同的研究目标,那么我们应该怎样给它下定义呢?国外的社会语言学教科书和语言学词典对此说法不一。一般多以语言变异研究为中心,将社会语言学界定为语言学的一个分支。例如:英国社会语言学家特鲁吉尔(Peter Trudgill)称:"社会语言学是研究作为一种社会和文化现象的语言的那部分语言学。"④唐斯(William Downes)写的并受到拉波夫赞赏的社会语言学教科书称:"社会语言学是必须参照社会因素包括情景因素解释语言和具体语言的特性的那支语言学。"⑤语言

---

① 参见 Dell Hymes, *Sociolinguistics and the Ethnography of Speaking*,见 Ben Blount 编 *Language, Culture and Society*, pp. 335—340,1974。

② 有学者把菲什曼五十多年来的学术建树叫做"菲氏社会语言学",以突显语言社会学在社会语言学学科中的地位。详见 Ofelia Garcia, Rakhmiel Peltz and Harold Schiffman, *Language Loyalty, Continuity and Change*, pp. 8—10, 2006。

③ 参见 Joshua A. Fishman (ed.), *Advances in the Sociology of Language*, Vol. 1, pp. 7—8, 1971。

④ 译自 Peter Trudgill, *Sociolinguistics: An Introduction to Language and Society* (revised edition), p. 32, 1983。

⑤ 译自 William Downes, *Language and Society* (2nd edition), p. 9, 1998。

学家克里斯特尔(David Crystal)编纂的《首部语言学和语音学词典》(*A First Dictionary of Linguistics and Phonetics*)①"社会语言学"条目概括地称:"社会语言学是研究语言与社会之间各方面关系的语言学分支。"②理论语言学家赫德森(Richard A. Hudson)则解释说:"社会语言学是联系社会研究语言",而"语言社会学则是联系语言研究社会。"③

《中国大百科全书·语言文字》卷"社会语言学"条目给社会语言学下的定义是:"研究语言与社会多方面关系的学科。它从不同的社会科学(诸如社会学、人类学、民族学、心理学、地理学、历史学等)的角度去考察语言,进而研究在不同社会条件下产生的语言变异。"④这个定义的优点在于:体现了社会语言学学科的包容性和视角的多样性,并且点明了社会语言学研究的中心问题是语言变异。语言学历史悠久,发展到今日,其研究范围已经扩大了许多,确切地说,可以称之为语言科学了。语言学包括历史语言学、比较语言学、结构语言学、描写语言学、功能语言学、生成语言学、普通语言学等关于语言结构和语言法则的学科,而语言科学则除了各支各派语言学外,还包括人类语言学、民族语言学、心理语言学、社会语言学、应用语言学、计算机语言学、神经语言学、认知语言学等延伸到人文、社会、自然科学领域的语言学科。事实上,当今社会语言学学者中,只有小部分人致力于研究语言的本质、语言的结构、语言的流变等语言体系本身的问题,而大部分人是在研究偏离所谓语言学本体的语言使用方面的交际结构、社会结构及其各种功能,因此强调社会语言学是语言科学或人文、社会科学中的一员,也许更为恰当,这正是本书所采取的立场。

但是,本着求真务实的精神,我们也要对上面那个定义接下去的话提出商榷,那就是把社会语言学说成是"研究社会与语言之间共变现象的一门学科"。这个论断的前提是把"不同社会条件"和"语言变异"各看成是"一种变素"。"变素"(或称"变数、变量、变项")是语言变异研究者研究具体的语言变异形式(简称"变式")和某些社会因素的关系时使用的一个术

---

① 该词典自1980年初版以来修订再版了五次。第一版书名中 first 一词,其他版本已不再使用;第四版(1997)译者沈家煊征得作者同意后,将中译本取名为《现代语言学词典》。

② 译自 David Crystal, *A First Dictionary of Linguistics and Phonetics*, p.324, 1980。

③ 译自 R. A. Hudson, *Sociolinguistics*, p.1, 1980。

④ 引自陈原、许国璋、王宗炎 "社会语言学",见《中国大百科全书·语言文字》第336—337页,1988。

语,有它的特定含义。"共变"论是布赖特在其编辑的《社会语言学》一书的"绪论"中提出来的,原文如下:

> It is certainly correct to say that sociolinguistic studies, like those carried out under the name of "sociology of language", deal with the relationships between language and society. But such a statement is excessively vague. If we attempt to be more exact, we may note that sociolinguistics differs from some earlier interests in language-society relationships in that, following modern views in linguistics proper, it considers language as well as society to be a structure, rather than merely a collection of items. The sociolinguist's task is then to show **the systematic covariance of linguistic structure and social structure**—and perhaps even to show a causal relationship in one direction or the other.①(黑体为本章笔者所用)

> 说社会语言学研究,像在其他"语言社会学"名义下所作的研究一样,关注语言与社会之间的各方面关系,这当然是正确的。不过,这一说法过于含糊。想要说得更确切些,社会语言学和早先对语言与社会的关系所作研究的不同之处在于:社会语言学秉承现代语言学的观点,把语言同社会一样也看成是一种结构,而不只是语项的总汇。因而,社会语言学者的任务在于揭示**语言结构和社会结构的有规则的共变性**——并且或许甚至揭示一方与另一方的因果关系。

布赖特这段话中所说的社会语言学和社会语言学者显然是指狭义社会语言学和语言变异研究者。将语言和社会各看成一种结构,它的意思是,语言内部有层级之分,社会内部也有层级之分,两者都有一定的格局。正是由于语言变异研究者采纳了结构主义观点,并且运用了统计学的方法,所以人们才得以观察到语言变量和社会变量之间协调的共变现象。不过,认为也许可以从中看到两者之间的因果关系,这是早先学者们曾经有过的简单想法,之后的研究表明说话人使用语言变式与其社会属性之间呈现相关关系,而且往往几个社会变量同时起作用。将"语言结构和社

---

① 引自 William Bright 编 *Sociolinguistic*, p.11, 1966。

会结构"简化为"语言和社会"①令人费解:社会和语言之间是怎样共变的呢?我们应当怎样研究社会和语言之间的共变现象呢?毫无疑问,语言要素中的语音、语法和语词都可能在长期使用过程中发生演变,其中尤以词汇层面上的变化最为明显和迅速。但是,语词的创新或借用、词义的转化或消长,主要起因于社会变迁过程中词汇所反映的民族的物质生活和精神生活的内容发生了改变,而不是严格意义上的语言结构的变化。从语词的演变看过去文化的踪迹和今日社会的变动,②这是人类学语言学或文化语言学研究的课题,并非社会语言学旨趣所在。

1.3 社会语言学的学科地位

社会语言学的源头可以追溯到历史语言学、方言学、语言哲学、早期结构主义语言学和人类学等学科。为了弄清楚社会语言学的学科地位,我们不仅需要考察社会语言学从以往的语言学流派那里继承了什么,有什么创新,而且需要了解社会语言学从邻近的人文、社会学科那里移植了什么,有什么发展。总之,探求社会语言学的坐标应当顾及纵向和横向两轴。为此,也为了本书叙述方便起见,我们首先对语言研究发展历程及相关学科背景作一番简略的回顾。

1.3.1 语言研究发展回顾

现代科学意义上的语言研究通称"语言学"是从19世纪初开始的。在此之前,研究语言的学问称为"语文学"或古典语言学。语文学者以经典古文为依据,研究古代的书面语言,主要目的在于解读和保存古籍。在西方,关于语言问题的探讨最初包含在哲学范畴内。古希腊的哲学家们努力求索有关事物名称的正确性及名字的形和义关系。但是,词语并不直接代表所指事物的本性,而是通过恰当的词类形式表现它的物质、行动、质量和状态的,因此古代的西方语言研究首先围绕区别句子中的词类展开。

语言科学发展的第一个阶段——历史比较语言学时期——是在19

---

① 见陈原《社会语言学》第3页、第6页注④,1982/2000。
② 参见罗常培《语言与文化》,1950/1989。

世纪确立的。①欧洲的语言学家通过具体分析不同地区的语料,主要是词的语音形式和形态特征,并对照古代文献上的记载,察觉到一些语言如法语、意大利语和西班牙语有着共同的来源。语言学家还注意到,远在印度的梵文同希腊文、拉丁文在动词词根和语法成分的形态上有着明显的相似点,因而推测它们之间有着近缘亲属关系。德国语言学家格林(Jacob Grimm)对古代希腊语、拉丁语和中古时期日耳曼语中的一些词作了比对,发现它们之间存在着若干组语音对应关系,但也有不少例外,即古拉丁语中的某一个音在日耳曼语中变成了两个音。丹麦语言学家维尔纳(Karl Verner)对有关材料作进一步比较研究后,补充说明所谓例外也是有规律的。莱比锡大学的一批青年学者(后来被称为新语法学派),干脆把种种比较结果提升为"语音规律无例外论"。语音变化的规则性使得人们有可能构拟祖语。德国语言学家施莱赫尔(August Schleicher)将构拟的印欧语系比做树干,由此生出语支,从语支再分别生出不同语言,这就是语言"谱系树"模型。谱系树理论忽视了引起语言变化的一个基本事实,即语言是由于相互接触和彼此影响而产生了变体。

既然有些语言是从同一个祖语演化而来的,那么历史上必然有一个时期各语言原本是可以相互通话的方言。19世纪70年代,德国学者温克尔(Georg Wenker)展开对德语方言的调查,他把问卷邮寄到相关村落中的一所学校,请教师帮助搜集方言资料。问卷提供了40个标准德语句子,要求把它们转写成当地方言并注上读音。1881年,温克尔绘制出第一组德国方言地图。这项调查后来扩大到欧洲5万多个讲德语的调查点,在温克尔逝世15年后出版了首批德语方言地图。在法国,吉耶龙(Jules Gilliéron)主持法语方言调查,他派了一名田野工作者到683个点去搜集语料,每个点访问一两名发音合作人,绝大多数是未受过正规教育的男子。这项调查进行了近15年,1902年至1910年出版了《法国方言地图集》,分为13册。②调查地域方言的初衷是为了印证新语法学派的假说,可是实地调查结果显示语音的变化非常复杂,并非有着一成不变的规律。方言地理学的兴起标志着语言研究的重点从古代书面语言转向现代口头语言。但是,传统方言学者所着力追踪的是某一历史阶段的语言

---

① 参见 John Lyons, *Introduction to Theoretical Linguistics*, pp. 1—51, 1968。
② 参见 Kirsten Malmkjær 编 *The Linguistics Encyclopedia*, pp. 95—96, 1991。

第一章
社会语言学概述

遗迹，所作的调查限于乡村和偏僻地区，调查的对象是极少数能发所谓"纯正"方音的发音合作人，而搜集语料的途径则主要靠调查者口问、耳听、手记。因此，尽管调查的地区范围十分广阔，传统方言学却无法表明语料的代表性和可靠性有多大。

语言科学发展的第二个阶段——结构语言学时期——是由瑞士语言学家索绪尔（Ferdinand de Saussure）在 20 世纪初开创的。[①]索绪尔为现代语言学的发展方向奠定了理论基础，并且革新了研究语言的方法学。这个新方向是什么呢？索绪尔提出，研究语言首先要搞清楚研究对象的性质，也就是语言的本质。他采用了一个新的观察语言的角度，就是从当今使用的语言去探究语言是什么。索绪尔认为，语言是一个表达思想的符号系统。拿词来说明，词的声音和它所表达的思想之间没有天然的联系，但它的"能指"和"所指"之间的联系，一经成为某个民族共同体的惯例，就变成了一种体系，潜存在每一个成员的脑子里，所有个体都会运用自己的机能把它应用于言语活动中，此时显现出来的语言就成了既有固定规则又有万千差异的极其复杂的现象。索绪尔指出，必须把潜在于言语行为里的语言系统分离出来，才好研究语言的本质。在实际的话语中，在一定的语境里，语言成分产生意义，而在语言系统里，一个语言单位的价值完全取决于它与其他语言单位之间的关系和差别。把语言看做由关系构成的系统，确定构成语言系统的语言单位及其组合规则，这是语言学的主要任务。

怎样研究语言呢？索绪尔指出，研究语言有两条路径，历时的和共时的。描写语言的历时演化，可以显示出个别语言成分在两个不同历史时期所发生的形式变化，但是解释不了产生变化的原因。只有当共时分析的结果表明，个别语言成分在演化过程中，经过一个有两种形式并存的过渡期，这两种形式可以互换并具有共时的同一性时，历时描述才有了可靠的根据，才能确定两个形式的历时同一性。因此，语言研究的首要问题在于对语言在某个时期的共时状态进行描写，以便了解语言系统的结构。索绪尔指出，语言系统是由组合关系和聚合关系构成的。划分出语言单位，论述单位之间的关系，可以最终揭示出共时状态的语言系统来。

索绪尔把语言科学从历史语言学推进到结构语言学。就他的本意来

---

① 参见 Jonathan Culler 著，张景智译《索绪尔》，1976/1989。

看,他所思考的问题并没有局限于语言系统自身,索绪尔一直认为应当有一门称为符号学的科学,分析研究人类社会中符号的作用。他对语言和社会的关系具有浓厚的兴趣。在讲述语言学的定义时,他指出,语言学可以从语言内部去看,也可以从语言外部去看。语言是社会的,言语是个人的,言语活动则既是个人的又是社会的。但是,在索绪尔的《普通语言学教程》(Cours de Linguistique Générale)的结尾,有一句由整理他的讲稿的学生添加的警句:"语言学的真正的也是唯一的对象是语言,从语言本身去研究,为了语言本身而研究语言。"①这句话把上述索绪尔所强调的语言学任务说成是语言研究的唯一目标,这样就把他确立的语言学思想给绝对化了。用辩证法的眼光来看,世上一切事物都处在不断发展变化之中,抽象的概念只能说明部分现实,想要正确全面地认识语言,必须揭示它们在运作中的所有矛盾,论证它们的全部真理,这绝不是一种理论、一个学派所能做到的。

继索绪尔之后,在欧洲产生了功能语言学派——布拉格学派、哥本哈根学派和伦敦学派。功能学派着力于根据语言事实,从语言的功能出发描写语言结构。他们不仅关注语言成分在语法体系里的作用,更进而研究语言形式在交际中的职能。20世纪下半叶韩礼德(M. A. K. Halliday)创立的系统功能语法将语言作为一种社会符号来处理。②语言系统是整个社会文化意义系统的一个重要组成部分,由许多子系统构成。子系统是一组可供选择的项目,如英语语态的可选项目有主动语态和被动语态,英语时态的可选项目有现在时、过去时和将来时。任何一个选项都表达一定的意义,因此对任何一个选项的选择都是对意义的选择。语言有三个元功能:1)概念功能,指语言表达人们在现实世界包括内心世界各种经历的功能;2)人际功能,指语言用来参与人际活动的功能;3)篇章功能,指语言本身达到前后连贯并与语境发生联系的功能。人们进行口头的或书面的语言交际即编码语篇时,必须不断地对语言系统或者说意义系统作出选择,而意义成分的选择受到三方面的制约:语场,即语言活动涉及的范围;语式,即语言活动的媒介;语旨,即语言活动参与者之间的角色关系及发话人想要向受话人实施的

---

① 参见许国璋《关于索绪尔的两本书》,载《国外语言学》1983年第1期第1—18页。
② 参见 M. A. K. Halliday, *Language as Social Semiotic: The Social Interpretation of Language and Meaning*, 1978。

意图。用韩礼德的话来说:"意义是系统与环境相互作用的产物。"① 这一观点改变了"语言反映现实"的传统观念,代之以语言能动地作用于现实。"语言的根本性质之一就在于帮助人类建构一幅有关现实的心理图画,从而使人类认识自身的外部经验和内部经验。"②

在美国,语言科学发展进入第三个阶段——转换生成语言学时期。20世纪50年代乔姆斯基借助于数理逻辑,把语法系统用前所未有的抽象方法形式化地描写出来,建立了转换生成语法。③生成语言学派认为人类先天就具备习得语言的机制,说话人具有潜在的语言知识,语言可以用一套规则来解释,语言学家的任务在于清晰地阐述这套语法规则,建立一个演绎系统,再用事实证据来检验和评价相关模式。生成语言学派只关注一个完全同质的言语共同体里一个理想的说话人兼听话人的语言能力,而把语言运用排除在外,强调只有同质的语言系统才是唯一合理的分析对象。乔姆斯基的语言学理论产生了极大的影响,将语言学研究引向心灵层面,被誉为语言学史上的一场"革命"。④

面对乔氏显学,海姆斯、拉波夫等人反其道而行之,指出世界上不存在抽象的、与世隔绝的人,语言学也应当而且必须研究真实的人的日常言谈。拉波夫并试图从中找出促使语言或方言发生变化的原动力,用共时的语言变异分布说明历时的语言演变过程。在研究方法和技巧上,他有两大创新:一是运用社会学采用的统计方法,研究社会群体的言语特征;二是设计不同的语境,从人们日常谈话中,搜集代表不同语体的语言资料。实证论的方法学被认为更具现实性和科学性,但它缺乏理论解释力度,这些问题我们将在下一章讨论。

至此,语言学经历了下述发展过程:从研究词的结构,拓展到研究句子的结构,又拓展到研究语篇的结构,再拓展到研究言语活动的结构。

人类学语言学奠基人博厄斯真诚地说过,语言科学中不存在有专利权的发现。⑤ 确实如此,我们在语言科学各阶段的学派之间总能看到那种既

---

① 转引自朱永生、严世清《系统功能语言学多维思考》第9页,2001。
② 同上书,第201页。
③ 参见 John Lyons, *Noam Chomsky* (revised edition),1978。
④ 参见 Noam Chomsky, *Reflections on Language*,1975。
⑤ 参见雅可布逊著,顾明华译《二十世纪欧美语言学:趋向和沿革》,载《国外语言学》1985年第3期第1—7页。

传承又批判的学术关系。传承包括命题或观点的继承和借鉴,而随着批判与修正产生的结果更显见的则是范式上的创新。索绪尔起先学习梵文和历史语言学,并一直在大学里讲授这一门类的课程,晚年创立了普通语言学理论,他曾不止一次地表示过对美国语文学家惠特尼(William D. Whitney)的敬意,惠特尼关于语言普遍性的论述促进了欧洲的普通语言学研究。美国描写语言学家布龙菲尔德(Leonard Bloomfield)完全同意索绪尔提出的语言研究的基本原则,认为在没有足够的生理知识而且心理学还处于杂乱的情况下,语言学只能研究索绪尔称之为语言系统的全社会共有的语言模式,他称赞索绪尔关于共时语言学和历时语言学关系的勾勒,对于人们认可描写语言学提供了理论论证。乔姆斯基早期研究希伯来语,发现只按分布和替换的原则对语言的结构成分进行切分和分类的方法有很大的局限性,于是创立了转换生成语言学。据称,他的转换生成理论的形成受到了丹麦后哥本哈根学派的影响,所谓"底层形式"相关结构的依存关系,结构可能的形式与结构不可能的形式的区分以及假说标准和管辖概念等,早已存在于叶尔姆斯列夫(Louis Hjelmslev)的学说中。[①]社会语言学和传统语言学之间的关系也不能例外。拉波夫的导师温里克(Uriel Weinreich)曾在雅可布逊(Roman Jakobson)的指导和帮助下,研究欧洲多语社会的语言接触和方言学,他接受了雅可布逊调和方言学和结构主义语言学的观点,在《结构方言学有可能吗?》(*Is a Structural Dialectology Possible?* 1954)一文中给予了肯定的回答,恰当地把美国的实践和欧洲的实践结合在一起。

1.3.2 社会语言学和语言学的关系

严格意义上的社会语言学和语言学的关系可以从美国哥伦比亚大学三位学者温里克、拉波夫和赫左格(Marvin Herzog)1966年春发表的《语言变化理论的实证基础》(*Empirical Foundations for a Theory of Language Change*)一文窥见。这篇论文标志着语言变化研究迈入一个新时期,其相关论点归结如下:[②]

---

① 参见丁信善《后哥本哈根语言学派的发展综论》,载《当代语言学》1998年第3期第22—32页。

② 参见 Uriel Weinreich, William Labov and Marvin Herzog, *Empirical Foundations for a Theory of Language Change*,载 W. P. Lehmann and Yakov Malkiel 编 *Directions for Historical Linguistics*, pp.96—195,1968。

第一章
社会语言学概述

1. 索绪尔提出区分研究语言的两条不同途径，并且强调语言学的任务是描述共时的语言结构，这种简化对于促进语言科学研究的进步是必要的。但是，语言研究者已经不满足于只看到语言变化的结果，而想要了解语言变化的进程。

2. 索绪尔把语言看成是社会惯例的总汇，处理这一社会现象的前提是语言的同质性。而要以个人的言语作为基础描述语言系统，必须假定所有使用语言的人会就同样的概念生成同样的符号，但确切地说，所谓同样的符号只是相似并非一致。换言之，他没有把语言惯例中的异质视为可以系统描写的对象。索绪尔的理论没有办法处理作为社会事实的语言，它忽略了可能存在的情况，即：一个古老的语言形式和一个创新形式并存于说话人的头脑里，也忽略了在同一个说话人的意识里，可能存在相邻的方言系统。

3. 布拉格学派指出语言存在变异性，例如：马西修斯（Vilém Mathesius）认为，语言的同质性并不是所观察的现象的真实性质，而是所采用的方法的结果；雅可布逊宣称，语体转换是永久存在的事实。但是，布拉格学派没有提出处理语言事实的方法，把变异研究融入对语言结构的分析中去。大多数语言学者承认语言演变是一个持续进行的过程，而且是语言互动的副产品，但在语言不断起变化这一确凿事实和语言同质结构的绝对性之间，难以调和其矛盾。

4. 乔姆斯基把现实世界里可以观察到的个人的语言表现排除在他创立的语言学理论之外，拉波夫等人挑战道：个人的言语偏离整齐划一的系统并不全是错误怪异的行为，而是高度有规则的，因而描写一个共同体的语言的有序差别是有可能的，而且惟有把语言看成是异质有序的系统，才有可能合理地解释语言的变化历程。

5. 弗赖斯（Charles Fries）等人观察到存在共处的音位系统，并提出语言的系统性和变异性并不是相互排斥的。可是，企求建立对于历史语言学有意义的理论，共处的两个亚系统的功能应当是相互竞争而不是相互补足的，而且制约着这两个系统交替的规则必须包括语言外因素。梅耶（Antoine Meillet）是最早提出社会变化影响语言演变的学者之一，但他只不过在词汇变化这个"容易"的领域里具体解释社会因素。

6. 20世纪五六十年代，许多实证研究揭示社会的语言结构十分复杂。例如：弗格森发现，当今一些国家和地区存在着历史形成的稳定的双言制结构;甘伯兹等人对南亚地区语言多样化进行的调查,确认语言的功能分层和社会的分层密切相关;弗里德里克(Paul Friedrich)详细论证,从沙皇俄国到苏维埃时代的社会变迁鲜明地反映在俄语称谓系统的变化上;兰伯特等人设计的配对变语法,有效地获得了不同社会群体对待某些语言的态度的数据,而语言态度正是影响语言变异发展方向的重要因素。

7. 根据实证研究取得的成果,可以对语言演变的性质作出若干原则性判断。其一,不能把语言演变混同为言语内在变异的任意沿流。其二,并非所有语言结构中的变异及异质都会演变,但所有演变都与变异及异质有关。其三,语言结构的演变意味着在相当长时期内存在着相关变异现象的共现、古老形式和创新形式的并存,在同言线之分散上反映出来。其四,语言变式的扩散是在整个言语共同体内进行的,所说发生变化的语法结构是指某一言语共同体的语法系统。其五,语言演变进程中语言因素和社会因素密切相联,仅仅依靠其中之一,都无法解释实证研究观察到的语言行为的潜在规则。然而,构建语言演变理论需要弄清楚五个方面的问题:起始问题、制约问题、过渡问题、嵌入问题和评价问题。就已有的研究成果而言,建立语言演变理论体系的条件尚不成熟。

综上所述,拉波夫等人倡导的社会语言学可以看成是语言学的延伸和扩展。一般语言学研究抽象的同质的语言的基本特征,而社会语言学则研究各别的语言和语言的边缘特征。借鉴索绪尔的词汇来说,两门学科都可以名之为语言学,一般语言学是"语言结构的语言学",而社会语言学则属于"言语的语言学",语言学者可以从"外部语言学"的研究中获益良多。[①] 历史语言学比较同一语言在不同历史时期的状态,所见到的是静止的、整齐划一的语言变化的结果,而社会语言学则揭示出实际使用着的语言从来不是整齐划一的,它在不同地域、不同社会环境、不同情景、不同语体中都可能出现变化。拉波夫的成就因此也获得了韩礼德的赞誉,韩礼德称赞他揭示出前人没有看到的关于语言本质的事实,并且将这一命题的研究引领到新的富有成效的道路上。拉波夫本人在总结三十余年来语言变化研究成就的著作第一卷《语言变化原理——内部因素》(*Principles of Linguistic Change: Internal Factors*)"序言"中坦言,他

---

① 参见 Ferdinand de Saussure, *Course in General Linguistics*(英译版影印本), pp. 18—23, 1983/2001。

的路径就是用调查数据表明言语共同体使用的语言发生变化的实际过程和引起变化的社会原动力,这样的研究必然是社会语言学的,而研究者的视角势必是对着言语共同体的。他还明说,不要期望从书中找到共时语言学所谓的"语言学理论"或者"语言变化理论",语言变异研究旨在观察和实验的基础上,逐步积累和扩大知识,建立一个关于语言变化的模型、一种有效的研究程序和一套适用的解释性原则。①总起来看,我们认为,拉波夫倡导的社会语言学对于语言学的基本贡献在于:第一,强化了语言原本是异质有序的学理,从一个崭新的角度推进了语言与社会两者关系的研究;第二,把研究社会的方法扩展运用于研究日常言谈,开辟了一条研究变化中的语言的新路径;第三,用实证研究成果部分地说明了语言变异的起因、创新形式的传播过程和语言演变的基本原理。

1.3.3 社会语言学和人类学的关系

人类学和语言学紧密相联,唇齿相依。文化人类学从其创立时期起,就把部落的或民族的语言看做人类学研究必不可少的内容。博厄斯在《美洲印第安语手册》"序言"第四部分论及语言学和民族学的关系时,强调研究者必须具备语言的实际知识,只有通过听当地人的谈话并参与他们的日常生活,才能获得准确信息而透彻了解民族学,而且人类语言是人的心灵活动的最重要体现之一,因此语言理论的探究又是研究民族心理不可或缺的部分。博厄斯和他的弟子萨丕尔等人都是人类学家兼语言学家。博厄斯在哥伦比亚大学任职期间,曾把语言学科目引入人类学系。那个时期美国的描写语言学还没有形成独立的学科。直到20世纪40年代后期,民族语言学诞生,语言学才成为一门学科的中心。曾任美国语言协会主席的奈达(Eugene Nida)在他的语言学代表作《形态学——词的描写性分析》(*Morphology: The Descriptive Analysis of Words*,1945)一书中,主张把分析性的社会人类学和描写语言学相结合,认为这是语义学研究的关键所在。此前,弗思(J. R. Firth)在评论词义变化的一文中,指

---

① 参见 William Labov, *Principles of Linguistic Change: Internal Factors*(影印本), pp.2-5, 1994/2007。

出不仅要从历史学、心理学的角度,更应从社会学角度加以分类。① 60 年代,海姆斯、甘柏兹等人在继承人类学衣钵的基础上,融合了语言学、文体学、民俗学等相关研究中的一些要素,开拓了言谈民族志学。该领域是社会语言学的重要组成部分,它的产生先于语言变异研究。下面我们首先介绍人类学先驱传承下来的几个理论观念:

1. 人类言语行为的非自觉性和社会行为的模式化

博厄斯根据对美洲印第安部落语言现象的观察,指出原始人的言语具有下意识的特性。由于他们的生活方式不需要抽象的表述,印第安语里一般没有抽象说法,即便语言中对事物有着按性别、有无生命的分类,也并非是自觉的。宗教观念在原始人崇拜超自然力量神灵活动之前未必在人们的头脑里出现过,是活动之重要促使人们去思索活动的原由,于是出现了对宗教的整套解释。同样,语言知识也是研究者从事理性思索的结果。②博厄斯的弟子萨丕尔进一步论述个人行为与社会行为的差别。以人们的呼吸为例,其生理机制全都一样。但是,如果考量某人呼吸的样子有没有礼貌,合不合乎社会传统或什么原则,那么做瑜伽时发出的有规则的呼吸,亲人葬礼上灵柩旁压抑的呼吸,歌剧演员所说的控制声音时的气吸,每一种方式都被模式化,成了具有文化意义的行为,而所有文化行为都是有一定规范的。澳大利亚土著人知道对某人用什么亲属称谓,看起来好像在按照某条规则行动,但这也许只是一种本能,要他们说出此中规则十分困难。人们可以感觉到却并不了解社会行为模式,可以天天在做某些事情却没有能力对其模式的轮廓、界限和意义述说清楚。③社会行为模式对大众起着导向和约束作用,而个人却未必意识到,言语行为就是如此。

2. 语言概念范畴是报告经验和界说经验的手段

人的感觉或经验如何通过语言范畴而得以传达呢?博厄斯的视点在词汇上。他认为,人的经验无限,而表达经验的词的数目有限,于是把看

---

① 参见 J. R. Firth, *The Technique of Semantics*, 载 J. R. Firth 编 *Papers in Linguistics 1934—1951*, pp. 7—33, 1935/1957。

② 参见 Franz Boas, *Introduction to Handbook of American Indian Languages*, 见 Ben G. Blount 编 *Language, Culture and Society*, pp. 23—31, 1974。

③ 参见 Edward Sapir, *The Unconscious Patterning of Behavior in Society*, 见 Ben G. Blount 编 *Language, Culture and Society*, pp. 33—36, 1974。

第一章
社会语言学概述

上去相似的经验归在一起，由于不断使用一些词语，语言和经验之间建立了固定的联系。他的理论基点在于人的心理的一致性。萨丕尔最感兴趣的语言点是句子的形式，他细致地分析了语言结构如何系统地反映概念世界，包括具体概念和关系概念等。① 他指出，传统的词的语法分类只是"一张经验细目模糊的和摇摆不定的近似值"，"词类与其说是反映了我们对现实的本能性分析，不如说是反映了我们把现实组成为种种形式模式的能力"。② 人的感官经验并不直达意识层面，出于需要，其中一些方面被突显出来，透过人类集体所习惯的归类经验的方式反映在语言范畴上，而人们对现实世界一旦有了理性解读，出现了切分和组合周围世界的表达模式，语言概念范畴就不仅是报告经验的手段，也成了现存的界说经验的手段。沃夫把美洲印第安霍皮语说话人的"习惯思维"同他称之为"一般标准欧洲语言"说话人的习惯思维作了对比分析，霍皮语结构中显示的"时间"和"物质"的观念，同霍皮部落的文化行为模式中显示的"时间"和"物质"的观念相吻合，一般标准欧洲语言也是这般情形，但两种语言表述这两个概念的形式不同。沃夫解释说，这些概念"主要依赖的并非语法中的任何一个系统（如时态、名词），而是被语言固定下来的分析和报告经验的方式，即跨越一般语法分类的、整合性的'说话方式'。这样一种'方式'可能包括词汇、形态、句法，以及其他由某个统一框架协调起来的有系统的多样手段"③。沃夫的基本假想是，每个人的脑海里都有一个"思维世界"，它不仅包括语言模式本身，还包括模式的类推值和联想值，人们依靠这个微观世界衡量和理解宏观世界，因而习惯思维明显不同的语言使用者在各自语言定式的引领下所见到的"真实世界"会有几分不同。④ 换言之，人们所看到听到感受到的客观世界彼此之所以有差别，很大程度上是由于我们集体的语言习惯已经配置了某些我们偏爱的解读"真实世界"的

---

① 参见 Edward Sapir, *Language: An Introduction to the Study of Speech*（影印本），pp. 67—89, 2002。

② 译自 Edward Sapir, *Language: An Introduction to the Study of Speech*（影印本），pp. 95—96, 2002。

③ 译自 Benjamin Lee Whorf, *The Relation of Habitual Thought and Behavior to Language*, 见 Ben G. Blount 编 *Language, Culture and Society* p. 86, 1974。

④ 参见 Benjamin Lee Whorf, *The Relation of Habitual Thought and Behavior to Language*, 见 Ben G. Blount 编 *Language, Culture and Society* p. 77, 1974。

语言范畴而影响到我们的思维方式。

3. 不能用自己的标准去衡量其他民族的文化和语言

这是人类学家一贯的主张。以英国人类学家泰勒（Edward B. Tylor）为代表人物的进化论派称人类学是研究"文化的科学"，一个民族的全部生活细目就代表着该民族文化的整体。[①]文化是一个社会的独特的产物，各个社会的文化都有其各自发展的历程。各民族文化发展的水平不同，并不是由于民族或种族有优劣之分，而是由社会原因和历史条件造成的，因此必须就一种文化本身所特有的历史进程，设身处地去了解一个民族的文化，断定某种文化的本来价值。文化可以看成是一个社会做什么和想什么，而语言指的是社会怎样具体地表达所做和所想。语言的内容和文化有着密切关系，一种语言的词汇多多少少忠实地反映它所服务的文化，但是切不可把语言和它的词汇混为一谈。[②]所有语言都有足够的资源，当现实生活需要时，可以用来创造新词或借用外来词表达经验。言语则不同于语言形式，萨丕尔强调指出，言语是一种人类活动，它是长期相沿的社会习惯的产物，是一个集体的历史遗产，各个社会集体的言语活动之间有着形形色色的差别，即使是同一代、同一地，说同一种方言，在同一个社会圈子里活动的两个人，他们的说话习惯也永远不会是雷同的。因此，从行为角度去考察言语，所面临的就不仅仅是语言本身的结构问题，而是复杂的心理现象、社会现象和文化现象。

4. 以功能论的思想和方法从事文化研究

20世纪20年代，英国兴起社会人类学，奠基人马林诺夫斯基倡导用功能观研究文化。他称，文化是一个组织严密的体系，可以分成若干基本方面，由此可进而再分成较细的部分或单位。文化的一切要素都在活动着，并且在发生有效作用，人类学的重要任务在于研究文化的功能。文化要素的意义是依据它在人类活动的体系中所处的地位、所关联的思想及所具有的价值而定的。文化发展历程有一定的法则，这法则就隐含在文化要素的功能之中。文化的真正单位是社会制度，一套有组织的风俗与活动的体系。只有依靠功能和建制两方面的周详的研究，我们才能对文

[①] 参见黄淑娉、龚佩华《文化人类学——理论方法研究》第24—26页，2004。

[②] 参见 Edward Sapir, *Language: An Introduction to the Study of Speech*（影印本），pp. 180—181，1921/2002。

化有一个完全的和正确的了解。①在研究方法上,马林诺夫斯基强调要从人们的鲜活生活中去发掘文化的功能。民族学者的目标是要了解当地人生活的世界以及他们对这个世界的看法。各个民族的生活方式十分复杂,各有其独特的意义,必须进行民族志的实地调查,制定全面的文化调查表格。例如,按照马氏的主张,仅"主要制度表"一项的调查内容就十分庞大,包含某一地区的各"团体"、"人员"、"功能"、"典章"、"物质底层"等五大部分。② 必须对各别文化进行经验研究之后,才能比较相关文化间的差异和雷同。比较的方法是任何归纳、任何理论原则或任何普遍法则的基础。

上述先哲们的观点涉及心理学、社会学、文化学、语言学等诸多方面,至今仍然是社会语言学研究者所遵循的基本指导思想。

1.3.4 人类学语言学的新发展——言谈民族志学

言谈民族志学是人类学者在语言研究中开拓的一个新领域。1962年,海姆斯发表奠基之作《言谈民族志》(*The Ethnography of Speaking*),指出:言谈是人类社会生活中极为重要的一面,我们的社会生活就是由频繁的言语交际促成的;透过言谈,我们能够充分认识某一民族的文化;语言学和民族学都有涉及言语的部分,却从未就言语交际本身的模式和功能作过专门研究,必需开辟一个研究言谈的领域,以填补空白。两年后,甘柏兹和海姆斯编辑出版了一本论文集,名叫《交际民族志》(*The Ethnography of Communication*),该书所有文章的主题都与研究言谈民族志有关,而作者则出自多门学科。之后,一些学者投身于实地考察,取得了言谈民族志学第一批个案研究成果。1972年,在时任美国社会科学院社会语言学委员会主席海姆斯的倡导下,举行了言谈民族志学会议。1974年,鲍曼和谢茨(Richard Bauman and Joel Sherzer)编辑的《言谈民族志学文集》(*Explorations in the Ethnography of Speaking*)出版,1989年第二版面世,有一篇新的绪论,回顾二十余年来这一领域的进展。

言谈民族志学的基本观点是:言语活动是一个文化系统,它有自身的

---

① 参见马林诺夫斯基著,费孝通等译《文化论》第97—99页,1923/1947。
② 参见吴文藻《论文化表格》,见马林诺夫斯基著,费孝通等译《文化论》第153页,1923。

结构和各种功能。研究言谈民族志首先要有一个总体框架，这个框架就在言语共同体说话人交际活动的场景中。必须对整个场景在民族志环境中进行全面观察，而不是仅靠语言资料，分辨出对比的项目。描写交际活动可以揭示人的角色、地位、权利、义务、态度等价值取向，这是一个有关社会关系的世界。言谈作为一个系统包含不同的层级，海姆斯提出，以一个言语社群的言语事件作为观察和描写的对象。言语事件此处的本义是指一个群体的重要集会活动，人们在集会活动中显现各自的身份地位、角色关系、言行表现、风俗习惯等等，这对于了解一个群体、一个民族的信念和行为模式具有明显的意义。言语事件含有若干成分，如发话人、受话人、场合、主题、信息的形式和管道、使用的语码等等，各成分之间有着动态的关联关系，必须细心观察和忠实记录，并且要想法了解当事人的感受，以避免作出盲目判断。各个社会、各个群体、各种类型的言语活动的方式会有相似的架构，但也必然存在着差异。民族志学者的首要目标在于把握本民族、本地人对周围世界的看法，只有在描写各别言语行为的区别性特征基础上，再对不同文化系统的言谈方式进行比较，才能概括出普适原则。

言谈民族志学注重个案研究，对于建立和发展微观社会语言学作出了不可磨灭的贡献。言谈民族志学从人类学脱胎出来后，它的方法学不断被相关领域的研究者利用，融入其他课题的研究中。它的视野已从某一民族的言语事件扩展到多元文化城市里族群的日常言语活动。所进行的跨文化比较研究，已从比较不同民族、不同语言的说话人的言语行为推进到比较讲同一语言而社会地位、文化背景不同的说话人的言语行为。关于言谈的模式，研究所及涵盖各种类型、各种风格的话语模式。而言谈的功能，除了看其如何交流信息、表达情感和协调人际关系外，还特别注意说话人如何互动建构语境和话语的意义。关注人的生存条件，消除世人间的不平等观念，本来就是人类学先辈意愿所系，把言谈民族志学的理念应用于研究社会现实问题，如医生与患者、官员与平民等强弱两方之间的言语冲突，以及培训相关职业人员，成为该领域又一发展趋向。总之，现今言语活动已经成为话语分析、语言变异研究、语言社会心理学、社会语用学等多个领域共同关注的焦点。20世纪70年代末甘伯兹倡导的互动社会语言学就是在此基础上综合运用多方面的理论和方法发展起来的。

1.3.5 社会语言学和社会学的关系

　　社会语言学和社会学之间不存在直接的渊源关系,社会语言学不是从社会学派生出来的,也不等于语言学加社会学。事实上,大多数社会学者并不关心语言问题,而大多数语言学者也不熟悉社会学。少数社会学者研究语言并成为语言社会学的倡导者,其初衷是为了回答和解决社会现实问题。而社会语言学研究者求助于社会学,有的是为了寻找理论支持,有的是为了借用社会学的概念和方法,有的是为了利用社会学的调查数据。社会学的前身是社会哲学,自从19世纪初期法国思想家、实证主义的主要倡导者孔德(Auguste Comte)将有关社会问题的探讨从哲学中分离出来创立了社会学以后,大部分关于社会的研究都是以经验主义为先导而开展的。在美国,实证主义治学之道有着根深蒂固的传统,人们崇尚自然科学研究方式,信奉调查研究社会事实,致力于解释经验中的种种难题,寻求多元真理。社会语言学者既然将语言使用视为社会行为而加以研究,在盛行的社会思潮的影响下,借鉴相关的社会科学理论,也就不言而喻了。一些重要流派的思想或多或少、直接或间接地影响到社会语言学者对语言现象的洞察,社会学理论成了社会语言学的理论源头之一。

　　最初的社会学是在进化论思想基础上构筑起来的。社会被看做像一个生物体那样的有机体,各部分有着固定的分工和职责,通过合作而保持整个系统的协调发展。社会的进步有赖于知识的积累和公民道德意识的确立。早期的社会学家关注的是长时段的社会世界进化的本质,从事社会运行体系的宏观研究。法国社会学家涂尔干(E. Durkheim)把社会学作为独立学科引入大学,提出社会学的研究对象应是"社会事实"。20世纪中叶,美国社会学家帕森斯在哈佛大学从事社会学教学和理论研究工作,发表了许多极具影响力的著作。他注重对社会秩序的研究,倡导结构－功能分析,界定社会学是行动的科学。所谓"行动"或"社会行动",用社会学创始人之一德国社会学家韦伯(Max Weber)的话来解释,即"当行动考虑到他人的行为,并由此确定自己进程的方向时,该行动就是社会性的行动"[①]。韦伯主张通过理解人的社

[①] 转引自 Byran Turner 编,李康译《Blackwell 社会理论指南》(第2版)第272页,2000/2003。

会行动的动机来解释社会事实的意义。他认为社会的演进就是人的行为逐渐理性化的过程,社会学是一门试图理解社会行动并对之作出解释的学问。帕森斯的行动结构包含行动者、行动的目的、行动的情境和手段、行动的规范和价值观等要素。他认为社会秩序的存在和维系总是以某种方式依赖于共同的价值观和规范。他用"地位—角色"复合关系作为研究社会系统的基本单位。制度化了的规范文化,通过人的社会化过程,使个体行动者追求的行动目标和选择的手段与整体系统的利益保持一致。帕森斯作出了对理性资本主义兴起的说明。他相信,现代资本主义社会存在这样的个体,他们具备理性思考的能力,也被赋予了选择的机会;他们能够形成自己的生活规划,制定自己的目标,并选择能够有效达成目标的行动。[①]帕森斯的理论在20世纪四五十年代在西方社会学界一直占据主导地位。他的有关社会系统及社会行动的学说为社会语言学提供了透视语言现象的社会科学视角。社会有着固定的结构和分层,社会范畴如阶层、性别、年龄等及其行为规范制约着个体的行动,包括言语行为。拉波夫的纽约市英语分层研究范式不正是依托帕森斯的理论而得以建立的吗?[②]这一时期的社会语言学研究广泛采用了社会结构、社会规范、社会共识、社会地位、社会角色、手段—目的等一系列社会学家提出的概念,作为分析社会语言现象的工具。

  帕森斯研究的中心问题是行动与秩序的关系,而美国著名社会心理学家米德则试图说明行动与意识的关系。他的研究重心在于分析日常生活中人与人的互动。人类具有发达精细的符号体系,这是人类不同于其他动物的标志。体现人的特色的世界不仅是物质的、客观的世界,而且也在很大程度上是符号的、象征的世界。米德指出,在许多情境下,自己的行动刺激了他人的行动,在他人的反应中又把自己反射了回来。他分析小孩如何从父母、玩伴对其行动的反应中渐渐意识到人们对自己的行动的期盼,意识到自己在周围环境以及在更大的集体中应当怎样行动,扮演

[①] 参见 Byran Turner 编,李康译《Blackwell 社会理论指南》(第 2 版)第 138—143 页,2000/2003。

[②] James Milroy and Lesley Milroy (1997) 曾指出,拉波夫的定量研究汲取了帕森斯的社会分层思想,但美国学者从未提及后者对变异研究的影响。

怎样的角色。因此,"自我"不是一个固定不变的实体,而是通过与他人的互动不断地被界定和再界定的结果。① 米德的影响力在 20 世纪四五十年代被显著地削弱了,直到 60 年代后期因帕森斯的理论立场保守,维护现存社会秩序而饱受批评,才又恢复了正统地位。米德的学生布鲁默(Herbert Blumer)继承了米德的思想,成为美国社会学芝加哥学派的领军人物,同帕森斯的理论展开了争鸣。布鲁默是"符号互动论"一词的创造者。符号互动论强调人总是在互为主体的环境下行动的,因此不能孤立地研究社会个体的行动,而应当研究人们如何协同行动,一起干事。人的行为看上去似乎是由客观因素和客观力量决定的,其实这些因素和力量的含义已经被行动者解读而可能发生变化了,即使是行动的目的和手段,在自己与他人直接沟通的互动过程中,也可能改变。因此,社会互动"并非仅仅是为了表达或释放人的行为的手段或场合,而是形成人的行为的过程"②。社会规范的内化并不是从社会到个体单向行进的过程;规范必须具体化,在人的具体的行动情景中予以释义。由于符号互动论的理论过于个人化,过于注重主观意识,而忽视了整体的、客观的一面,因此也受到了批评。在方法学方面,互动论者认为帕森斯的理论主要依靠普查态度、信念等大量粗略数据,不能显示出人们在具体情景中是怎样行动的。他们主张依靠直接观察丰富、多变、鲜活的社会经验,从经验当中提炼出启发性概念和理论,再不断地返回到经验世界中去核查这类理论概念的实用意义。③这条路径对于探索和建立互动社会语言学产生了深刻的影响。

帕森斯的学生加芬克尔也批评帕森斯的理论没有说明行动者是通过什么程序确切地理解行动情景的,似乎动机直接激起行动,行动者只是盲目听从规范,没有一点儿主动性。他认为,一定存在某种机制和基本规则,使行动者能够识别场景,援用合适的规范。换言之,内化的规范不能保证协作行动,必须揭示行动者拥有什么知识,怎样利用这些知识,在具

---

① 参见 Hans Joas and Wolfgang Knöbl, *Social Theory: Twenty Introductory Lectures*(英文版), pp. 127-129, 2004/2009。

② 转译自 Hans Joas and Wolfgang Knöbl, *Social Theory: Twenty Introductory Lectures*(英文版), p. 133, 2004/2009。

③ 参见 Bryan Turner 著,李康译《Blackwell 社会理论指南》(第 2 版)第 234—245 页,2000/2003。

体的情景中各方怎样协商,达到对规范有相同的理解,从而形成合作的社会行动。日常谈话往往是模糊和不确切的,需要填补许多清晰的背景话语才能表明其隐含的设想。所以,日常话语具有"索引性",每一言语行为仅仅是一个复杂的解读过程的起点。加芬克尔提出了一条考察社会秩序的新思路,他指出:"在日常生活中最为普通的活动里,也存在着一种秩序。"[①]会话是人类最基本的活动方式,会话秩序就是一种社会秩序。参与者在互动过程中,凭借共享经验或"常识"知识来领悟合作建构的情境中的意义,不断建立和再建立谈话语境。加芬克尔将研究社会的焦点从社会行动的结构深入到行动的种种复杂情况,对谈话秩序作了系统的描写,创立了常人方法学。社会学家萨克斯(Harvey Sacks)、谢格罗夫(Emanuel Schegloff)和杰弗逊(Gail Jefferson)在此理论基础上建立了会话分析学,揭示并阐述会话的程序、规则和机制。由他们开创的对自然发生的会话进行分析的方法学使得微观社会语言学从此得以蓬勃发展。

　　社会学家戈夫曼通常被称为符号互动论者和结构功能论者,其实他自己觉得称他为城市民族志学者更加合适。[②]布鲁默建立的符号互动论学派对于语言的使用和语言的多样性根本不感兴趣。戈夫曼有自己的路子,他关注"聚焦式互动",即"个体在一个特定的时间段内对彼此的言谈举止都注意的一种互动关系。"[③]会话正是最典型的聚焦式互动。与社会学家惯用复杂的定量研究或文化人类学家基于对特定社区较长时间参与观察所作的定性研究不同,戈夫曼观察人们的日常行动,用剧作者的语汇精细地描绘人与人"交往"就像在舞台上演出一样。他把在特定场合对影响他人有用的全部活动称为"表演",一次交往可以视为"在一组特定的人在场的场合发生的全部互动","相遇"也可以用来指"交往"。[④] 在《论面子行动——分析社会交往中的礼仪元素》(*On Face-Work: An Analysis of Ritual Elements in Social Interaction*)一文中,他

---

　　① 转译自 Bryan Turner 著,李康译《Blackwell 社会理论指南》(第 2 版) 第 111 页,2000/2003。

　　② 参见 Stephen O. Murray, *American Sociolinguistics Theorists and Theory Groups*(影印本), pp. 145—154, 1998/2004。

　　③ 引自 Anthony Giddens 著,文军、赵勇译《社会理论与现代社会学》第 124 页,2000/2003。

　　④ 参见 Erving Goffman, *The Presentation of Self in Everyday Life*, pp. 15—16, 1959。

称每个人在社会交往中总会通过语言和非语言行为有意或无意地表现出自己的立场,即对情景的看法,包括对他人的评价,特别是对自己的评价,以引导他人作出合乎自己愿望的回应。"面子"就是个人为自己索要的正面的评价,或者说,自己的形象。当他人读懂了自己的立场并表现出支持时,自己就有了面子;反之,就没有面子。他还谈到人们经常通过某些策略的运用以保全他人的面子,可见给面子是相互的行动。戈夫曼认为研究保全面子的策略就好比研究人们行走在十字路口需要遵守的交通规则。① 在他的眼光里,社会交往必须遵守礼仪秩序,才能保持社会生活的和谐。而礼仪的维系,如涂尔干所见,在于完成个人对社会的责任。戈夫曼关于社会交往秩序所作的详尽论述直接带动了社会语言学关于言语交际的研究。布朗和莱文森(Penelope Brown and Stephen Levinson)因此将他们1987年出版的单行本专著《礼貌现象——语言使用中的一些普遍性特征》(*Politeness: Some Universals in Language Usage*)献给了戈夫曼,声称:"没有他,就不会有今日社会交往的观察研究。"两位学者运用人类学、社会学、语用学的方法,比较研究了三种截然不同的文化环境中交谈者的话语策略所具有的共通性,获得了重要的成果。

尽管戈夫曼不断地提出富有启发性的看法,但他的思想没有形成系统的理论。他在强调情景制约自我认同之外,后来又提出"框架"(指个人心理预期的结构)对互动起到了限制作用。他认为框架是文化的一个中心部分,以各种方式被制度化了,交谈者参与互动并不是无节制的,必须调节到共享的文化设定上。最后,他还说过:无论个人在具体的社会情景中能否被认同,在年龄、性别、阶层和种族四类社会身份上每个人总能被认同。② 戈夫曼在互动论上并没有走向极致,他同时又采用了结构主义观点。他的关于人们相遇交谈的一系列描述直接影响到会话分析学的出现以及互动社会语言学的建立。

20世纪七八十年代,欧洲的社会理论中出现了"语言学转向",将话语实践看成是社会实践的一种形式;它是社会进程的一部分,并且干预社

---

① 参见 Erving Goffman, *On Face Work: An Analysis of Ritual Elements in Social Interaction*, 载 *Psychiatry* 18, pp. 213—231, 1955。

② 参见 Stephen O. Murray, *American Sociolinguistics Theorists and Theory Groups*(影印本), pp. 145—154, 1998/2004。

会和经济秩序；它是积极建构社会的力量，包括建构社会"客体"和社会"主体"即人的社会身份。以英国兰开斯特大学语言学教授费尔克拉夫（Norman Fairclough）为代表人物之一的批判性话语分析学派将系统功能语言学理论和语篇分析方法与当代社会理论相结合，把话语分析当做研究社会变迁的一种方法，而批判的目的是要揭示面向公众的话语中所包含的不平等思想意识，让那些被看做天经地义，变成"常识"的隐蔽的观念明朗化。这一学派涉及的理论问题有语言与控制、语言与权力、语言与意识形态的关系等。在方法学方面，费氏按照话语的社会指向性质，把各式各样的话语分析归结为两类，即"批判的方法"和"非批判的方法"。批判的方法不同于非批判的方法，这不仅在于描绘了话语实践，而且在于揭示了话语如何由权力与意识形态的关系所构成，揭示了话语对于社会身份、社会关系以及知识和信仰体系的建构作用。① 鉴于批判性话语分析和社会语言学的任务不同，本书不拟专门讨论，而将在有关章节述评建构主义社会思潮及其所产生的影响。②

1.4 社会语言学研究的主题

社会语言学覆盖的领域宽广，门类多样，课题繁杂，很难穷尽。我们尝试分层概括，尽力理清路脉，把相关轮廓勾勒出来，以帮助读者了解该学科发展的概貌。

1.4.1 核心思想

社会语言学考察的对象是人的言语行为。它要解答的问题，简而言之就是：什么样人，在什么样语境，说什么样话，为什么目的，有什么意义。这一核心思想，或显或隐，贯穿在社会语言学经验研究的各个课题。社会语言学者，无论是在微观层面（个体），还是在宏观层面（社会），或是在微

---

① 参见 Norman Fairclough, *Discourse and Social Change*, pp.1—36, 1992; Teun van Dijk, *Principles of Critical Discourse Analysis*, 载 Michael Toolan 编 *Critical Discourse Analysis: Critical Concepts in Linguistics: Vol. II Leading Advocates*, pp.104—141, 1993/2002。

② 近年来费尔克拉夫改变了原先与社会语言学保持距离的立场，称他所作的批判性话语分析应归入宽泛的社会语言学范畴内，但语言理论和社会学理论应相互内化另一方的理论逻辑，而不是将现有的语言学理论套加到现有的社会理论上。

观和宏观之间的中观层面(群体),观察人们的言语表现,都企求弄明白使用某一语言形式和使用者及使用环境之间的关系,并且探究使用该语言形式的动机、原由或意向及其产生的后果。即便进行人为干预的语言规划,也必须首先弄清楚蕴涵上述命题的语言使用状况。下面我们分别予以说明:

1. 使用的语言。在社会语言学经验研究范围内,使用的语言主要指人们说的话。人们说话时实际使用的语言各式各样,社会语言学者统称之为"语言变体"或"语言代码"(简称"语码")。语言变体既可以指语言、方言或语体,也可以指语音、语法或词汇项目。社会语言学所研究的语言变体的界限在于:该语言形式是具备相同社会属性的人在相似的社会环境中所普遍使用的。一个社会的绝大多数成员长期使用两种语言的状态,有些学者也视其为使用语言的一种形式。

2. 使用语言的人。社会语言学者关注的说话人不是任意的一个人或一群人,而是特定的社会群体或自认为属于该群体的人。当研究者对一群说话人具备相同的言语特色有所察觉,出于研究语言使用和社会环境的关系的需要,会选择其中具有种族、民族、阶层、性别、年龄、受教育程度、职业或其他社会属性相同的群体作为观察对象,这一群体被指称为一个"言语共同体",又称"言语社团、言语社区、言语社群"。言语共同体成员的身份是静态的、固定的,而在全球化背景下,个人实际参与的语言活动的群体往往有多个,并且经常变更,因此发展出"实践共同体"概念。实践共同体是由一群惯习相似的人经常参与有着共同目标的活动而形成的,其成员身份则是由本人认同并相互认同的。

3. 使用语言的环境(简称"语境")。社会语境可指大语境,如使用语言的社会、文化、历史、地域等环境;或指小语境,通常由说话人和听话人、场合、话题等情景因素构成。早期社会语言学研究仅对外在的语境作静态描述,指出各种语境因素对语言使用可能产生的影响。之后,研究深入到微观世界,社会语言学者察觉到,对说话人的言谈直接起作用的往往是说话人互动形成的语境,或称"即时语境",就是:一方发话另一方回应,双方来回说话而构成的话语语境。在互动过程中,语境会随着谈话的进展而发生变化,分析此时的、动态的语境对于理解使用某一语言变式的真实用意至关重要。

4. 使用语言变体的动机、原由或意向。观察到上述三方面的现象及其相互关系之后，社会语言学者必须对产生这些现象的原由及后果作出解释。研究特定语境中说话人使用某些语言变体的动机，需要借助测试、实验、内省法等心理学手段。当说话人自觉或不自觉地把使用语言变体作为谈话策略，期望达到什么目的时，根据各方当时的反馈所传递的信息去推断说话人的意图，是一条有效途径。从社会心理学角度看，特定群体的语言态度与民族的、阶层的、集团的社会政治地位、经济利益、文化传统等有着密切关系。当社会日趋复杂多元时，个体的主观意识作用也日益明显，个体的心理取向及其认知表现成了新的关注点。

1.4.2 基本内容

社会语言学研究所包含的内容十分庞杂，我们尝试概括成下列诸方面：

1. 国家或地区、城镇或村落、机构或部门、街区或邻里等等使用语言的状况及其历史、地理、人文背景。

2. 按种族、民族、阶级、阶层、性别、年龄、职业、受教育程度等说话人的社会属性区分的言语共同体，或由说话人的实践活动建构的实践共同体，使用语言变体的状况、原由，以及由此而产生的影响。

3. 各种语言变体包括地域方言和社会方言、标准话和非标准话、正式语体和非正式语体、世界性语言和本土化语言等的结构特点及其社会功能，尤其是传递社会意义的功能。

4. 人际言语交往中各方使用语言的状况、变化及其用意和效果。

5. 文化、社会、历史、地域等背景和情景、心理、认知等因素对于社会交往过程中个体选择语码和解读语码的影响，以及语码选择在建构个人身份认同和调适人际关系中的效用。

6. 社会及其不同群体或个体对各种语言变体的认同、态度和评价（法定的或实际的、显性的或隐性的、持久的或短暂的），以及由此而产生的对于学习、使用和传播语言变体的影响和效应。

7. 由语言接触和语言态度引起的语言使用上的变化及对语言结构的影响。

8. 由于经济、政治、社会、军事等方面的原因造成人口流动或迁徙而导致的语言使用格局上的变化及对语言生命力的影响。

9. 社会语言生活中存在的实际语言问题，以及为此而采取的对策如语言规划、语言政策、语言教育及其效果。

10. 对以上方方面面进行调查研究的方法。

11. 对以上方方面面的理论探索。

12. 社会语言学研究成果的应用。

1.4.3 主题线索

研究社会语言学课题,存在不同的视角,或语言学的,或民族学的,或社会学的,或语用学的,或社会心理学的,或社会教育学的等等。各门类的研究目标和路径虽不相同,相通之处却很多。它们相互参照,相互补充,难以截然划分界限。此外,越来越多的研究者着力于整合各条路子和各种方法,以求开发新的论题,收获创新成果。

下面我们尝试围绕社会语言学研究的三条主线即语言变异、言语交际和双语现象以及应用社会语言学的主要部分即语言规划,将相关主题串联在一起。详细内容见有关各章,此处仅作扼要说明或补白。

1. 语言变异

研究语言变异的目标不仅为了弄清楚语言的使用和社会语境之间的关系,而且也为了探明语言演变的历程。语言变异和语言演变均指语言结构上发生的变化。语言变异指语言在某一特定时期呈现的共时变化,语言演变则指语言在长时期内发生的历时变化。语言结构各层面中,语法系统的变化最为缓慢,不易被察觉,语音系统的变化向来是历史语言学研究的对象,也是社会语言学变异研究的核心部分。拉波夫为变异研究确立了两个理论模式:其一,社会群体在一定的语境中使用某些变式呈现的相当整齐的概率模式;其二,进行中的语言变式使用率的增长呈现的 S 形曲线模式。围绕哪些主题进行研究可以探索语言变异模式和语言演变过程呢?

(1) 言语共同体、社会网络、实践共同体

言语共同体是社会语言学变异研究的分析单位,由此作为起点去考察它所拥有的语言手段的变化机制。关于言语共同体的界说由于研究视角不同且不断有新的认识注入而存在分歧。[①]尽管如此,把言语共同体的基准放在一个群体表现出相同的言语特色并拥有共同的语言使用规范

---

① 参见徐大明主编《语言变异与变化》第 140—143 页,2006。

上,这是社会语言学家的共识。言语共同体没有十分清晰的界限,其边缘成员与核心成员的语言能力并不相等,每一个成员所使用的语体也并非始终如一。鉴于言语共同体这一层面顾及不到个体言谈特征,变异研究者另用社会网络作为分析单位。社会网络指个人按自己的意愿与他人经常交往而形成的社会关系结构,它遍布于整个社会,言语共同体可以看成是社会网络的集合体。实践共同体是变异研究者从观察比网络结构更小的集体的活动中总结出来的又一个概念框架。强调以共同的实践作为研究语言变异的基础,意味着淡化说话人与社会结构范畴之间的固定联系,突显个人的归属是主观能动的。由说话人建构的认同关系具有可变和多元的特点,而在互动中呈现的创新形式往往隐含着新的社会意义。

(2) 语言变项与社会变项

人们使用各种各样语言变体。产生变体之间的差别,有地理的、历史的、社会的、个人的原因。方言通常指地域方言。所谓社会方言,并不是指在地域方言之外另有一个方言系统。语言本来不存在优劣之分,当人们对讲某个地域方言的人群形成某种偏见,并且把方言中的某些特色看成是说话人的一个社会标记时,这一方言或方音就被染上社会色彩而被称为社会方言。

社会语言学者确信,说话人使用某些语言变式与其社会背景有关。研究语言变异模式必须断定哪个社会变项与某个语言变项相关。在发达的工业社会,语言变异研究者最关注的社会变项是说话人所属社会阶层即其社会经济地位;在等级森严的世袭制社会,种性或家族背景尤为重要;在我国,则常以劳动分工或行业界别作为划分社会群体的依据。其实,所谓"脑力劳动者"与"体力劳动者"之间的差别,其要害在于受教育程度和收入水平的悬殊。今日中国工业化和城镇化建设步伐正在加快,社会结构正在发生显著变化,一些新的阶层逐步形成,我们研究语言变异模式,需要从实际出发,细化区别社会成员的标准,才能准确把握不同群体的言语特征。

在影响语言变异的各种社会因素中,性别现今是格外引人注目的一个变项。社会语言学兴起之前,就有人类学家和语言学家注意到语言性别差异现象。近几十年来,语言性别差异研究已成为跨学科的热门课题。思量其原由,多半是因为世界上不论哪种文明社会,都存在男女不平等现象,争取妇女权益和消除性别歧视一直是国际社会瞩目的热点问题之一。

在西方,女性主义社会思潮一波又一波兴起,学者们先后从生理、心理、社会、文化的角度对女性普遍处于弱势的缘由作出解释。更有甚者,有学者认为"性别"是个复合观念,是由社会实践和社会机构的话语建构成的,"性别"并非妇女受压制的原因,而是压制所造成的结果。英语"性别"一词也从用 sex(生理性别)转而改用 gender(社会性别)来表述,以突现性别之间的差异并非与生俱来。[①]从语言变异研究视角看,许多调查发现女性对标准体的接受和对创新形式的响应一般都要比男性快些。为什么?搞清楚这一问题对于探讨是哪个群体在引领语言变化有着重要意义。

不同辈分之间在生活经历、心理状态、价值观念等方面存在明显差距,由此必然在言语行为上表现出差异来,因此年龄也是变异研究者普遍关注的社会变项之一。更为重要的是:在有真实时间内语言变化资料作对比的条件下,不同代人的语言共时差异可以作为语言历时变化的佐证。

(3) 语体变化与变异研究

语言除了有地域变体和社会变体之外,还有功能变体,就是由于使用语言的情景类型不同而引发的不同语体。语体是拉波夫变异概率模式中不可或缺的部分语境。为了弄明白同一个语言变项在不同语体中出现变式的频率,他采用了四种诱说技巧,其中包括让受访人念词表和读短文两种需要发音合作人集中注意力的情景,但是念词表和读短文跟小心说话和随便说话的性质不同(尽管也可以用注意力这一尺度衡量),不属于说话类语体,因此受到质疑。语体应在十分正式和十分随便两极之间切分,系数该是正式(或非正式)程度。

早期社会语言学者指出,日常谈话中,语体使用上的变化主要受到情景因素如话题、场合、参与者等的影响。其中起关键作用的应当是说话人和听话人的身份或角色,显而易见的例子如:正常情况下,人们对地位高、辈分高的人惯用敬语,跟小孩子讲话则用稚语。以上是关于人际交往过程中,外在的客观的情景因素对说话人使用语体的影响。语体变化的深层原因还在说话人内心。贾尔斯(Howard Giles)等社会心理学者经过实验提出"人际言语顺应理论",认为:人们为了取悦对方或与对方拉开距离,会不断调整自己的语体包括口音、声调、节奏、速度等等,使之与对方的语体相似或相左。不过,所说对方的语体往往是说话人自认为对方正

[①] 参见白志红《女性主义人类学》,载招子明、陈刚主编《人类学》第 289—309 页,2008。

在使用的语体，而不见得正是对方实际使用着的语体。之后，贝尔（Allan Bell）提出"听众设计"模式，指出说话人的言语风格是为其听众设计的，并且存在各类听众。勒佩奇和塔布雷-凯勒（R. B. Le Page and Andrée Tabouret-Keller）根据对操克里奥耳语人多语行为的考察，提出"认同行为"理论，指出：我们不见得一定是针对受话方，更可能是针对交谈时我们认同的自己的形象而调适语体。①以上提到的各种观点显示语体变化研究的关注点在不断深化细化。拉波夫是首位把语体研究融入变异模式的学者，他的意图在于区分语体差异。在他的范式中，语境是静止的，说话人只不过为了回应特定语境而使用某一语体。贾尔斯的范式揭示语体变化是说话人为了达到某一目的而有意或无意地使用的谈话策略。而贝尔根据实证研究指出，说话人会随着直接受话人的变动而微调自己的语体。相对而言，在他们的模式中，语境是动态的，说话人更具主动性。而勒佩奇的假说中，说话人则完全是自主的，不断通过语体变化把自己当时想要认同的集团成员身份突显出来。当然，说话人使用的语体有时也可能折射出个性特征。究竟有哪些语境因素，有什么样心理因素和认知因素促使说话人使用某一变体而不用另外的变体呢？这个问题十分复杂，已经超出了传统的语言变异研究范围，涉及社会心理学关于社会认同、民族语言认同和个人认同行为的研究。

（4）语言态度与保持或扩散语言变体

语言变体的社会声望和社会价值来源于使用者的社会声望以及相关言语共同体对其所持的态度或所施行的政策。当一个从少数人开始使用的创新形式在小群体当中开始扩散时，这一语言变式在其初现阶段，没有明显语体差异和不同的社会评价，拉波夫称其为"显现变项"，又称"指示变项"。当这一变式继续扩散到别的小群体，出现在不同社会地位的人的话语当中，呈现社会差异和语体差异，并产生相应的不同社会评价时，这一变式就具有了社会意义，成为人们意识到的"标记变项"。倘若某一变式被言语共同体全体成员采用，不再存在社会差异和语体差异，这一变项也就终止了变化。标记变项体现时空中正在进行的语言变化，它是观察语言变异的具体目标。研究表明，一个语言变体使用范围的扩大或缩小

---

① 参见 R. B. Le Page, *The Evolution of a Sociolinguistic Theory of Language*, 见 Florian Coulmas 编 *The Handbook of Sociolinguistics*, pp. 28—30, 1997。

与使用者或社会对它的评价密切相关。通常社会地位较低的人群以社会地位较高的人群为参照系,仿效他们的言语行为,这就会促使有声望的语言变体向地位较低的人群扩散。但是,有些社群具有相当大的内聚力,人们无视社会规范,会有意或无意地抵制外部压力,努力保持自己的语言特色,以显示自己归属于某一共同体,因而他们习惯使用的语言变体相对稳定。换言之,一个群体的语言行为不见得只受到官方标准的约束,民间流行的方式有时影响力更大。语言变异研究必须与语言态度研究相结合,才能真正了解语言变化的原由。

(5) 语言演变机理

变异研究者相信,促使语言发生演变的原动力,现在的和过去的相同。根据这条"天律不变"原理,在一定条件下,我们可以用现在处于变化中的语言变异现象为佐证,说明历史上该变项发生变化的过程。拉波夫综观一些大城市社会方言调查结果,提出了关于语言演变轨迹的假设:

一是关于语言变化带领者的社会定位。[1]语言变化的带领者通常不在变异研究调查对象层级的顶层或底层当中,而在层级的中央,即上层劳工阶层或下层中产阶层群体中,原因是这部分人在社会经济阶梯结构中尚有上升的可能。这一状态与语言变项在不同年龄段的分布相呼应,被称为弧线模式。

二是关于传播稳定的语言变项的引领人。[2]大多数调查研究表明,女性是传播人们意识到的标准体或标记变项的带头人。对于女性的这种表现,拉波夫认为,与其归结为他先前所说的"语言不完全感",不如看成是"社会向上流动性"所致,或者至少看成是妇女为了她们的子女将来能提升社会经济地位而准备"符号资本",她们比男性更加认同语言规范。[3]另一方面,有数据表明,一定年龄段的女性在人们未意识到的本地话变式的传播中也是引领者。怎样解释女性既保守又创新这一"性别悖论"呢?一个可以统一的论点是,女性对于语言的社会评价(无论来自大社会,还是来自小集体),都比男性更为敏感。也有的论点说,女性基于生理原因,她

---

[1] 参见 William Labov, *Principles of Linguistic Change: Social Factors*(影印本), pp. 29—33,2001/2007。

[2] 同上书,pp. 290—293。

[3] 同上书,pp. 266—279。

们对语言的认知感比男性要强。拉波夫认为,这些看法都不足以解答这一难题。性别、年龄、社会阶层、民族、种族等等社会因素往往会共同起作用而影响说话人的语言使用,考察其中某一社会变项与语言变项的关系时,必须考量它与其他相关变项之间的关联。

三是关于年龄在研究语言变化中的作用。[①]一个人的年龄总是处在历史发展阶段和生命发展阶段的交汇点上。根据观察,通常儿童从女性养育人那里习得本地话,在其社会化进程中,首先懂得正式语体和非正式语体的差异;中学阶段,开始觉察到非正式语体变式的使用者通常是社会地位低下的人,而且不遵循社会语言规范的年轻人往往使用得最多;成年人对语言变式的观念和态度随着环境的变更而发生变化;30多岁、40多岁时,人们学会说另一语言的能力大大降低,但会在不同场景或与不同关系的人交谈时转用语体;进入老龄以后,语言使用变得保守起来,老年人通常保持讲本地话。因此,如果当前年轻人和老年人之间使用某一语项所呈现的差异,与以前的方言录音或历史纪录相符,那么可以认为这一语项正处在变化之中,共时的语言变异模式可以反映其历时的演变过程。必须注意区分年龄分层现象和年龄级差现象。对时隔20年真实时间内某一语项的变化再度进行的研究表明,人到了老年,常常会回过头来又讲本地话,或者,一代人在最初习得本地话和初期社会化之后,由于生活环境没有改变,结果使用的语体也就稳定不变。这种隔代人之间所呈现的语言差异不能看成是进行中语言变化。[②]

对于音变的起因及扩散,早期语言学家提出省力原则、模仿原则、信息最大化需求、交际密度、语言接触等解释。社会语言学实证研究表明,上述观点有其合理性。至于对立的两个语言形式长时期竞争以及大范围音位分裂和语词扩散等现象则涉及语言变化的增长和延续问题。语言的演变通常是持续进行的。拉波夫认为,有些音变如元音的转移明显地受制于语言结构本身,在外部因素不起作用的情况下,内部因素可以限制变化的走向而使变化长时期延续下去。[③]

[①] 参见 William Labov, *Principles of Linguistic Change: Social Factors*(影印本), pp. 436—445,512—518, 2001/2007。
[②] 同上书,pp. 446—449。
[③] 同上书,pp. 15—34。

2. 言语交际

本书所讲言语交际研究包括交际民族志学、会话分析学和话语分析三大主题,话语分析的重点在互动社会语言学。交际民族志学认为,各种方式的语言连同副语言交流都可以称为言语交际,而通过观察群体的言语交际,可以了解该社群的文化习俗、行为规范和信念。会话分析学则强调,只有当一个人的话语诱发出一个回应,才能称之为交际,着眼点在于研究会话的组织规则。话语分析的主要目标是理解交际的意图。"话语"这一术语没有统一的定义,[①]它或指连贯的书面语言,或指连贯的口头语言,或兼指二者,而且话语分析遍布多门学科,涵盖内容十分广泛,既有哲学、语用学范畴内的语篇分析,也有社会学、社会语言学范畴内的日常言谈分析,还有触及政治学、文体学、修辞学、传媒学等领域的批判性话语分析,[②]而最广义的话语分析则涉及语言、认知、交往、社会、文化等各个分析层面及其不同方法。[③]因此,本书为了明确起见,采用"会话分析"这一名称。会话分析泛指对会话结构、会话策略、会话风格、会话过程等进行的解释性分析。

(1) 会话分析理论

英国哲学家奥斯汀(John Austin)创立的"以言行事"言语行为理论和美国哲学家瑟尔(John Searle)进一步发展的"间接言语行为理论",[④]以其日常语言哲理和逻辑推理方法,开启了通向会话研究的大门。实施言语行为必须满足必要的条件,其中就包含合宜的场所和恰当的参与者,可见语言意义的生成离不开社会语境。着眼于语句的语用功能而并非语句的形式,研究者洞察到日常交谈中有许多话语具有"施事语力",而且一个

---

① 据 Adam Jaworski and Nikolas Coupland 编 *The Discourse Reader* (1999),"话语"至少有十个不同的定义;Zellig Harris (1951) 最早使用"话语"一词,它指大于句子的语言结构;Deborah Tannen (1989) 则称,以任何形式在任何语境中出现的语言都可以叫做话语。

② Robin Lakoff 以"道歉"为例,提出有九条路径分析该言语行为。详见 Deborah Schiffrin, Deborah Tannen, and Heidi E. Hamilton 编 *The Handbook of Discourse Analysis*, pp. 200—214, 2001。

③ 参见 Teun A. van Dijk, *Introduction: Levels and Dimensions of Discourse Analysis*, 见 Teun A. van Dijk 编 *Handbook of Discourse Analysis*, Vol. 2, *Dimensions of Discourse*, pp. 1—11, 1985。

④ 参见顾曰国《John Searle 的言语行为理论:评判与借鉴》,载《国外语言学》1994 年第 3 期第 10—16 页。

意向可以通过几个不同形式的语句表达,而各种语式所体现的社会意义并不一样。为会话分析奠定理论基础的应该是美国哲学家格赖斯(Paul Grice)建立的"会话含义"理论。人们进行言语交际总有其目的,会话之所以能够连贯进行,是因为会话人有一个共同接受的指向,相互配合。格赖斯提出的"会话合作原则"明确了会话的性质,在此前提下,听话人可以从说话人提供的话语信息是否背离了量、质、关系或方式准则而推测说话人的言外之意。格赖斯用语用—逻辑推理方法推导发话人想要表达的用意,他的做法适用于非规约语句。利奇(Geoffery Leech)认为,言语交际的顺利进行还须补充一条"礼貌原则",由得体、慷慨、赞誉、谦逊、一致和同情等六项准则构成,他称之为"人际修辞"。布朗和莱文森对礼貌现象进行了跨文化研究,提出:人际交往中普遍存在保住"面子"的心理需求,讲礼貌就是要减少威胁他人面子的程度,使用表述礼貌策略的言语以实现自己的目的,而这些礼貌策略具有普遍性。他们的观点既有不同民族语言的语料作为经验基础,又有充分的理论阐释,因而获得了美国社会语言学界的赞誉,但也遭到了不少非议。批评者认为布朗和莱文森着力构建的面子和礼貌理论有失偏颇,有些民族的传统文化更看重社会规范赞许的礼貌行为。[①] 布朗和莱文森是从比较说话人的言语策略,从话语的结构和语词的选择上,概括出礼貌现象所具备的共性的,如果就社会文化层面来谈论礼貌,那么由于价值观念不同,势必会有不同的诠释。此外,对于礼貌行为的社会期望也会因交际情景的变化而相异。

(2) 会话结构

会话是人类的基本活动方式,它是一种理性行为,有秩序、有规则、有机制。会话分析学派就会话结构作出了科学的论断。会话过程中,说话人不断把自己对正在进行的会话活动的理解透露给对方,并根据常识判断对方传递过来的信息的意义,在双方互动过程中共建会话语境,维系会话秩序。他们所开创的研究方法,如把自然发生的长篇谈话录下音来并转写成文本,所发现的会话结构单位和序列如话轮、邻接对、开头和结尾,以及会话潜在规则如关于话轮的分配原则、修补原则等被社会语言学者

---

① 参见 Gabriele Kasper, *Linguistic Etiquette*, 载 Florian Coulmas 编 *The Handbook of Sociolinguistics*, pp. 374—385, 1997。

广为采纳,运用于话语分析。① 会话的连贯性需要有连接语及前指或后指等手段标示潜在意义结构之间的语义关系。希夫林(Deborah Schiffrin)从社会语言学角度研究英语"话语标记"如 oh,well,because 等话语起始词,指出:一个标记常常有多个功能,可以同时连接一篇会话中不同平面的话语,整合会话结构中存在的多个互动过程。②

(3) 语境意义

现实生活中绝大多数话语的真实用意都必须依赖语境去解读。常人方法学注重"即时语境",他们的主张对于社会语言学会话分析产生了深刻影响。首先,人们对语境的认识不再停留在外在的先验的社会条件和情景要素上,而转向会话本身,认识到会话的即时语境就在互动过程中,而且语境会随着会话的进展而变化,因此同样的话语其意义也会随着语境的发展而变化。其次,话语的用意不该由分析者去推断,而应当跟随听话人去领悟。怎么知道听话人是理解了还是没有理解,是接受了还是不接受说话人的意图呢? 从细致分析一个接一个的话论或者说前后出现的序列可以得知。了解此时此刻包含在语境中的意义,这是理解话语含义的关键所在。常人方法学把会话视为一个独立自主的系统,假定会话人具有共知的方法和规则,有能力解释自己的和他人的言谈,不需要到文本外去寻找解答。但是,人们的言语行为摆脱不了社会规范和交际习俗的影响,不同民族、不同文化背景的人进行交谈,即便不存在语言障碍,也常常由于交谈常规上的差别而达不到沟通的目的。互动社会语言学在会话分析学程序基础上,把社会文化背景知识结合进来,分析微观层面的言语信号怎样体现宏观层面的社会因素,使我们看到了两者之间的联系。

(4) 语境化提示

生活在现代都市中,人们经常会遇到社会、文化、语言背景各异的人,对于各类言语交际活动应该怎样展开,他们有着不同的预期。语境化提

---

① 英国伯明翰学派辛克莱(J. M. Sinclair)和柯特哈德(M. Coulthard)等人分析课堂上师生间的对答,提出话语结构由"课"、"课段"、"回合"、"话步"和"行动"等五级构成,他们设计的一套描写范畴和分析程序也颇具影响力。参见 Malcolm Coulthard,*An Introduction to Discourse Analysis*,pp. 93—115,1977;王得杏《英语话语分析与跨文化交际》第 200—211 页,1998。

② 参见 Deborah Schiffrin,*Discourse Markers:Language,Meaning,and Context*,载 Deborah Schiffrin,Deborah Tannen and Heidi E. Hamilton 编 *The Handbook of Discourse Analysis*,pp. 54—75,2001。

示是甘伯兹建树的互动社会语言学的核心概念。它指说话人为了达到自己的谈话目的而有意或无意地发出的语言和副语言信号,以示意听话人应当在恰当的"框架"①内理解其交际意向。会话过程中,一些话语的细节如重音、声调、停顿、讲话速度、使用某个语词或习语、语码转换等,都可能是理解说话人用意的线索。当听话人觉察到说话人的言谈特点后,凭着已有的知识和经验,就有可能判断说话人的背景,假定正在进行的谈话的类型,借以推断此时此刻说话人的用意和期待获得的结果。换言之,会话人是依据语境化提示读懂交谈情景,预设交际意向,进行会话推理,从而作出适当回应的。

(5) 会话风格

成功的会话有一个重要的前提,就是各方积极参与,高度投入。"投入"是由于说话人感觉到自己与其他人以及其他地点、事情、活动、思想、记忆、话语等存在心理上的联系。研究者发现,反复提到某些内容或情节,形象地表述一些情景或细节,以及讲话的声调、节奏等等,都可能使人产生联想,唤起人的情感,从而投入会话中去。说话风格与说话人的地域、社会、文化背景以及个性有关。② 进行会话分析,需要注意参与者的说话风格。有时候,话怎么说比说了什么,更加具有启示意义。

(6) 互动社会语言学

互动社会语言学是在20世纪80年代初确立的一门解释会话过程的学问。它以格赖斯的会话观、加芬克尔的方法学和戈夫曼的互动观为理论基础,综合利用各种话语分析方法,捕捉互动过程中一般不易觉察的语言边缘特征,进而探索推进互动活动的信号机制。互动社会语言学的目标在于将已有的语法、文化和交谈常规知识整合成单一的关于言语交际概念和分析程序的理论框架。研究表明,会话参与者要达到彼此真正理解,不仅需要了解各自的文化背景,具备共享的语言知识和语用能力,还

---

① "框架"、"图式"、"计划"和"脚本"这些认知科学术语常见于话语分析文献。"框架"指能将具有潜在关联的各认知元素组成陈列网络的一种知识结构;"图式"指把各认知元素按递进过程组成网络的知识结构;"计划"比前两种构型更具指向性和操作性;"脚本"构型中的认知元素对说话人和听话人起指导和提示作用。详见陈忠华、刘心全、杨春苑著《知识与语篇理解——话语分析认知科学方法论》第33—35页,2004。

② 参见 Deborah Tannen, *Talking Voices: Repetition, Dialogue, and Imagery in Conversational Discourse*, pp. 9—14, pp. 17—29, 1989。

需要有共享的认知资源,如关于话语活动的框架或图式,以及激活记忆中已有知识的认知组织能力,否则由于彼此预期不同,感受不同,就有可能发生误解甚至引起冲突。① 当今世界,科技迅猛发展,经济全球化,人口大规模流动,国际间人员频繁交往,导致城市文化日趋多元,居住在同一地段的人其社会、文化、语言背景就可能各式各样,这种状况使得凭借传统的言语共同体构念不足以应对现实。互动社会语言学的产生标志着微观社会语言学研究步入以语言使用者之间的互动为研究基础,更加注重话语实践,更加具有个性特色的发展阶段。

(7) 交际民族志学

人们进行言语交际仅靠"语言能力"是不够的,还需要有得体运用语言进行社会交往的"交际能力",包括内在的语言、社会、文化等知识。民族志学者选择一个社群的某一言语场景作为描写单位,观察人们怎样使用语言。一个言语场景(如社交聚会)包含一个或若干个言语事件(如交谈);一个言语事件由一个或多个言语行为(如打招呼、开玩笑)构成。②言语行为是分析言语交际的最小单位。研究者通常选择有代表意义的言语事件作为描述对象,描述的项目包括海姆斯提出的 SPEAKING (见 5.1.2)。

(8) 称呼语研究

言语交际中,称呼语的使用明显地表现出说话人与受话人之间的地位-角色关系和社会距离。说话人从各类称呼语中,根据语境的要求和自己的意向选用常规称呼语或非常规称呼语。用语码转换标记性模式来解释,前者为无标记性语码,后者为有标记性语码。选择无标记性语码意味着保持与受话人的常态社会关系,而选择有标记性语码则是要改变先前维系的上下位关系或亲疏关系。称呼语使用上的变化,与其他语项的变化一样也隐含着潜在规则。

把使用各种称呼语概括为作出无标记语码选择或有标记语码选择,存

---

① 参见 John Gumperz,*On the Interactional Bases of Speech Community Membership*,载 G. Guy, C. Feagin, D. Schiffrin and J. Baugh 编 *Towards a Social Science of Language: Papers in Honor of William Labov Vol.2, Social Interaction and Discourse Structures*, pp. 183-203,1997。

② 参见 Dell Hymes,*Models of the Interaction of Language and Life*,载 John J. Gumperz and Dell Hymes 编 *Directions in Sociolinguistics: The Ethnography of Communication*, pp. 35-71,1986。

在着过分简约的通病。所谓规范,也在不断发生变化。例如,几十年前我国社会绝大多数成员认同的规范称呼语"同志",随着社会的转型,到如今仅在小部分人中依然占据主导地位。[①] "师傅"一度曾被用来称呼绝大部分公民,而今使用的范围缩小了,但其语义已经扩大。同样,"老师"在特定人群内也已被泛化成通用称呼语。近三十年来,在市场经济大潮的冲击下,人们的等级观念和面子观念高度膨胀,对政界、工商界、演艺界、教育界、科技界等各界人士,使用职衔称谓的风气盛行。而在非正式场合,在随意交谈时,在熟悉人之间,或对陌生人,拟亲属称呼语则成了最佳选择。称谓系统内的变化折射出社会结构、人际关系、思想意识上的改变。从共时或历时、跨地区或跨文化的角度对称谓系统作比较研究,是很有意义的主题。

就个体而言,称呼语的使用是一种认同行为。称呼语作为身份的标志,必然与社会范畴相对应,称谓系统受社会结构的制约这一基本性质不会改变。问题的另一面是,在当今这个多元化时代,个体在实践中会不会能动地创造新的称呼语,以满足自己和同伴们不一般的认同需要呢?这就要求研究者选择恰当的个体,对其交际行为进行长时间的民族志式观察,搜集他们的谈话语料,进行会话分析,从中找出他们称呼语使用上的变动,尤其是背离日常秩序、违背礼仪习俗的表现,进而了解他们如此称呼的主观想法,在此基础上判断他们的创新形式具有什么样的社会功能和社会意义。简言之,从"建构论"角度研究称呼语的使用,需要采用研究质的方法,其目标是为了揭示并论证:个体或特定群体在互动情境中会有意识地借助称谓这个特殊的语言符号,呈现多重的自我形象,以此来建构变化多端的人际关系。

3. 双语现象

世界各地普遍存在使用双语或多语的现象(以下统称"双语现象")。双语现象起始于讲不同语言的人群频繁往来而使不同的语言相互接触。双语社会或双语社区的形成大多同人口迁徙有关。军事入侵、殖民统治、宗教传播,或国家出于现代化建设的需要而大规模移民,都有可能促使双语社会或双语社区的形成。多民族聚居地也都存在双语现象。双语或多语国家指一个国家具有两种或多种官方语言。一个国家双语程度的高低取决于这个国家双语人在全国人口中所占比重的大小。社会语言学者研

---

① 参见晏小平《从"同志"看社会的变化》,载《语言科学》第3卷第2期第106—111页,2004。

究双言现象,有人关注社会整体的状况,有人专注于说话人的语用策略,有人研究语言接触问题。不论研究范围的大小,总要搞清楚主体在什么特定环境下,出于什么原因,选择使用某种语言或转换语码或混合语码,以及产生了什么社会效应等等。菲什曼的语言社会学着重研究事关全局的重大的社会语言问题,他本人尤其关注语言与少数民族认同的关系,极力主张保持语言和文化的多样性。

(1) 双言制

弗格森根据他观察到的某些国家和地区语言的格局,指出存在双言制社会,即:一个国家或地区同时使用两种严格区分社会功能的语言变体,它们各有特定的结构和名称,各有固定的用途,并且享有不同的社会声誉,而被简称为"高"变体(H)和"低"变体(L)。有一种同双言制相似的社会双语现象,即:绝大多数人都会在不同场合使用不同语言。菲什曼认为这类使用双语的状况也可以称为双言制。把两类状况用同一个术语来概括,这会影响到"双言制"概念的确切性,在部分研究者当中引起了争议。表面看来,"高"变体和"低"变体之间同标准语和方言之间在语言的社会功能配置上确实有相似之处,何况弗格森首先界说的双言制是以特定国家和地区为原型,而事实上各地的双言状况并非划一或稳定不变的。但是,一些学者经过研究双言制的发展历程之后,认为古典双言制的内涵不宜扩大,弗格森所称双言制和菲什曼扩展式双言制之间存在一个根本分歧:在弗氏所言双言制社会,使用何种语言变体纯粹取决于语言应用领域,"低"变体是所有人自然习得的第一语言,而"高"变体必须接受正规教育才能学会;在菲氏所言双言制社会,两种语言则分别是社会地位高的社群和社会地位低的社群的第一语言,并且强势语言有可能替代弱势语言而成为大众的日常用语。

(2) 语言转用和语言保持

生活在多语国家的移民,是继续使用自己的母语,还是放弃使用自己的母语而代之以使用所在国的通用语言,这一问题在美国这个移民国家及拥有大批外来工人的欧洲发达国家十分尖锐,因而成了语言社会学研究的一个核心课题。强势语言怎样渗透到移民群体中去,弱势语言怎样抵制外来压力,两种语言相互接触带来什么后果,一个群体由使用一种语言发展到改用另一种语言经过几代人之间怎样的过渡,这一切既包含语言接触、语码混合、语码转换、语言认同等微观社会语言学研究素材,又是研究语言使用和情景、场域、态度、信念等关系的有效依据。至于促使移民们作出这样或那样的语言选择的动因在哪里,这一问题追根究底又和宏观层面的社会、政治、经济、地域等环境有关,而民族意识、宗教信仰、文化传统、乡土观念等人文因素则往往起着支撑移民群体维护母语的作用,使得他们在异国他乡保持语言忠诚。此外,人口生态、语言政策、双语教育等也是影响语言保持和语言转用的重要因素。一言以蔽之,这一主题所涵盖的内容十分丰富,同语言变异研究也有直接关联。

(3) 语言与民族认同

每个人一出世就是某一民族共同体的成员,自然而然地学会讲本民族的语言。民族是天生造就的人的社会属性。民族认同则反映人的主观意愿,并不是人的固定属性。照理说,使用某一民族语言是民族认同的最重要的象征,但在当今世界,语言与民族认同的关系变得非常复杂。例如,希腊裔美国人可以认同自己属于希腊族,却不懂希腊语。在特殊境况下,有些人出于考虑个人的利害而突现民族认同,如为了谋生或考大学而表明自己是少数民族的一员。当使用某一语言威胁到个人的人身和财产安全时,有些人会采取放弃民族语言的策略。另一方面,有些人宁可牺牲性命,也要坚持自己的民族认同。护卫奥运火炬的中国留学生的爱国举动体现了他们作为一个集体的成员对中华民族的积极认同,尽管就个人而言,在其他场合,也许有些人会有别的举动而表现出另样的认同。一些人认同两种文化,讲双语。一些人完全放弃原有的民族语言和文化传统,尽可能使自己的言行像个地道的异乡人。有的族群坚决抵制主流文化和语言的侵蚀,力求保持本民族的语言和文化特色。也有的族群被边缘化,原有的语言逐渐丧失其功能。贾尔士等社会心理学家研究语言和民族认同的关系,提出民族语言认同理论和"群际模式",将"内群体"和"外群体"成员身份以及积极的"自我"概念作为影响语言使用和习得的动机的重要因素。教育社会学家温格(Etienne Wenger)提出"想象共同体"概念,使得个人可能归属的社会空间延伸到了远方。由此衍生出的"想象认同"等新概念,打破了传统社会心理学关于第二语言学习动机的论断。但有时候,语言只是实用的工具,并不载有情感价值,在这种情况下,学习和使用二语不致于妨碍民族认同。

(4) 濒危语言和语言消亡

濒危语言指接近消亡的语言。一种语言从地球上消失,除非说该语言的人群突然全部死亡,否则总归要经历漫长的过程。大多数情况是在双语地区弱势语言受到强势语言的威胁,用途越来越少,而且得不到政策、教育的支持,于是年轻的一代转而学习使用强势语言,随着弱势语言的说话人逐渐减少,直到一个也不剩,这一语言也就消亡了。从"工具论"的角度看,普及主流语言有利于提高交际效率。然而,"人人都说同一语言,决不是人类最理想的解决办法。它必然意味着强者压制弱者,多数人压制少数人"①。面对21世纪经济全球化对少数民族语言的威胁,菲什曼认为有必要提出"逆向语言转用"社会行动计划,调动资源,采取措施,分步骤地帮助特定族群恢复受威胁语言的某些功能,以平衡全球化给一些语言的生存和发展带来的消极影响。②

(5) 语码转换

在双语或多语环境下,说话人在谈话当中使用两种或多种语言及其变体,一直都是极为普遍的现象,然而这一现象直到社会语言学问世才被赋予语码转换的术名,并且从此成为一个重要的研究领域。语码转换有两种形式:句际语码转换和句内语码转换。社会语言学者发现语言使用上的变化有着丰富的社会含义。解析语码转换现象既要考虑到社会语境,又要注意到话语语境,还需向认知层面探求其原由。语码转换的语句构成有一定的模式,研究其中的变化机制有可能从语言结构层次窥见语言演变的各种景象。③

4. 语言规划

语言规划一般指政府、学术机构、社会团体对社会使用的语言(口头和书面形式)进行有目的、有计划、有组织的干预和管理。这是一种非常复杂的活动。首先,语言规划和语言政策的制定必须考虑到国情的方方面面,如国家的统一、政权的巩固、经济的发展、文化的传承等,需要准确把握方向,使之达到有利于社会进步的目的。其次,语言规划所要解决的

---

① 译自 Joshua Fishman, *Reversing Language Shift: Theoretical and Empirical Foundations of Assistance to Threatened Languages*, p.31, 1991。

② 参见 Ofelia García and Harold Schiffman, *Fishmanian Sociolinguistics (1949 to the Present)*, 载 Ofelia García, Rakhmiel Peltz and Harold Schiffman, *Language Loyalty, Continuity and Change*, pp.3—68, 2006。

③ 参见 Carol Myers-Scotton, *Duelling Languages: Grammatical Structure in Codeswitching*, pp.208—228, 1993。

问题通常都是语言生活中沉淀的普遍性的问题,提出改革方案,经由法律或行政程序付诸实施,并对其效果作出评估,需要投入长时间的艰辛努力。再者,语言规划是一个从实践到理论需要不断总结经验、加深认识、修正策略的过程,没有现成的、固定的模式可以搬用。

语言规划的内容牵涉的面很广,最基本的方面可以归结为:

(1) 地位规划。指确立国家或区域内多种语言的地位和职能,使其得到法律的承认和社会的认可,主要体现在制定语言政策上。

(2) 本体规划。指改善语言系统本身的构成和表现形式,要判断和选择语言使用中涌现的变异和创新,定下标准,加以规范,以提高其使用效率。

(3) 教育规划(又称语言学得规划)。指有计划地通过语言教育推广一种语言,从而扩大国内、国际使用者的人数,使其能在各种事务中充分发挥作用。

此外,还有语言声望规划、语言传播规划[①]等,旨在借助于名人、媒体来提高一种语言的声望,宣传语言规划的内容,发挥号召和示范作用。

以上主要是关于宏观社会层面自上而下推行的有组织的活动。应该看到,还存在个人和群体自下而上促使语言改革(或抵制语言改革)的力量。本书提到的女权主义者主张用无性别差异的英语语词替代有性别歧视含义的英语语词的行动取得了一定的成效就是一个鲜明的例子。语言规划在这里更明显地体现为要影响他人的语言行为。

从学术研究角度看,早期语言规划的理论概括主要基于解决社会语言问题的经验,可以视为语言社会学的一个组成部分。之后,研究重心移到语言变化上,语言规划更多地被视为对语言创新的管理。库珀(Robert L. Cooper)提出了一个描述语言规划作为管理活动的框架,涉及下列八个方面:

(1) 什么样的行动者。如官方的精英、有影响的人、反对者精英、非精英政策贯彻者等。

(2) 试图产生什么样的变化。体现在:1)规划变化的结构特征(如与已知的语言相似,因而容易学得);2)规划变化的功能;3)对潜在采纳者的

---

① 参见郭龙生《论中国当代语言规划的方法》,载《北华大学学报》2007 年第 4 期第 73—82 页。

影响程度（如使其能意识到，抱拥护态度，能得体使用，经常使用）。

（3）针对什么样的人。应考虑到：1)目标的类型（如个体抑或社会团体，首先要影响的目标抑或中间目标）；2)学得新形式的机会；3)学得或使用新形式的激励；4)拒绝新形式的激励。

（4）为什么目的。包括：1)显性的（与语言相关的）目的；2)隐性的（不与语言相关的）目的。

（5）在怎样的条件下进行管理。如：1)情景的；2)政治的、经济的、社会的/人口的/生态结构的；3)文化的；4)外部环境的；5)信息的。

（6）用什么方式。

（7）采取什么决策过程。

（8）达到什么效果。①

上述框架试图较为细致地反映微观层面语言规划/语言管理与各种因素和力量之间的关联。规划语言最终要落实到人们的语言行为上，此中必然存在着许多变量，因此必须关注微观社会层面集体的语言表现以及个体对使用语言的选择。斯波尔斯基（Bernard Spolsky）认为语言政策归根结底是选择语言（包括语言变体）的问题。他汇集了大量资料和实例，以菲什曼构建的"场域"为基本单位，分析说明从家庭、学校、宗教活动场所、工作场所、各种社会机构、地方政府、中央政府直至超国家组织，每一处都有各自内部或显或隐的语言政策，对个体的语言使用和语言选择产生压力。他试图概括出一个初步的理论框架，用于解释语言管理者怎样有意识地努力控制成员的语言取舍，如学校老师纠正学生的语言错误、公司老板要求雇员必须具备的语言技能、国际组织规定成员国的工作语言等等。②总之，研究者把目光投向贯彻语言规划和语言政策的真实过程、方式和效果，力求把被忽略了的微观社会层面的语言管理置于考察的中心，采取与交际民族志学、语言变异、语言接触研究相结合的路径。

近二三十年来，世界社会政治格局发生深刻的变化，人类进入经济一体化、信息网络化时代，同时面临着自然环境和气候恶化的严重挑战，史无前例的复杂性使得人文社科理论也更趋复杂多元，而批判现存秩序的

---

① 参见 Robert Cooper, *Language Planning and Social Change*, pp.58—98, 1989。
② 参见 Bernard Spolsky, *Language Management*, 2009。

思潮占到上风。在语言规划学术领域,语言资源的生存和配置状态①成为关注的焦点。一些学者提出语言生态规划框架,把研究推向极致。他们批评先前的语言规划理念如双言制蕴含着不平等的权力关系,主张让人类语言最终处于自我调节状态。其实,社会语言学倡导者对于少数民族和弱势群体一直怀有同情心,反对歧视少数民族语言和弱势语言,基本立场与前者并无二致。但由于研究者所处社会发展的阶段不同,所遵循的社会指导思想不一,所要解决的问题发生了变化,因此先前的研究成果应用于今日显得不合时宜。着眼于尊重语言权利,就不会把语言的多样性看成妨害社会一致性的障碍,它反而是一种宝贵的人力资源和文化资源。

---

① 据估计全球现存 6000 种语言中,有 100 种语言被全世界 95% 的人口使用,其余数千种语言仅有全世界 5% 的人口在使用,美洲、澳洲等地大部分土著语言即将消亡。转译自 Thomas Ricento, *Historical and Theoretical Perspectives in Language Policy and Planning*,见 *Journal of Sociolinguistics*(4)2:203—204,2000。

第 二 章　理论、范式和方法学

　　一般地说，一门学科或学问是否成熟要看它有没有形成一套较为完整的理论体系。用这一标尺来衡量，社会语言学依旧处在发现问题、积累材料、汇集经验、深化认识、探索理论的成长时期。社会语言学不同于有的语言学科，它的理论体系主要不是依赖提出一些命题，运用演绎推理方法而形成的。社会语言学以客观存在的语言事实和未经加工的自然话语为研究对象，由此建立起来的学科必须拥有大量原创性经验研究的成果作为理论建设的基石。所谓经验研究，其基本程序就是以语言生活中出现的新鲜现象、问题或难题为起点，搜集相关的可信的材料，经过缜密的归纳推理，求得问题的答案，并对此作出解释，进而立论立说。无须多言，在科学研究过程中，归纳和演绎，正如分析和综合一样，是必然相互联系着的。当前的问题是：被蔑视为"采集蝴蝶标本式"[①]的社会语言学研究有没有理论上的成就？要解答这一问题，首先需要说清楚我们对"理论"、"范式"及相关术语的理解。

2.1　理论诠释

　　关于"什么是理论"，国外学术界争议颇多，争论的中心涉及理论与经验研究的关系、理论与日常知识的关系、理论与社会现实的关系、理论与思维的关系等。以上命题超出了本书的范围，在此不可能进行深入的讨

[①] 据许国璋《社会语言学和唯理语言学在理论上的分歧》，见祝畹瑾编《社会语言学译文集》第 4 页，1985。

论。我们关心的事情是:什么是社会语言学的理论,以及如何恰当地评价社会语言学理论。

《现代汉语词典》称理论是"人们由实践概括出来的关于自然界和社会的知识的有系统的结论"①。这一简要的定义包含三重意思:第一,理论来源于实践;第二,理论是对于客观世界认知的系统总结;第三,理论是概括性的陈述。这是从传统的认识论角度对于"理论是什么"作出的回答。就科学研究而言,根据事实提出的假说,即对客观事物提出的假定性说明,经过实践证明是正确的,就有可能发展成为理论。

现在我们用社会语言学相关研究为例来说明理论的形成是何等的复杂和艰辛。

2.1.1 理论与框架

社会语言学发展早期,许多学者曾对伯恩斯坦的"两种语码"的假说产生过强烈的反响。伯恩斯坦在1958—1972年间发表了近三十篇文章,试图就语言与社会结构的关系提出一套理论,但他没能达到目的。他的论证涉及社会结构、家庭出身、儿童社会化过程、学校教育与言语表现的关系。他的逻辑是这样的:语言作为规则体系分为句法和词汇两部分,由说话人对其作出选择,然后体现在言语形式上。他假定在语言能力和语言表现之间,要经过心理层面上的言语计划步骤。人人生来都具备语言能力,但语言表现却存在差异,这是因为言语计划步骤受到社会关系准则的控制。儿童学习说话时,同时接受了家庭角色体系中父母的言语模式显现的对其言行的要求,这是他们的经验基础。中产家庭的角色体系是开放型的,看重人的个性,因此鼓励儿童详细表达自己的想法。而劳工家庭的角色体系是封闭型的,看重人的地位,在这样的社会关系下,说话人表达个人想法的自由受到了限制。两类不同的行为规范促成这两个阶层的儿童具有使用不同语码的倾向性。② 在言语表现上,伯恩斯坦根据作过的调查提出,中产阶层儿童会使用复杂句和抽象名词等形式,而劳工

---

① 引自中国社会科学院语言研究所词典编辑室编《现代汉语词典》(第5版)第835—836页,2006。

② 参见Basil Bernstein著,姜望琪译《复杂语码和局限语码:社会根源及影响》,载祝畹瑾编《社会语言学译文集》第101—119页,1964/1985。

阶层儿童多使用简单句和一般词语。他称前一类言语形式为"复杂语码",称后一类言语形式为"局限语码"。①复杂语码比局限语码的言语形式幅度要大。复杂语码的使用者也会使用局限语码;反过来,局限语码的使用者不会使用复杂语码。使用局限语码的儿童在学校的正规教育中智商受到压抑,而且在存在偏见和歧视的社会环境里,语码象征着他们的社会身份,每次说话,这样的心理就得到加强。②

在伯恩斯坦研究的影响下,美国一些心理学者和教育学者用测验、面试等方法搜集下层劳工子弟和贫民区黑人儿童的语料,求证出身贫寒的人缺乏语言能力,并把"教育危机"归罪于孩子们天生智力差。伯氏的相关言论因此被贴上"缺陷论"的标签而遭到了谴责。其实"缺陷论"的始作俑者并非伯恩斯坦。他在评述复杂语码和局限语码的阶级根源时,就指出孩子们对使用这两种语码的倾向性是作用于他们身上的社会制约所决定的。不过,伯恩斯坦等人搜集语料的方法确实存在弊端。③之后他意识到,当初他对这两类语码界定不够清楚。所谓"语言代码",指的是抽象的语言规则体系中的语言符号,主要是词汇和语法结构,而他要说明的则是社会语言学意义上的"言语代码",是前者在言语行为上的表现。"不顾及语境而给予界定,使得两语码的意义在理论层面上被曲解了。"在后期的文章中他进一步解释说:社会语言学关于语码的概念是指向意义的社会构建,以及意义在不同的语境里的语码体现;而社会语言学的命题则"试图探索言语的符号体系怎样既实现又控制社会关系的结构"。④伯恩斯坦的整体设想包含两个深层次问题,即:语言符号怎样产生特定的言语形式,以及言语形式又怎样影响社会关系结构。他要探索贯穿其中的语言和社会的关系的理论。

伯恩斯坦对他的思想的经验基础、萨丕尔和沃夫及韩礼德等人的学识给予他的启发、他的概念的形成和发展过程等作了详细叙述。他承认,

---

① "复杂语码"和"局限语码"已成为各国通用的术语,但其所指随语境而不同,如在美国,两种语码指标准美国英语和非裔美语土语,而在英国,两种语码实际上指英语的两种语体。
② 参见祝畹瑾《社会语言学概论》第91—96页,1992年。
③ 同上书,第96—100页。
④ 参见 Basil Bernstein, *Social Class, Language, and Socialization*, 见 B. Bernstein, *Class, Codes and Control*, Vol. I : *Theoretical Studies towards a Sociology of Language*, pp. 170—189, 1971。

命题主要以涂尔干和马克思(Karl Marx)的某些社会科学思想为起点,尤其是沃夫的思想使他看到"文化(通过社会关系的模式化)影响到人们对于模式化的语法连同词汇及认知意义的选择"。但是,依然存在两个谜团:其一,在微观层面,社会结构怎样塑造人的经验;其二,在宏观层面,经验的结构化怎样被改变。伯恩斯坦提示,对于解开第一个谜团米德的学说很重要,而马克思关于社会的生产体系以及它所产生的包含在阶级结构中的权力关系的学说则为打开第二个谜团提供了一把钥匙。权力关系以及话语对于巩固社会结构的作用正是当今盛行的批判性话语分析关注的焦点。伯恩斯坦的理论思路体现了语言学与社会学相结合的路向,起到了先声作用。

应该说,伯恩斯坦的研究既有实际意义,有助于解决社会底层儿童教育受歧视的问题,又有理论意义,提出了一个解释言语的符号体系怎样既实现又控制社会关系结构的框架。但是,在他当初写的一系列文章中,由于对"语言代码"这一核心概念缺乏前后一致的界定及"正式的陈述",引发并遭到了严厉的批评。伯恩斯坦不愧为一位大学者。十余年来他尝试回答心里"舍弃不掉而又说不清楚的顽固的思想",但他最终"只能构建柔性的释义框架",并且认识到"'理论'一词也许使用不当"。他说,衡量他的思想的唯一标准最终也许在于"这些框架是不是有助于视角的转向,使得我们的看法能够不同于或者稍为超越于已接受的框架"。① 伯恩斯坦对待理论问题十分审慎,他的经历告诉我们,理论要有经验基础及相关学说的支撑,不仅如此,还必须概念清晰,陈述精要,否则至多只能名其为理论框架。此外,理论还有个别理论和一般理论之别。个别理论揭示具体事物的法则,而一般理论则涵盖普遍原理。许多个别理论经过长时期研究的沉淀和递进,才有可能整合成为宏大的理论体系。

2.1.2 理论与假说

如果说伯恩斯坦试图建立的是关于语言与社会的关系的大理论,那么拉波夫的目标是要探索语言变异的个别理论。拉波夫从试点访谈得到启发,纽约市流行的(r)音有差异,并且似乎同说话人的社会地位悬殊有

---

① 参见 Basil Bernstein, *Class, Codes and Control*, Vol. I: *Theoretical Studies towards a Sociology of Language*, pp.1—20, 1971。

第二章
理论、范式和方法学

关。而此前的研究者断言,纽约市人(r)音混乱不堪,没有任何模式可言。怎样搞清楚这个疑团呢?拉波夫遵循自然科学研究的传统,提出了一个假说,即:假若纽约市本地人中有任何两个集团在社会分层的阶梯上处于高低不同的地位,那么他们在发(r)音上也会表现出相应的体现声望高低的差异。[①]所谓"假说",不再是对事物表征的描述,而是反映事物内在联系的概括性陈述了。这类基于经验的假说为研究者设立了一个具体的目标,同时也向研究者指出一条接近现实的路向。有了它,就可以周密设计调查研究方案,包括选择调查对象、确定调查方法等等;也可以用它来衡量方案的实施有没有达到预期的目标,存在什么问题,并作出恰当的解释。拉波夫对纽约市下东区居民英语分层所作的调查显示,那里人们的言语特征惊人地趋同。经过了一系列有关说话人主观认可的测试和访谈,包括运用主观反应测试、自我评价测试、语言不安全感测试、语言态度访谈等,拉波夫得出结论:"纽约市是一个单一的由一组共同的语言评价标准集合成的言语共同体,尽管实际应用标准时存在偏离。"[②]后来,拉波夫将所见概括为如下陈述:"言语共同体的界定与其根据人们使用语言成分上的明显一致性,不如根据人们对共同规范的参与。这些规范可以从公开评价言语行为的调查中观察到,也可以从变异的抽象模式的统一性上察觉到。"[③]有批评者指责拉波夫下的定义犯了循环论毛病。其实拉波夫所言无非是经验的总结。他的见解的优越之处在于:把说话人具有同样的心理感受和价值观念放在比具有相同的言语表现更为重要的位置上。这是他的观察进入到语言态度层面而得出的结论。拉波夫在其经验研究的基础上提出了不少语言变异方面的重要概念,为开展这一领域的研究提供了有效的工具,他提出的一些假说也起到了示范作用,得到了广泛的印证。

然而,根据经验和逻辑推理得出的结论,就是正确的理论吗?奥地利科学哲学家波普尔(Karl Popper)举了一个有名的例子来表明归纳推理只能达到某种程度的可靠性或概然性,他说:"不管我们已经观察到多少

[①] 参见 William Labov 著,祝畹瑾译《纽约市百货公司(r)的社会分层》,载祝畹瑾编《社会语言学译文集》第 120—149 页,1972/1985。

[②] 译自 William Labov,*The Social Stratification of English in New York City*,p. 355,1966。

[③] 译自 William Labov,*Sociolinguistic Patterns*,pp. 120—121,1972。

只白天鹅,也不能证明这样的结论:所有天鹅都是白的。"社会语言学实证研究得出的结论就是如此,它不可能覆盖全部事例。波普尔主张对于理论应当进行演绎检验以证伪,意思是借助过去已被接受的理论,从中演绎出某些"预见"(包括希望解释的已知陈述),然后将它们与现行陈述相比较来判断这些结论是被证实还是被证伪。假若这些结论不能被证实,那么也就证伪了它们从中合乎逻辑地演绎出来的那个理论。他认为,科学理论不可能完全得到证实,科学陈述的客观性在于它们能被主体相互检验,因此科学陈述永远具有普遍假说的性质。[①]美国逻辑学家、符号学家、哲学家皮尔斯(Charles S. Peirce)则指出:人们在日常生活中所看见的只是图像,比如春天窗外杜鹃花盛开,那是具体的东西,而当人们表达时说出的(如"我看见盛开的杜鹃花"——笔者),却是一句话、一个事实、一个判断,此时的陈述已是经过抽象的了。换言之,没有概括和抽象,客观世界在人们眼中只是离散的经验与感官印象混乱地拼凑在一起的东西。[②]他又说:"理论是我们撒出去抓住'世界'的网。理论使世界合理化,理论说明它,并且支配它。我们尽力使这个网眼越来越小。"[③]两位哲学家的见解都指明,理论不是完全客观和始终正确的,理论同假说一样,两者都要经受检验,都会因时空的变化而需要改变,它们的发展永无止境。

美国社会学家亚历山大(Jeffery Alexander)摒弃了把理论陈述和经验描述分割开的二元论思维方式,提出经验知识和理论知识之间没有严格的界限,科学思维可以视为在经验环境和形而上环境两极之间的连续体上不断移动的智力活动过程。连续体包含具体的观察、方法学前提、相关性、复杂的和简单的命题、法则、类别、定义、概念、模式、一般预设等[④],其中不乏形成范式的要素。这个观念切合当今社会语言学纷繁的现状。

[①] 参见 Karl Popper 著,查汝强、邱仁宗、万木春译《科学发现的逻辑》第 3—24 页,1934/2008。

[②] 参见 Hans Joas and Wolfgang Knöbl, *Social Theory: Twenty Introductory Lectures*, pp. 4—5, 2009。

[③] 引自 Karl Popper 著,查汝强、邱仁宗、万木春译《科学发现的逻辑》第 35 页,1934/2008。

[④] 参见 Hans Joas and Wolfgang Knöbl, *Social Theory: Twenty Introductory Lectures*, pp. 9—10, 2004/2009。

2.2 范式的构成及价值

什么是范式？美国物理学家、自然科学史学家库恩（Thomas Kuhn）在其名著《科学革命的结构》（*The Structure of Scientific Revolutions*）一书中不时提到范式，有许多看法，值得借鉴。他认为，范式是被普遍接受了的模式，是由法则、理论、应用和检测手段等共同提供的模型。一部自然科学发展史就是通过科学革命连续不断地从一个模式过渡到另一个模式的历程。新范式通常从旧范式中诞生，它把传统范式采用的许多词汇、资料等等结合进来，在新范式里旧的术语、概念和实验被置于新的相互关系中。新范式刚提出时，只解决面临的几个问题，而且答案也很不完善。起先它的支持者很少，经过他们的改进和探索，令人信服的论点增加了，于是有更多的科学工作者接受了新范式。范式对于发展科学事业非常重要，它总是遗留下未解决的问题，激励科学工作者去继续研究，并且研究得更深入更精细，把范式所揭示的关于事实的知识延伸下去。范式的完全成功不在于解决了一个或几个问题，而在于让后继者有了成功的希望。在自然科学范畴内，一个新理论不是必定会与先行理论发生冲突的，它可以是对以前未知晓的现象的探究，或者是把较低层次的理论整合在一起，提出更高层次的理论。[①]就社会科学而言，新的理论相对于先行的理论，不仅意味着立场和视角的转换，而且在观点上往往相互对立。此外，根据社会事实而建立的理论总会有其局限性，所谓普适的理论也限于一定的时空范围内。

2.3 方法学的重要性

语言研究的方法学指研究语言的方式、方法系统，包括基本原则、探索程序、获取证据的途径和方法、检测证据的有效度和可信度等。方法学是构成范式的基础，它和理论相辅相成。纵览语言科学各个阶段的发

---

① 参见 Thomas S. Kuhn, *The Structure of Scientific Revolutions* (2nd edition, enlarged), pp.1—163, 1962/1970。

展,①可以看出方法学上的转变起到了至关重要的作用,同时其局限性也导致理论上的不足。

历史语言学的语言数据来源于保存下来的典籍。文献上的证据虽然可以反复核查确认,但是语料本身有可能是支离破碎的、已经改动过的,与真实的话语相距甚远。新语法学家提出在元音转移方面"语音规律无例外论",这条原则指引语言学者去努力探索语音变化的规则,至今依然是研究音变的参照理论。但是方言学者在自然话语里找到了例证,表明元音变化的路线并不一致。可见用过去的和现在的音变情况相互印证和解释时,还必须考虑到语料的来源和收集语料的方式上的差别,其中存在着书面语言系统与口头语言系统的关系、标准语言与方言土语的关系、语言变化的内部因素与外部因素的关系等需要深入探讨的问题。

结构描写语言学的"发现程序"可以帮助学者在不知道词义的情况下凭借技巧,从分析音位起始获得关于某一语言结构的知识。然而可以作为语言学规则的证据的语料是许多因素的产物,忽略了这一根本特性,即便对语料重复检验,依然存在着证据的有效性问题。

索绪尔强调语言学家必须专注于"语言"的研究。他所说的语言是指语言共同体成员普遍拥有的内在的语法系统知识。照此观点,研究语言的社会性必须借助于个人的直觉,而语言的个性则又只能通过对社会成员言语的抽样调查才能获知。所谓"索绪尔悖论",明显地体现出方法学上的不统一。研究语言和研究言语的路径是不一样的。

乔姆斯基的转换生成语法学论证从语言的深层结构可以转换生成符合语法的句子。但是在符合语法和不符合语法的例句之间还存在着有疑问的、有疑问不符合语法的和显著不符合语法的例句,可见依靠语言学家的语感判断句子的语法正确与否,其尺度不一。于是在关于证据是否可靠的争议中,有些学者求助于内省法,用"我的方言"来辩解。个人方言是不能代表社会全体成员共享语言知识的,也显示不出社会语言变异的规则性,从方法学角度看,这样的数据陷入了困境。

社会语言学改变了传统的语言研究方法学倾向,以口头语言、本地话、日常话语为研究对象,利用先进设备,依靠现场观察和测验及一些技

---

① 参见 William Labov, *Some Principles of Linguistic Methodology*, 载《拉波夫语言学自选集》第 441—476 页, 1971/2001。

巧来搜集语料,而且大规模的研究所用的语料是经过抽样调查和统计处理才确定为证据的,这类方法比传统的方法要真实可靠但也困难得多。方法上的不断革新使社会语言学得以蓬勃发展。但是,社会语言学研究日常话语在方法学上也存在着矛盾。例如,为了获得研究语言使用和语言变化的真实语料,必须观察说话人在自然状态下的言谈,而观察者或暴露了身份,或访谈方式呆板,或使用了音像设备等等,都有可能使说话人留意自己的话语而使用正式语体,因此克服"观察者悖论"成了语言变异研究方法中的一个关键问题。再如,运用统计学方法分析语料所得平均数可以反映变量值分布的集中趋势,但忽略了个体之间的差异,要深化对语言变异的认识还需依赖质的研究方法。而当语言研究的对象从日常交谈扩展到自然发生的长篇谈话时,正是会话分析学提供的新的研究方法及原理,为开拓会话分析这一领域奠定了基础。

2.4 社会语言学理论观评说

什么是社会语言学理论?关于这一问题,见仁见智,学者没有共识。简言之,由于立足点和视角不同,有三种解答。

其一,社会语言学理论应当是正常的语言学理论。这是变异研究者所持的观点。拉波夫和特鲁吉尔早先曾声称,社会语言学的理论目标应当是进一步阐明语言的本质,充实和完善主流语言学理论。然而乔姆斯基的语言学理论排斥语言的使用者和使用环境,是"见不着人的语言的理论"[1],那么语言变异研究成果怎样达到规则化并整合到乔氏的学说中去呢?迄今没有理想的结果。[2]近二十年来,认识有了改变。一方面,乔氏承认语言官能中在语法认知能力之外,还存在"概念结构系统"和"语用能力"等模块,要充分说明语言的本质,还需要考虑到各个系统之间的相互作用。另一方面,儿童语言习得研究及神经错乱患者的个案研究表明,"交际能力"(或称"社会语言能力")在语言官能中独立存在。因此,社会语言学理论应当有自主性。那么语言变异理论和乔氏的范畴理论是什么关系呢?钱伯斯(Jack

---

[1] 据 Florian Coulmas, *Introduction*, 见 F. Coulmas 编 *The Handbook of Sociolinguistics*, p.4, 1997。

[2] 参见祝畹瑾《社会语言学概论》第 130—134 页,1992。

K. Chambers)的观点是,它同范畴理论共享语言官能的观念,这是二者作为语言学理论的共同基础,除此之外,则各有其应用领域及处理方式。① 关于变异理论的探讨,详见2.5.2。

其二,社会语言学产生了若干个别的理论,但不可能产生统一的大理论。持这一观点的学者有库马斯(Florian Coulmas)、赫德森、罗曼(Suzanne Romaine)和威廉斯(Glyn Williams)等人。② 如前所述,社会语言学作为一门研究社会语言现象的学科,其多元取向和纵横交叉的联系所形成的研究范围之广泛、主题之多样、内容之繁杂非其他纯语言学学科所能比拟。学科性质造成社会语言学不可能产生涵盖一切社会语言现象的大理论。③ 唐斯在《语言与社会》(Language and Society)一书中指出,解释语言行为有四类理论模式:类型一是以经验为根据的社会科学理论模式,包括相关关系统计研究及说明潜在机制的研究;类型二是认知科学类,如乔姆斯基的心智语言学及斯珀勃和威尔森(Dan Sperber and Deirdre Wilson)的关系理论;类型三是行为意向解读类,包括对交际行为和言语行为用意解读的理论研究及常人方法学、社会符号学、批判性语言学/话语分析等;类型四是功能解释类,从社会系统、行为起源、进化等方面对语言行为功能予以解释。④ 借用唐斯的分类,可以说,社会语言学理论与这四类理论都有关,而主要集中在类型一和类型三。

基于前述对"理论"、"范式"和"方法学"的认识,笔者以为,凡是发现了语言使用上有规则的模式,能够识别产生该模式的缘由,并作出了有可靠证据为依据、有相当解释力的陈述的,都可以视为社会语言学取得的理论成果。海姆斯的交际能力说,从其历史价值及深远的影响力判断,无疑是社会语言学理论之首,虽然许多阐述仅是纲领性的;弗格森的双言制发现了前人未发现的语言使用格局;菲什曼确定了分析语言行为至关紧要的场域概念;甘伯兹发现语码转换根据其意义可区别为两类:情景型语码转换和喻意型语码转换。这些成果的启迪意义和适用性不容忽视,尽管

---

① 参见 J. K. Chambers, *Sociolinguistic Theory: Linguistic Variation and Its Social Significance* (2nd edition), pp. 29—33, 2003.
② 参见 Nikolas Coupland, *What Is Sociolinguistic Theory?*, 载 *Journal of Sociolinguistics* 2, pp. 110—117, 1998.
③ 参见祝畹瑾《社会语言学理论方法论》,载《中国社会语言学》2007年第1期第21—30页。
④ 参见 William Downes, *Language and Society* (2nd edition), pp. 415—419, 1998.

对语言事实的描述多于理论阐述。另有一些研究成果则揭示了人际交往中语言使用的规则和机制,如布朗和吉尔曼的权势与同等关系代词模式、布朗和莱文森关于礼貌策略的理论、迈尔-司珂腾(Carol Myers-Scotton)的语码转换标记性模式和主体语言框架模式、贾尔斯的人际言语顺应理论、贝尔的语体听众设计模式、勒佩奇的认同行为理论等。以上所举各项的详细内容,请见有关章节。

其三,社会语言学理论应当彰显人文社科性。我们在前面已经指出,社会语言学需要依托哲学、社会科学理论来解释语言现象,我们还仔细说明现代社会学理论如结构—功能主义、社会行动论、理性选择论、符号互动论、常人方法学等对社会语言学各个时期的发展所起到的指引作用。但是,社会语言学者很少进入社会科学领域去了解其真谛,语言社会学者威廉斯撰写《社会语言学:社会学评论》(Sociolinguistics: A Sociological Critique)一书,以及为菲什曼编的《语言与民族认同通览》(Handbook of Language and Ethnic Identity)写"社会学"(Sociology)一章,显然是为了弥补社会语言学在这方面的不足。

社会语言学家卡梅伦(Deborah Cameron)研究语言与性别的关系。她用女性主义者消除英语性别歧视的斗争及其成效为例证,说明语言是一种深含在文化、社会和政治关系内的社会建制。而语言变异研究者找到的语言结构与社会结构的相关性却导致人们误信"语言"与"社会"是两个割裂的实体,个体的语言使用是由群体的社会地位及其行为准则决定的。她在肯定拉波夫的研究"挑战神圣的语言学信条"的同时,也在"去除社会语言学的神话色彩",称:这种"语言反映社会"观过于简单化,社会语言学需要有社会学和心理学层面的解释,有一个复杂得多的模型,把语言作为社会构成部分来处理,表明言语活动与其他人类活动的交互关系,揭露是什么力量决定人们可以得到某些语言表达资源,是什么实践促使形成使用这些资源的习俗,社会规范又是怎样被个体行动者所理解、接受、拒绝或推翻的。[①] 卡梅伦站在"后现代"建构主义立场上批评社会语言学变异研究背后的"现代"结构主义观念。"后现代"是继"现代"资本主义社会之后面世的一个历史阶段,它是生产力飞跃发展的产物,标志着人

---

① 参见 Deborah Cameron, *Demythologizing Sociolinguistics*, 载 Nikolas Coupland and Adam Jaworski 编 *Sociolinguistics: A Reader and Coursebook*, pp.55-67, 1990/1997。

类进入全球化、网络化时代。怎样理解并解释这一时代的社会特性呢？西方的社会理论家提出了各种新概念、新理论，建构论就是当前最"酷"的一种社会思潮。它的出现有其必然性和合理性。传统的社会语言学专注于语言使用研究，它所借重的社会理论用后现代主义眼光来审视已智尽能索。建构论者拓宽了社会语言学者的视野，力图用当前主导的社会理论来解释话语实践，使研究成果更具批判性和现实性，更能发挥其社会功能。

　　社会理论家一直在探讨的是自己的西方世界，而人类学家关注的则是他者的西方社会以外的世界。布鲁马特（Jan Blommaert）致力于非洲的文化与全球化研究，他认为应当努力发展全球化社会语言学，为了应对在全球化背景下出现的社会语言现象，社会语言学需要增添新的概念和方法，扩展和改善研究范式。所说全球化背景就是要意识到全球化进程是在世界体系内发生的，这一体系存在着"核心区"、"边缘区"和"半边缘区"等不同的空间，它们之间的劳动分工不对称，存在着不平等关系，同时通过各地的精英和边际群体，它们之间又相互紧密地联系在一起。有一本女性杂志在全球四十多个地区发行，为了适合某些地区的习俗和读者的口味，它必须调整版面，结果这些地区认同的杂志的体裁改变了全球性英语"高、低"层级的模式。同样道理，在非洲城市里讲内罗毕英语可能使说话人获得相当高的声望及中产阶层认同，而在伦敦或纽约同一些非洲人讲同样的英语可能身价大跌，被视为下层人，在一地是"高价"的资源到了另一地变得很"廉价"。[①] 嘻哈音乐在各地传播，被注入了地区和本土元素，出现了几种语言混合的复合说唱歌曲，它不再代表某一种固定的文化，而成了有多种认同可能，在表演中不断重塑符号意义的全球化流行文化。[②] 这些在世界范围内呈现出来的新现象促使部分社会语言学者的关注点从共同体的言语转移到言语样式、体裁、风格、读写的形式等在话语实践中发生的变化。在世界体系这一最高层次的语境中考察语言的使用，研究者看到的是不断变幻着的语言变体形式，它们在语言层级上不断

---

　　① 参见 Jan Blommaert, *A Sociolinguistics of Globalization*，载 Nikolas Coupland and Adam Jaworski 编 *The New Sociolinguistics Reader*, pp. 560—573, 2009。
　　② 参见 Alastair Pennycook, *Refashioning and Performing Identities in Global Hip-Hop*，载 Nikolas Coupland and Adam Jaworski 编 *The New Sociolinguistics Reader*, pp. 326—340, 2009。

地移动着，相同或相似的说话方式，其社会功能可能存在着巨大差异。面对这样的现实，社会语言学理论必须朝着更加突出人文社科性的方向去探索发展。

2.5 语言变异研究范式

拉波夫创立的语言变异研究范式，在方法学和理论上都突破了传统语言学的框框，经过世界各地的研究者在几十个城市实践了千百次，累积了大量的研究成果。在此过程中，一些研究者运用了新的策略，捕捉到新的现象，提出了新的论点，发展出新的模式，但至今还没有人能够越过拉波夫和他的追随者们所树立的范式，以全新的路子从事语言变异研究。这一范式把语言研究引领入一个与现代社会生活紧密联系、不可分割的新阶段，拉波夫称之为"世俗语言学"时期。

2.5.1 方法学革新

语言变异研究范式建立了一整套定量研究程序，①其独特之处在于搜集自然语料的方式、方法和技巧，以及运用统计学检测证据的有效度和可信度。②这里我们就实地调查工作方法作些简要补充：

1. 确定调查范围

研究语言变异首先要划定调查范围，通常选择某个社区、机构、团体等社会结构单位作为考察的现场，先决条件是那里的群体在日常言谈中显示相似的言语特征。确定调查范围后，应先查阅档案资料，听取有关人士的介绍，以便了解这一群体的人口状况、历史状况、语言状况等背景。

2. 确定调查目标

调查目标指语言变项，它含有一组语言变式。语言变项可以选择音位、词素、句法、词语等各个层次上的某个结构单位，或有着不同语用功能的言语交际表达手段。拉波夫从研究语言演变角度出发，将语言变项区分为：显现变项、标记变项、成见变项（指社会下层成员使用并受到主流社

---

① 参见祝畹瑾《社会语言学概论》第三章"定量研究方法"，1992。
② 徐大明主编《语言变异与变化》第二章详细总结介绍了国外语言变异研究方法，其中第五节"文献研究法"尤请读者关注。

会蔑视的变式)。他又将语言变化区分为:未意识变化,指人们未觉察到的显现变项的扩散和变化;意识变化,指人们觉察到的标记变项或标准体的扩散和变化。标记变项是语言变异研究的对象,因为这些变异形式正处在变化过程中,传递着不同的社会意义。进行大规模的语言变异定量分析,有必要先作试点调查,以最终确定计划深入研究的语言变项及相关的社会变项。

  研究小群体的语言变异更宜采用社会网络分析法。社会网络不同于社会阶层,并不是一个稳定的社会范畴。社会网络分析和社会阶层分析并不冲突。拉波夫的社会分层研究揭示城市里与社会阶层相对应的语言分层,而他在马萨诸塞州的马萨斯葡萄园岛(以下简称"马岛")所作的音变研究以及米尔罗伊(Lesley Milroy)的贝尔法斯特市网络分析研究则揭示小群体的本土认同感对于保持方言特色,抵制有声望的标准语体起到的机理作用。埃克特的贝尔顿中学实践共同体研究范围比贝尔法斯特市网络研究范围更小,这两个研究在观察分析个案的基础上还采用了定量分析法。网络分析法通常和参与观察法并用,选择说话人宜从研究者熟悉的人员开始,再跟随他们访问他们的熟人,照此进行,直到所访问的说话人数满足需要为止。

  为了尽可能做到被调查的说话人具有代表性,大规模的调查研究需要采用抽样方法选择说话人。抽样要按照规定的步骤进行,随机抽样和非随机抽样的组织方法不同,不该把偶遇取到的样本说成是随机抽取的样本。[①]拉波夫早期研究马岛发音变化采用判断抽样法,先确定代表不同地区、职业、民族、年龄的说话人,再从中选择土生土长的成年人和十来岁的少年,这样可以观察到一个音在两代人身上出现的变化。他作纽约市下东区英语分层研究则是在哥伦比亚大学社会工作学院所作项目的随机抽样基础上再进行分层随机抽样,选择土生土长的本地人或从5岁起就定居在该区的人作为样本。特鲁吉尔研究诺里奇市英语变异采用半随机抽样方式,他首先判断并选择了诺里奇市四个社会经济结构上有代表性的选区,然后从选民名单上随机抽样说话人。

[①] 参见祝畹瑾《社会语言学概论》第 49—56 页,1992。

3. 搜集语料

搜集语料方法的要害在于克服观察者悖论,无论是访谈,还是参与观察或作小测试,都必须设法不让调查对象觉察到自己正在受试以至于影响到说话的自然状态。当注意力集中到谈话表达方式上时,说话人就会小心翼翼,此时所说语体会比较正式。拉氏等人使用过七种搜集语料的方法,每一种方法的成效不一。它们是:1)普查,有助于获得大量有代表性的样本,但容易忽略个体差异。2)访谈,采用开放式随便交谈比提出一连串问题询问受访者的身份和背景更为自然,如果调查对象讲的是声望低的方言,不要直接询问他说的方言,那样他的回答可能与真实情况有出入;要诱导正式语体,可以让受访者念段落、词表、最小对辨音词,但这些都不属于自然话语;要受访者谈谈面临死亡危险时的感受不见得都是好办法,而谈谈身边的事情和亲切的话题可能更容易获得非正式自然谈话语料;3)后续访谈,一次访谈只能获得调查对象使用的一部分语体,再次访谈有助于获得同一个说话人的多种语体;有时同一个问题再次提问会得到不一样的回答,可以作比较研究;4)集体访谈,让受访者当中的人自己主持和引导访谈,可以减少由外来人主持访谈所造成的不利影响;5)参与观察,对访谈捕捉不到的语言现象,比如某个语法变项,须用此法;另外,如果无法录音或录音质量不可靠,要马上笔记下来;6)快速隐匿调查,可以获得大量日常谈话语料,但了解不到说话人的背景;7)电话采访,利用电话簿上的名录,随机抽样,征得对方同意后,可以电话录音,从而获得大量语料。拉波夫认为,没有必要人人都用同样的方法,能用不一样的方法更好,这样可以把从不同来源、使用不同方法获得的语料汇合在一起,协同解决难题。今后这方面的发展将在很大程度上取决于搜集自然谈话语料的方法和手段。[①]

2.5.2 理论探索

拉波夫本人没有刻意提升关于语言变异研究的理论值,本节将要讨论的语言变异研究的理论意义主要来自另两位知名学者沃尔弗勒姆

[①] 参见 William Labov, *Field Methods of the Project on Linguistic Change and Variation*, 载《拉波夫语言学自选集》第 477—520 页,1984/2001。

(Walt Walfram)①和钱伯斯②从诸多经验研究中提炼出来的论点和问题。

1. 以语言变项作为研究语言变异的结构单位

众所周知,语言随时随地都在起变化,但在传统语言学中关于变异的研究始终处于边缘地位。长期以来,语言学家把一个词的不一样的发音说成是"自由变异",认为它不影响词的意义,因而无关紧要。"自由变异"只是给表面现象贴上了一个标签,它不是理性的解释,不可能告诉我们变式的来龙去脉。还有一些语言学家认为语言变异是方言混合或方言干扰造成的,也忽视了对于变异现象本质的探究。

怎样区分有意义的变异现象和无意义的变异现象呢?仅从形式上很难划清界限。语言的变化通常是连续发生的,发音上的波动有些或许是个人的随意行为,有些或许是演变进程中的现象,必须找到一条实证研究的途径才能确定。经过试探性的调查,拉波夫决定把语言变项作为语言的一个结构单位予以分析。

所谓"语言变项",指一组波动的变异形式集,它涵盖各个层次的语言单位及关系,如音系类的、词法类的、句法类的,乃至一个言语行为的各种表达法。语言变项的独特之处在于它同相应的社会变项(包括心理的或其他方面的因素)发生有意义的共变。要确立语言变项是一种有着不同实现形式的结构单位,按照形式语言学的理论框架,必须满足"底层结构同一性"和"语义对等性"两项条件。有些变式如 coffee 发成[kaofi]或[koəfi],变化存在于单一语音系统内。但有些变式如否定句式 He didn't do anything about any problem 与 He didn't do nothing about no problem③ 可能源自两个相互竞争的语法系统,前者属于标准英语语法系统,后者属于非洲裔美国人英语方言语法系统,④这样就不能满足"底层

---

① 参见 Walt Wolfram, *Variation and Language, an Overview*, 载 Keith Brown et al. 编 *Encyclopedia of Language and Linguistics* (2nd edition), Vol. 14, pp. 333—341, 2006. 此文分析较细,持论较为公允。

② 参见 J. K. Chambers, *Sociolinguistic Theory: Linguistic Variation and Its Social Significance*, 1995/2003. 此书把语言变异研究主要内容全部包罗在内,名为"社会语言学理论",显示作者意在探索大理论。

③ 这两句英语的意思相同,均为"他什么也没干"。

④ 参见 Walt Wolfram and Natalie Schilling-Estes, *American English: Dialects and Variation*, pp. 169—175, 1998.

结构同一性"的条件。至于用不同句式和词语表达同一个言语行为诸如"指令""恭维""道歉"等交际意图,则更不能以传统意义上的"语义对等性"标准来衡量。语言变项对研究语言变异所起的作用已经获得普遍认可,现在的问题是语言变项在语言学中能不能取得明确的结构地位,而这一问题又同变项规则在语法系统中的角色有关系。

2. 揭示语言变异的系统性

半个多世纪的经验研究结果表明,语言变式以不同的频率出现在不同阶层说话人的不同语体的言谈中,这一模式是有序和有规则可循的,体现为变式的出现受环境因素制约。制约有两类:一类为外部制约,指语言变式受社会环境因素的制约;另一类为内部制约,指变式受自身语言环境因素的制约。制约在理论语言学中是语言范畴的限制条件,关系到质的差别。而社会语言学所说的外部制约则指有利于或不利于变式频率增长或减少的条件,制约量的变化态势。

分析语言变异有一条重要指导原则叫做"多因素原则",指语言变式的出现有多重原因,必须同时分析多个语境因素才能充分描写清楚自然语言中观察到的语言变异现象。然而各种因素对变式的影响大小并不相等,为此研究者常使用一个由数学家、语言学家桑科夫(David Sankoff)设计的多重回归分析模型,叫做"变项规则分析法"(VARBRUL)。该程序显示的各语境因素的作用值都介于 0—1 之间,运用于两项因素时,作用值大于 0.5 表明该因素有利于变式的出现,小于 0.5 则表明该因素不利于变式的出现;运用于三项因素时,作用值大于 0.33 表明该因素有利,小于 0.33 则表明该因素不利。举美国北卡莱纳州阿巴拉契亚地区词尾辅音连缀脱落研究为例。该变项有两个语言制约因素:1)词的语素结构,如单语素词 guest 比照双语素词 guessed;2)后接的语音环境,如 guest parking 词组中 guest 后接塞辅音,而 guest appearance 词组中 guest 后接元音。还有一个社会因素即民族,如欧洲裔美国人抑或非洲裔美国人。数据分析结果表明:guest 后接辅音的作用值(0.84)比后接停顿的作用值(0.37)或元音(0.24)利于辅音连缀脱落的程度要高出许多;单语素词的作用值(0.56)比双语素词的作用值(0.39)明显利于辅音连缀脱落;语音环境的作用值比语法状态的作用值对辅音连缀脱落的制约性更强;此外,非洲裔美国人的效应(0.65)大于欧洲裔美国人的效应(0.33)。

需要提醒的是,变项规则分析法也有不足之处。社会环境因素和语言环境因素常常交互作用,而且社会环境因素如民族有可能与年龄、阶层因素一同起作用,发音的环境因素也可能与超音段如重读的影响相互作用。另一个问题是,这一方法集中分析群体的数据而忽略个体间的差异。群体和个体受制约的情况是否相同呢?有学者研究得出结论,只要个体说话人样本达到一定数量(20个样本),那么个体受制约的情况与群体受制约的情况相近。但也有学者细致研究群体变异和个体变异后,提出不能假定两者的变异趋势总是相同的,可能存在"个人模式的变异",它不与外部社会因素共变,因为说话人既是某些群体的一员,又有属于个人的生活史。

3. 提出语言演变的理论框架

若要说明变式的演变过程,需要弄清楚新旧变式的过渡、语言要素之间的相关性、语言要素与非语言要素之间的相关性、说话人对语言变式及相关语言行为的态度和评价等关键问题。

发生变异的语项不见得都会从一范畴状态演变成另一范畴状态,但演变成另一范畴状态的语项则必然发生过变异。历史语言学只看到语言演变的结果,即一语项在两个历史时期的状态(A 和 B),认为语言演变的过程(A→B)无法观察到。社会语言学实证研究表明,语言演变是有序进行的,可以观察到进行中的变化。研究者提出了几个演变模型。早期的模型表明:A 式在变式 B 出现后,从 A 和 B 并存、竞争,发展为 B 替代 A;与此同时,B 式从一处扩散到他处或者在他处也出现 B 式,完成 A 到 B 的过渡。有研究指出,变化在有利的环境比在不太有利的环境进展要快。但也有研究指出,不同的语言环境中变化速率是常恒的,都呈现抛物线。近期的模型更加细致,表明 B 式替代 A 式在起始和终结阶段速度较慢,在中间阶段速度加快,语言变化呈 S 形曲线模式。这一模型运用于不同层面可能有不同表征,如音素演变受词汇的制约作用可能在起始阶段更显著,词汇扩散作用则在终结阶段更显著。

有规则的变异性是语言的本质属性,但是以往的理论语言学家不予重视。语言变异研究者早先曾试图采用生成语法规则的形式表示变项规则,但后来放弃了。语言的有序异质性现在似乎已无可争辩,也受到了形式语法学家的重视。最近的发展趋势是有些学者试图将语言变异纳入生成语法研究范围之内。但两者如何整合依然是语言经验研究者和语言理论研究者所共同面临的最具挑战性的问题之一。

理论语言学关心语言的普适原则,要回答语言的本质是什么以及人类如何习得母语,必须发现人类心智的普遍特性,借助范畴性原理成为必要的条件。社会语言学把语言变项作为分析单位,体现的是变异性原理。[①]范畴性原理将有某项标志或无某项标志作为区别质的界限,而变异性原理则着眼于量的多或少。对于真实世界的认识,概念和感知总有一段差距。概念反映的事物是静止的、中断的,而感知到的现实却是连续的、不断起变化的。当今世界已经进入网络时代,科学技术突飞猛进,全球经济一体化,社会发展日趋多元,我们所感知到的复杂多变的自然界和社会世界已经很难用非正即负的二分法概括其特征了。数学、物理学、哲学、心理学、地理学、统计学及语言学的一些分支放弃了学术研究中理想化的简约原理,代之而采纳的是界限模糊、不确定的变异性原理。社会语言学变异研究在处理语言变项上的创新也许最终会导致将语言—言语对立体重新界定为一个连续体的两极。

2.6 互动社会语言学的贡献

互动社会语言学是在 20 世纪六七十年代业已确立的会话理论和会话分析学基础上逐渐形成和发展起来的。互动社会语言学倡导者甘伯兹早期研究方言学及多语现象,是首先发现语言的使用与说话人身份相关的学者之一。他提出的个人和言语共同体拥有"语库"(多个语言变体)的概念与乔姆斯基的语言单一且同质的论点相对立。甘伯兹还是一位民族志学者,专注于研究小群体的言谈。他洞察到谈话过程中的语码转换有不同的社会功能,从而区分开语码转换类型,80 年代初期出版专著《会话策略》(*Discourse Strategies*)及编著《语言与社会身份》(*Language and Social Identity*)两部重要著作,为树立互动社会语言学奠定了基础。90 年代后期甘伯兹发表多篇论文,进一步系统地阐明互动社会语言学的理论概念和解析方法。

---

① 参见 J. K. Chambers, *Sociolinguistic Theory: Linguistic Variation and Its Social Significance*, pp. 35—38, 2003。

2.6.1 理论概念

互动社会语言学综合吸纳了格赖斯、加芬克尔和戈夫曼三位大师的理论观点并有所创新。[①]格赖斯从语用学角度提出"会话含义"的概念和会话"合作原则"及其准则,从此会话分析有了基本指导原则,但其语用逻辑推理方法在实践中不便操作。加芬克尔出于阐述社会学的需要提出常人方法学,论证自然发生的谈话是有一定秩序的,会话者凭借"常识"知识及实用推理方法领悟其运行程序。戈夫曼主张把谈话看做介乎社会层面和语言层面之间的交际结构层面而予以单独分析,指出共同普遍拥有的信念和意识不会直接显示在谈话里,社会层面的价值观和行为原则需经过"释义框架"的过滤才能体现在谈话情景中。他提出"互动秩序"概念,但没有提供相应的研究方法。之后会话分析学者提出"即时语境"概念,强调语境是由会话者在会话过程中互动建构的,话语的意义会随着会话的发展而发生变化,因此必须从此时此刻的语境中去领悟。会话分析学者以话论为结构单位,发现了会话的运作规则和机制。但是,会话分析学的素材仅限于美国中产阶层人所讲的话语,未使用其他民族、其他阶层人的会话语料。可以说,它的前设与乔氏的相似,即说话人对于潜在机制的识别能力是一致的,而抽象出来的规则则脱离社会、地理、历史语境,相当形式化。其实,会话者作为社会一员外部因素对其话语必然会产生影响,只是二者之间的关联非常复杂,分析者有意把它排除在外。坦嫩(Deborah Tannen)研究感恩节朋友在家聚会时的言谈,指出"打断"、话轮"重叠"等会话分析学认为的"违规"现象实际上是纽约市人在一定场合"高度投入"会话的表现,可见不同背景的人之间存在着交际习俗差异,会话分析学有关话轮的规则仅合乎传统的规矩。甘伯兹把会话分析学的研究程序应用于分析面对面谈话过程,提出"语境化提示"新概念,通过对其相关意义的分析,在交际层面把语言和社会连接起来。

解析性研究路径不需要假设会话人遵守共同的讲话规则,共享同一评价标准,核心问题在于会话参与者对话语要有相同的理解。甘伯兹认

---

① 参见 John J. Gumperz, *Interactional Sociolinguistics: A Personal Perspective*,载 Deborah Schiffrin, Deborah Tannen, and Heidi E. Hamilton 编 *The Handbook of Discourse Analysis*, pp. 215—228, 2001。

第二章 理论、范式和方法学

为解读话语用意的关键在于捕捉那些激发认知"图像"或"框架"的语言信号即"语境化提示",分析它们怎样影响了说话人兼听话人对话语的理解。他的设想基于以下观点:会话是指会话者互动"协商"的过程,他们不断地推测对方的话语想要传递什么意思,并观测自己的话语怎样被理解和被接受,也就是进行"会话推理",然后作出相应的反应;在此过程中,说话人会有意或无意地使用一些"话语策略",显示出有特色的语言信号;听话人根据以往的交际经验,知道这些信号的含义,由此可以假定说话人的社会文化背景,限定当前"话语活动类型",在此范围内解析话语的"语境意义"。总之,甘伯兹的研究是要把话语因其索引性而未明说的背景信息填补进去,用以分析和判断互动过程是否达到了会话者预期的目的,相互沟通或没有沟通。如果会话者误解了对方的意图,那么要分析是哪些语言和语言外因素造成的。互动社会语言学的理论框架就是依赖上述这些基本概念构筑的。

2.6.2 解析方法

互动社会语言学在方法学上没有多少革新,它沿用会话分析学的程序,同时融入会话分析的一般技巧。但互动社会语言学与会话分析学有着明显的差别:其一,会话分析学不考虑情景、社会文化等环境因素,仅就话轮序列本身的发展过程作出推断和解释,而互动社会语言学需要有关说话人的背景知识,而且了解得越深越广,释义就越准确。其二,会话分析学不关注话语的韵律和副语言现象,而互动社会语言学特别注意这类语言边缘特征,认为它们往往是提示说话人社会文化背景的重要线索。其三,会话分析学不需要局外人来帮助释义,而互动社会语言学需要听取与说话人背景相同的人的意见,以检验原先的假定是否基本正确。归根结底,会话分析学强调会话者自己对会话过程的领悟,而互动社会语言学则用研究者的眼力对会话过程进行由表及里、从语言线索进入到社会文化层的解析。采用的步骤大体如下[①]:

第一步:录音或录像(需征得本人同意)两个人或几个人的长篇自然谈话,从中挑选一部分内容较为完整、边际较为清晰的连贯会话段落。

[①] 参见 Deborah Tannen, *Conversational Style: Analyzing Talk Among Friends*, Appendix I, 1984。

第二步：从录制的会话中分辨出含有明显特色的部分。

第三步：仔细、反复地听这一部分录音，根据转写的惯例（需附说明）把它写成文本。

第四步：依次就一个话轮接着一个话轮研究文本，搜寻与研究目标有关的话语证据，加以分析。

第五步：把重点部分的录音分别放给会话参与者和非会话参与者听，听取他们对上一步研究结果的反应和解释。

第六步：对照会话其他部分所含相同话语特征，得出自己的解释。

第七步：提出假设，以备进一步检验其有效性。

甘伯兹将这套方法运用于机构场合的惯例交谈，比分析熟人之间的会话多加了一些步骤和细节。例如，研究诸如企业求职、警察局受审、医院就诊等谈话，应首先进行民族志考察，了解机构的历史、社会地位及日常工作，发现经常出现的极有可能提供所需语料的谈话活动类型，以及谈话参与者的一般背景等。解析语境化提示时，可以把几段录音/录像分别放给几组与说话人背景相同或不同的受试人听/看，先提问一些一般问题，如问：说话人的意图是什么，听话人是怎么想的，哪儿做对了，哪儿做错了等等。接下去用诱导法提一些有助于揭示交谈者领悟、推理过程的问题。例如，当受试人认为说话人 A 是在提要求，就可以问他下面的问题：1) A 说话的什么方式让你这样认为的？2) 你能重复他的说话方式吗？3) 还可以用什么样的方式说？4) 是不是有可能他是在提问，而不是在提要求？5) 如果他想……应该怎么说？6) 答话人是怎样理解 A 的话的？7) 你怎么知道答话人是这样理解的？等等。[①]

互动社会语言学解析方法中最关键的一步在于捕捉语境化提示。有一类提示主要通过语言的变换如方言转换、语体转换、使用程式化表达法等传递；另一类提示由语音、语调、节奏、重音等韵律特征显示。后一类信号经常是自然而然不加思索就表露出来的。从这类提示可以听出说话人来自哪里，大概是什么社会身份。更为重要的是，解析主要是为了把握说话人未公开说明的交际意图，因此对于这类非词语化的间接信号尤其需要注意。

这些信号意味着什么呢？研究者除了作出自己的推测之外，还需要

[①] 参见甘柏兹著，徐大明、高海洋译《会话策略》第 179—180 页，1982/2000。

第二章
理论、范式和方法学

测试第三方的反应,以求得印证。然而,得出的结果常常存在着分歧。请看下面两个例子:

例 2.1①(一对夫妇在家里谈话,丈夫是美国中产阶层人,妻子是英国人)

丈夫:Do you know where today's paper is?
你知道今天的报纸在哪儿?

妻子:I'll get it for you.
我**去**给你拿。

丈夫:That's OK. Just tell me where it is. I'll get it.
告诉我在哪儿就行,我**去**拿。

妻子:No, I'll get it.
别,我**去**拿。

上例第一句话"Do you know where today's paper is?",英国受试人无一例外都认为是提请求(委婉说法),美国受试人多认为是提问题(询问),还有人觉得这句话的意思模棱两可。妻子末了说的 I'll(我去),重音非常强,这是因为她的回应未被理解而不高兴。

例 2.2②(摘自一次测试,考察在美国的印度学生讲印度英语时遇到的交流问题)

A:You may run all the way to the post office, but I'm sure it will be closed by the time you get there.
你可以一路跑去邮局,不过我敢说你到那儿时,准关门了。

这句话里 may 一词在美国英语中有两个意思,既可以表示"允许",也可以表示"可能"。所以对于上例的理解,可以是:

a. It doesn't matter whether or not I give you permission to go to the post office. Even if I do and if you run, you won't make it before closing time.
我允许不允许你去不重要,即便我让你去了,你跑去,关门之前你也跑不到那儿。

---

① 译自 John Gumperz, *Discourse Strategies*, pp. 134－135,1982。
② 同上书,p. 140。

b. It is possible that you could run to the post office, but it will be closed by the time you get there.

你能跑着去,不过你到那儿时,邮局已关门了。

测试结果表明,新来的印度学生都选择了 a 释义,而美国受试人则全都选择了 b 释义。在美国待了几年的印度学生中,那些整天和美国人打交道、同美国人关系密切的印度人多选择 b,而那些总在本族人圈子里活动的印度人则多选择 a。可以看出文化背景不同的人对于同一句话有不同的理解,而理解之所以不同与以往的交际经验有关。

互动社会语言学并不能肯定研究者的释义绝对正确,它所追求的是最有可能近乎正确的解读,以及达到这一地步的假定和推理过程。[①]这条路径用于解释人们社会生活中发生的各式各样谈话,尤其是引起误解和冲突的谈话,颇能说明问题。今日社会各种交际环境的特点是语言多种多样,文化形形色色,多样性无处不在。同属一个民族、一个阶层、一个家庭的人,如夫妻之间、两代人之间,为什么谈话常常达不到沟通的目的?接受过同等的教育,说着同一种语言,面对同样的语境,如应答求职面试,为什么有人成功了而有人不成功?以往社会语言学者一般用说话人的交际能力来解释能沟通或不能沟通的缘由,现今需要说话人同时具备(或不具备)相应的具体的文化知识和认知能力,才能回答这类疑问。互动社会语言学也面临着深度挑战。

---

① 参见 John Gumperz, *On Interactional Sociolinguistic Method*,见 Sikant Sarangi and Celia Roberts 编 *Talk, Work and Institutional Order: Discourse in Medical Medication and Management Settings*, p. 464, 1999。

第 三 章
语言变异和演变

3.1 语言与方言

　　人们通过语言进行交流,不过我们通常认为说同一种语言的人们所说的话实际上多种多样。由于历史的、地理的、社会的、个人的原因,在任何一个时点上,每种语言都充满离散的、变异的形式。"语言"其实是一个抽象的概念,人们口头上使用的是"方言"①而不是"语言"。方言是一种语言的具体存在形式,语言体现为各种方言。没有一种语言可以脱离方言而独立存在。

　　地域方言(一般简称方言)是某一地区全体成员所共同使用的交际工具,是一种语言在不同地域的分布形态,具有独立完整的语音系统、基本的词汇和语法系统。例如,中国各地的汉族人都使用现代汉语,但"茶"字的读音各有不同,北京话中读作[tʂha³⁵],太原话中读作[tsha¹¹],双峰话中读作[dzo¹³],厦门话中读作[te²⁴]。②再如,各地表达"丑"的意思的说法也不同,北京话中说"难看、寒碜",西安话中说"难看、不心疼",温州话中说"难眙",梅县话中说"难睇",福州话中说"惊人、生得呆"。③此外,在语法句式的表达上,各地域方言也存在较大差异。如北京话中的"他把碗打破了"在广州话中说成"渠打烂咗只碗啦","你先走"说成"你走先"。只要

---

　　① "方言"一般指地域方言,而随着社会语言学的兴起,又出现了社会方言、城市方言等概念,第二语言习得理论中还有个人方言的说法。
　　② 参见北京大学中国语言文学系语言学教研室《汉语方言词汇》(第二版)第138页,1995。
　　③ 同上书,第534页。

有方言,就有"民族共同语"(或称"标准语")。"民族共同语"是一种语言的通用形式、规范形式、标准形式,是和方言相对立的概念。但共同语其实也是一种方言,是要以某种方言为基础的,不能把它等同于"民族语言"。例如,现代汉民族的共同语(普通话)就是以北京语音为标准音,以北方话为基础方言,以现代白话文为语法基础的。当然,共同语还会吸收其他非基础方言的一些成分,如普通话中的"垃圾"、"尴尬"等词语就是从吴语中借来的。方言和共同语的关系实际上是方言和基础方言的关系,是个别和一般的关系。

　　一种民族语言或地域方言在传播和使用中还可能会由于说话人的社会背景(如阶层、年龄、性别、受教育程度等)的阻隔而在口音、措辞、言语风格等方面产生差异。赵元任指出,常州方言中存在"街谈"和"绅谈"的区别,绅谈和街谈代表两种社会阶层,所用的连读变调不同。①文康《儿女英雄传》第34回中提到,安公子去参加乡试,在进贡院大门时听到侍卫们在聊天,但他一个字也听不懂。这是因为安公子出身贵族家庭,讲的是夹杂文言的高级官话,而侍卫们讲的却是北京土话。②这些不同形式本来不存在优劣之分,但由于人们对使用某变体的人群形成了偏见,因而该语言变体也就具有了特定的社会价值。例如,民族共同语通常由掌权人士确立,需要通过学习才能掌握,因而在早期只为上层人士所使用,从而被赋予了较高的社会声望,成为身份的象征,如早期的汉民族共同语就被称为"雅言"。而社会底层的劳动者因没有机会读书则只能使用当地的方言,因而方言常被看做低俗的语言。陈寅恪在《东晋南朝之吴语》中也提到:"东晋南朝官吏皆士人则用北语,庶人则用吴语,是士人皆北语阶级,而庶人皆吴语阶级。"③

　　当人们把语言或方言中的某些特色看成说话人的一个社会标记时,这一方言或方音就染上了社会色彩而被称为社会方言。例如,在美国纽约、芝加哥、底特律等大城市居住着许多从南方迁移过去的黑人,他们大

---

　　① 参见赵元任 The dialectal nature of two types of tone sandhi in the Kiangsu Changchow dialect,载《清华学报》(纪念李方桂先生八十岁生日特刊)1982年新14卷第33—34页。这里的"绅谈"是指社会地位和经济地位较高的绅士的说话方式,而"街谈"是指普通百姓的说话方式。

　　② 参见郭熙《中国社会语言学》第53页,2004。

　　③ 同上书,第56页。这里的北语应为当时的官话,而吴语是地方话。

多生活在社会的底层,到处遭受歧视,于是本来明明是南部方言特色的一些语言形式如 ain't(相当于 to be+not 或 to have+not),在这里却成了一种社会标记,谁这么说就意味着谁缺乏文化教养。①

通常社会方言并不是一种独立的语言系统,它仅在某一些语言特征上有异于共同语或地域方言,仅为某一特定社会群体所经常使用,但在一定条件下会被再次同化为共同语或地域方言。例如,我国历代都派军队驻守边疆或军事重地,这些士兵带来了他们的当地话,这本是在军队这一社团中使用的,具有社会方言色彩,但由于这些官兵在当地长期驻扎并繁衍生息,因此他们的语言就变成了地域方言,现在浙江、海南的一些"军话"以及黑龙江的"站话"原本都是一种职业变体,因社团的封闭性,数百年后变成了当地的方言岛②。

总的来说,无论是地域方言,还是社会方言,其形成都是障碍和距离两个因素在起作用,是和人们相互之间的交往密度紧密相关的。人际交流维系着一种语言内部的一致性,由于社会或地理的阻隔,人们相互间的交流减少或停止就会减弱这种一致性,使之产生方言差异。例如,在山区农村,几十万人口的县城的方言差异通常就远远大于北京、上海等拥有几千万人口的大城市。反之,人际交流的增多也能够加强这种一致性。例如,在现阶段,由于政治经济高度集中,教育普及,交通方便,人际交流也就越来越频繁,因此在全世界范围内出现了方言差异日益缩小,标准语逐渐普及,众多语言与方言已经消失或正在走向消失的发展趋势。语言学家们估计,世界上现有 6000 多种语言,在 21 世纪将有大部分语言陆续失去它的交际功能(有人估计将消亡 70%—80%)而让位于国家或地区的官方语言。汉语方言中目前不仅弱势方言在迅速萎缩与衰亡,而且强势方言的势力也呈不断萎缩的趋势,地域方言正逐步向普通话靠拢。

3.2 地域方言

人类语言在时间和空间两个维度上不断发生着变迁,时间上的演变往往不是人们所能看到的,而由空间因素引起的分歧则是语言差异中最

---

① 参见祝畹瑾《社会语言学概论》第 21 页,1992。
② "方言岛"是指被另一种方言或语言包围的方言。

显著的部分,索绪尔说:"语言学最先看到的就是地理上的差异,它确定了对语言的科学研究的最初形式。"①

3.2.1 地域方言的形成与分布

1. 地域方言的形成

地域方言有一个长期的形成和发展过程,在这一过程中,语言分化是主要原因,但也存在语言的融合。

远古时期,先民们生息的地域范围不大,语言也比较单一,后来随着人群的分散、隔离,语言也就出现了分化,形成了不同的地域方言。首先,是因为人口增加,原始先民分散为较多的群体,并在其后彼此来往逐渐减少,甚至完全隔绝。例如,由于游牧,逐水草而居,一个群体分裂为多个群体,久而久之蒙古语便形成了不同方言。其次,由于向外扩张、迁居或和平垦荒,语言便随着使用者的分散隔离而分化。例如,汉语客家话就是由集体迁徙而形成的。再次,地理因素(如山川河流、沙漠沼泽等)在历史的特定阶段也是造成地域方言差异的条件。一方面,山川阻隔、交通不便,使得语言分化成不同方言,如长江作为天然屏障隔开了吴方言与江淮官话的分布区域;另一方面,河流也是一种交通要道,增加了不同地区人们的接触,使语言融合为一种新的方言,如湘江流域的人们就逐渐形成了统一的方言——湘语。

关于现代汉语方言的形成,简单地说,北方方言是古代生活在中原地区的华夏族及其后身汉族所用语言,经过数千年长期发展并受周围少数民族语言影响的直接结果;而分布在中国南方的汉语其他方言,则是发端于历史上黄河中下游地区人民的几次移民活动,北方汉语随着移民向南方扩散的过程不仅是汉语分化为方言的过程,而且也是汉语与当地原住民(如百越部族、南蛮部族等)语言融合的过程,这些原住民语言后来发展成为现代侗台语、苗瑶语、南亚语和南岛语,但它们也在汉语南方方言里留下了底层成分。

2. 地域方言的区划

每一种地域方言都有其特定的地理分布区域,在地缘上形成了特定的分布格局。例如,汉语的官话方言在中国纵横分布在从黑龙江到

---

① 引自 Ferdinand de Saussure 著,高名凯译《普通语言学教程》第 267 页,1999。

第三章
语言变异和演变

云南总计26个省市1500多个县市,晋语主要分布在山西及河北、河南、内蒙古、陕西等毗邻地区176个县市。每个地域方言都对应着各自的区域,而地域方言又可以再次依据地缘关系分成小的次方言,从而形成"语言—方言—次方言—土语—腔"等不同的层级。各个层级对应不同的方言分区。现代方言学一般将方言分区设立为"大区—区—片—小片—点"五个层次。例如,官话方言内部分为东北官话、北京官话、北方官话、胶辽官话、中原官话、兰银官话、江淮官话、西南官话等。值得一提的是,上下层级中的各类变式并不是衍生、派生的关系,而是共存的"兄弟姐妹"关系。

但是如何划定方言区片还需要我们对地域方言进行全面了解研究之后才能有更客观的认识。比如,汉语方言区划在20世纪50年代依据当时的研究成果曾分为北方方言、吴方言、湘方言、赣方言、客家方言、粤方言和闽方言七大方言区,有的学者还主张分为八大方言区,即将闽方言分为闽南方言和闽北方言。到20世纪80年代,随着对更多方言认识与研究的详细深入,人们对汉语方言区划也有了新的看法与主张,例如中国社会科学院和澳大利亚人文科学院合作编纂的《中国语言地图集》(1987/1989年)将汉语地域方言划分为十个区:官话大区、晋语区、吴语区、徽语区、赣语区、湘语区、闽语区、粤语区、平话区、客家话区。

一种语言要划分为多少个方言区片,一般只以语言特点为标准,大区间的划分标准比片、小片等要多,例如,日语方言区划曾以100个词汇项目为标准划分为东北方言圈、关东方言圈、北陆方言圈、关西方言圈和九州方言圈五个方言区。《中国语言地图集》将汉语地域方言划分为十个区采用的也是语言标准(涵盖语音、词汇和语法等方面)。以官话方言与非官话方言的分区为例,主要采用了四项语音和四项词汇、语法标准。

值得注意的是,方言分区是一个和民系分类、行政区划相关但又不完全相同的现象。民系分类是指将一个民族划分为若干个小的系别,如客家人、闽人、粤人等是汉族的民系,一般情况下,同一民系的人使用同一种方言,但特殊情况下,同一民系的人可以使用不同的方言,不同民系的人也可能使用同一种方言。方言分区和民系分类并不是完全重合的。同样,方言分区和行政区划(尤其是历史上长期稳定的二级行政区划)也有一定重合,例如,"浙江吴语各小片和明清十一府辖境可以十分完整地相对应,即太湖片——嘉兴府、湖州府、杭州府、绍兴府、宁波府,婺州片——金华府,丽衢片——处州府,殴江片——温州府,台州片——台州府",[①]但二者也不是同类概念,晋语区并不局限于山西境内,粤语也并不只分布在广东省。

方言分区只是以语言共性为标准进行的区域性趋同分类,带有较强的人为因素。实际上,除个别情况(如方言岛,岛内方言和岛外方言界线分明)外,方言在地理上是一个渐变的连续体。因此,虽然方言分区划出了各方言区之间的界线,但存在明显差异的只是各方言区的中心地带,而在方言区的交界地带,差异并不明显,往往同时带有两个方言区的特点。例如,以温州话为代表的吴语殴江片南部与闽语区相连,它的词汇系统中有很多与闽南方言共有却不见于其他吴语区方言的词汇。再如,江苏的金坛(城区)、溧阳处于吴语和江淮官话的交界地区,两地方言均保留了古全浊声母的浊音音值,说明它们属于吴语,但同时又 n、l 不分,在这点上又具有江淮官话的特点,如图 3.1 所示。

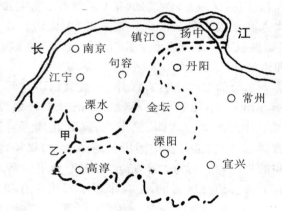

同言线 ━━━ 古全浊声母的音值:东面是浊音,西面是清音
同言线 ━━━ n、l 是否相分:东面 n≠l,西面 n=l

图 3.1　江淮官话和吴语交界地区的同言线图

(来源:王福堂 1999:20)

---

① 引自游汝杰《汉语方言学导论》第 56—57 页,2000。

第三章 语言变异和演变

3. 地域方言的地理分布和方言地图

方言在地理上的分布是非常复杂的,为了使其更加直观明确,语言学者用绘制方言地图的形式显示同时期内各方言语言特征的地理分布。依照所展现的不同项目,常见的方言地图有四种,即方言分区图、方言分类图、方言特征图和方言同言线图。

方言分区图是根据某一标准对不同地方的方言进行区域划分后的结果,由于方言在地理上的渐变性,方言区的核心地带较为明确,而边缘地带则较为模糊,因而方言分区图的重点在于如何确定并划出各方言间的分界线,这种方言地图非常便于从宏观上了解方言的地理分布。方言分类图是在地图上把种类不同的地点方言用不同的符号表示出来,易于表现方言种类繁多复杂地区的方言分布(如图 3.2)。方言特征图是把某一个语言项目在各地的不同形式标记在地图上,一个项目一张图,这类方言地图易于表现规律性不强的某些语言项目的地理分布(如图 3.3)。方言同言线图是在地图上将某一语言项目特征相同的地点连接起来,形成一条线即同言线(也称等言线),也可以把多个语言项目的同言线画在一张图上形成同言线束(也称等言线束)。同言线一般是两分的,即对于同一个语言项目,两边的语言特点不同,方言同言线图可以为方言分区提供重要参考(如图 3.1)。

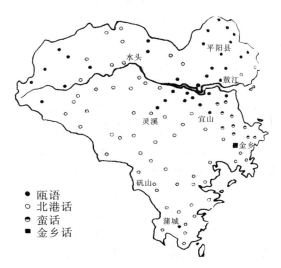

图 3.2 浙江平阳县方言分类图

(来源:游汝杰 2000:84)

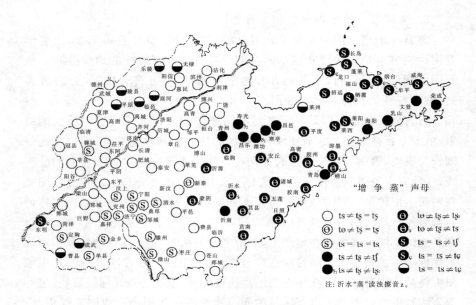

图 3.3　山东方言中"增 争 蒸"的声母

(根据钱曾怡等 2001:116 改制)

西方学者对方言地图的研究和绘制开始得很早,如温克尔编制早期的《德国方言地图集》、吉耶龙编制《法国方言地图集》,在此基础上,他们开始对由此显示出来的语言空间差异进行解释,研究关于语言变化的地理模式,后来就形成地理语言学,也称语言地理学。之后,芮德(F. Wrede)编制《德国语言地图集》,雅博尔格(K. Jaberg)、俅德(J. Jud)编制《意大利瑞士语言地图集》,日本国立国语研究所编制了《日本语言地图》《方言语法全国地图》等,地理语言学开始遍地开花。

中国最早的方言地图是 1934 年上海申报馆出版的《中华民国新地图》中的 1 幅"语言区域图",这是一幅汉语方言分区图。20 世纪 80 年代研制出版的《中国语言地图集》含有 35 幅地图,是首部规模巨大的汉语方言和少数民族语言的分区地图集。最早正式发表的汉语方言特征图是赵元任等 1948 年出版的《湖北方言调查报告》里的 66 幅地图。中国第一部汉语方言特征地图集则是王辅世 1950 年完成、1994 年由日本国立亚非语言文化研究所出版的含 34 幅地图、64 个地点的《宣化方言地图》。岩田礼等 1992 年在日本以"研究成果报告书"形式出版的《汉语方言地图(稿)》,含 18 个项目、24 幅地图、约 280 个地点,这是第一部涵盖整个汉语方言的语言特征地图集。2008 年由曹志耘主编的《汉语方言地图集》则是第一部在统一的实地调查基础上研制的全面反映 20 世纪汉语方言基本面貌的原创性语言特征地图集,共调查了 930 个地点 1005 个语言项目,总共绘制了 510 个语言项目的特征图。

3.2.2 地域方言的社会变异

方言学者集中研究农村语音调查合作人说的话,特别是集中研究相对封闭的小村子里基本没受过教育并且很少离开当地外出的老年男性所说的话。而事实证明,即便是在这样的小村子里也存在语言分化,单靠调查没受过教育的老一代说的话,得到的关于不同地区的方言资料是不完全的、不确切的。因此,方言学者在调查中开始不仅考虑地理因素,而且也考虑社会因素,如调查对象的年龄和性别差异,注意将他们的材料与社会发展相联系,并且从中探讨语言变化的规律。

1. 年龄差异

一般情况下,方言在一段时间内的变化不大,不易被人们发现。但有时,变化速度也会比较快,短短几十年内就会积累起足以观察到的语言差异,例如,明末傅山在《霜红龛全集·咳唾珠玉》中就曾提到:"太原人语多不正,最鄙恼人,吾少时听人语不过百人中一二人耳,今尽多矣。如酒为九,九为酒,见为箭之类,不可胜于辨。"①而这种新旧形式的并存往往表现为不同年龄段的人方言发音上的差异。

以上海话为例,上海市不同年龄段的人使用的方言就有不小的差异,就整个语音系统来讲,上海的老派、新派以及少年派各有不同,如表 3.1 所示②:

---

① 转引自游汝杰《汉语方言学导论》第 143 页,2000。中古时期用 36 个字来代表不同的声母,如这里的"九、见"为见母字,"酒、箭"为精母字,声母不同。后来,见组和精组声母在拼含 [i]、[y]介音的韵母时都发生腭化变成了今天的 j[ɕ]、q[ɕʰ]、x[ɕ],才有了"酒为九,九为酒,见为箭"。详见丁声树、李荣《汉语音韵学讲义》,载《方言》1981 年第 4 期 241—274 页。

② 参见许宝华等《上海方音的共时差异》,载《中国语文》1982 年第 4 期 265—272 页。

表 3.1　上海老新少三代的语音系统

	声母	韵母	声调
老派	32个	48个	6个
新派	33个	42个	5个
少年派	32个	36个	5个

而具体到上海老中青三派的发音来说，同样也存在着较大的差异。以"雷""来""兰"三字为例。"雷""来""兰"三字有着不同的历史来源，[①]在少数老年人（老1）的发音中，三字的元音舌位相近，但不相同，而在多数老年人（老2）的发音中，"雷"、"来"两字已经混同起来，中年人的发音中则是"来""兰"合流，而到了青年人的口音中，三字同音，已经完全合流了，如表 3.2 所示：

表 3.2　上海老中青三代"雷""来""兰"的发音

	老1	老2	中	青
雷	le	le	le	lɛʔ
来	lɛ	lɛ	lɛ	lɛʔ
兰	lɛ̃	lɛ	lɛ	lɛʔ

（来源：王福堂1999:4）

一般来说，"老年语言变体通常保留了一些过时的语言特征；而青年语言变体往往是对新起的语言变化反应最快、最多的一种变体"[②]。因此可见，上海话中，"雷"、"来"、"兰"三字的发音将逐渐趋同。

再以台湾泉州腔央元音的变异为例。台湾闽南语来自福建闽南地区的泉州话和漳州话，现被称为"泉州腔"和"漳州腔"，各有其分布区，其传统韵书分别是《汇音妙语》《十五音》。两种方言的区别主要在于元音，泉州腔中有两个央元音，在《汇音妙语》中分属不同的韵，而在漳州腔中与之相对应的则是四类非央元音。洪惟仁等根据这四类不同来源的元音，选

[①] 雷、来、兰在中古的音韵地位分别是蟹摄合口一等来母字、蟹摄开口一等来母字、山摄开口一等来母字。

[②] 引自陈松岑《语言变异研究》第66页，1999。

第三章
语言变异和演变

取了若干汉字（如表3.3所示），自1999年到2002年在13个方言点以念词表的形式调查了350个被试者。每个方言点的被试者分成四个年龄层、男女两性，以劳动阶层为主。

表3.3 台湾泉州腔央元音变异的调查字表

类别	汇音妙语	泉州音	十五音	漳州音	例字
科伽类	科	ə	伽	e	短、退、雪、块
科桧类	科	ə	桧	ue	皮、月、过、回
居龟类	居	i	龟	u	自、思
居居类	居	i	居	i	汝、去、鱼、蜀

（根据洪惟仁 2003:34—56 制）

调查结果发现，漳州腔的方言区内音读相当稳定，而泉州腔的方言区内，泉州腔的央元音变体的使用率随着年龄的下降而逐渐减少，而漳州音变体的使用率则随着年龄的下降而逐渐增加，泉州腔央元音变体在竞争中都败给了漳州腔的非央元音变体，如图3.4所示。①

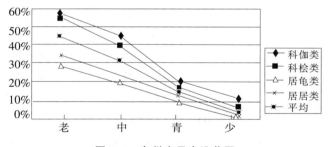

图 3.4 泉州央元音没落图
（来源：洪惟仁 2003:43）

2. 性别差异

各地方言中的性别差异是最早引起方言学家注意的现象。例如，赵元任在《现代吴语研究》中提到苏州话中的"俏、好"等字，女性多读[æ]

---

① 参见洪惟仁《台湾泉州腔央元音的崩溃与语音标记性》，载《中国社会语言学》2003年第1期第34—56页。

韵,而男性的发音部位则要比[æ]略偏后。① 再如,黎锦熙早在 20 世纪 20 年代就发现北京话中存在"女国音"现象,即一部分北京女性在发舌面前音[tɕ]、[tɕʻ]、[ɕ]时舌位前移,发成了舌叶音[tʃ]、[tʃʻ]、[ʃ]或者舌尖前音[ts]、[tsʻ]、[s],而这种现象在男性中则很少出现。

针对女国音现象,曹志耘等于 1986 年调查了北京市东城、海淀、西城、朝阳、宣武五个区的 200 名被试者。这些被试者涵盖 23 个单位;年龄方面,分为 13 岁以下(55 人)、14—25 岁(76 人)、26—42 岁(49 人)和 43 岁以上(20 人)四个层次;女性 155 人,男性 45 人。诱导方法主要采取念词表的方式,在考虑了跟舌面音相拼的各个韵母、古尖团、常用不常用之后,选择了 51 个单音节词和 8 个多音节词(见表 3.4)。为了保证调查的信度和效度,不给被试者以任何暗示,调查者把这些字打乱了排列,同时在开头加上了"挤轻想"三字。对于年龄较小的被试者(主要是幼儿园、小学 1—3 年级学生,共 38 人),只调查了其中的"家街尖京军七桥球墙去西下小姓雪雄"16 个字,在统计时另行处理。

表 3.4 "女国音"变异调查字表

	i	ia	iɛ	iau	iei	iɛn	in	iɑŋ	iŋ	y	yɛ	yan	yn	yŋ
单音节词	tɕ 急七西 tɕʻ ɕ	家掐下佳	街切鞋协窃	叫桥小	酒球修	尖钱县渐	进琴信	江墙响湘	京青姓	局去徐趋	绝缺雪却	卷全选捐	军裙熏寻	穷雄匈
多音节词	北京、王府井、天桥、东城区、西单、下雪、底下、尖儿													

(来源:曹志耘、周晨萌 2005)

调查结果显示,女性前化的人数比例要远远高于男性,而且男性前化者主要在 20 岁以下。而在 19 岁以下的前化者中,女性前化者每人平均有 70%的字前化,而男性只有 38%。不仅如此,女性前化者的舌位也比较靠前,往往读作[ts]组,而男性前化者中读作[tʃ]组和[tʃ₂]组②的比例

---

① 参见游汝杰《汉语方言学导论》第 212 页,2000。
② [tʃ₂]组的读音介于舌面前音和舌叶音之间,略带卷舌色彩。

较高。①

　　传统的方言学虽然在研究理念、调查方法等方面与社会语言学有不少相异之处,但两者都以实际使用的语言为研究对象,也都以探索语言的演变为主要研究目的,因此可以说,方言学和社会语言学之间存在着天然的联系,我们完全可以从社会语言学的角度来研究方言。早在 20 世纪 20 年代,黎锦熙就开始研究"女国音"现象。50 年代赵元任发表了有关儿童的个人方言和汉语称呼语的文章。进入 80 年代后,在社会语言学的直接影响下,汉语方言学界取得了更为卓越、丰硕的成果,现代方言研究在传统描写的研究基础上开始涉及阶层方言、双语和双方言、性别差异、年龄差异、语言态度及华人社区语言状况等多个方面。②可以说,社会语言学的研究模式大大扩大了我国方言学的研究视域。

3.3 城市方言

　　在中国,对城市方言进行的研究是多元化的,其内容涵盖了四个方面:一是开展对城市方言的方言学和社会语言学描写,探讨城市方言在形成、发展中呈现的特点,分析普通话(或其他有声望方言)对城市方言的影响,如城市方言的语音变异和词汇变异等;二是调查城市居民的语言生活状况,揭示其中体现出来的价值取向,如城市居民的语言选择和使用、语言态度和语言认同等;三是调查城市公众生活中规范文字的应用及人们对语言政策的认知度,探讨国家语言政策和语言规划的实施情况,如地名、店名、指路标牌的用语用字以及不规范用字现象等;四是开展对城市方言与城市文化之间关系的研究。

　　在城市的发展进程中,由于外来人口的涌入、教育水平的提高、新闻媒介的普及等原因,标准语的影响越来越大,居民的语言生活发生了重大变化,最突出也最易察觉的变化就是不同社团的人们在语言各要素的使用上存在明显差异。

---

① 参见曹志耘、周晨萌《北京话里的几种语音变异》,第三届社会语言学国际学术研讨会上的发言(广州),2005。

② 参见游汝杰《汉语方言学和社会语言学》,载《中国社会语言学》2004 年第 1 期第 29—36 页。

王立对汉口的语音变异进行了调查。在老汉口话中,开口呼的影、疑母字,如"安、按、鹅、饿、熬、矮"等都读[ŋ]声母,但在当前汉口话中,[ŋ]声母开始逐渐消失或变为[ɣ]。王立在老汉口人聚居地区抽取了330名被试者,其社会变项包括性别、年龄、出生地、文化程度和所掌握的语言种类等,同时设计了由7个句子和40个词语构成的调查文本,文本中含有64个读[ŋ]声母的开口呼影、疑母字,让被试者用汉口话朗读这些词和句子,调查人记录文本中的64个字的发音。结果发现,受访者保留[ŋ]声母的比率与年龄呈正比,即年龄越小,[ŋ]声母保留的就越少,80岁以上的老年人保留的最多,接近50%,而18—24岁之间的年轻人只保留了5.05%,见表3.5。①

表3.5 老汉口话中64个[ŋ]声母字在当前汉口话中的保留比率

年龄组（岁）	均值(%)	年龄组（岁）	均值(%)
18—24	5.05	55—59	30.78
25—29	8.06	60—64	34.44
30—34	7.00	65—69	36.30
35—39	11.62	70—74	36.83
40—44	15.37	75—79	39.44
45—49	15.53	80—88	48.80
50—54	28.05		

(来源:王立 2009:137)

邵朝阳也通过调查澳门人粤语口语中"五、吴、午、误"等遇摄合口一等②疑母字的读音发现,独立的[ŋ]音节正在逐步被[m]音节所代替,

---

① 参见王立《城市语言生活与语言变异研究》第122—138页,2009。
② "摄"和"等"都是音韵学上的概念,针对韵母的分类而言的。只要韵尾相同、韵腹(主要元音)相近就归为一摄,比如,"效"摄就包括"豪、肴、宵、萧、皓、巧、小"等12个韵,涵盖[au]、[ɑu]、[iɛu]、[ieu]四个韵母。而各韵按照有没有[u]介音又可以分为合口和开口,其下又可各分为四等,"一等洪大、二等次大、三四皆细、而四尤细"。"等"是着眼于介音[i]的有无,一二等没有[i]介音、三四等有[i]介音。理论上讲,中古的开口一二等就是今天的开口呼(没有介音的韵母),开口三四等为今天的齐齿呼(介音为[i]的韵母),合口一二等为今天的合口呼(介音为[u]的韵母),合口三四等为今天的撮口呼(介音为[y]的韵母),但都有例外。详见丁声树、李荣《汉语音韵学讲义》,载《方言》1981年第4期第241—274页。

而这种变异现象的出现是外来语言势力影响和方言本身规范双重作用的产物。① 在城市方言语音变异方面,类似的研究还有很多,如《合江话鼻韵尾变异调查研究》(龙玫,2005)、《溧水"街上话"[u]元音变异分析》(郭俊,2005)等,都通过对比不同言语社团在某一语言变项上的变异情况,发现当地语音在不断向普通话靠拢。

标准语对城市语言生活的影响越来越大,外来人口的涌入也带来了他们当地的方言。各种方言在人们生活中的地位如何?语言接触引起什么样的语言变化?这些问题也成为学者关注的重要课题。如《上海市民语言生活状况调查》从语言习得、语言使用和语言态度等方面着手,发现上海市民在日常生活中普遍使用上海话和普通话,有部分市民从小就习得上海话和普通话,有将近一半的市民能听懂三种或三种以上的方言,其中20%多的市民能说三种或三种以上的方言;在公共场所上海话占据优势,在家庭场合,上海话虽然仍占据着优势,但普通话也有一定的活动空间;仅从市民调查问卷分析,目前上海话的地位应该说是比较稳固的,但联系学生问卷分析,普通话正在大中学生的口语中逐步取代上海话,并且有加速发展的趋势。②《上海新移民的语言社会学调查》则分析上海大量新移民的语言使用情况,描述当前城市背景下移民的语言选择模式、语言习得、语言能力、语言态度等相关问题。③

此外,学者还对特定场所、特定人群的语言使用情况进行调查分析,如《中国语言生活状况报告》(2007)对长江三峡移民、新疆生产建设兵团戍边移民以及北京涉外集贸市场——秀水市场——的语言使用状况进行了细致深入的调查分析。④ 学者还对海外华人社团的语言生活进行研究,如郭熙的《马来西亚槟城华人社会的语言生活》(2003)、张洪明等《新加坡华语运动与星洲老年人的语言问题》(2004)等。

城市语言生活中虽然多语并存,但人们的语言态度和价值取向却各

---

① 参见邵朝阳《澳门粤方言[ŋ]音节渐变研究》,载《中国社会语言学》2003年第1期第71—77页。
② 参见薛才德《上海市民语言生活状况调查》,载《语言文字应用》2009年第2期第74—84页。
③ 参见雷红波《上海新移民的语言社会学调查》,复旦大学博士论文,2008。
④ 参见"中国语言生活状况报告"课题组《中国语言生活状况报告》2007年第161—200页。

有不同。俞玮奇调查了常州市高中生的语言态度,发现被试者对说普通话的人的总体评价要高于对说常州话的人,尤其是在社会地位价值层面,对普通话的评价显著高于常州话。①王立在《城市语言生活与语言变异研究》中也指出,90％的武汉人认为方言俚语代表武汉特色,对方言俚语有一定的感情,但还是有64％的人对方言俚语带有偏见,认为方言俚语较为粗俗,没有档次。因而家长们都期望孩子能够掌握普通话,他们在和孩子交流时也多用普通话。②

在对城市方言的研究中,文字使用是否规范、语言规划工作推行是否顺利、语言环境的建设状况等也都是重要的方面。例如《当代商业店名的社会语言学分析》(郑梦娟,2006)、《长春市街头用字不规范现象研究》(李丹,2008)、《民航语言文字使用状况》("中国语言生活状况报告"课题组,2007)、《北京奥林匹克运动会语言环境建设新进展》("中国语言生活状况报告"课题组,2007)、《上海世界博览会语言环境建设状况》("中国语言生活状况报告"课题组,2007)、《社会语言环境与语言规划的六个方向——以香港的语言环境为例》(王培光,2004)等,都是围绕这些问题进行深入的探讨。

在社会发展进程中,城市的地位十分突出,城市往往是社会发展的缩影,而城市的发展必然带来语言的变化,同时还涉及其他一切与语言有关的活动和现象,如语言态度、语言转用、语文规划等,研究城市方言将会促进社会语言学理论的深化,同时对语言本体研究也大有益处。

3.4 社会语言学变异研究模式

城市方言学又称狭义的社会语言学,从上世纪五六十年代发展至今已形成了三个经典研究模式,即:拉波夫的社会阶层语言变异研究模式、米尔罗伊的社会网络语言变异研究模式和埃克特的实践共同体语言变异研究模式。

---

① 参见俞玮奇《语言态度调查方法的比较研究》,载《中国社会语言学》2008年第1期第128—137页。

② 参见王立《城市语言生活与语言变异研究》第187—188、215—226页,2009。

3.4.1 社会阶层语言变异研究模式

拉波夫的早期研究公认是社会语言学变异研究的样板,尽管在他之前就有学者作过小型的研究。拉氏变异模式的基本内容包括两个方面:社会变异和语体变异。社会变异指语言使用上的变化随使用者的社会属性而变,语体变异指语体随语境而变。①拉波夫认为,"对同一件事物存在不同的说法"。说话人使用某一种说法而不用另一些说法,这跟说话人的社会背景和说话时的语境有关。某个社会集团或阶层在一定的语境中使用某些语项时,呈现出相当整齐的模式。这种客观表现又同该集团或阶层对特定语项所持的主观评价紧密相关。

以纽约市下东区各阶层的语音分化为例。拉波夫1966年的研究对第二次随机样本中的88人进行了访谈,他们都是居住在该地区两年以上的成年人,可以代表不同的民族、社会阶层和年龄段。这些人按照职业、受教育程度和家庭收入三项同等加权的方法计算,划分成10级4个社会经济阶层(SEC),即:下层(0—1级)、劳工阶层(2—4级)、下中阶层(5—6级、7—8级)和上中阶层(9级)。这四个阶层的人在随便说话(用A表示)、留意说话(用B表示)、读短文(用C表示)、念词表(用D表示)四种不同的情境里发thing、three、this和them等词中的齿间擦音(th)和(dh)的总态势是:阶层越低,把[θ]或[ð]发成舌尖齿龈的闭塞音[t]或[d]的非标准音的频率越大,而阶层越高,发非标准音的频率就越小;语体越随意,非标准音出现的频率就越大,而语体越正式,非标准音出现的频率就越小。这样的语体差异在各阶层人的话语中都出现(见图3.5)。这说明:不论语言使用者的社会地位是较高还是较低,各阶层中都有人使用非标准变体。差别在于:下层和劳工阶层的人,使用非标准变式的频率比下中阶层和上中阶层的人使用非标准变式的频率要大得多。此外,下层和劳工阶层人的语体变异坡度比下中阶层和上中阶层人的语体变异坡度要陡峭得多。在前两个阶层与后两个阶层之间存在显著分化。

---

① 这里所说的"随……而变"并非指直接的因果关系,也不是绝对会随其而变。

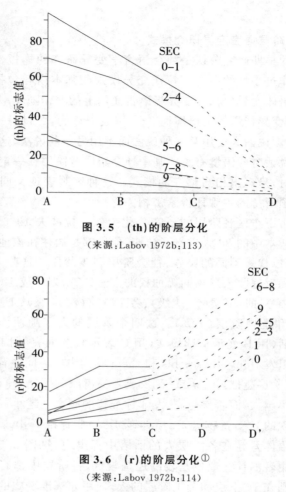

图 3.5 (th)的阶层分化

（来源：Labov 1972b:113）

图 3.6 (r)的阶层分化①

（来源：Labov 1972b:114）

这四个不同阶层的人在发元音后辅音(r)时的变异总态势与上述情况基本一致（见图 3.6），但是社会地位较高阶层与社会地位较低阶层之间存在细微分化。在随便说话语体中，只有上中阶层人使用较多的标准音，其他阶层人之间无多大差异。在正式语体中，其他阶层人使用标准音的频率较大，下中阶层人的增长幅度尤其显著。而在最正式语体中，下中阶层人发标准音的频率超过了上中阶层人发标准音的频率。这种超越模

---

① 图 3.6 横坐标所示的 D'是指念最小对辨音的词，代表最正式的语体。

式也同样体现在另外两个音位变项(eh)和(oh)的分布上。

怎么解释这种似乎偏离正常分布格局的变异现象呢？拉波夫发现，纽约人对(r)音位变体的评价发生了变化。在纽约市，[t]是(th)的粗俗形式，它的社会分布和语体分布格局至少已稳定了大半个世纪，而(r)则几经变迁。18世纪时期，(r)发卷舌音(以下写成(r-1))。19世纪时期受伦敦话的影响，(r)的高雅形式是不发卷舌音的(以下写成(r-0))。第二次世界大战前，纽约市中学语音教学中，英国传统读音占统治地位。纽约人那时想发国际音标中的元音后辅音[-r]，只需要调整元音值，不需要纠正(r)的发音。二次大战后，纽约人开始崇尚中西部地区的美国读音即(r-1)，原先的标准音(r-0)从广播上和学校教育里消失了。在这个标准体转换过程中，中上层社会里的年轻人对新的高雅形式最敏感，学得也最快。地位略低的下中阶层里的中年人在社会等级阶梯上向上移动的欲望最强烈，上升的可能性也最大。他们对自己不会发新的标准音有一种"语言不安全感"，使劲地要追赶时尚，纠正自己的粗俗发音，结果出现了"矫枉过正"的现象，下中阶层中年人发(r-1)的频率超过了上中阶层中年人发(r-1)的频率，如图3.7所示。①

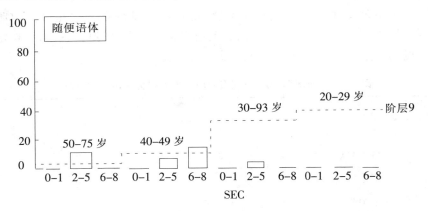

图 3.7　40—49 岁下中阶层带(r)音超越上中阶层的情况

(来源：Labov 1972b:176)

拉波夫还曾经从访谈录音中摘录了 22 句含有相当集中的音位变项

---

① 参见 William Labov, *Sociolinguistic Patterns*, pp. 112—118, 1972。

的话复制在磁带上,放给调查对象听,问他们每一句话的说话人适合于下列哪种职业:荧屏人物、行政秘书、接待员、电话接线员、售货员、工厂工人,或都不适合。他把答案归成两类:一类是对某一音位变项持肯定态度的,另一类是对某一音位变项持否定态度的。对(r)变项的评价结果是:各阶层中,18—39 岁年龄段的人百分之百对(r-1)持肯定态度(见图 3.8),虽然他们中间有许多人平常讲话时并不发卷舌音。

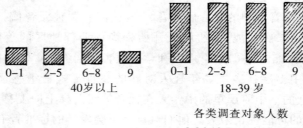

各类调查对象人数
8 26 10 7　　6 15 12 8

图 3.8　不同年龄和阶层的人对(r)的主观评价
(来源:Labov 1972b:151)

下中阶层对(r-1)变项特别敏感,持肯定态度的百分比超过上中阶层;对(th)标准音的评价,各阶层的反应则符合常态,即地位越高,持肯定态度的百分比越大,如表 3.6 所示。

表 3.6　各阶层对(r)标准音和(th)标准音持肯定态度的百分比

	(r)	(th)
下层	50%	58%
劳工阶层	53%	76%
下中阶层	86%	81%
上中阶层	75%	92%

(来源:Labov 1972b:131)

拉波夫总结出的变异模式在沃尔弗雷姆 1969 年的底特律内城调查和特鲁吉尔的诺里奇市调查中进一步获得了证实。沃尔弗雷姆从随机抽取的 700 余名非裔美国人被访者中选择了 48 个特征均衡的样本:上中阶层、下中阶层、上工阶层、下工阶层各 12 人;男性、女性各 24 人。调查项

第三章
语言变异和演变

目包括黑人英语中的四个音位变项和四个语法变项,其中之一是词尾-s 的脱落,即名词复数、名词所有格或第三人称单数的动词现在时词尾不加-s。调查结果显示:阶层越低,[z]脱落现象越严重;在上中阶层、下中阶层和上工阶层、下工阶层之间存在显著分化。与上述纽约市模式相比较,在上中阶层、下中阶层、上工阶层和下工阶层之间,[r]的脱落是渐进分化的。[①]

特鲁吉尔在1968年对英国诺里奇市的居民进行随机抽样,抽取60个样本单位。他根据这些人的职业、收入、受教育水平、父亲的职业、居住区域、住宅类型等将他们分成五个社会阶层:中中阶层、下中阶层、上工阶层、中工阶层、下工阶层。语体的诱导方法、区分标准和计数方法与拉波夫的纽约市英语社会分层研究相同。四种语境的语体分别是念词表、读短文、正式说话、随便说话。研究的语言变项之一是动词现在分词(如walking,talking)后缀-ing 的发音。(ng)存在两种不同的变式[n]、[ŋ],其中[ŋ]是标准语体,用(ng)-1 表示,记 1 分;而[n]是非标准语体,用(ng)-2表示,记 2 分。将样本单位的得分加在一起用(ng)的总数相除得出平均分,从平均分中减去1,并乘以 100,就得出最终的指数比分。这样,一贯使用标准变体(ng)-1 得到 000 分,一贯使用非标准变体(ng)-2得到 100 分。例如:说话人 A 在调查中共出现了 7 次(ng)的发音,其中(ng)-1 出现 3 次,(ng)-2出现 4 次,按照上述方法计算,前者记 3 分,后者记 8 分,二者相加除以 7,我们可以得出其平均分为 1.57,最终的指数是57。而如果在这个组里面共有 A、B、C 三个说话人,其个人的指数分别是57、63、140,那么该组的最后得分就是(57+63+140)÷3 = 86.66。特鲁吉尔的调查结果,通过计算如表 3.7。

表 3.7　不同阶层在不同语体中(ng)指数计分

	念词表	读短文	正式说话	随便说话	人数
中中阶层	000	000	003	028	6
下中阶层	000	010	015	042	8
上工阶层	005	015	074	087	16
中工阶层	023	044	088	095	22
下工阶层	029	066	098	100	8

(来源:Trudgill:1972)

[①] 摘自祝畹瑾《社会语言学概论》第 100－104 页,1992。

该表清楚地显示:对每个社会阶层来说,(ng)的得分从念词表语体到随便说话语体是步步上升的;而就每种语体来看,(ng)的得分是随着阶层的降低而逐步升高的。①

拉波夫等人揭示出不同阶层之间存在着有规律的语言差异,指明具有不同社会声望的语言变体在不同阶层之间的分布概貌。然而,社会经济地位高的阶层中并不是人人都使用标准形式,社会经济地位低的阶层中也不是人人都使用非标准形式,在语言使用者的阶层地位和语言表现形式之间不存在绝对的对应关系。就单个说话人而言,使用标准形式或非标准形式也不是始终如一的。拉波夫研究模式所谓语言变异规律也只是反映言语共同体中的概然率。

3.4.2 社会网络语言变异研究模式

米尔罗伊在 1975 年 10 月至 1977 年 7 月间对贝尔法斯特市的三个工人区——Ballymacarrett,Hammer,Clonard 的语言变异进行了深入细致的调查。这三个地区属于该市的内城,居民多半是非技术工人,收入微薄,失业率高。三个地区的社会状况基本相似,贫困、疾病、青少年犯罪比比皆是。不同之处是:B 区由于邻近造船业发达,男子在本区就有就业机会,工余常在小酒馆聚会,因而他们之间形成了非常紧密的社会网络;妇女则大多到其他地区去工作,彼此之间很少交往,因而她们之间的社会网络结构松散,与男性形成鲜明的对比。H 区和 C 区因一度发达的亚麻业衰退,失业率高达 35%,许多男子纷纷到区外去找工作,有时在家搞点家务,社会网络结构非常松散;年纪大的妇女大多在本区干杂活,C 区有几名年轻妇女都在一家商店当售货员,交往非常密切,形成了类似 B 区男性的紧密网络结构,但总起来看,这两个地区男女网络之间的对比不鲜明。这些人缺乏社会保障,向上流动的机会极少,因此地域观念很浓。在这些"城中城"里,以说话人的社会网络作为分析单位较按社会阶层划定调查范围更为合宜。

社会网络是人们按自己的意愿形成的社会关系结构。社会网络以个

---

① 参见 Peter Trudgill 著,陈松岑译《性别、潜在声望和诺里奇市英国英语的变化》,见祝畹瑾编《社会语言学译文集》第 151—153 页,1972/1985。

人为中心可以划分为一层区,二层区、三层区等,所有与中心人物有直接联系的属一层区,与一层区人员有直接联系而与中心人物有间接联系的属二层区,依此类推,见图 3.9(x 是网络的中心点)。

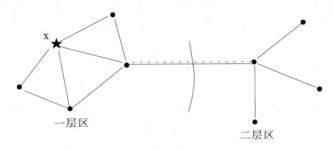

图 3.9 社会网络的两个层区

(来源:L. Milroy 1980:48)

米尔罗伊分析网络结构用了三个术语:

1. 密度。社会网络的密度(用 D 表示)指网络成员之间的实际联系数(用 Na 表示)与全部可能联系数(用 N 表示)的比率,其公式如下:

$$D=\frac{100Na\%}{N}$$

如果跟中心人物有联系的许多人彼此之间也有联系,这一网络的密度就越高,反之则较低,见图 3.10。

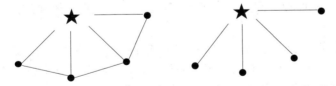

图 3.10a 高密度的个人网络结构　**图 3.10b 低密度的个人网络结构**

2. 复合度。网络成员之间可以通过一种关系发生联系,如双方或互为亲戚,或互为邻居,或互为同事,或互为朋友;也可以通过多种关系发生联系,如双方既是亲戚,又是邻居,又是同事,又是朋友。前一种联系是单一的,后一种联系是复合的(用 Nm 表示)。复合度(用 M 表示)指社会网络中复合联系数与实际联系数的比率,其公式如下:

$$M = \frac{Nm \times 100\%}{N}$$

网络复合度反映社会网络的内容特点。

3. 聚合圈。指网络中的某一组成部分,它的密度较其外部的组成部分的密度要高。一个高密度、高复合度的聚合圈对其成员会产生一种强大的凝聚力,促使他们在行为上保持一致,从而形成该聚合圈所特有的行为标准,包括言语标准。聚合圈与整个社会网络相比,对于小群体内语言规范的形成影响更为直接。

米尔罗伊用网络强度尺度(NSS)计算个人在网络中的地位。它由以下五个条件决定,每符合一个条件算1分:1)属于一个高密度、以一定地域为界的聚合圈;2)与邻里互为亲戚(除本人的小家庭外,至少在邻近有一家亲戚);3)与同一地区的两个或两个以上的人在同一单位工作;4)与同一地区、同一性别的两个或两个以上的人在同一单位工作;5)业余与工友保持自发的联系(此条件以条件3)和条件4)为前提)。

社会网络中各种关系是建立在"交换原则"基础上的。成员之间彼此照应,互助互利。米尔罗伊最初以她学生Sam(原住B区)朋友的身份去拜访当地人;当她结识了Ted(当地社会网络的一位中心人物)后,又以Ted的朋友自居。就这样,她与被访者建立起间接关系,获得了他们的帮助。同时,她又主动承担一个青年演出团的运输工作,为大家尽义务。这使她在与当地人近两年的交往中,既不失调查者的身份,又享受到网络成员的"权利",从而搜集到三个地区46名说话人的留意语体和随意语体的语料。

她确定的社会变项是地区、性别和年龄,所考察的音位变项有八个:(a)、(ai)、(ɪ)、(th)、(ʌ¹)、(ʌ²)、(ɛ¹)、(ɛ²)。[①]她先计算出每一名调查对象的网络强度值及每个音位变项的标志值(如表3.8所示),然后按地区、性别、年龄分组加以比较,最后用斯皮尔曼等级相关法检验各种统计数字。

---

① (a)指hat一类词中的元音[æ];(ai)指pipe一类词中的双元音[ai];(ɪ)指hit一类词中的短元音[i];(th)指mother一类词中两个元音之间的浊辅音[ð];(ʌ¹)指mud一类词中的圆唇央元音[ʌ];(ʌ²)指把pull一类词中的央元音发成[ʌ]至[ʊ]的;(ɛ¹)指bet一类单音节词中的低元音;(ɛ²)指双音节或多音节中的低元音。

第三章
语言变异和演变

表 3.8　C 区 4 名 40—55 岁男子的网络强度值和语言变项值

	NSS	(ai)	(ʌ¹)	(th)	(ʌ²)	(a)	(ε¹)	(ε²)	(ɪ)
MC	3	2.3	71.4	3.13	19.88	2.75	100	94.44	1.3
EC	4	2.2	68.2	96.43	23.22	3.03	100	75.76	1.8
J MCK	1	2.0	66.7	67.71	21.43	2.65	100	77.27	1.6
TM	2	2.6	22.7	82.11	2.09	2.73	86.67	76.47	1.1

（根据 L. Milroy 1980：Appendix 改制）

结果表明：总的趋势是个人的语言运用与其在社会网络中的地位等级相关，即社会网络程度越高，土音的比重越大，但在细节上，还存在差别。米尔罗伊所研究的八个语言变项中，有四个变项的资料共同显示出一定的规律性。在变项(th)上，不论是 B 区、H 区还是 C 区，也不论是年长组还是青年组，男性的标志值都高于女性，即男性的土音更重。(ε¹)的情况与(th)相似，但只有 B 区男女差别显著，H 区和 C 区两性之间差别较小。在变项(a)上，只有 B 区和 H 区男性的标志值高于女性，B 区差别显著，H 区差别较小；C 区年长组中男性的标志值高于女性，而青年组中女性的标志值却高于男性。在变项(ʌ²)上，只有 B 区男性比女性的土音更重，男女差别显著；H 区和 C 区年长组中女性比男性的土音更重，青年组中男性比女性的土音更重。按地区分析，在(a)、(th)、(ʌ²)、(ε¹)、(ε²)、(ai)六个变项上，只有 B 区显示出语言变项标志值与网络得分的等级相关。在变项(ɪ)上，只有 H 显示出二者相关。按性别分析，女性在(a)和(th)两个变项上的等级相关系数比男性要高，而在变项(ʌ²)、(ε¹)和(ε²)上则正好相反。按年龄分析，在变项(a)和(th)上年长者显示出较强的等级相关；再按性别细分，则只有女性显示出等级相关，在变项(ε¹)和(ε²)上，年轻人显示出较强的等级相关；再按性别细分，则只有男性显示等级相关。大量的相关检验表明：语言的变异情况十分复杂，影响变异的因素不一，而且不同地区、不同性别、不同年龄的说话人会运用不同的音变来显示各自与网络之间的适应程度。①

---

① 参见祝畹瑾《社会语言学概论》第 126－127 页，1992。

米尔罗伊的研究模式综合了拉波夫式的社会方言学及甘伯兹式的民族志学的研究特点,在研究程序、调查方法、统计检验上都有所发展。拉波夫对纽约市哈勒姆区少年团伙的研究表明,说话人使用土语的程度与其卷入"马路文明"的深度有关。他的做法是先确定团伙的范围,弄清各个说话人在该团伙中所占的地位,如核心人物、一般成员、边缘成员和外围分子,然后考察和分析每一类人的言语特征。米尔罗伊则主要考察和分析每一个说话人的言语特征与其社会网络之间的关系。她的做法弥补了拉氏范式忽略个人之间言语差异的缺陷。甘伯兹曾多次运用过网络分析,并且指出个人的网络结构受其职业、受教育程度、志趣等多种因素的影响,因此即使家庭和社会背景相似的说话人,也会表现出不同的言语模式。他还用实据证明封闭型网络结构中的人员偏爱非标准变体。当人员流动时,原有的网络结构发生变化,个人的言语特征也随之而变。甘伯兹的论证很重要,但他没有作计量研究。米尔罗伊对个人的语言变异进行了定量分析,并详尽地显示出社会网络及其他社会因素对说话人讲土话的影响。

网络对于不同阶层人士包括社会地位很高的人都能起到维护某种规范的机制作用。如英国上层社会里的人很少变动,他们有固定的活动领域,彼此之间有多重联系(共同的家族、学校、经济利益、业余消遣),交往频繁,在这种外人难以插足的圈子里,文化聚焦的天然结果就是维护标准英语。无论是保存土话土音还是高度规范的语言,米尔罗伊的社会网络研究模式都可以为我们提供解释语言稳定性的依据。①

3.4.3 实践共同体语言变异研究模式

埃克特为了研究语言变异有两年光景不断地到底特律市郊贝尔顿中学(Belton High)去做民族志田野工作。她注意到一群群学生课余在走廊里、餐厅里、院子里活动,其中有两类人的衣饰、发型、打扮彼此明显不一样,而且分别聚合在不同的地方。例如:一类人经常出现在走廊里上锁的橱柜前,小橱是给学生存放衣物、书籍用的,他(她)们的午餐吃的是热饭;而另一类人则喜欢呆在院子里——允许抽烟的地方,吃着薯片或快餐。埃克特从跟学生的交谈中得知:前一类人俗称 jock,该词指那些热衷于学校安排的课

---

① 摘自祝畹瑾《社会语言学概论》第 122—128 页,1992。

外活动的学生,比如经常参加校内外体育运动的学生可以叫做 sports jock(运动迷);后一类人俗称 burnout,这一俗名在美国被用来指称行为放纵的人,尤其指学业落后、行为不端的少年,他(她)们课余不在学校里活动,喜欢到街区、市里去玩乐,与幼时的同伴以及仍住在底特律市内(比郊区贫困)的亲友保持密切联系,并且自找日后工作的门路,如参加技工训练班。美国高中组织的各类学生团体和课余活动是青少年接受公民教育的最初场所,就像大公司的环境那样,这里面也有角色和等级之分,参与者在合作和竞争中创造个人的业绩。这对他们毕业后升大学和最终进入中产阶层成年人的社会都有好处。Burnouts 游离在学校组织的活动之外,对制度化的校园文化感到不满。两个对立的群体对个人发展轨道的感觉,对眼中世界的意义的认知显然相差很远。就社会范畴来说,jocks 大多来自中产阶层家庭,而 burnouts 大多来自劳工阶层家庭。

埃克特通过访谈收集到 200 个言语样本(其中部分样本采自郊区另外 3 所中学)。访谈是在双方认识以后,在轻松的氛围中进行的,提问主要围绕被访者从小到今的交友情况。被访中,有些认同自己是 jocks 或 burnouts,有些承认自己与两个群体都有联系,有些人独来独往,知道自己在同学眼里很"古怪"。埃克特选取了 69 名说话人的语料作为分析语言变异的依据,Jocks、Burnouts 和中间者(In-betweens)男女生数量大致相等。分析集中在 6 个元音变项(aeh)、(o)、(oh)、(ʌ)、(e)、(ay)和 1 个否定句式,每个变项有 50 个取自访谈录音文本的形式。前 5 个元音的变化如(aeh)抬高、(o)靠前、(oh)靠前、(ʌ)靠后、(e)靠后与拉波夫等人描述的"北部城市元音连锁变化"(Northern Cities Chain Shift)有关系,见图 3.11。

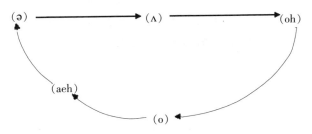

图 3.11 北部城市音链变化

(来源:Eckert 2000:86)

埃克特逐个分析了可能影响它们发生变异的内部因素，把超过了通常音变幅度的变式，如(ay)的核心元音抬高到发[ə]、[ʌ]靠后重读或[ɔ]圆唇，称为"极端变式"。它们常常出现在 burnouts 谈论学校办事不公、愚蠢和自己在学校遇到麻烦事的话语中。例如(一名男生的话)：

  That was my rowdiest years-was-my-ninth grade. I got suspended about six times, six or seven. (PE: what for?) Just minor [ay] garbage like [ay] taking a clock off the wall, you know, just-we used to have this one class that used to be nuts, and the teacher didn't care, so we never cared.

  那是我最胡闹的一年——是我的——九年级。我被停学了六次，六七次。(问：为什么?)就那么点儿无聊事，像从墙上拿走一只钟，你知道，就——我们过去就有这一个班过去就胆子大，老师不管，所以我们从不注意。

埃克特又将这些语言变项和社会变项如父母的社会经济阶层和受教育程度及个人的社会范畴(jocks 或 burnouts)和性别等作了一系列相关分析，结果显示：1)只有双重否定句式这个英语中最受鄙视的变项和父母的社会经济地位及受教育程度有显著相关关系，可见孩子们使用这一变项受到出身家庭的影响；2)个人的社会范畴和性别是影响孩子使用元音变项的主要社会因素，可见他(她)们的言语特征主要受到同伴的影响。埃克特认为，以往把社会范畴和性别作为独立变项分别处理的做法过于简单化，必须把二者结合在一起考量，才能真正看清其作用。① 表3.9显示不同性别的 Jocks 和 Burnouts 使用每个语言变项极端变式(neg 代表双重否定句式)的情况。有意思的是，使用极端变式的说话人往往就是 Burnouts 中外表最为夸张的人。

---

  ① 参见 Penelope Eckert, (ay) Goes to the City, 载 Gregory R. Guy, Crawford Feagin, Deborah Schiffrin and John Baugh 编 Towards a Social Science of Language, Vol. 1. Variation and Change in Language and Society, pp. 47－68, 1996。

第三章
语言变异和演变

表 3.9　每个变项极端变式的使用情况

	(ʌ)靠前	(e)降低	(aeh)	(o)	(oh)	(ʌ)	(ay)抬高	(e)	neg	(ay)单音
Jock 女孩	■	■								
Burnout 女孩			■	■	■					
Burnout 男孩							■	■	■	■
Jock 男孩										

颜色深度表示使用极端变式的程度(黑色＝最高,白色＝最低)
(来源:Eckert 2000:120)

表 3.10 概括对比不同性别的 Jocks 和 Burnouts 在语言特征上的表现。以左上格使用被认为最有"声望"的(e)降低极端变式为例:"女生＞男生",指女生领先于 Jocks 和 Burnouts 双方的男生;"Jocks＞Burnouts"指 Jocks 领先于 Burnouts 男女生双方;并且这两个相关关系内至少有一个统计显著水平大于 0.05,否则这一语言变项就归入"混合"栏。[①]

表 3.10　性别与范畴制约的结合

	Jocks＞Burnouts	混合	Burnouts＞Jocks
女生＞男生	(e)降低	(aeh)	(o), (oh)
混合		(ʌ)靠前	(e)靠后 (ay)抬高 (ʌ)靠后
男生＞女生			(ay)单音 否定

(来源:Eckert 2000:121)

埃克特是在民族志考察的基础上作了社会语言学定量分析的,在此她又把关注的焦点从语言变项与社会范畴的关系扩大到语言变项与实践的关系。她将学生的课外活动量化,设计了几项指数,如"课外活动参与指数""学习参与指数""体育活动指数""非体育活动指数"等。以毕业班

---

① 参见 Penelope Eckert, *Linguistic Variation As Social Practice*, pp.121-122, 2000。

全体学生"课外活动参与指数"为例,共分为四级:一级代表不参加课外活动;二级代表参加一两项课外活动,未任职或获得过荣誉;三级代表参加三项至八项课外活动;四级代表参加九项以上的课外活动。研究表明,不论是 Jocks, Burnouts 还是 In-betweens,在参与活动的平均分值上不存在显著性别差异,但男女 Jocks 的参与分值远高于男女中间者或男女 Burnouts 的参与分值,如图 3.12 所示。

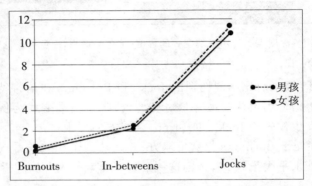

图 3.12　男女 Burnouts, In-betweens, Jocks 的参与分值
(来源:Eckert 2000:157)

除了学校活动外,埃克特还根据询问"主要跟那些人出去玩"所获资料,画出了学生的"社会空间"图。图 3.13 显示女生的社交网络。该图含五个以上大小不等的聚合圈(用 C 表示),每个圆圈或椭圆代表一个人,圆圈中的数字表明此人是访谈对象,椭圆内各式花纹分别代表此人是其他班、其他学校、退学或年龄较大的人,连接它们的线代表朋友关系。[①]

每一聚合圈都是活生生的一个群体。学生们在这一圈子里,在游览、闲逛、吃饭、谈天等等日常行动中,在参与课外的社会活动、体育活动、业务活动时,不断地谈论着、争辩着身旁的各种话题,通过互动协商看法。正是实践以及对周围事物相似的态度,构成了人们的认同,将彼此联结在一起。在共同参与中,人们发展和共享做事的方式、谈话的方式、信念、价值观等。这就是说,人们的社会关系围绕活动形成,而活动围绕社会关系形成,两者同步界定了一个实践共同体。[②]社会活动含有语言的使用,语

---

① 参见 Penelope Eckert, *Linguistic Variation As Social Practice*, pp.171—174,2000。
② 同上书, pp.34—35,2000。

言使用中出现的变式从实践共同体的取向、对世界的看法和各种信念中获得它的实际意义,这就将语言变项研究与人们的社会实践联系在了一起。

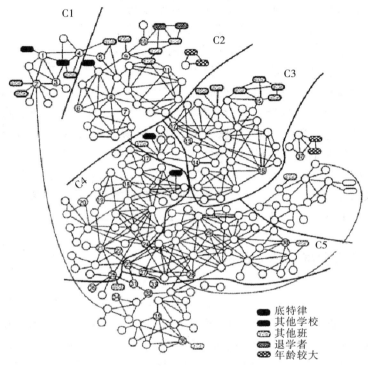

图 3.13　女生社交网络图
(来源:Eckert 2000:173)

埃克特的实践共同体研究继承拉波夫变异研究的传统,但她对性别、阶层等社会范畴与语言变项相关性的研究比拉波夫观察得更具体,分析得更细致。拉波夫的研究,如对马岛音变的研究,注意到语言变化的起因与说话人对从事的行业和生活方式的认同有关,其中就包含社会实践和自我意识成分,但他对于相关关系的解释并非基于直接观察,而是凭借社会结构化理论。在埃克特对贝尔顿中学的研究中,我们依旧能看到固定的社会范畴的影响,但她的着眼点不在学生们与社会范畴的从属关系上,而在于他(她)们做了什么,在做什么,想做什么,以至于产生了 jocks 和 burnouts 两个在言谈举止和文化倾向上相互对立的小群体,并在实践过程中共同建构变式的新的意义。埃克特的研究与米尔罗伊的社会网络研究也有较多相似之处,但关注的范围更加宽广,不仅仅限于一个比较封闭的地区。总之,实践共同体与言语共同体或社会网络等结构相比,有以下特征:其一,它是由一群惯习相似的人经常参与有着共同具体目标的活动而形成的;其二,它的成员身份是由本人认同及相互认同的;其三,实践共同体的界限也是通过成员们的社会实践共同建构的;其四,在现代工业化社会里,个人实际参与其中并进行语言活动的实践共同体可能有多个,且有较大的流动性。显然,这样的视角与近二十年来西方盛行的建构主义社会理论相吻合。尽管如此,埃克特并不认为实践共同体的概念可以取代原有的理论框架,她将这一概念引入语言变异研究,主要作用在于突显一个被忽视了的实在的社会组织层面——在此可以观察到个人与群体相联、群体与更大的社会范畴相联的情景,也可以观察到符号获得意义的过程。换言之,实践共同体研究范式为同步探究语言变异的社会侧面和语言侧面及其相互关系提供了一个新的分析单位和描写框架。

3.5 语言变异和演变的机制

"一群之内,声有不同,系乎地者也;百年之中,语有递变,系乎时者也",[①]人类语言在空间和时间两个维度上不断发生着变化。前者是语言在共时层面上因社会群体、地域的不同而产生的变异,是一种横向的变化,比如,现代汉语方言的差异、男女两性语言的差异等;后者是语言从早期形式向后期形式的演变,是一种纵向的变化,比如从中古音到现代汉语共同语语音的演变。这些共时的变异和历时的演变造成各地语言(方言)纷繁复杂的局面。社会语言学对语言变异和演变的机制及过程进行了深入的探讨。

温里克等认为对这个问题的研究需从以下五个方面进行:1)限制问题,某种语言结构发生变化的可能和变化的条件是什么;2)过渡问题,语言是怎样从前一个时期的一种形式演变到后一个时期的另一种形式的,可以观察到的中介阶段是怎样的;3)包孕问题,所见变化是如何包孕在该形式所在的语言结构和社会结构之中的,两者是如何共变;4)评价问

---

① (明)陈第《读诗拙言》,转引自徐通锵《历史语言学》第 137 页,2001。

题,如何评价所见变化,包括对语言结构的影响,对交际效能的影响;5)起变问题,什么因素可用来解释演变的起动,为什么某种语言结构特征在语言的某个时期变化了。这里所提到的"限制问题""起变问题"关系到语言变化的机制,"过渡问题""包孕问题"关系到语言变化的过程,而"评价问题"是针对最终结果而言的。

下面,我们首先着重探讨语言变化的机制问题。

3.5.1 语言变化的限制条件

语言变化是受语言环境限制的,只有在某个特定的语言环境中变化才会发生,造成语言变化的条件可以分为语音条件、词汇条件、语法条件和语义条件四种,其中语音条件是最基本的。

拉波夫在马岛上进行调查时发现,虽然该岛的一些音位与邻近的马萨诸塞州大陆上的变化一样,开始逐渐向标准语靠拢,但许多人在发双元音(ay)和(aw)时,元音(a)舌位较高,出现不同程度的央化现象。拉波夫调查了不同年龄、职业、民族和地区的 69 位被试者,从他们的发音语料中共获得 3500 个含有(ay)音词和 1500 个含有(aw)音词的例子。借助仪器的测定,他把央化音按不同程度分为四级。经过比较发现,当(ay)和(aw)位于辅音/t、s、p、f、d、v、z/前面以及位于辅音/h、l、r、w、m、n/后面时都极易央化,比如 right, wife, nice, house, out 等词中的双元音央化程度就较高。

在山西五台城区话中保留着完整的入声韵,如"八"paʔ₃、"刷"suaʔ₃、"曰"yaʔ₃、"喝"xɔʔ₃、"骨"kuɔʔ₃、"月"yəʔ₃、"钥"iɔʔ₃等,这些入声字无论在何种语句位置上都保留喉塞尾不变。但在五台走马岭话中,这些入声字的喉塞尾开始出现脱落。它们只在非词末的位置上保留喉塞尾,如"八哥"paʔ₃ ˌkɔ、"刷子"suaʔ₃ təˑ、"钥匙"iəʔ₃ sɿ、"骨毒(拳头的意思)"kuɔʔ₃ tuɔ、"月明"yəʔ₃ mi 等;而在单念或在词末位置上时则失落喉塞尾,如"八"pa₃、"刷"sua₃、"曰"ya₃、"钥"ciɔ、"骨"kuɔ₃、"月"yɔ₃等。① 走马岭话在一种语言条件下保留入声韵尾,另一种语言条件下失落入声韵尾,这种变

---

① 这里的"ˋ"、"ˏ"是古代的声调表示方法,"ˊ"代表平声,"ˋ"代表去声,"ˏ"指入声,详见唐作藩《音韵学教程》第 60 页,1997;"ˑ"表示轻声。

异同样是以特定的语言环境为限制条件的。①

语音的历时变化也有以语音要素为条件的。例如,中古音中的全浊声母在今天的北京话中全都读成了清音,而这个清化的条件就是平声字变成送气清音,仄声②字变成不送气清音,比如,同是遇摄合口一等字的"蒲、菩"和"部、簿",这两组字在中古时都是并母字,声母都是浊音的[b],而在今天普通话中前者的声母变成了[pʰ],后者声母则是[p],其清化的条件就是声调的平仄。再以"见"组字从中古到现在的演变为例,中古时候,见组字都读为舌根音[k]组,但到了现代北京话里,见组字在开口呼和合口呼前仍读[k]组音,而在齐齿呼和撮口呼前面却都读为了[tɕ],这种音变就是以韵母是否为细音为条件的。

北京话中,uei 韵母字如"危、微"等开始逐渐由阳平调(调值为 35)向阴平调(调值为 55)变化,而这一变化是以词汇为条件的。目前,部分字已经完成了变化,如"危、薇、微"等字已基本全都读成了阴平调,有些字还在变化过程中,如"唯、维、惟"等阴平和阳平两种读音并存,另外一些字如"围、为、桅"还没有开始发生音变,仍然读作阳平调。③这些同一音类的不同字是否发生音变以及音变速度是快还是慢,取决于这些字的字频以及所构词语的使用频率。一般来说,高频字的读音比低频字的读音变化快,如在《现代汉语频率词典》中"微"处于第 574 位,"危"处于 801 位,而"维""唯""惟"则分别处于第 749 位、906 位和 1296 位。

在江苏丹阳方言中,"炒菜"一词如果是动宾结构,指一种烹调动作的话,其连读变调调值为 55—44,和本调相同,而如果是偏正结构,指炒出来的菜的话,其变调调值则是 33—33。此外,在温州话中,两字词的语法结构不同,前后字的音长也会不同。比如,在动宾结构、名词重叠、动词重叠等结构中,前字读短音、弱音,后字读长音、强音;而在动词加趋向补语、动词加结果补语以及数量结构中,前字则往往读长音、强音,后字则读短音、弱音。这些都是由于语法结构的变化而引起的语音的共时变异。语义的变化有时也会造成语音的变异。仍以丹阳话为例,单字的"板"和"版"完全同音,但是"木板"的变调调值是 2—24,而"木版"的变调值则是

---

① 参见王福堂《汉语方言语音的演变和层次》第 4—5 页,1999。
② 仄声指的是上声、去声和入声。详见唐作藩《音韵学教程》第 60 页,1997。
③ 参见王福堂《汉语方言语音的演变和层次》第 5 页。

3—33。再如上海话,"歇两日"("过两天"的意思)中的"两"如果是实指,读音为 ɕiɪʔ⁵/liã²² ȵiɪʔ²,"歇"读本调,"两日"按两字族的连读变调规则变,二者之间有停顿;而如果"两"是虚指不多的几天,则读成 ɕiɪʔ² liã³³ ȵiɪʔ²,三个字不可拆分,按照三字组的连读变调规则变。①

上述语言变化的限制条件是根据语言结构要素来区分的,我们还可以依据限制条件的松紧度将其分为强制性规则和可择性规则。前者是指在特定语言环境中,如上面提到的语法结构、语义关系,语言变化一定会发生,没有例外;后者是指在某一情况下,语言变化可能会发生也可能不会发生、可能发生的比率多也可能发生的比率低,如马岛的央化现象。语言变异是一种概率模式,研究者旨在探寻后一类规则,即在什么样的环境下可能出现变异,出现的频率是多少。例如,沃尔弗勒姆和法索尔德(Ralph Fasold)总结出的黑人英语中的尾复辅音塞音脱落原则就是一种可择性规则,其限制条件是:塞音前相连的辅音是否响音(如鼻音、边音),塞音后紧跟的词词首是否元音。他们调查对比了华盛顿特区劳工阶层黑人英语中尾塞音的四种脱落情况,结果发现:从尾塞音脱落的百分比看,塞音前相连响音的词如 san(d) castle 要大于塞音前相连非响音的词如 fas(t) car;塞音后紧跟辅音的词如 fas(t) car 要大于塞音后紧跟元音的词如 lif(t) it;塞音位于非元音前的词如 san(d) castle 要大于塞音位于元音前的词如 wil(d) elephant。因此,前者是第一级限制,后者是第二级限制。②

3.5.2 语言变化的语言条件

造成语言演变和变异(主要指音变)的语言条件可以分为两种类型:一种是原发性的,即由语言自身机制引起变化;一种是接触性的,即由于受到外部语言或方言的影响而产生变化。

1. 内部原因

就单字而言,音节内部各成分相互影响,发音上的省力方便使得其中一方或双方的发音方法或发音部位发生了改变,从而彼此变得相近或相同。例如在广州话中,"今"字单念时是 kɐm⁵³,"日"字单念时是 iɐt²,但是

---

① 参见游汝杰《汉语方言学导论》第 150 页,2000。
② 参见祝畹瑾《社会语言学概论》第 130—131 页,1992。

"今日"连读时可作 kɐm⁵² mɐt²,①第二个音节因受到前字韵尾的影响也被同化为鼻音声母。同样是在广州话中,"帆"读 fan,"乏"读 fat,"篮"读 lam,"蜡"读 lap,"帆、乏"的韵尾本应和"篮、蜡"的一样,②都是 m 和 p,但因为其声母也是唇音,一个音节内同一发音部位先后有两个发音动作,就比较费事,于是,在发音省力的原则下,韵尾就被声母异化了,变成了舌尖音。③

上面两个例子都是由发音机制决定的,但有的音变是由于语音系统要求保持某些特定音类的区别而发生的,和发音机制的生理方面没有直接关系。例如:

	资	鸡	姐
合肥话	tsʅ	ᶜtsʅ	ᶜtɕi
和县话	tsʅ	ᶜtsʅ	ᶜtɕiɪ

合肥话"鸡"、"资"二字同音,韵母都是ʅ。"鸡"字的韵母在安徽方言中一般都是 i,从合肥话自身并不能找到能说明音 i 变成ʅ的原因。但这一答案可以在和邻近的和县话比较中找到。和县话"资""鸡""姐"这三个早期韵母不同的字,目前的韵母也都不相同,而合肥话"资""鸡"同韵。可以设想,合肥话早期的情况应该是和和县话相似的,只是后来字音发生了变化,"姐"字韵母变成了 i,"鸡"字韵母变成了ʅ。看来合肥话"鸡"字韵母的变化是在"姐"字韵母变化的影响下发生的。也就是说,是"姐"字韵母由 iɪ 向 i 的变化使"鸡"字韵母变成了ʅ。因为只有这样,"鸡"字的韵母尽管变得和"资"字同韵,但仍然能保持和"姐"字韵母的区别。④

2. 外部原因

人们在相互交往中产生语言或方言间的接触,从而引起语言或方言各方面的变化。语言接触最直接的结果就是词汇的借用。比如,汉语中的"干部"来自日语,"哈达"来自藏语,"沙发"来自英语等。有时,词汇的借用还会带来语音的变化。比如,北京从南方引进一种蔬菜叫"芥菜",读 kaiˀ tsʰai,而"芥"在北京话中单念时读作 tɕ 声母,但在"芥菜"这个词中仍

---

① 参见游汝杰《汉语方言学导论》第 148 页,2000。
② 这里的四个字都是咸摄字,帆、蓝为阳声韵,乏、蜡为入声韵。
③ 参见王福堂《汉语方言语音的演变和层次》第 2 页,1999。
④ 同上书,第 3 页。

第三章
语言变异和演变

然读作 k 声母,这是因为在借用词语的同时也借用了当地的读音。

再比如,在湘鄂赣三省交界处(即湘语和赣语的交界处),古全浊声母的今读较为复杂,大多数地方变成了送气清音,即读成了[pʰ],如咸宁、大冶等地,体现了赣方言的特点,另一些地方如通城、崇阳、蒲圻等读成了[bʰ],而修水读作[b],通山读作[p](如图 3.14 所示)。①表面上看,这些地方应该属于不同的方言,②但实际上它们都属于赣方言。究其原因,是由于这些地方的方言都不同程度地受到了新老湘语的影响,从而造成了个别音位的借用(如不送气的特点等)。

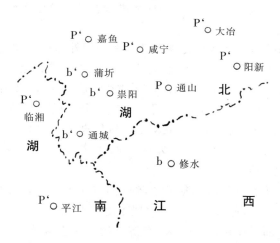

图 3.14 湘鄂赣三省交界处古全浊声母的读音

目前汉语普通话的影响力越来越大,各地方言都受到了它不同程度的影响,逐渐向标准语靠拢。比如在四川话中,"街、解、介、界"四字在老派四川话中读 kai⁵⁵,新派读 tɕiɛ⁵⁵;"研"字老派读 ȵiɛn⁵⁵,新派读 iɛn⁵⁵;"仰"字老派读 ȵiaŋ⁵¹,新派读 iaŋ⁵¹。③新派四川话中见母字的腭化、疑母字的零声母化就是在普通话影响下产生的新变化。普通话对地域方言的影响,最直接的结果就是产生了新老派的差异,而随着影响的加深,老派读

---

① 参见王福堂《汉语方言语音的演变和层次》第 21 页,1999。
② 赣方言中古全浊声母清化送气[pʰ],老湘语中保留古全浊声母[b],新湘语中为不送气清音[p]。
③ 参见游汝杰《汉语方言学导论》第 152 页,2000。

音也会逐渐向普通话趋同。比如河北宣化县姚家房镇方言中,部分古遇母合口一等来母字的韵母开始出现单元音化趋势,"炉、露、虏、路、卢"等字在年轻人中大都读成了[u],老年人虽然仍大都读作[əu],但也有部分读作[u]。①

3.5.3 语言变化的社会动因

每一个语言变化的产生除了有语言自身的原因之外,还都有其相应的社会原因。为什么具有同样语言条件的某一变化会在某时某地而不是在彼时彼地发生,说话人的社会心理和语言态度在其中起到了重要作用。

1. 社会心理

前面提到的马岛元音央化现象就是在受到外部环境冲击后对威胁本土认同的标准语言形式的一种抵制。②现代英语中前低元音(a)本来就是由央元音演变而来的,(ay)在 17 世纪时发[ɛɪ],该读音被早期的英格兰移民带入马岛,一直延续到 19 世纪下半叶。到 20 世纪 30 年代,央化发音越来越少,(aw)已绝迹,(ay)散见于农村且央化程度降低。战后[ɪɐ]音在该岛回升,并且带动了(ay)的央化。60 年代,由于受到外来经济的冲击,央化现象更加明显。

马岛位于马萨诸塞州东海岸旁,约有 6000 名居民,本地人中除百余名土著印第安人外,还有新英格兰移民家庭以及葡萄牙移民的后裔,这些居民绝大部分都居住在东部地区,经济结构以渔业和农牧业为主。由于该岛风景优美,二战后旅游业逐步兴起,旅游者蜂拥而至,一方面影响了当地传统产业的发展,另一方面抬高了生活费用,而且由于旅游业占据了东部地区,该岛原居民不得不转移到西部贫困偏僻的地区。外来经济的冲击引起了岛上居民的反感,部分居民为保持马岛特色有意在语言使用上强化了自身特征,央化现象愈加明显。拉波夫的调查数据表明,(ay)、(aw)央化音的分布,在年龄上,以 31—45 岁人的程度为最高,从职业上看,渔民的央化程度最高,从地区上看,西部地区比东部地区明显,尤其是渔业中心契尔马克(Chilmark)最明显,见表 3.11。

---

① 参见郭风岚《宣化方言及其时空变异研究》第 229-230 页,2007。
② 参见祝畹瑾《社会语言学概论》第 134-136 页,1992。

第三章
语言变异和演变

表 3.11 马岛人的(ay)、(aw)央化程度

	年龄				职业			地区		
	75-	61-75	46-60	31-45	14-30	渔民	农民	其他人	东部地区	西部地区	契尔马克
(ay)	25	35	62	81	37	100	32	41	35	61	100
(aw)	22	37	44	88	46	79	22	57	33	66	81

(根据祝畹瑾 1992:135、136 改制)

31—45 岁年龄段的人上过大学,服过兵役,本有能力在外地谋生却扎根海岛,这些人对家乡的感情使他们的语言出现了"矫枉过正"现象,因而央化程度最高。30 岁以下的年轻人,大多想到大陆去发展,他们的话语中就很少出现央化现象;打算留在岛上的人央化程度就高些;那些在大城市呆过却又回到岛上的人央化程度最高。一些典型的英族古老家族的后裔,尤其是契尔马克的渔民,曾以"老 Yankee 人在岛上说的是另一种英语,想的也是另码事"而自豪,他们对传统生活方式受到威胁产生了抵制心理,因而央化程度较高。可以说,元音央化是在马岛社会环境发生改变时出现的,而居民对外来侵蚀的不同心态使得央化程度出现了变化,见表 3.12。

表 3.12 马岛人的心态与央化程度

人数	心态	(ay)	(aw)
40	积极的	63	62
19	中间的	32	42
6	消极的	09	08

(来源:Labov 1972b:39)

2. 语言态度

语言态度的变化会导致语言能力的变化,进而影响语言特征的使用。在双语社会中,标准语一般被公认为是适用于正式场合的具有较高社会声望的语言变体,非标准语则是社会声望较低,适用于非正式场合的一种变体。对标准语的评价总体高于自己的方言,特别是在实用性以及地位价值方面评价很高,标准语被赋予了较高的社会地位和社会功能,成为身

份的象征,因而一般都会努力向标准语靠拢。比如纽约市(r)的变异,(r)读卷舌音是美语标准音,被看做地位高、有教养的标志,因而各个阶层的人都要向这种标准形式靠拢,尤其是急于改善自己社会地位的下中阶层人。

但另一方面,人们又认为自己的方言很有亲和力,表现出较高的认同感和语言忠诚。特鲁吉尔在英国诺里奇市调查时①进行过"自我评价测验",他把 12 个有几种读音的词念给男女被试者听,如把 tune 一词中的元音(yu)发成带[j]的标准音和不带[j]的非标准音,把 gate 一词中的元音[ei]从标准音[ei]读到非标准音[æi],然后要求被试者说出自己平常说话中的发音和哪种读音更贴近,最后调查人员把被试者自报的情况和他(她)们实际发音的录音进行对比,发现女性喜欢把自己的发音说得比实际情况要好,乐意向声望高的标准体靠拢,而男性则把自己的发音说得比实际情况要差,宁可保留土气,见表 3.13。

表 3.13 发音人对(yu)自报偏高和偏低的百分比

	总体	男性	女性
自报偏高	13	0	29
自报偏低	7	6	7
自报准确	80	94	64

(来源:Trudgill 1972)

男性之所以偏爱土语方音,是因为土音代表男性劳工阶层说话的特征,显得颇有男子气概,他们把使用土音看做一种可取的集团标志,因而导致了非标准音使用的增加。相对于标准语的显性声望,非标准语具有潜在声望。

语言态度决定语言选择和语言使用,而语言态度是与社会政治经济环境密切相关的,当一种语言变体的社会地位和社会功能发生改变时,人们的语言态度和语言使用也会随之发生改变。奥地利东部的奥布瓦特镇(Oberwart)在奥匈帝国时期隶属于匈牙利,二战前仅有 600 名农村人口,

---

① 参见 Peter Trudgill 著,陈松岑译《性别、潜在声望和诺里奇市英国英语的变化》,载祝畹瑾编《社会语言学译文集》第 150—169 页,1972/1985。

第三章
语言变异和演变

通行匈牙利语和德语。战后该镇成了这一地区的政治商业中心,吸引了许多邻近农村操德语的人。20世纪70年代初期,全镇5000多人口中有三分之二是工人或农兼工,农民的社会地位下降,匈牙利语因而也丧失了社会声望,德语则成了权势和金钱的象征。因此,年轻人尤其女性,都以说不带匈牙利语音的德语为荣。①

由上可看出,"促使语言演变和变异的社会动机不外乎是:想要跻身于社会地位比自己高的集团,想要表明自己的身份有别于其他集团,想要获得交往者的认同。拉波夫把音变过程概括成两类:未意识变化和意识变化。未意识变化指变化尚处在社会意识水平之下,意识变化指为社会所觉察的变化。传统观点认为语言创新形式的扩散通常是从上往下的,社会压力和羡慕心理使地位较低的说话人仿效地位高的说话人;而地位高的说话人,为了维护本集团的身份,则继续创新甚至借用有权威的外国语。拉波夫认为起变的集团未必都是精英阶层,大众也未必都追随高层,普通人的创新形式在当地人或同等人心目中也能显出威望,为众人所采纳。总之,不同的社会集团具有不同的标准和规范。语言变化可能是由于标准体的权威价值与土话的同等价值之间的对立而导致的。"②

3.5.4 语言使用者的社会特征

造成语言的演变和变异的社会动因有很多,但其根本原因在于语言的使用者。人们对语言的态度、语言的评价及社会心理的形成是与说话人的社会属性分不开的。拉波夫根据不同社会特征(如社会阶层、性别、年龄)的群体成员的语言表现提出了有关语言变异的若干原理。

1. 社会阶层

说话人使用什么样的语言变式与其社会经济地位密切相关。拉波夫发现,语言变异的阶层分布有常态模式和超越模式两种。常态模式指阶层越低或语体越随意,非标准音的频率就越高;反之,阶层越高或语体越正式,非标准音的频率就越低。超越模式则指最接近上中阶层的社会阶层在正式的语体中发标准音的频率超过上中阶层,如3.4.1所说,在发(r)音上,下中阶层在最正式语体中发标准音的频率超过上中阶层发标准

---

① 参见祝畹瑾《社会语言学概论》第137页,1992。
② 引自祝畹瑾《社会语言学概论》第137—138页,1992。

音的频率,同时下中阶层对(r-1)变式尤其敏感,持肯定态度的百分比超过上中阶层。这是因为这一阶层的人们往往对向上流动充满渴望,并且具有较多的社会攀升机会,对语言的社会地位的标志作用很敏感,他们希望通过改变语言使用提升社会地位,因此往往会比上中阶层更多使用有声望的语言形式,甚至出现"矫枉过正"现象。[①]所以,拉波夫认为语言变异创新者通常不在上中阶层或下层劳工阶层中,而在上层劳工阶层或下层中产阶层人群中。[②]

2. 性别因素

许多变异研究表明,女性比男性更多使用标准语体。例如在格拉斯哥(Glasgow),hit,fill,pin 等词中的元音(i)共有五种不同变式:[ɪ]、[ε¹]、[ε]、[ə]、[ʌ¹]([ɪ]为标准语,[ʌ¹]为当地典型的中元音)。依据这五个变式的标准程度,将其分值依次规定为 0—400。调查结果发现,各阶层中男性得分都高于女性,也就是说女性的发音更倾向于标准语体,她们较少使用社会声望较低的语言形式,见表 3.14。

表 3.14 格拉斯哥各阶层男女性(i)的计分

	中中阶层	下中阶层	上工阶层	下工阶层
男性	124	179	187	200
女性	80	115	180	188
总体	102	147	184	194

(来源:Chambers and Trudgill 1998:62)

为什么女性在使用标准语体上比男性要领先呢?就整体而言,可以从以下几个方面来解释。首先,女性在社会中处于弱势地位,获得工作和取得成就的机会比男性少,女性更多地要靠自己的表现、给别人留下的印象来体现自己的社会地位,因此会在语言形式上比男性更加积极、努力地追求具有社会声望的标准语体。其次,人们对男女两性已有固定的看法,提到女性时往往会想到温柔、安静、谨慎、有礼等形象,这样的社会压力要求女性更多地使用标准、文雅的语言形式,尤其是当她们与不太熟识的人

---

① 参见徐大明等《当代社会语言学》第 73—74 页,1997。
② 参见徐大明《语言变异与变化》第 180 页,2006。

谈话时,而男性的形象常是粗犷、阳刚,因此他们会更多使用劳工阶层的语言形式。最后,女性在孩子的语言习得中起着重要作用,为引导孩子学会通用形式,她们自己对标准语体就尤为重视。因此,女性比男子更频繁地使用社会上公开认可的、显性声望较高的语言形式。这也造成男女两性在促进语言变化方式上存在相反的作用,即当语言变化向着有社会声望的形式发展时,起主导作用的一般是女性(尤其是中产阶层女性),而当语言变化向着无社会声望的形式发展时,劳工阶层的男性(尤其是上工阶层和中工阶层)则往往会成为变化先锋。[①]

但也有研究发现,男性和女性的语言表现也存在与上述模式相反的情况。在诺里奇市,变项(o)(如 log 中的 o)存在两种变式:标准音[ɒ]和本地音[ɑ],目前本地音[ɑ]正逐渐让位于标准音[ɒ]。特鲁吉尔对(o)的两个变式的计分标准是:一贯使用标准音[ɒ]的计为 0,一贯使用本地音[ɑ]的为 100。结果发现,虽然在中产阶层中,女性的得分低于男性,即女性比男性更多使用标准形式,但三个劳工阶层中的女性的得分却均高于同一阶层中的男性,即劳工阶层的女性多使用本地音,见表3.15。

表 3.15 诺里奇市各阶层男女性(o)的计分

	中中阶层	下中阶层	上工阶层	中工阶层	下工阶层
男性	1	11	44	64	80
女性	0	1	68	71	83

(来源:Chambers and Trudgill 1998:84)

诺里奇市劳工阶层女性在变项(o)上的语言表现体现了女性在语言变异的传播中较为保守的一面。这也许是由于女性的交际圈子相对狭窄,和外界的联系相对较弱,因此妇女的语言表现会比较保守,变化滞后于男性。

现在,随着社会的发展,年轻女性的语言越来越向男性靠拢,她们也经常会使用一些非标准语形式,性别差异已越来越不明显。

---

① 参见 Chambers and Peter Trudgill, *Dialectology*(2nd edition), pp.84—85,1998。

3. 年龄因素

年龄也是影响语言变异的主要因素之一,变异研究发现年龄和语言变异共变的一般模式,即:中年人要比青年人和老年人更多使用标准语体。我们仍以特鲁吉尔在诺里奇市对动词现在分词后缀-ing 的调查为例。特鲁吉尔将其选择的 60 名被试者依据年龄分为 10—19、20—29、30—39、40—49、50—59、60—69 以及 70 岁以上等 7 个组,对他们在念词表(WLS)、读短文(RPS)、正式说话(FS)、随便说话(CS)四种语境中使用(ng)的指数得分进行了计算,得出了如图 3.15 所示的结果。

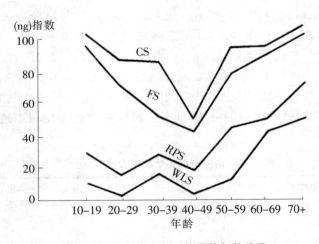

图 3.15　诺里奇市(ng)使用的年龄差异

(来源:Chambers and Trudgill 1998:78)

从整体上看,老年人的得分最高,青少年次之,中年人最低。这种变异规律在随便说话和正式说话两种语体中尤其明显,在读短文和念词表两种语体中,虽然 20—29 岁的青年人得分较低,但并不影响(ng)变项总体使用的年龄差异。也就是说,中年人更多地使用社会声望较高的标准语体,青年人次之,而老年人则最少采用标准形式。这是因为青少年在没有步入社会前,活动空间较小,社会压力也不大,其语言形式主要受朋友的影响,社会标准语体的影响相对较弱。而当说话人长大开始工作时,他们就进入一个广阔的社会网络,为了提升社会地位和经济地位,给别人留下好印象,他们的言语形式更多地向标准形式靠扰。等到说话人退休以后,他们的社会压力逐渐减弱,交际空间再次变得狭窄,对权势关系的关注度也相应减少,因此语言表现也轻松不少,逐渐又偏离了标准形式。①

这一模式在很多调查中都得到了验证。例如,对华盛顿特区黑人英语的研究,调查者依据年龄将 47 名被试者分成儿童、青少年和成年人三组。所选择的语音项目分别是:末尾音节/d/的省略(如 coloured[ˈkʰəlɪ],applied[əˈpʰla])、末尾复辅音的简化(如 filled, sinned 读成[fɪl],[sɪn])以及动词现在时第三人称单数-s 的省略(如 she want, he go)。结果发现,这三种语言现象的使用和被调查者的年龄之间存在共变趋势,即随着被调查者年龄的增加而减少,也就是说,成年人是使用标准形式最多的群体,见表 3.16。②

表 3.16　华盛顿黑人英语三个语言变项的年龄变异

	儿童	青少年	成年人
末尾音节/d/的省略	33	26	21
末尾复辅音的简化	53	51	46
动词现在时第三人称单数-s 的省略	77	58	48

(来源:Chamber and Trudgill 1998:80)

对于儿童语言习得情况,研究者进行了深入调查。里德(Euan Reid)调查了爱丁堡三所学校的 11 岁孩子的语言使用。他将他们分成中中阶层(MMC)、上工阶层(UWC)和中工阶层(MWC),并将他们的谈话录音按 4 种情景分为念短文(RP)、和成年人面谈(IS)、在操场上随意说话(PG)、和同学集体讨论(GP)等四种语体。结果发现,这些孩子在(ng)的发音上已经具备了显著的阶层差异,除在念短文语境中中工阶层的孩子比上工阶层的孩子较多使用标准语外,其他三个语体中,孩子们使用标准语的频率随着阶层的上升而上升(如图 3.16 所示)。③

---

① 参见 J. K. Chambers and Peter Trudgill, *Dialectology* (2nd edition), pp.78—79, 1998。
② 同上书, p.80。
③ 参见 J. K. Chambers, *Sociolinguistic Theory: Linguistic Variation and Its Social Significance* (2nd edition), pp.171—172, 1995/2003。

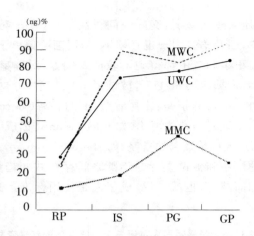

图 3.16 爱丁堡学龄儿童(ng)的语体变异图

同样,儿童的语言使用也表现出显著的性别差异。罗曼(Suzanne Romaine)在爱丁堡调查中工阶层 10 岁孩子的语言使用,三个语言变项是:喉塞音(gs);bit, kill 等词中的元音(i);after, carpet 等词中的元音(a)。她将结果与麦考利(R. K. S. Macaulay)在格拉斯哥所作的调查相比较,发现在两个城市中,男孩子都比女孩子更多使用非标准形式(如表 3.17 所示),这也和成人的性别差异模式一致。[①]

表 3.17 格拉斯哥和爱丁堡中工阶层男女孩子三个语言变项的性别差异

	格拉斯哥		爱丁堡	
	男孩	女孩	男孩	女孩
(gs)	92	79	84	78
(i)	302	280	210	177
(a)	238	233	246	224

(来源:Chambers and P. Trudgill 1995:173)

青少年时期是自我意识形成的关键时期,他们希望用不同于成人规范语言的形式来强化自我意识和群体认同,因此青少年会故意偏离标准

[①] 参见 J. K. Chambers, *Sociolinguistic Theory: Linguistic Variation and Its Social Significance* (2nd edition), pp. 172—173。

语而较多用显得粗俗的方言土语。同时,青年人往往还是语言创新的身体力行者,成为未意识语言变化的引领者。当一个新的语言形式出现时,新变式在年轻人话语中出现的频率最高,中年人话语中略有出现,老年人话语中出现最少。例如,诺里奇市 tell,well,bell 等词中的变项(e)有三个变式:标准音[ɛ]和非标准音[ɜ]、[ʌ]。七个年龄组的被试者在念词表(WLS)、读短文(RPS)、正式说话(FS)、随便说话(CS)四种语境下的指数态势如图 3.17 所示。可以看出,就整体而言,老年人使用(e)非标准音的频率是最低的,中年人次之,30 岁以下的人最多。各年龄段的说话人在(e)变项上的语言表现预示着诺里奇市(e)的音变正在进行。

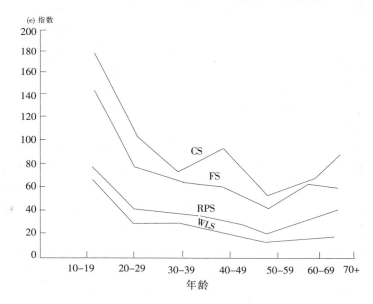

图 3.17 诺里奇市(e)变项的年龄差异

3.5.5 进行中变化

1. 进行中变化

如果当前青年人和老年人之间所呈现的使用某一语项上的差异,与以前的方言录音或历史纪录相符,那么可以认为这一语项正处在变化当中。对进行中变化的研究可以通过比较语项在各年龄段上的分布差异预测其变化趋势,共时的语项变异可以反映其历时的变化进程。

以河北省宣化县姚家房镇老中青三代的词汇（见表 3.18）变异为例。在 6 个普通话词语的说法上，老年人和青少年的差异很大，老年人依然维持其地方变体，青少年的词汇已经在向普通话靠拢，而中年人则正处于二者的过渡阶段，所以部分与老年人保持一致，部分则发生变化，与青少年一致。可见，该地区的方言特征正在慢慢弱化，将逐步向普通话靠拢。[①]

表 3.18 河北省宣化县姚家房镇老中青三代词汇对比表

	蜻蜓	蜗牛	蟑螂	向日葵	星星	父亲（面称）
老	水圈儿	水女儿	屎邦牛	朝阳花	星宿	大
中	水圈儿	水女儿	屎邦牛	葵花	星星	大/爸
青	蜻蜓	蜗牛	潮大耗	葵花	星星	爸

2. 真实时间和显像时间

一般来说，如果我们要想研究进行中的语言变化，最好目前先调查一个特定的言语社团，20 年后再对该社团进行一次调查。这种利用时间上的间隔从同一对象获取语言材料进行研究的方法称为"真实时间"的研究。这种方法虽然科学，但操作起来却有较大困难。而在上面对姚家房镇老中青三代词汇变异的研究中，研究者主要是通过比较特定群体中老年人和青年人之间的言语差异来研究语言演变，这种方法称为"显像时间"研究。

显像时间的研究是同时观察不同年龄段的人的表现以了解现在的语言变化过程，它所反映的是体现在几代人的言语特点上的一个语言变体的发展趋势。真实时间的研究则是在一定时间后对以前进行的显像时间的调查再次进行重复性调查研究。较为科学的真实时间的研究应是前后两次的调查人和被调查人都是一样的，而目前较多的真实时间的研究则是后人重复前辈学者的调查，只有研究方法一致，而调查人和被调查人都不一样。

例如，1948 年夏，贺登崧、王辅世在河北宣化地区 64 个村庄展开地理语言学调查。他们拟定"蝴蝶、啄木鸟、蚂蚁、蜻蜓、我、我们、什么"等 15 个

[①] 参见郭风岚《宣化方言及其时空变异研究》第 81－189 页，2007。

第三章
语言变异和演变

调查项目,调查对象主要为八九岁到十多岁的男孩,最终划出两类同言线束,3个方言片。55年后,郭风岚在这一地区开展重复性相关调查,调查拟定58个语言项目(其中包括贺登崧、王辅世当年调查的12个项目),调查地点扩展为81个村庄,调查对象设定为两组,一组为老年人,另一组为少年,其中2003年调查的老年人基本上就是1948年时的少儿。这样,从1948少儿到2003老年、1948少儿到2003少年反映的是宣化方言真实时间的变化轨迹,2003少年和2003老年则反映出宣化方言显像时间的变异事实。

经过对比发现,从1948年到2003年,两类同言线束在西北部的一类今天仍基本保持着1948年划定的格局,只是部分同言线开始向西北偏移。而在东南部的一类则变化很大,结果导致其方言地位也发生了变化,1948年时东南部小片与西北部处于同一方言小片层次上,即宣化方言内部是三分的格局,但经过55年的变迁,三分的格局变成了二分格局,东南部只属于二分格局下中东部小片内部一个次小片了。从1948年到2003年,两类同言线束在时空变异与变化上也表现出了1948少儿→2003老年＜2003老年→2003少年＜1948少儿→2003少年的特点,即在相对稳定的环境中,个体从小习得的母语在其成长历程中发生的变异或变化小于共时平面的年龄级差,更小于历时的发展变化。①

3. 年龄级差

不同年龄的说话人在言语使用上的社会差异并不一定都是正在进行中变化的反映,语言与年龄的同变并不是绝对的,因为"一种语言形式和年龄的同变趋势可能是进行中变化,也可能是一种'年龄级差'现象。一个语言变化的完成是整个语言社团范围的事情。如果只是在某些年龄组之间出现一些变异现象,而整个语言社团使用有关变式的比例没有明显变化趋势,就不能说该项变化正在进行"②。这种变异或仍在共时状态,发生在特定的群体比如不同性别、不同年龄、不同阶层中,或在时间上呈反复断续出现,或在某社群中出现后没有再继续发展即消失了,其发展方向尚无法预测。那些随特定年龄而出现并随年龄而消失的变异我们就看成是年龄级差,它是指在特定的年龄阶段才会出现的一种语言现象。

钱伯斯在加拿大安大略省南部调查时发现,很多孩子(12岁少年中

---

① 参见郭风岚《宣化方言及其时空变异研究》第155—189页,2007。
② 引自徐大明等《当代社会语言学》第147—148页,1997。

有三分之二的人)将英语字母 Z 读成了"zee",该读音被受过教育的安大略成人认为是美国音且属于错误的发音。但是当这些孩子长大以后,大多数人都改变了原有读音(20 岁以上的成年人只有不到十分之一的人发"zee"音),读成了加拿大本地音"zed"。两个不同年龄群体在字母 Z 发音上的差异就是年龄级差现象。[①]

年龄级差只是在特定年龄段才出现,随着年龄的增长又会逐渐消失,"仅仅具有显像时间的语言证据还不足以确定一个语言变体是否真正在经历着语言变化"[②],还必须联系其他一些相关的因素,尤其是语言发展史上确实存在的有关证据来进行综合论证。研究语言变化的较为科学的方法便是将真实时间的研究和显像时间的研究有机地结合起来。

3.6 语言变异和演变的路线

扩散可以是语言系统中由少数词语开始的变化逐步扩散到其他词语,可以是语言变化从一个地区传播到另一个地区,还可以是由一个社会群体开始的变异逐步扩散至整个社会人群。

3.6.1 词汇扩散

语言变化都是渐变的。语音成分的变化开始时只是某个发音部位或发音方法出现了微小的差异,随着时间的推移,差异逐渐积累,就会变得越来越明显,最终形成古今差异。有时某一类语音成分也会由原来的形式突然变成新的形式,中间没有过渡。但是,在语音突变的同时,一定会有其他因素来体现语言的渐变性,比如词汇。音变在词汇中的实现是先从少数词开始逐渐扩散到整个词汇。假设有一个音变"[ŋk]→[ŋ]",其变化过程可以描述如下:在变化的起点阶段语音为[ŋk];变化最初的 I^a 阶段有一两个词读[ŋ],其他的词大多都是或[ŋk]或[ŋ];在 I^b 阶段,存在异读的这些词也开始只读[ŋ]了;到了 I^c 阶段越来越多的词加入变化中,直至到最后阶段全部读成[ŋ]。这就是词汇扩散理论的主要内容。

对于正在进行的变化来说,音变在词汇中的传播是不同步的,有些词

---

① 参见徐大明等《当代社会语言学》第 149 页,1997。
② 引自徐大明等《当代社会语言学》第 147 页,1997。

总比其他词语先变。从整个词汇来看,可以分为未变、变化中和已变三种类型(如表 3.19 所示)。表中 W_1 是变化最快的词,已经完成了变化;W_2 和 W_3 处于扩散的中间阶段,存在共时变异的形式;W_4 和 W_5 尚未发生变化,处于最后的阶段。

表 3.19　词汇扩散的过程

	变化中 (v)	已变 (c)	
W_1			W_1
W_2		$W_2 - W_2$	
W_3		$W_3 - W_3$	
W_4	W_4		
W_5	W_5		

(来源:王士元著,石锋译 2000:59)

例如,在东安格利亚(East Anglia)和英格兰半岛的东部地区,must, dozen 等词中的(u)正处在由[ʊ]向[ʌ]的变化中,其音变过程表现为"[ʊ]→[ɤ]→[ʌ]"[①],舌位逐渐降低。调查者调查了 13 个说话人,让他们读了 20 个含有(u)的单词,结果发现:有些人读作[ʌ],有些人或读作[ʊ]或读作[ɤ],还有些人则是[ʊ,ɤ]并存(见表 3.20)。该表表面上看杂乱无章,实则反映了(u)音值转换在词汇中的扩散情况,总的来说,词汇列表前面的部分词语要比后面的词语变化快,如 must, come 等词已基本在大多数发音人中完成了音变,gull, hundred 等词在少数人中发生了变化,而在多数人中还未变,duck, done 等词则是处于新旧两种形式的竞争中。可见,音变并不是同时更不是在同一程度上影响所有词汇的。

表 3.20　变项(u)在说话人中的词汇扩散

	1	2	3	4	5	6	7	8	9	10	11	12	13
must	x	x	x	x	x	一	x	/	x	x	o	o	o
dozen	x	x	x	x	x	/	x	o	o	o	o	/	o
other	x	x	x	x	x	x	x	/	/	o	o	o	o

---

① 具体到音值,这三个变式还有舌位较高或较低的情况,参见 J. K. Chambers and Peter Trudgill, *Dialectology* (2nd edition), p.110, 1998。

续表

come	x	x	x	x	x	x	x	o	o	o	x	x	o
stubble	x	x	x	x	x	x	o	x	x	o	o	o	o
does	x	x	x	x	x	x	o	—	o	o	o	o	o
cousin	x	x	x	x	x	x	o	o	o	o	x	o	o
done	x	/	x	x	x	/	o	o	o	/	o	o	o
duck	x	x	/	x	/	/	/	o	o	/	/	o	/
thumb	x	x	x	x	o	o	x	o	o	o	/	x	o
shut	x	x	x	x	o	o	o	x	x	o	o	o	o
sun	x	x	x	x	x	o	o	o	o	o	o	o	o
hungry	x	x	x	x	o	o	o	o	o	o	o	o	o
up	x	x	x	x	o	o	o	o	o	o	o	o	—
hundred	x	x	x	x	o	x	o	o	o	o	o	o	o
pups	x	x	x	o	x	o	o	o	o	o	o	o	o
cud	x	x	x	o	o	o	o	o	o	o	o	o	o
butter	o	x	x	x	o	x	o	x	o	x	o	/	o
gull	x	x	o	x	o	o	x	o	o	o	—	o	—
uncle	x	x	x	x	o	o	o	o	o	o	x	o	o

注：x 代表[ʌ]；o 代表或[ʊ]或[ɤ]；/ 代表[ʊ]、[ɤ]竞争；— 代表资料缺失。

（来源：Chambers and Trudgill 1998：161）

  音变以渐增的方式逐步从个别词语扩散到整个词汇乃至整个人群，其扩散速率也不是一成不变的。整个扩散在中间阶段的速度要远远高于开始阶段和结束阶段，如果把整个扩散的完成分为 4 个时间段，那么前 20％词汇的扩散大概需用 1.5 个时间段，后 20％词汇的扩散大概也要用 1.5 个时间段，而中间 60％的扩散只用 1 个时间段就可以完成。我们可以把这一过程描述为初始的基本静态阶段、中间的快速增加阶段、最后的平稳完成阶段。而扩散由开始的缓慢传播到中间的快速增加再到最后的再次缓慢直至完成，经过了一个类似 S 形的曲线，如图 3.18 所示。

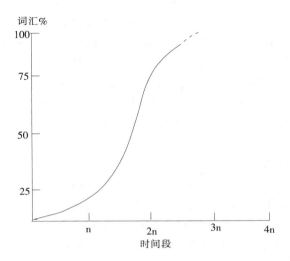

图 3.18　词汇扩散的 S 形模式

（来源：Chambers and Trudgill 1998:163）

这一 S 形曲线同样也适用于语言变化在整个人群中的扩散。仍以上述东安格利亚和英格兰半岛东部地区的(u)的音值转换为例,我们可以根据(u)各个变式所涉及的词汇量的百分比把这一音变在整个人群中的扩散过程描述为一个连续体。如果某个发音人把全部词都读成[ʊ],就记作 100,而如果把全部词都读成[ʌ]就记作 0。我们经过计算发现,13 个说话人中,有 6 个人在 20 个词中读[ʊ]的百分比超过 79,另外有 5 个人低于 20,只有 2 个人的百分比位于中间部分,如图 3.19 所示。

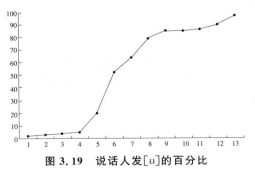

图 3.19　说话人发[ʊ]的百分比

（根据 Chambers and Trudgill 1998:164 改制）

把图 3.18 和图 3.19 进行比较,我们可以看到这又是一个关于真实时间和显像时间的问题。图 3.18 是一个说话人在真实时间几个不同时间段中的音值转换,而图 3.19 是 13 个说话人显像时间的音值。图 3.19 显示,一些人在音值转换上要比其他人早,假设这些人本来是低百分比的将会慢慢进入中间部分,然后进入最后的高百分比阶段,这个过程可以通过观察显像时间中说话人在不同阶段的表现来验证。①

3.6.2 地理扩散

地理扩散是指语言变化从这一地区到另一地区的传播,是语(方)言在空间上的演变,其特点表现为语(方)言特征在地理上的波状推移。语言变化从中心区域向周边邻近地区的扩散就像是向水池中投了一块石头,水波从石子落水处向四周荡漾开去一样。用这一模型来解释语言的地理扩散被称为"波浪模式"。

一般来说,在各语(方)言区的中心区域,特征比较明显,但在边缘区域,该语(方)言的特征就会逐渐弱化反而具有邻近语(方)言的特征,各个语(方)言在地理上形成一个连绵不断的连续体。例如,苏南吴语和官话特点相近,还没有"吃一碗添"的句式,到了浙北吴语中就可以说了,而到了浙南吴语则不仅可以说"吃碗添"还可以说"你走先、渠走起"等修饰语后置的句式,和闽语特征相近。

在这个连续体中,若其中一个语区发生了变化,它就会以波状形式向四周扩散开去。比如在 a、b、c、d、e、f、g、h、i、j、k……链条中,f 语区产生了一个语言变化,该变化会首先影响到相邻的 e、g,再扩散到 d、h,然后是 c、i……以小舌音(r)在欧洲的扩散为例:原来,欧洲所有语言中的辅音(r)都读作舌尖颤音[r]或舌尖闪音[ɾ];后来巴黎人在发(r)时舌位开始逐渐靠后,读成了小舌颤音[ʀ]或小舌擦音[ʁ];此后,小舌音不仅开始在法国境内扩散,也开始向邻近的比利时、瑞士等国家扩散,现在已成为很多国家和地区的标准形式,如图 3.20 所示。

---

① 参见 J. K. Chambers and Peter Trudgill, *Dialectology*(2nd edition), pp. 160—164, 1998。

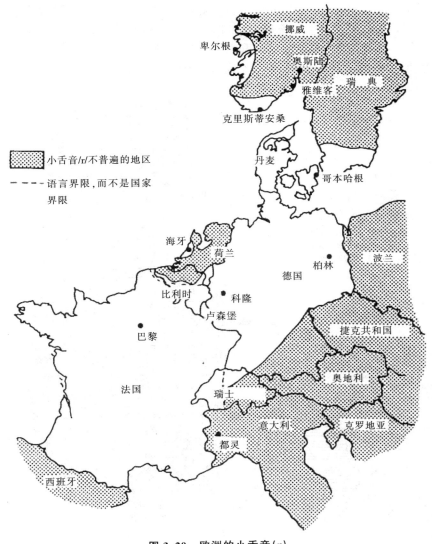

图 3.20 欧洲的小舌音(r)

(来源:Chambers and Trudgill 1998:171)

语言变化在地理上的波状扩散是以首发区为中心逐渐向四周传播的,一般来说,越靠近中心区的地方受影响的时间就越早,而离中心区较远的地方受影响的时间则较晚。例如,(r)的音变于17世纪在巴黎开始产生;到了1890年瑞典仅南部地区使用小舌音,中部是(r)出现在词尾时读[r],出现在词首时读[R],北部则是全部保留[r]音;而在挪威,这一音变是三百年后才开始的,1900年南部和西部的极个别地方开始出现发小舌音的情况,1960年后发成小舌音的才逐渐遍及南部和西部较广的地方。

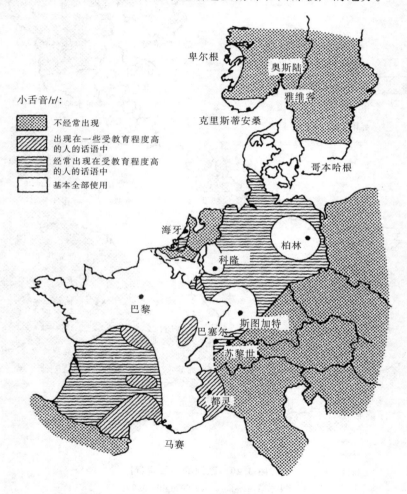

图 3.21 社会因素作用下的小舌音(r)的扩散
(来源:Chambers and Trudgill 1998:175)

语音变化在向四周传播时,扩散波的影响程度也逐渐变弱,因此离中心区越近变化完成度就越高,偏远地区则较弱。当然,也不排除其他情况。在(r)音变传播过程中,虽然欧洲很多国家都受到影响,但除了比利时、瑞士和德国西南部外,其他国家则都只有部分中心城市如海牙、科隆、柏林、哥本哈根、克里斯蒂安桑、卑尔根等完成了音变,其余地方仍处于变化中,只有部分受教育程度高的人使用新变式(如图3.21所示)。由此可见,语言变化在地理上的扩散有时并不是连续的而是跳跃式的,尤其是在离变化中心较远的地方。①

从理论上讲,语言变化在地理上的波状扩散会以同样的速度、强度一直延续下去,但实际上它总会遇到其他干扰,造成变化在各地的扩散进度各不相同,当扩散波停止时,遗留在各地方言中的语言形式也就各不相同。因此,虽然语言变化已经完成,但如果我们将所有的语言(或方言)都放在一起进行共时层面上的比较的话,就能从中找出语言历时演变的规律。

以"见"组字在细音前的演变为例。见组字是怎样从[k]变成[tɕ]的呢?我们已经很难从北京话本身的发展中找出证据了,但如果比较全国各地方言资料就很容易看出(见表3.21)。[k]是舌面后音,[tɕ]是舌面前音,而[c][ʔ][ç]是舌面中音。通过横向比较,我们可以看到,由[k]向[tɕ]的变化不是一蹴而就,而是经过[c][ʔ][ç]的过渡阶段。[c][ʔ][ç]的发音部位与元音[i]一致,只是发音方法不同,[i]没有与上颚接触而直接让气流自由通过。声母和韵母相拼时,很自然就腭化为[tɕ]。这样,我们就可以推断出见组字演变的大概过程和时间层次:广州(完全没变化,保留古音)→梅县(未腭化,但腭化的条件即元音 i 出现)→韶山(发音部位开始逐渐迁移)→苏州、北京(已经腭化),见表3.21。

表3.21 各方言中的见组字的读音

例字	广州	梅县	韶山	苏州	北京
基	$_c$kei	$_c$ki	$_c$ci	$_c$tɕi	$_c$tɕi
欺	$_c$hei	$_c$k^{h}i	$_c$c^{h}i	$_c$tɕ^{h}i	$_c$tɕ^{h}i
旗	$_\subseteq$k^{h}ei	$_\subseteq$k^{h}i	$_\subseteq$ji	$_\subseteq$dʑi	$_\subseteq$tɕ^{h}i
希	$_c$hei	$_c$hi	$_c$ɕi	$_c$ɕi	$_c$ɕi

(来源:徐通锵 2001:97)

---

① 参见 J. K. Chambers and Peter Trudgill,*Dialectology*(2nd edition),pp. 170—175,1998。

3.6.3 社会扩散

具体到语言变化在语言社团中的传播,同样也存在这样的情况,一种正在进行中的变化总会先在某个言语社团中出现,然后逐渐扩散到其他社团。如纽约市(r)向标准形式的变化是由高阶层逐渐向低阶层扩散;格拉斯哥元音(i)由当地方音[ʌ¹]向标准形式[ɪ]的变化是由女性向男性扩散;诺里奇市变项(e)向标准语的变化是由年轻人向老年人不断扩散;欧洲(r)的音变是从受教育程度高的社团逐步扩散到其他社团。

奥地利的奥布瓦特镇是一个说匈牙利语和德语的双语社会,在过去的几个世纪里这两种语言同时并存,而近几十年来,这种平衡被打破了,人们开始越来越多地使用德语。盖尔(Susan Gal)对不同年龄的女性与不同对话人谈话时的语言使用情况进行调查,结果如表3.22所示。①

表3.22 奥镇女性的语言选择模式

年龄	对话人									
	1	2	3	4	5	6	7	8	9	10
14	H	GH	G	G	G	G			G	G
15	H	GH	G	G	G	G			G	G
25	H	GH	GH	G	G	G	G	G	G	G
27	H	H	GH	G	G	G			G	G
39	H	H	H	GH	GH	G		G	G	G
40	H	H	H	GH		GH			G	G
50	H	H	H	GH	GH	GH	G	G	G	G
52	H	H	H	H	H	GH		G	G	G
60	H	H	H	H	H	GH	GH	G	G	H
61	H	H	H	H	H	H	GH	H	G	G
66	H	H	H	H	H	H	H	H	H	G
71	H	H	H	H	H	H	H	H	H	H

注:对话人1是对上帝,2是对祖辈,3是对父辈,4是对朋友,5是对兄弟姐妹,6是对售货员,7是对配偶,8是对子女辈,9是对政府官员,10是对医生;H为只说匈牙利语,G为只说德语,GH为使用双语。

(来源:Chambers 2003:181)

---

① 此表有所缩减,盖尔(1978)调查结果的原表参见祝畹瑾《社会语言学概论》第141页,1992。

第三章
语言变异和演变

由表 3.22 可知,老年女性大多仍然使用匈牙利语,中年女性是德语、匈牙利语并用,而年轻女性则大多开始放弃匈牙利语改为只说德语;从对话人看,在与父母长辈说话及向上帝祷告时人们大都仍使用匈牙利语,而在和医生和政府公务员说话时则多使用德语。可以说,德语取代匈牙利语是该地正在发生的一种语言变化,而这一取代过程是从年轻人向老年人、从正式场合向非正式场合不断扩散的。

这一结果在表格上表现得很清楚。表 3.22 从横向看,除了少数例外,H 一般都排在 GH 的左面,G 一般都在右面;从纵列看,G 一般都在 GH 的上面,H 一般都在下面。在这个模式中,任何相格出现的语言类别都蕴含在其左右面和上下面出现的语言类别里,也就是说,只要知道一个说话人在某一情景下所用的语言的特征,就可以测出同一说话人在其他情景下可能使用的语言以及其他说话人在同一情景下可能使用的语言特征。整个表格就像是一个"蕴含阶梯"的形状。①

蕴含阶梯表格本是心理学测试用的,德坎普(D. DeCamp)1968 年在《试作后克里奥耳语连续体生成分析》(*Toward a Generative Analysis of a Post-creole Speech Continuum*)一文中将其引入语言学研究,比克顿(Derek Bickerton)在此基础上借鉴"波浪模式"的相关内容建立了"蕴含阶梯"模型,并用此模型研究克里奥耳语的变化发展。"蕴含阶梯"模型主要是对双语社会中每个说话人的言语特征加以分析比较,充分表现出个人与特征之间的关系,比拉波夫等以社会集团作为分析单位的研究模式更能反映现实情况。②但是,比克顿发现他的数据只有 30% 可以用此模型表示,其他大部分情况都被排除在外,因而其结果只能是反映可能存在的变化趋势。

语言变化的社会扩散可以以年龄、性别为基础,也可以以阶层、受教育程度等其他因素为基础。它在不同社团间的扩散也会形成一些社会方言连续体。例如在牙买加,其语言发展史和加勒比海的许多其他地区一样,都非常复杂。产生这种现象的原因之一就是曾经有一度英国人处于社会顶层,英语拥有较高的社会声望,而非洲黑奴则处于社会底层,牙买加的克里奥耳式的法语被认为是"下等"的语言。几个世纪以来,处于社

---

① 参见祝畹瑾《社会语言学概论》第 141 页,1992。

② 同上书,第 142 页。

会顶层、拥有较高社会声望的英语一直对低下的克里奥耳式的法语不断施加影响,结果是克里奥耳式的法语逐渐向英语靠拢,在两者之间形成了一个中间层。

语言变化可以根据社会条件由一个社团逐渐扩散至其他社团,但也会因受到外界条件的影响而出现中断或改变方向,从而出现例外。以部分北京人发舌面前音[tɕ]、[tɕʻ]、[ɕ]时舌位前移的现象为例,这种前化现象主要集中在女性言语社团中。除了43岁以上的中老年女性存在明显的衰退外,女性其他三个年龄段的前化者比例都非常高(分别为92%、84%、93%),而14—25岁的女性中前化者较少,这可能是因为她们的学话时代正好处于文革期间,当时压抑的政治气氛、贫乏的生活方式对前化现象可能具有一定的约束作用。因此说,前化现象的扩散在政治经济、社会生活等多种因素影响下出现了例外。①

总之,时间上的变化转瞬即逝,我们很难把握,而空间上的扩散却可以留下痕迹,通过比较语言间共时的关系可以发现语言的历时演变规律。而语言的扩散完全是由人员的流动造成的,因而只有密切联系使用该语言的社会,才能对它的各种变异形式和历时的变化进行有效的分析和研究。②

---

① 参见曹志耘、周晨萌《北京话里的几种语音变异》,第三届社会语言学国际学术研讨会上的发言(广州),2005。

② 参见陈松岑《语言变异研究》第46页,1999。

第 四 章
语言与性别

男女在语言使用上的差异很早就为人类学家、历史学家和语言学家所瞩目。"语言与性别"是社会语言学热门主题之一,也是社会语言学领域中争议最多的话题之一,多年来对此有过许多颇有价值的实证研究和理论争鸣,也出版了很多相关的论著,包括专门的期刊《女性与语言》(*Women and Language*)。"男人和女人用不同的方式说话吗?"这一最初提出的问题,数十年来一直让研究者和普通大众感到迷惑。[①]本章专注于研究男女言语表现上的差异,我们将描述语言性别差异的表现,回顾语言与性别研究的发展历程,述评对语言性别差异成因的不同解释。最后对语言中的性别歧视现象和针对这种现象尝试进行的语言改革作简要介绍。

4.1 语言性别差异的表现 [②]

语言的性别差异具体体现在词汇、语音、句法各层面上。最明显的差异表现在男女用词的不同上。布龙菲尔德在《语言论》(*Language*)一书中列举美国加利福尼亚州北部雅那印第安人(Yana Indian)男女分别使用不同的词语来描述同一现象。如"火",男子称'anua,女子称'auh;"我

---

① 参见 Nikolas Coupland and Adam Jaworski, *Editors' Introduction to Part II Language, Gender and Sexuality*,见 Nikolas Coupland and Adam Jaworski 编 *The New Sociolinguistics Reader*, pp. 153—157, 2009。

② 摘自祝畹瑾《社会语言学概论》第 107—110 页,1992。

的火",男子说'aunija,女子说'au'nich;"鹿",男子称 bana,女子称 ba'。在玻利维亚的奇基托语(Chiquito)里,男女有各自的亲属称谓语,如"我的父亲",男子称 ijai,女子称 išupu;"我的母亲",男子称 ipapa,女子称 ipaki。

在音位方面,男女之间也存在差异。赵元任在《现代吴语研究》(1928)一书中指出,吴语苏州方言中 au 韵字(好,俏),女子多用 ä,男子用近似 ä 略偏后的音。蒙古喀尔喀方言达尔哈特土语(Darkhat)里,男子说话中的后圆唇元音/u/和/o/相当于女子说话中的央元音/u/和/ə/;而男子的央元音/u/和/o/则相当于女子说话中的前元音/y/和/ø/。

在语法方面,有些语言的句法结构随使用者的性别而不同,听话者的性别也影响语言形式的选择。哈斯(Mary Haas)发现,美国路易斯安那州西部的夸萨蒂语(Koasati)里,女子和男子在陈述句和祈使句中所用的动词词尾形态是不一样的。在印度的库鲁科语(Kurux)里,动词形态要随听话人的性别而变。主语若是第一人称单数"我"或复数"我们",女子跟女子说话时,女子跟男子说话时,男子跟男子(或女子)说话时所用的动词形态都不相同。主语若是第二人称单数"你",说话人是男性或女性而听话人是男性时,说话人是男性而听话人是女性时,说话人是女性而听话人也是女性时,所用的动词形态也都不一样。

在我国湖南省江永县潇水流域发掘出一种妇女专用文字,当地称之为"女书""女字",而称方块汉字为男字。这套文字是从近 20 万字女书原件中整理出来的,约有 1000 多个单字,代表当地土话的 300 多个单音节。其中,借方块汉字改造的女字占 80%强,暂不明来历的自制字占 20%弱。因此,女书应视为方块汉字的变异,但它不是表意文字,而是一种单音节音符字表音文字。书写方法是从上而下线形排列的。很久以来,当地农家妇女多用七言诗形式将自己的苦难身世、结交的姊妹情谊、祈祷祝福、乡间逸事、历史事件、唱本故事等写在自制的布面本、扇面、帕子、纸片上。她们常常聚在一起,边做女红边"读纸读扇",形成一种独特的女书歌堂文化。女书作品以诉苦为主,在结拜姊妹中流传,有些作品也向大众公开,在婚嫁仪式上唱读,表达妇女的心声。

以前曾有人以为性别差异足以造成男女说两种不同的话,这是误传。17 世纪时,欧洲人到美洲小安地列斯群岛(Lesser Antilles),发现当地的男女加勒比印第安人(Carib Indians)使用不同的名称和说法,彼此能听懂,却从不互用。这种情况是有历史起因的。小安地列斯群岛本是阿拉瓦克部落(Arawak)的居住地,加勒比人入侵时,把该部落的男人全部杀死,只留下妇女当自己的妻室。因此,那里的男人说加勒比语,而女人则说阿拉瓦克话,它们是两种互通的部落语言,并非一种语言的两种变体。

男女语言的差异还体现在语篇上,这一部分我们将在下面详细介绍。

4.2 语言与性别研究的发展

4.2.1 早期的研究

关于"语言与性别"的研究至少可以追溯到 17 世纪中叶。1665 年,罗博尼福特(Chales de Robnefort)所著的《安地列斯群岛的自然和道德史》(*Histoire Naturelle et Morale des Iles Antillet*)一书中记载欧洲人最初到达小安地列斯群岛时,惊奇地发现当地加勒比印第安人男性与女性使用不同的语言。这应该算是有关"语言与性别"研究的最早文献。此后数百年间,语言使用与性别的关系似乎并没有引起各领域学者足够的重视。直到 1913 年,莫特那(Fritz Mauthner)指出,语言中存在着性别差异往往是由社会和历史的原因造成的。1922 年,耶斯帕森(Otto Jespersen)在《语言:本质、发展及起源》(*Language: Its Nature, Development and Origin*)一书中,用整整一章的篇幅阐述女性语言的特点,并指出女性总是本能地回避使用粗俗、污秽的语言,而喜好使用精练的、含蓄的和间接的表达方式。① 20 世纪 30 年代美国出现妇女解放运动高潮,引起社会语言学者极大的关注。人们开始探究男女话语中存在句法、音位、用词上明显不同的原因。70 年代,大量论述语言性别差异的专著和论文出版。社会语言学者开始研究英语中的性别歧视现象,并较为系统地论述了女性用语特点。1977 年纽约科学院人类学、语言学和心理学部组织召开了一次研讨会,有多篇论文探讨性别差异在语言中的种种表现。会后出版论文集《语言、生理性别和社会性别:差别是否有意义》(*Language, Sex and Gender: Does La Différence Make a Différence*),该论文集序言中提到

---

① 参见刘庆伟《国外语言与性别关系研究述评》,见《理论界》2009 年第 3 期第 165 页。

要建立"性别语言学"的想法。①此外,英国《国际女性研究季刊》(*Women's Studies International Quarterly*)编辑斯彭德(Dale Spender)1980年出版《男性创造语言》(*Man Made Language*)一书,总结了他人的有关论述,并提出一些新的见解。②

4.2.2 女性语体及男女话语研究

1973年,莱考夫(Robin Lakoff)在她的论文《语言与女性的位置》(*Language and Woman's Place*)中,提出了"女性语体"这一说法。1975年,该论文出版成书。"这本书的出版是社会语言学研究的一个转折点。"③莱考夫指出女性说话所用的语体要比男性的语体委婉、犹豫、含混。她认为这些差异与社会上男性占主导的"权力"和女性相对的"没有权力"直接相关。在语言所反映的世界图景中,男性居于中心地位,而女性形象却残缺不全,男女语言使用上所反映出的性别差异实际上是男女社会地位不平等的体现。莱考夫的观点引起了语言学者们的兴趣。其后几乎所有有关语言和性别关系的研究都直接或间接地引用或评论她的观点,支持者纷纷寻找更多的相关证据,反对者则又提出许多不同的解释。莱考夫的研究奠定了在她之后所有研究的基调,即探求和证实男性和女性在语言方面的差异。

女性语体的特征有:

1. 更多地使用附加问句,如:"John is here, isn't John?"(约翰在这里,在吗?)这种句式的语意不如陈述句"John is here"(约翰在这里)那样直接,它表示说话人对某件事有自己的看法,但要听话人认同;或者用升调讲陈述句,如丈夫问妻子:"When will dinner be ready?"(晚饭什么时候做好?)妻子答道:"Oh... around six o'clock...?"(哦……6点左右……?)其含义是问丈夫:"6点钟开饭对你合适不合适?"

2. 常用闪避词"sort of"(有点儿),"I guess"(我觉得),"I think"(我

---

① 该论文集由 Judith Orasanu, Mariam K. Slater, and Leonore Loeb Adler 编辑,1979年出版。

② 参见李经伟《西方语言与性别研究述评》,见《解放军外国语学院学报》2001年第1期第77页。

③ 译自 Jennifer Coates, *Gender*, 见 Carmen Llmas, Louise Mullany and Peter Stockwell 编 *The Routledge Companion to Sociolinguistics*, p.62, 2007。

想)等。如有人询问一位妇女:"How did you like that film?"(你很喜欢那部电影吗?)这位妇女答:"I kind of like it."(我有点儿喜欢。)说话者回避直截了当地表态。

3. 常用强化词 so, very, really, absolutely 等。如妇女爱说:"It was so nice!"(真好!)"How absolutely marvellous!"(确实妙极了!)说话者用以加强语意效果。

4. 更多地使用礼貌语言 please, thank you, you are so kind 等,以及复合祈使句如"Will you please close the door?"(请你把门关上好吗?)等客气的句式。说话人以此表达请求对方做事。

5. 使用的颜色名称比男子要多。如妇女会用"mauve"或"lavender"(藕合色)形容一般男子所说的淡紫色"a light shade of purple"。

6. 英语中表示"好极了"可用 great, terrific, neat 等男女通用的形容词,但妇女爱用 charming, sweet, lovely, divine 这类修饰词。

莱考夫仅就个人的体察作出上述有趣的论断。她的假设虽然缺乏数据,但却提供了衡量女性语言特色的标准。许多社会语言学者参照此标准,聚类计算男女话语之间的差异,获得相似的结论。我国学者对口述实录文学《北京人》中的语气词使用频率进行过统计,从篇幅字数基本相等的男女话语材料中看到:在疑问句中使用"吗、呢、吧、啊"等语气词的频率,女性大大高于男性(平均比率为 72% 句次:33% 句次)。[①]

可是,女性语体的运用者并不仅限于妇女,关键似乎在于说话者是"无权"的人,因而言语也显得"无力"。有人考察分析 150 多个小时的法庭证人的口供,把出现闪避、犹豫、疑问之类措辞的语体称为"无力语体",反之则称为"有力语体"。下面是一段律师与证人的对话,Q 代表问者,A 代表答者。A 的第一种回答是原来的话,显示"无力语体";可能作出的第二种回答省略了无力的词语,显示"有力语体"。

例 4.1

    Q:Then you went next door?
        那么你去了隔壁?
    A:(Powerless) And then I went immediately next door, yes.
        (无力)我立刻去了隔壁,是这样的。

---

① 摘自祝畹瑾《社会语言学概论》第 115 页,1992。

(Powerful) Yes.

（有力）去了。

Q: Approximately how long did you stay there before the ambulance arrived?

救护车赶到之前，你大约在那儿待了多久？

A: (Powerless) Oh, it seems like it was about uh, twenty minutes. Just long enough to help my friend Mrs. Davis you know, get straightened out.

（无力）噢，似乎是，大约呃，20分钟吧。您瞧，刚好来得及帮我的朋友戴维丝太太把事儿办妥。

(Powerful) Twenty minutes. Long enough to help get Mrs. Davis straightened out.

（有力）20分钟。来得及帮戴维丝太太把事儿办妥了。

Q: Now how long have you lived in Durham?

那么你在德海姆住了多久？

A: (Powerless) All my life, really.

（无力）一直住这儿，真的。

(Powerful) All my life.

（有力）一直住这儿。

Q: You're familiar with the streets?

你熟悉这里的街道吗？

A: (Powerless) Oh yes.

（无力）噢，熟悉的。

(Powerful) Yes.

（有力）熟悉。

Q: You know your way around?

你知道你附近的路吗？

A: (Powerless) Yes, I guess I do.

（无力）是的，我想我知道的。

(Powerful) Yes.

（有力）知道。

第四章
语言与性别

两种回答的说话者男女性都有。研究人员请男女演员用配对变语法录制了这类审讯对话,然后把录音放给评议者听,请他(她)们填写问卷,对证人的品性作出评判,结果普遍认为说话干脆利索的证人比说话迟疑噜苏的证人要可靠、可信、可爱。这一实验反过来证明言语风格会影响对说话人的印象。

实地调查研究指明一个至关紧要的问题:考察语言中的性别差异不能脱离语境。在人际交往中,大至社会环境,小至场合、情景,以及语言使用者的职业、受教育程度、年龄、性格、讲话目的等,都可能影响说话人的风格。我们不能简单地、笼统地把一些女性言语特征都归结为性别差异。莱考夫提出的标准,参照的是西方社会中产阶层白人女性的言语表现,对于其他社会、其他种族、其他阶层的女性不一定适用。霍姆斯(Janet Holmes)强调,分析语体不能脱离上下文,同样的措词因声调不同,其功能也就不同。例如,"You know"这个所谓的闪避词既可表现犹豫(用升调),又可表现肯定(用降调)。试比较:

例 4.2
女青年对她的密友说:
a. And it was quite well, it was all very embarrassing you ↗ know.
这真的是非常非常令人尴尬,↗你知道。

女青年当着同屋的面跟邻居开玩笑说:
b. I'm the boss around here you ↘ know.
在这里我是老板,↘你知道。

她分析语境相似、语量相等的男女语料(计4万个词),发现"I think"在男女话语中出现的总频率基本一致;女性蓄意用它来表示信心十足的次数要多于男性,而男性用它来表示把握不大的次数要多于女性。有些研究把分析单位扩大到语篇,从男女会话的自然发展过程看男女性说话的特点。一般地说,在异性交谈中,男性说话的量比女性多,男性掌握说话的主动权,不时打断别人的谈话,不时更换话题。然而实际调查的结果也不尽相同。有人把28对夫妻的谈话录下音来,研究讨论问题时谁的话更有分量,结果发现那些追求女性解放的妻子话说得比丈夫多,而且最终她们的话作数。反之,结果也相反。①

美国社会语言学家坦嫩写了不少这方面的书,如畅销书《那不是我的意思! 谈话风格怎样促进或破坏你与他人的关系》(*That's Not What I Meant! How Conversational Style Makes or Breaks Relationships*)和《你误会了我——交谈中的女人和男人》(*You Just Don't Understand: Women and Men in Conversation*)。她认为,男女会话中经常出现误解是因为女性和男性对会话应该如何进行以及对会话建立和维持人际关系的作用有着不同的认识。坦嫩发现,在语言交流过程中,男人的地位意识较强,善于表现自己是强者的一面,常与对方争论。而女子讲话则注重与对方保持良好关系的一面,一般比较委婉,常赞同他人的意见,较少提出异议。男子谈话内容一般侧重信息交流,报告新信息,交流新情况,提出个人对事情的意见和看法,提出对某一问题的具体解决办法等等。男子的话题一般较女子的话题更为广泛,多与社会、政治、时事、经济、体育等相关。另外,男子在发布消息或叙述事件时,一般较倾向于只讲事情的结果,省略具体细节。如果男子在谈话时觉得没有新东西可谈,往往闭口沉默。而女子的谈话内容与男子的不同。她们注重人际关系,在她们看来,参与谈话就是感情交流,谈论什么话题并不十分重要,重要的是谈话本身。通过交谈,她们试图建立和加强与对方的感情,发展关系。在说话方式上,男女表现出的主要差异是:男子往往以一个权威者的身份对人讲话,而且表现出似乎懂得很多,对自己所讲的内容很在行,喜欢滔滔不绝地高谈阔论,较少给对方讲话机会,较少征求对方的意见,给人一种说教或讲演的感觉,使他人很难参与其中;女子讲话却不同,因为她们比较注重交际双方彼此之间的关系,并不以自己为谈话的中心,所以她们在发表自己的意见和看法时会注意对方的反应,会不时地询问对方的意见,或暂作停顿,给予对方说话的机会,从而形成一种互动式的交流。

但是,语言事实上要比直觉感受复杂得多。我们研究性别与语言差异时应当注意:第一,男女言语之间不存在对立的分歧。所谓语言中的性别差异是指男女在发音、用词、句型、声调、交谈方式等方面存在相殊的倾向;第二,两性之间除了受发音器官的限制而产生音色、音量等差别外,其他方面的言语差异很可能是别的因素作用的结果。需要探究语言中性别差异的由来,才能对这种现象作出令人信服的解释。

---

① 摘自祝畹瑾《社会语言学概论》第 117—120 页,1992。

第四章
语言与性别

"社会语言学从孤立地考察语言形式与性别之间的相关性,转为研究男女话语风格方面的差异,这是一个重大进步。"[1]但由于社会语言学这门学科的特点是从社会、文化等角度研究语言使用,必然会碰到变量不易控制、研究结果难以重复验证等问题。概括地说,相关研究主要有以下三个方面的问题:1)过于看重差异,大量的研究针对同一课题,但结论常常相左;2)忽视多种因素,很多研究者虽然认识到社会、文化、心理、语境等一系列因素都会影响语言的使用,但不少研究还只是静态地考察语言与性别之间的关系,把性别当成影响语言使用的唯一或主要的因素,而不是综合、全面地观察性别与其他不同因素对语言使用的影响;3)解释简单化,语言使用中性别差异的原因复杂而多样,但至今尚没有能被普遍接受的解释。[2]

4.2.3 20世纪90年代以来研究的新进展

进入20世纪90年代,社会语言学研究开始关注语言使用与社会权力的关系,涌现出大量论文和专著。科茨(Jennifer Coates)在《女人、男人和语言》一书中开列的参考文献多达298种。[3]伍德(Julia T. Wood)的《性别化的人:性别,交际和文化》(*Gendered Lives: Gender, Communication and Culture*)[4]对男女语言差异的表现形式、男女用语的意义及其演变方式、性别语言的范围及其社会和文化因素等作了较为详细的描述和分析。2000年4月在美国纽约大学举行的第44届国际语言学会将"语言与性别"作为大会的中心议题进行讨论。2001年,R. 斯考伦和S. W. 斯考伦(Ronald Scollon and Susan W. Scollon)的《跨文化交际:话语分析法》(*Intercultural Communication: A Discourse Approach*)(第2版)一书中重点阐述了美国英语中的性别话语系统。作者从两性之间的话语、对话语系统的进一步研究、话语系统与个体、跨系统交际等方面,揭示即使在极其类似的群体内部,比如处于同一文化、同一种族群体中的同代成员,男性和女性的话语系统仍具有显著的差异。这些都表明,性别差异已被

---

[1] 译自 E. Ochs, *Indexing Gender*,见 A. Duranti and C. Goodwin 编 *Rethinking Context: Language as an Interactive Phenomenon*, p. 343, 1992。
[2] 参见施栋琴《语言与性别差异研究综述》,见《外语研究》2007年第5期第39—40页。
[3] 见 Jennifer Coates, *Women, Men and Language: A Sociolinguistic Account of Gender Differences in Language*, 1993。
[4] 该书于1993年出版,之后不断修订重版,2010年1月出版第9版。

语言学家看做当代语言学中的一个重要领域。①

早期的语言性别差异研究主要是以男女混合的谈话为研究对象,研究者们集中在语言的核心特征即语音和语法上。这些研究大多采用量的研究方法,选取大量的研究对象,对他们的会话进行录音分析,统计在录音中出现的语言标记,其结果常用图表的方式显示。20世纪80年代的社会语言学研究注意到了男性和女性典型的会话策略,指出人们的看法有误,例如,通常认为男女混合的对话中女性谈的要多,而研究表明有时男性要比女性谈的多。② 90年代以前的研究主要集中在语言使用方式上,描述不同性别的说话者兼听话者使用语言形式的不同,虽然也注意到语言与性别共变产生的原因或结果,但没有提出性别问题的复杂性。90年代以后,语言与性别研究受到社会科学理论的影响,开始关注社会权力关系,即男性和女性谁的声音更有权威性。沉默也作为一个问题来研究,而话语则被视作建构性别认同的一种手段。③

研究者开始关注单性别的会话,尤其是非正式交谈。这是研究焦点的一个重大变化,人们不再比较男女的言语模式,而是将女性话语和男性话语各自单独进行研究。女性语言被认为是女性文化突出的一个部分,而不再被标上"没有权力"的标签。研究的对象包括各类言语社团——白人、非裔美国人、亚裔美国人、聋哑人、同性恋者、成年人、十几岁的青少年等。在一段时间内,没有出现单独研究男性语言的文献。近十年来,研究者开始关注只有男性成员的一些群体的会话,但研究的对象大多是青年人或青少年,研究的地点一般是在街道、酒吧、运动更衣室等公共场合。研究的问题不再是"男性和女性谈话的方式有什么不同"或者"我能发现哪些语言中的性别差异",而是更为复杂的问题,比如"人们使用语言的哪些特征来表示自己是女性或男性,或者说,表示自己是某种女性或男性","在某种特定的情境下语言是否有性别差异,如果有性别差异,是些什么

---

① 参见刘庆伟《国外语言与性别关系研究述评》,载《理论界》2009年第3期第165—166页。

② 参见 Jennifer Coates, *Gender*, 见 Carmen Llmas, Louise Mullany and Peter Stockwell 编 *The Routledge Companion to Sociolinguistics*, pp. 63—64, 2007。

③ 参见 K. M. McCormilk, *Gender and Language*, 见 R. Mesthrie 编 *Concise Encyclopedia of Sociolinguistics*, p. 336, 2001。

差异",以及"性别为什么能引起这样的差异"等。①

由于各个言语社团在各种不同的情境下与性别相关的语言使用存在着多样性,研究者认识到,最好不要把性别作为一种固有的生理属性来处理,性别差异更有可能是一种"实践",是一个人"做"的事情,或者说,是由日常交流中的活动造成的。人们在话语中使用有性别特征的语言形式或者对社会性别的认同,可能会随着情境的变化而变化,或者在一生中的不同时期发生变化。社会已经建立起的性别秩序和性别意识形态是非常强大的,这些都制约着人们行动的自由。因此,在进行语言与性别的研究时,最好采用双重焦点。一方面,需要采用近距离观察的方法,研究在特定的社会网络和实践共同体中成员之间的某些言语交流,这样可以了解人们如何使用语言特征来塑造性别认同。另一方面,需要后退一步来关注"更大的图景",研究被广泛定义的社会群体的语言变化,如"异性恋的男性"和"同性恋的男性",或者"把自己当成女性看待的女性"和"把自己不那么当做女性的女性"的语言差异。②现在一般认为:"社会性别是当场建构的,同时它又和种族、阶层、年龄、生理性别交叉。这样,研究者心目中的规范就可以是多样的,而不是只采用白人的、中产阶层的、英语中心论者的规范。"③

4.2.4　实践共同体和语言与性别研究

社会建构视角下的语言与性别研究,最普遍的做法是运用"实践共同体"这一概念及其研究模式。莱夫(Jean Lave)和温格在《情景学习:合法的边缘性参与》(*Situated Learning*:*Legitimate Peripheral Participation*)一书中首次提出实践共同体构念。"'共同体'这一术语既不意味着一定要是共同在场、定义明确、相互认同的团体,也不意味着一定具有看得见的社会性界线。它实际意味着在一个活动系统中共同参与,共享对于该活动系统的理解,这种理解与参与者的行动、该行动在生活中

---

① 译自 Penelope Eckert and Sally McConnell-Ginet,*Language and Gender*,p. 5,2003.
② 参见 Walt Wolfram and Natalie Schilling-Estes 编 *American English*:*Dialects and Variation* (2nd edition), pp. 235—236, 2006.
③ 译自 Jennifer Coates, *Gender*, 见 Carmen Llmas, Louise Mullany and Peter Stockwell 编 *The Routledge Companion to Sociolinguistics*, p. 66, 2007.

的意义以及对所在共同体的意义有关。"①埃克特和麦康奈尔-格奈特（Miriam McConnell-Ginet）将实践共同体的概念引入语言变异研究。

　　1997年5月在渥太华大学召开的第六届国际语言和社会心理国际研讨会上，有一个关于实践共同体和语言与性别研究的专题讨论会。会后，国际社会语言学核心刊物《社会中的语言》（Language in Society）出版专刊，介绍这方面的实证研究和理论探讨。实践共同体的社会建构性特征可以阐释语言和性别在各个实践共同体中的互相建构。②研究的焦点不再是"性别差异"，而是"性别制造的差异"。③

　　以实践共同体视角进行的语言变异研究强调语言使用和语言变异都是一种社会实践，强调说话人对于一系列互相关联的社会实践的投入，语言是说话人建构、维持和区分自己的社会属性界限和自己的身份的途径。实践共同体的概念为研究语言变异的社会因素和语言因素同时提供了一个框架。④正如上一章介绍过的埃克特对底特律市一所中学的青少年进行的研究所揭示，个人不仅仅独立地与社会世界（如贝尔顿中学这个世界）联系，或者与可以归属的更广泛的共同体（如底特律市区、女性共同体、中产阶层）联系，还在实践共同体中协商这些关系。⑤建立在实践共同体基础上的变异研究通常只对小群体中小规模的语言样本进行深入分析，但这些分析还必须依赖大规模研究中得出的语言模式。说话人通过混合的多样的语言特征来突出个人想要表达的情境意义和认同，但人们并不能任意地这样做，因为语言特征的意义来源于社会及特定的群体和特定的语境。之前语言与性别关系的研究主要关注不同性别群体的人如

---

　　① 引自 Jean Lave and Etienne Wenger 著，王文静译《情景学习：合法的边缘性参与》第45页，1991/2004。
　　② 参见 Janet Holmes, Preface, 载 Language in Society 28, pp. 171—172, 1999。
　　③ 参见 Janet Holmes and Miriam Meyerhoff, The Community of Practice: Theories and Methodologies in Language and Gender Research, 见 Language in Society 28, p. 180, 1999。
　　④ 参见 M. Meyerhoff, Communities of Practice, 载 J. K. Chambers, P. Trudgill and N. Schilling-Estes 编 The Handbook of Language Variation and Change, pp. 526—548, 2003。
　　⑤ 参见 Penelope Eckert, Jocks and Burnouts: Social Categories and Identity in the High School, 1989; Penelope Eckert and Sally McConnell-Ginet, Constructing Meaning, Constructing Selves: Snapshots of Language, Gender, and Class from Belten High, 载 Kira Hall and Mary Bucholtz 编 Gender Articulated: Language and the Socially Constructed Self, pp. 459—507, 1995。

何使用语言变项,现在则研究在这些群体中如何通过话语实践建构认同并形成新的语言变异形式。将焦点放在人们的实践共同体上,使得我们开始理解个人的语言及其他社会实践如何与大规模的社会结构模式交互作用,理解个人和小群体的话语实践和性别建构实践与原有的、已建立起来的性别秩序之间的互动关系。[①]

4.2.5 语言与性别研究在中国

我国语言学界也很关注语言与性别研究。外语学术刊物陆续发表的文章大多是翻译介绍性质的,如介绍英语和日语中性别歧视和性别差异。在汉语学界,有关专著如叶蜚声、徐通锵《语言学纲要》(1983),陈原《社会语言学》(1983)和《语言与社会生活》(1980),陈松岑《社会语言学导论》(1985),刘宁生等人《语言学概论》(1987),都程度不等地提到了性别语言研究问题。

我国学者自20世纪80年代起也开始就话语风格对汉语中的语言与性别关系进行研究,也有少数学者进行汉外语对比研究,如冯江鸿(2003)等。称赞及回应、请求、道歉、邀请等言语行为是汉语学者重点研究的对象,结果显示:在恭维的表达形式上,男女并无显著差异;但在内容上,男性偏重于恭维成就,而女性则偏重于恭维服饰和外貌(魏耀章,2001)。在请求、称赞及回应的方式上,女性总体上比男性委婉,有礼貌(丁凤,2002;权立宏,2004);在频率方面,女性发出和得到的称赞多于男性(冯江鸿,2003)。此外,女性也更容易向人道歉(潘小燕,2004)。根据张倩的研究(2005),在异性会话模式中,就插话频率而言,青年男女无明显差异,但在成功率方面男性则明显高于女性,男性打断女性话语后也能更成功地控制话题。Guo(2002)认为,性别能间接地影响交际风格。他发现男女儿童拥有相似的话语交际风格,都有竞争和顺从的特征,但随着社会情景的不同,孩童也会相应地改变其话语风格。Pan(1995)的研究则说明,在政府官员会议中,决定礼貌策略选择的关键因素是官职,而年龄、性别等因

---

① 参见 Walt Wolfram and Natalie Schilling-Estes 编 *American English:Dialects and Variation* (2nd edition), pp. 246—247, 2006。

素的影响微乎其微。①总的说来,汉语学者对语言与性别关系的研究与西方学界相比尚有一定的差距,具体表现在:论文数量不多,专著则更是凤毛麟角,涉及的课题不够广泛,对各种真实语境中男女产生的话语以及性别在多大程度上或在什么语境中对话语风格产生影响等方面的研究也很少。②

  我国学者新近进行的一个实证研究,是为了验证布劳沃(Decle Brouwer)等人的研究结论在汉语语境下能否成立,例如在购买车票这一言语交际场景中,双方的性别与年龄因素是否会影响他们的言语策略。布劳沃认为发话者的年龄而非其性别因素是影响闪避词、附加疑问句等礼貌形式使用的决定性因素,而受话者的性别和年龄因素也对双方的言语行为产生重要影响。③为方便对比,研究者采用布劳沃的实验模式,依次采用他实验中的各种变量形式。实验背景也与布劳沃的一致:被试者总人数定为 415 人,均为北京某火车站内购票的乘客。售票员为 10 人(男女各半,年龄均在约 20—40 岁间,其中一位男性大于 40 岁)。研究者采取隐蔽观察法,扮作买票乘客,随身携带录音笔随时录音。自变量与布劳沃的实验设计相同,采取 2(购票者的性别:男性、女性)×3(购票者的年龄:35 岁以下、35 岁到 60 岁间、60 岁以上)×2(售票者的性别:男性、女性)的因子设计模式。依变量包括三种表达礼貌的语言形式:购票者的请求信息,如"去唐山有几点的? 多少钱一张?";购票者的其他礼貌用语,如问候语"你/您好"、能愿动词"可以……""最好……"和"请""谢谢"等形式;售票员相应的礼貌用语,如"不客气"、"欢迎再来"。实验周期约为一个月。调查者在录音的同时,记下被试者的性别,粗略估出其年龄段,当天把所录语料转入计算机中,做好分类标签,以便整理分析。总的看来,研究结果与布劳沃的实验结论大致相似,即:发话者的年龄和受话者的性别与年龄因素决定交际中请求信息和相关礼貌语言形式的使用;在语言使用研究尤其是礼貌语言使用研究中,发话者的性别因素似乎不是影响语言使用的因素之一,发话者的年龄因素是一个不容忽视的重要变量,受

---

  ① 本段提到的作者的论文篇目,请查阅施栋琴《语言与性别差异研究综述》,见《外语研究》2007 年第 5 期第 39 页。

  ② 参见施栋琴《语言与性别差异研究综述》,见《外语研究》2007 年第 5 期第 40 页。

  ③ 参见 Decle Brouwer, *The Influence of the Addressee's Sex on Politeness in Language Use*, 载 *Linguistics* 28, pp. 697−711, 1982。

第四章 语言与性别

话者的性别和年龄因素应成为重要变量而加以考虑。①

我国对语言与性别问题的讨论主要在英语学界进行,其描写原则和理论依据主要来自英美社会语言学;汉语的相关研究目前还显得比较零散,对德、法、日等语言与性别的研究只是稍有涉及。我国学者赵蓉晖对俄罗斯的语言与性别研究作了介绍,她认为俄罗斯研究者的目光没有局限在英语材料上,对斯拉夫语族其他语言的研究成果也有相当程度的借鉴和吸收。对女性主义学说的引进是俄罗斯社会科学界当今的热点之一。从 1996 年起,有关方面分别在俄罗斯、乌克兰两地连续举办了三届社会性别研究暑期研讨班,并于 1999 年出版了文集《妇女·社会性别·文化》(Женщина · гендер · культура),从社会、政治、历史、文化、心理、法律、文学、语言等方面分析总结了女性主义的理论和实践问题。②赵蓉晖本人比较系统地研究了俄语和汉语口语词汇系统中的性别标记非对称现象,讨论了性别差异在语音、语词和话语风格方面的诸多表现,并总结了导致语言的性别差异的生理、心理和社会文化根源。③

4.3 语言性别差异的原因

总体说来,研究者试图从生理原因、心理原因、历史原因、社会原因和文化原因几方面解释语言的性别差异。语言中体现的性别差异与生理有关的只是:男性的声音通常比女性厚重;在习得第一语言时,通常女孩习得的速度要快一些,男孩比女孩有更多的口吃和阅读障碍。④

迄今为止,社会语言学家对语言中性别差异的起因提出过下列主要论断:首先,从女性所处的社会地位和心理状态来看,人类跨入阶级社会以来,妇女一直处于附属地位,弱者的心态表现在言语上自然是比较踌躇、委婉,讲究礼节的家庭更是从小就教育女孩子要温文尔雅。另一方

---

① 详见段成钢《汉语礼貌语言使用的性别与年龄差异研究》,载《语言教学与研究》2008 年第 3 期第 57—60 页。
② 关于俄罗斯语言与性别研究的课题,请查阅赵蓉晖《语言与社会性别——俄语研究的新方向》,见《外语研究》2004 年第 4 期第 20—21 页。
③ 见赵蓉晖《语言与性别:口语的社会语言学研究》,2003。
④ 参见 K. M. McCormilk, *Gender and Language*,见 R. Mesthrie 编 *Concise Encyclopedia of Sociolinguistics*, p. 342, 2001。

面,社会对女性的歧视使得多数妇女无从发挥她们的才能,妇女的社会地位得不到保障。男子可以仰仗他们的所作所为谋求功名利禄,而女子却需要依靠她们的仪表谈吐博得人们的欢心。这种处境使一般女性养成爱慕虚荣的心理,她们对言语这一标志的重要性更为敏感。

其次,男女的社会角色和活动天地对说话者的言语往往会起到牵制作用。妇女肩负着养育儿女的天职,在教会孩子说话和待人接物的过程中,她们比男子更加意识到使用礼貌语言和规范语言的必要性。许多妇女从事保育、服务、看护、医疗、教育、公关工作,这类职业要求她们尊重人际交往规则。

此外,有些学者试图从交谈的目的和策略着手分析女性语体的特征,以求揭示说话人的心态和效应之间的内在联系。①还有一些学者认为可以从礼貌原则和语境等语用角度对语言的性别差异作出解释。下面我们将详细介绍解释语言性别差异缘由的几种观点。

4.3.1 缺陷论

所谓"缺陷论",指女性和男性相比较,她们的一些话语特征有弱点。前面介绍的莱考夫的论述就隐含这一观点。②这种论点的前设是女性语言有问题,女性如果想要受到重视就应该像男人那样说话。换言之,在男权社会里,人们把男性的讲话方式作为衡量言语行为的标准,而把女性的讲话方式看成对这种标准的偏离。但莱考夫认为,女性所谓有缺陷的语言形式并不是天生的,而是性别角色社会化的结果。此外,她还暗示男性在社会上占有更大权力也是促使女性语言较弱的原因。然而随着社会的发展和进步,妇女的社会地位和角色关系正在发生很大的变化,男女在语言使用方面的差异也应当逐步缩小。

莱考夫的论点受到广泛的批评。她自己也认识到,不是所有的女性在所有的情境下都会使用女性语体,她的研究只是进一步研究的起点。语言与性别领域的学者们指出,从莱考夫的论著中可以领悟到她的视角中的社会政治含义。如果女性认为自己的语言是软弱的、低等的,她们就

---

① 以上摘自祝畹瑾《社会语言学概论》第 120—122 页,1992。
② 参见 Jennifer Coates, *Gender*,见 Carmen Llmas, Louise Mullany and Peter Stockwell 编 *The Routledge Companion to Sociolinguistics*, p.65, 2007。

会感觉到改变语言习惯的压力,使得自己的语言更加像是男性的、有力的语言。但莱考夫的观点不能让男性也感到压力,不能使他们明白必须正确理解女性的语言。想要改变这些语言上的不平衡,我们必须重视男女间权力的不平衡,这显然是莱考夫非常感兴趣的问题。

4.3.2 主导论

持这一观点的学者有费什曼(Pamela Fisherman)、韦斯特(Candace West)和齐默曼(Don Zimmerman)等。"主导论"认为女子处于一种无权的社会地位,因此在语言交际中她们也总是被动的,总是受到他人的主导。最典型的例子是当女性与异性交谈时,她们常被对方打断。当女性的话语被打断时,她们往往以沉默相对,而不是以理相争,夺回发言权。相对而言,男性有较多的说话机会并且能够掌握和控制谈话的进程。另外,女性在选择话题和谈话的量上都受到一定的限制。持这一观点的学者认为,男女在权势上的不对等最终导致男女在语言交际中的这种不均衡现象。[1]

如果说莱考夫对于语言与性别的研究过于笼统,并且缺乏实际语料和量化的分析论证,其解释也因此显得苍白的话,那么韦斯特等人的研究则明显地前进了一步。这些学者的研究侧重于言语交际中语言和非语言的动态表现,她们的研究成果建立在深入细致调查研究的基础之上,以真实情景中出现的自然话语作为语料,采用会话分析学的研究方法,并利用现代的科学手段,因此论点具有较强的说服力。但需要指出,影响语言使用的因素很多,来自不同社会团体、不同阶层、不同民族和不同文化背景的人在使用语言方面会存在很大的差异。对某一文化、某一社团、某一年龄段的人在某一场合使用的话语或对某一种体裁、某一类性质的话语所进行的研究并不具有普遍意义和广泛的应用价值。[2]

主导论可以对不少相关的言语现象作出比较合理的解释,但是单凭语言表现未必就能确认交谈一方在言语交际中处于主导的或顺从的地位。比如,某位会话参与者长时间保持沉默,这可能是顺从的一种表现,

---

[1] 参见刘庆伟《国外语言与性别关系研究述评》,见《理论界》2009年第3期第166页。
[2] 参见李经伟《西方语言与性别研究述评》,见《解放军外国语学院学报》2001年第1期第12页。

但有时其含义也许刚好相反,参与者通过沉默这种"有效"方式,可能是在向其他谈话者表明对某个观点根本不值得作出任何回应。同样,打断对方话题也并不一定是主导行为的体现,它可能是由于一个人在交谈中对别人的话语感到特别激动,因而想迫不及待地表明自己的观点。伊丽莎白(Aries Elizabeth)经过深入研究认为,男性或女性通常在跟同性交谈时言语模式上的特征才表现得较为突出。男性在和女性交谈时,他们言语的"固有"特性如攻击性、竞争性、恶作剧等等出现的频率通常要比与其他男性交谈时低得多。[1]另一位研究者霍尔(Judith Hall)在分析非言语交际手段的运用方面也得出了类似的结论。因此她认为,言语模式中的性别差异是由所谓男性主导所造成的说法也不够确切。

4.3.3 文化差异论

持这一观点的学者包括古德温(Marjorie H. Goodwin)、马尔茨和博克(Daniel N. Maltz and Ruth A. Borker)、坦嫩等。他们从亚文化的角度寻找女性和男性在交际方面存在差异的原因。亚文化是指整体文化中由各种社会和自然因素造成的各地区、各群体文化的特殊方面,如因阶级、阶层、民族、宗教以及居住环境的不同,都可以在统一的民族文化之下形成具有自身特征的群体或地区文化。不少学者认为社会赋予男性和女性不同的生活体验和不同的社会化过程,使人们学会如何做男人或女人,也就是说,言语行为是习得的行为。[2]这种看法与莱考夫观点的区别在于:莱考夫认为,女人说话无主见,缺乏权威性,这一缺陷是男人统治和主导女人的结果;而文化差异论者却认为女人的讲话风格只是与男人的讲话风格不同而已,不能看成是缺陷,因为女孩儿和男孩儿在习得大部分言语模式时期通常都和同性伙伴一起玩耍长大,彼此受到影响。

古德温曾对美国费城的两组儿童作过调查,发现男孩和女孩各自的集体存在不一样的结构:男孩组等级分明,体现在语言行为上便是上位的男孩常对下位的男孩使用祈使句;而女孩组却看重同伴之间的平等关系,

---

[1] 参见 Aries Elizabeth,*Gender and Communication*,载 Philip Shaver and Clyde Hendrick 编 *Sex and Gender*, pp.149-176,1987。

[2] 参见张若兰《英语语言中的性别差异及其成因研究》,见《四川外语学院学报》2009年第1期第99页。

表现在语言使用上便是女孩更多使用建议的句子。[①] 20世纪80年代女性不断的反抗导致一些学者把男性和女性不同的言语行为归属于两类亚文化。过去所说"文化"只是"男性文化",女性处于看不见的地位。现今女性们宣称,她们有不同的声音,不同的心理,不同的爱、工作和家庭的经历。

差异论观点得到许多语言与性别研究者特别是女学者的支持,并且被广泛应用于解释男女言语交际中时常出现的误解情形。前面提到过的坦嫩的两本畅销书典型地反映了这一观点。她用叙事笔调写的通俗读物有趣地揭示:男女、夫妻之间之所以谈话发生误解或争执,常常是因为双方都习惯于用自己的言语行为标准去衡量对方;男女不同的说话习惯是社会对男女的要求和期望不同所造成的。在传统观念里,男人被看做强者,多扮演保护者的角色,而女人则被看成弱者,是被保护的对象,这就使男人和女人在社会化过程中养成了与各自社会角色相符合的讲话特点。

应当把男人和女人看成来自两个不同文化环境的群体,就像来自两个不同国家的人一样,由于生活和成长于不同的社会文化环境,因此形成了不同的语言使用习惯,而社会的分工和传统观念的影响使之更加牢固。在当代社会,尽管男女之间的劳动分工和社会地位的差别正在或已经缩小,但人们长期形成的思维方式和社会习惯势力不可能完全消失,还在禁锢和制约着人们的思想。[②] 坦嫩的观点被批评过于强调女性和男性会话风格的差异,这样就会形成女性语言和男性语言表面上的二元对立。很多文化差异论的倡导者包括早期的马尔茨和博克认为,男性和女性到了成年时期,会话风格其实非常相似,即使是在童年阶段,会话风格的相似性也远远大于差异。

4.3.4 社会建构论

上述三种解释语言使用与性别关系的观点都受到传统意识形态的影响,都主要基于对女性语言的研究,只看到女性的语言使用是"和性别相

---

① 参见 M. H. Goodwin, *Directive-Response Speech Sequences in Girls' and Boys' Task Activities*, 载 S. McConnell-Ginet, R. Borker and N. Furman 编 *Women and Language in Literature and Society*, pp. 157—173, 1980。

② 参见李经伟《西方语言与性别研究述评》,见《解放军外国语学院学报》2001年第1期第12—13页。

关的",而不是"中性的"或者"无标记性的"。①第四种理论,也是最新的解释,就是社会建构论。性别认同不再被一些社会语言学家当成说话者固有的、静态的、追加的特征,而是在每一次谈话时所完成的。②

　　社会语言学界持建构论观点的代表人物卡梅伦认为主导论和差异论分别代表女权运动的不同时期。主导论代表女权主义者愤怒的时期,这一时期女性处处感到遭受压迫;而差异论则代表女权主义者欢庆的时期,反映她们要求恢复和重新评价女性文化传统的呼声。③她批评以往的研究只是把目光盯在语言上,缺乏对性别本身的理论研究,肤浅地认为性别特征决定语言特征,从而简单地区分出女性语体和男性语体。她认为,女人并非生下来就是那么样的女人,而是成长为所说的女人。人在一生中不断地进入新的社团,参与新的社会实践活动,他(她)必须不断地通过调整自己的行为使其适合所属社团的要求,从而形成自己的性别特征。当然,他(她)也可能拒绝接受和执行那些相关社团的行为规范,以示对现行性别规约的反抗。④正是人们所从事的社会实践活动造就了人的性别特征,而不是相反。

　　建构论者竭力反对传统的二元对立说,主张区分 sex 和 gender 这一对术语。在 20 世纪 70 年代,sex 是普遍使用的术语,特鲁吉尔写的社会语言学教科书《社会语言学导论》(*An Introduction to Language and Society*)"语言与性别"这一章,题目就是"*Language and Sex*"。⑤思龙和亨里(Barrie Throne and Nancy Henley)编著的语言与性别研究第一本论文集,也是使用 sex 这个词。⑥那一时期的研究者并不区分说话人的生

---

　　① 参见 Walt Wolfram and Natalie Schilling-Estes, *American English: Dialects and Variation* (2nd edition), p. 248, 2006。
　　② 参见 Jennifer Coates, *Gender*, 见 Carmen Llmas, Louise Mullany and Peter Stockwell 编 *The Routledge Companion to Sociolinguistics*, p. 66, 2007。
　　③ 参见 Deborah Cameron, *The Language-Gender Interface: Challenging Co-optation*, 见 V. Bergvall et al. 编 *Rethinking Language and Gender Research: Theory and Practice*, p. 39, 1996。
　　④ 参见 Deborah Cameron, *Rethinking Language and Gender Studies: Some Issues for the 1990s*, 见 Sara Mills 编 *Language and Gender: Interdisciplinary Perspectives*, pp. 45, 1995。
　　⑤ 见 Peter Trudgill, *Sociolinguistics: An Introduction to Language and Society*, 1983。
　　⑥ 参见 Barrie Thorne and Nancy Henley, *Language and Sex: Difference and Dominance*, 1975。

第四章 语言与性别

理差异和文化差异。男女在社会行为和语言行为上的差异都无一例外地被归结到性别差异上。而到了20世纪末,研究者们不再满足于简单地将生理上的性别差异和语言行为联系起来,认为男性之所以更喜欢使用特定的语言形式,不是因为他们生来是男性,而是因为他们想与所处社会的文化规范保持一致。换言之,说话者虽然生来就是男性或女性,但却是周围的社会、文化环境影响了他(她)们说话的方式。因此,现在的社会语言学者是这样区分 sex 和 gender:前者是生物学术语,包括女人和男人;后者用来描述在前者基础上由社会建构的属性,大多数社会都有两个性别,男性和女性。①

事实上,男性和女性的语言差异界限不是非常清晰的,我们在不同的性别群体中能够发现许多共通的语言特征,也能在同一个性别群体中发现许多异样的语言形式。此外,在不同的社团中或者在同一个社团的内部,我们也能观察到男女话语呈现不同的模式。对于性别语言的差异,我们应该尝试找到社会文化和社会心理方面的理论支撑,而不是简单地归结到自然产生的性别因素上。②

许多社会语言学者认为,一个人的社会身份会影响其语言行为,人们会有意识或无意识地使用语言来标记已定的身份,如标记自己的性别、阶层、民族以及与同一社团中其他成员之间的关系。建构论者则持相反观点,他们强调人的行为构成特定的身份。但他们同时认为,行为并不是自由的和任意的,会受到社会规约的限制。建构论者把性别看成一个行为要素的集合体,而不是将行为视为性别产生的直接结果。③此外,研究者们认为有必要研究男性如何通过语言建构和描绘自己的性别认同。④

许多学者把性别身份看成一个多层面的概念,认为它会因交际事件、对象、目的以及话题的不同而发生变化。巴克霍尔兹(Mary Bucholtz)观察美国黑人妇女使用语言的情况,发现在一个由白人男子主持的电台节

---

① 参见 Jennifer Coates,*Gender*,见 Carmen Llmas,Louise Mullany and Peter Stockwell 编 *The Routledge Companion to Sociolinguistics*,p.63,2007。
② 参见 Walt Wolfram and Natalie Schilling-Estes,*American English:Dialects and Variation*(2nd ed.),pp.234—235,2006。
③ 参见刘庆伟《国外语言与性别关系研究述评》,见《理论界》2009年第3期第166页。
④ 参见 Walt Wolfram and Natalie Schilling-Estes,*American English:Dialects and Variation*(2nd ed.),pp.256—257。

目中,几位既会讲标准英语又会讲非标准英语的黑人妇女有意交替使用这两种语体。她们不时地违反采访规则,非但不回答主持人的提问,反而使用非标准语来提问对方,其用意是要动摇对方主持人的地位,并且以此表明她们有别于白人,展示她们个人独特的黑人妇女身份。[1]霍尔和多诺万(K. Hall and O'Donovan)在印度调查讲印地语的两性人使用语言的情况。印地语中有两种性别形态标记(如有些动词、形容词和后置修饰语有阳性和阴性之分),在使用自称和他称时,讲印地语的人必须根据自己的性别对语言形式作出正确的选择。因为存在性别上的模糊性,这些两性人根据情景的不同,他们/她们经常变换使用表示不同性别的语言,进行性别身份的转换。用建构论的话语来表述,个体是积极参与身份建构活动的实践者,其社会性别的塑造离不开具体的语言或其他非语言活动。[2]当然这并不等于说个体可以不受限制地建构自己的性别,这要受到许多其他因素的影响,包括男女之间不平等的社会权利关系,具有不同性别取向的社会劳动分工,不同的社会化过程和在社会化过程中形成的不同的亚文化交际策略,由大众传媒渲染而形成定式的男女形象,传统的性别观念以及在语言交际中男女个体的自我定位——所有这些无疑都会对语言的使用产生不同程度的影响。[3]

建构论者强调,如果一个人讲话像个女人,那并不是她是个女人的必然结果,而是她成为女人的一种方式。如果说主导论者和差异论者关心的问题是"男人和女人如何使用语言",或者说"女人在语言使用上与男人有何不同",那么建构论者所关注的问题则是特定的语言行为如何造就男人和女人。[4]为了更好地研究性别如何作为一种社会认同而影响语言使用,越来越多的研究在关注性别间语言差异的同时开始关注性别内部

---

[1] 参见 Mary Bucholtz, *Black Feminist Theory and African American Women's Linguistic Practice*,载 V. Bergvall et al. 编 *Rethinking Language and Gender Research: Theory and Practice*, pp. 267—290, 1996。

[2] 参见 K. Hall and V. O'Donovan, *Shifting Gender Positions among Hindi-speaking Hijras*, 载 V. Bergvall et al. 编 *Rethinking Language and Gender Research: Theory and Practice*, pp. 228—266, 1996。

[3] 参见李经伟《多维视野中的语言与性别研究》,见《四川外语学院学报》2002年第1期第82—83页。

[4] 参见李经伟《西方语言与性别研究述评》,见《解放军外国语学院学报》2001年第1期第13—14页。

的语言差异。研究者还更加关注与性别相关的语言模式的语境特征,包括性别与其他社会因素(如年龄、种族)的交互作用,与其他交际因素(如会话目的)的交互作用,与态度和社会心理因素(如说话人想要与进行会话的人接近或疏远)的交互作用。一句话,性别因素被置于情境之中,性别被看成在互动的情境中建构的一种表现,而不是一种固有的属性。①

4.4 英语中的性别歧视现象及语言改革问题

女性主义社会思潮是语言与社会性别研究的理论来源之一。人们一向认为:女性在世界各地都是一个受压迫、受歧视的等级,在跨历史、跨文化并且普遍存在的社会结构当中,女性在政治、经济、文化、思想、认知、观念、伦理等各个领域都处于与男性不平等的地位,即使在家庭这样的私人领域中,女性也处于与男性不平等的地位。20世纪六七十年代开始的第二次女权运动②对人们习以为常的观念提出挑战,其基本点是争取男女平等,改变女性受歧视受压迫的状况。女性主义者认为,男尊女卑的性别秩序并不是"自然形成"的,而是由社会和文化人为地建构起来的,因此不是永远不能改变的。很多讲英语的女性主义者支持使用无性别含义的语言,希望改革英语,这可以看成是改变有"性别歧视"元素的语言的尝试。③

在女性主义学者眼中,语言秩序乃是一种象征秩序,是体现家庭和社会的结构,在社会关系的相互作用下形成的。语言不仅体现和解释象征秩序的各种结构,而且还保存了它们。④正是由于女性主义者充分意识到语言在象征秩序构成中的重要性,因而她们的首要任务就是去寻找女性的语言表达传统。在这种观念的影响下,语言和社会性别问题得到了

---

① 参见 Walt Wolfram and Natalie Schilling-Estes, *American English: Dialects and Variation* (2nd edition), pp. 255—256, 2006。
② 第一次女权运动大概是19世纪末在美国开始的,被视为妇女解放运动的第一次浪潮,其最重要的目标是要争取政治权利。
③ 参见百度百科,http://baike.baidu.com/view/188518.htm。
④ 参见 Cheris Kramarae, *Women and Men Speaking: Frameworks for Analysis*, p. 16, 1981。

前所未有的关注和研究。①

4.4.1 英语中的性别歧视

所谓语言中的性别歧视是指语言使用中显现的对女性的歧视。研究者认为,语言的性别歧视表现在:1)人们通常把男性惯用的语体当做标准来衡量女性语体,而女性语体成了一种变体;2)女性名词向"贬义"方向发展,而男性名词向"褒义"方向发展,使得男性名词具有积极的意义,而女性名词则具有消极的意义;3)在语序上,男性在先而女性居后,如"夫妻、子女、公婆"等。在美国,女权运动者和教育出版部门近十年来不断提出消除英语中性别歧视的方案,并逐步付诸实施,但社会舆论对此看法不一,这说明消除语言性别歧视的意义尚未为人们普遍接受。②

下面谈谈英语中的性别歧视现象。③英语本身没有性(gender)的区别。许多职业名称如 doctor(医生),professor(教授),engineer(工程师)等对男女性都适用。可是人们习惯于把它们跟男性联系在一起,若要指称女性,往往要加上 woman 一词,如 woman doctor(女医生)。还有一些名称含有男性的语素-man,如 chairman(主席),congressman(议员),spokesman(发言人),salesman(推销员)等,也用来指称女性。Man 作为 mankind 的同义词是指人类,男女性都包括在内。与之相呼应,英语的人称代词中,he(他)有时也可以包括 she(她),如:

例 4.3

A *professor* usually sees *his* students during office hours.

教授通常在办公时间会见**他的**学生。

语法学家把 he 的这一用法叫作统称"he"(generic "he"),把它解释成是中性的。指称男性的名词或代词被当做统称代词时,是不是就失落固有的词义了呢？情况并非如此。举例说明:

例 4.4

All men are mortal.

---

① 参见赵蓉晖《语言与社会性别——俄语研究的新方向》,见《外语研究》2004 年第 4 期第 19 页。
② 参见孙汝建《性别语言研究的回顾与展望》,见《云梦学刊》1996 年第 2 期第 78 页。
③ 以下摘自祝畹瑾《社会语言学概论》第 110—114 页,1992。

第四章
语言与性别

Socrates is a man.

Therefore, Socrates is mortal.

人总有一死。

苏格拉蒂是人。

所以,苏格拉蒂不会永生。

这个有名的三段论中,men 和 man 泛指"人"。可是假如把 Socrates 换成 Sophia(女人名),写成:

All men are mortal.

Sophia is a man.①

Therefore, Sophia is mortal.

人总有一死。

索菲亚是一名男人。

所以,索菲娅不会永生。

这第二句话就显得很荒唐。再如,人类是哺乳动物,用乳汁喂养幼儿。这一意思如果用统称词 man 和 his 来表达,就会造出如下的句子:

例 4.5

Like other mammals, man nourishes *his* young with milk.②

跟别的哺乳动物一样,人用乳汁喂养**他的**婴儿。

读者一定都会觉得此话违背常理。

麦凯和富克森(Donald Mackay and David Fulkson)做过一系列心理实验,验证所谓统称的"he"有没有偏向性。

实验一:把 12 句实验句和 20 句对照句混杂一起录在一盘磁带上。这 32 个句子的长度相等,句与句之间留有 10 秒钟的停顿。每个实验句都含有一个统称的"he"(所有格)、泛指的先行名词和修饰经常性动作的副词,如:

例 4.6

A *lawyer* must frequently argue *his* case out of court.

律师必须经常在庭外辩论**他的**案件。

---

① 此处 man 不是统称词,若用男女皆宜的词,应写成:Sophia is a human being.

② 此句应写成:Like other mammals, human beings nourish their young with milk.

20个对照句中,10句含有表性别差异的人称代词(所有格)、特指的先行名词(冠以定冠词)和表过去时的动词,如:

例 4.7

  The famous *scientist* was cleaning *her* glasssses with paper.
  这位著名**科学家**正在用纸擦**她的**眼镜。

另外 10 句则含有表性别的名词和表过去时的动词,其中 5 句还含有迷惑受试人表性别的人称代词(所有格),如:

例 4.8

  His aunt became faint at the idea of the voyage.
  他的姑妈听到航海这主意头脑发晕了。

  实验句中的先行名词事先由 80 名大学生对其可能指称的人的性别加以判断,结果是:70%以上的答案认为 secretary(秘书)、receptionist(接待员)、typist(打字员)、model(模特儿)主要指称女性;70%以上的答案认为 banker(银行家)、plumber(水管工)、lawyer(律师)、judge(法官)主要指称男性;65%的答案认为 student(学生)、artist(艺术家)、dancer(舞蹈家)、musician(音乐家)男女两性都可能指称。测试人把录音放给 20 名男女大学生听,要求受试人每听完一句话,如认为此话可能指女性,就立刻回答:Yes。如认为此话不可能指女性,就答:No。每一名受试人头戴耳机和小话筒,跟一台多轨录音机连接。当所放的句子中出现关键词即统称的人称代词、表性别的人称代词、表性别的名词时,录音机会自动计时。受试人答话时,计时会自动停止。这一装置可以测试出每一名受试人在听到一个关键词和对此词作出反应之间需要多长时间进行思考。

  实验结果:1)含统称代词的 12 句实验句的全部答案中,87%的回答是错误的(认为不可能指女性);含表性别差异的代词或名词的 20 句对照句的回答中,仅有 2%的回答是错误的。2)正确回答含统称代词的句子比正确回答含表性别差异的代词或名词的句子所需的时间要长一些;对含统称代词句作出正确的反应,要比作出错误的反应所需的时间长一些。

  实验二:程序同上。要求 14 名男女受试人对可能指男性的句子回答:Yes;对不可能指男性的句子回答:No。

  实验结果:含统称代词的句子的答案错误率低于含表性别差异的代词或名词的句子的错误率。实验二实验句的答案错误率低于实验一实句的答案错误率。

实验三:程序同上。但把统称"his"换成"her",如:

例 4.9

  A lawyer must frequently argue *her* case out of court.
  律师必须经常在庭外辩论**她的**案件。

受试人如果认为此话可以指男性,就回答:Yes;如果认为此话不可以指男性,就回答:No。

实验结果:回答的错误率(认为不可以指男性)高达96%。

实验四:程序同上。实验句里相关的词改为含统称的名词,如:

例 4.10

  A *student's* money is usually well earned.
  学生的钱通常好挣。

录音的材料计有27句实验句(含通常指称男性、指称女性和兼指男姓和女性的名词)及22句对照句(含表性别差异的名词)。受试人如果认为句子可以指女性就回答:Yes;如果认为句子不可以指女性就回答:No。

实验结果:含统称名词的句子的答案错误率是43%;含表性别差异名词的句子的答案错误率是1.5%。与实验一、二、三相比,用统称名词导致的答案错误率比用统称代词导致的答案错误率要低得多。

上述实验足以表明:语法书规定统称的"he"也可以代表女性。这是强加在人们头脑里的陋见;使用所谓统称的"he"会诱导听话人对其所指名词性别作出偏向男性的理解。

尼尔逊(Alleen Nilsen)让100名儿童(男女各占一半)把12句描述某个孩子正在干某事的陈述句变成反义疑问句。这100名儿童分别从幼儿班、一年级、二年级、五年级、七年级学生中抽取。12个句子中,有4句话说的是男孩子常干的事,如:

例 4.11

  The child was fighting.
  这孩子在打架。

有4句话说的是女孩子常干的事,如:

例 4.12

  The child was baby-sitting.

这孩子在看管婴儿。

另有 4 句话所说的事对男女孩子都合宜,如:

例 4.13

The child was watching TV.

这孩子在看电视。

测试结果,大多数儿童对例 4.11 类句子附加了"wasn't he?"对例 4.12 类句子附加了"wasn't she?"对例 4.13 类句子,女孩子附加"wasn't she?"而男孩子则附加"wasn't he?"在如例 4.11 和例 4.12 的 8 个句子中,50 名男孩子共使用了 116 次"wasn't he?"和 84 次"wasn't she?"而 50 名女孩子则共使用了 120 次"wasn't she?"和 80 次"wasn't he?"这就是说,男女儿童各自按照自己的形象说出指称男性或女性的人称代词。这种倾向在幼儿身上尤其明显。有人对小学生课本中 10 万个词作了分析,其中 he 比 she 出现的次数多 3 倍。据统计,一名受过高等教育的美国人一生接触到的统称代词"he"多达 100 万次。

封建意识所倡导的"夫唱妇随"之类的说法,在英语中也屡见不鲜。有些字面上相对应的一对词,其含义往往褒男贬女,如 governor(总督州长)是掌握行政大权的长官,而 governess(家庭女教师,保育员)则是有钱人家雇用的人;Mr.(先生)是对一位男子的尊称,而 Mrs.(太太)则是对一位男子的妻子的尊称,女人离不开男人。对妇女的言行也有不同于男子的社会规范,如:男子说脏话,人们习以为常;女子说话粗鲁,就会遭到白眼;不少禁忌语带有辱骂女性的字眼。总之,在由男子主宰的世界里,有不少词汇和谚语是反映男子的观念和经历的,不少行为准绳是按照男子的欲望形成的。语言是现实世界的一面镜子,语言中的性别歧视反映出社会生活里存在的重男轻女现象。语言又是传递信念的媒介,要想扩大或者限制某种信念的传播,势必会提出有关词语的使用问题。西方的进步女性和社会语言学家为争取女权呼吁舍弃歧视女性的用语,这种正当要求应该受到公众的理解和支持。现在,英语中有些新词,如 Ms.(女士)以及 chair*person*(主席,原词 chair*man*),spokes*woman*(女发言人,原词 spokes*man*),congress*woman*(女参议员,原词 congress*man*),sales*clerk*(售货员,原词 sales*man*)等合成词已为新闻媒介所采用;反对歧视女性的人用 he/she 代替统称"he",一些作者甚至有意用 she 统称男女性。这些用语的变化表明女权运动对于词语的干预确已产生了作用。

4.4.2 英语改革问题

由于语言承载着社会价值观,因此它并不是体现社会现实的中性工具。试图消除性别歧视的语言改革能否成功,很大程度上依赖于实行语言改革的社会背景。在一个大的社会政治环境中,如果消除性别歧视是一个重要的目标,在社会的各个领域如雇工等方面都试图实现平等,那么语言改革就有可能成功。相反,在一个价值观和态度都有性别歧视倾向的言语共同体中,语言改革成功的可能性就较小。语言改革过程中,一些所谓的非性别歧视词汇或者女性主义词汇,往往会被误解或被误用,偏离了语言改革的初衷。例如,Ms. 最初是女性主义者在 20 世纪 70 年代建议使用的,是为了替代 Miss(小姐)和 Mrs.(太太),使其和 Mr.(先生)平行,不表明被称呼者的婚姻状况。米勒和斯威夫特(C. Miller and K. Swift)认为,使用 Ms. 代替 Mrs. 或 Miss,就可以把女性当做一个独立的人而不是附属于他人的人。然而,实际上 Ms. 的用法却背离初衷。法索尔德(R. Fasold)对新闻文体的调查表明,《华盛顿邮报》中几乎不使用 Ms.,除非在谈论这个词本身的时候。美联社建议只有女性偏爱这个词的时候才使用它。范克和特雷奇勒(F. Fank and P. A. Treichler)引用下面这个发给宾夕法尼亚州公共信息官员的指示,"如果你对女性使用 Ms.,请在 Ms. 后面再说明一下她是 Miss 还是 Mrs.。"与此类似,葛拉多尔和斯旺(D. Graddol and J. Swann)认为在英国 Ms. 不是一个中性的称谓,在一些情境中,Ms. 似乎和 Miss 合并(一些官方的表格中仅仅区分 Mrs. 和 Ms.)。阿特金森(D. Atkinson)对加拿大人使用 Ms. 的态度进行研究,发现很多女性对三个词有如下区分:Mrs. 指已婚女性,Miss 指未婚女性,而 Ms. 则用于离了婚的女性。这三种使用都表明 Ms. 这个词依然显示女性对男性的依附关系,而并没有最初试图把它作为中性称谓表明女性独立地位的那种词义。与此类似,chairperson 和 spokesperson 等词最初被造出来,是作为中性词代替 chairman 和 spokesman 的。但是由于这些词语经常被用来指女性,就失去了中性含义。结果 chairperson 和 chairman 分别成为区分性别的词汇。埃里克和金(Susan Ehrlich and Ruth King)还分别以大学和美国媒体使用的词汇为例,详细分析了语言改革成功和不成功的案例。①

　　改变了语言就能够改变男女在社会上的不平等,还是必须达到社会地位的平等后语言才能平等呢? 这是一个有待研究的问题。一种说法认为语言是反映社会文化的。如果社会对待女性不公平,那么语言就会作为一种象征性的机制反映出社会的歧视。改变语言的形式,用一些中性的形式,以及不再将一些有歧视性语义的词语与女性联系起来,这些做法并不能改变性别的定型。因为改变语言形式只是在表面上掩饰了现存的社会不平等问题。提倡运用无性别歧视的语言,恰巧反映了存在男女不平等的权力关系,而不是对此提出挑战。

　　然而,必须注意到话语会帮助巩固已有的社会秩序,使用含性别歧视的语言会加强人们接受这些社会秩序的意识。我们不能否认语言改革所作的努力能够使人们意识到语言中的性别偏见,尽管偏见依然存在。语言反映社会的不平等,同时也是社会化的工具,二者互相关联。因此改变语言使用的模式和改变社会状况可能同时发生,语言改革可能促进社会发生变化。②

---

　　① 参见 Susan Ehrlich and Ruth King, *Gender-based Language Reform and the (De)politicization of the Lexicon*,载 Jenny Cheshire and Peter Trudgill 编 *The Sociolinguistics Reader Vol.2: Gender and Discourse*, pp.178—194, 1998。
　　② 参见 Walt Wolfram and Natalie Schilling-Estes, *American English: Dialects and Variation* (2nd edition), pp.262—263, 2006。

第 五 章　言语交际和互动社会语言学

　　言语交际或话语交际一直是语言学家感兴趣的领域。有多种研究言语交际的路径,如言语行为理论、语用学、会话分析学、变异研究、互动社会语言学和交际民族志学。不同的研究路径有不同的侧重点。言语行为理论侧重研究通过言语完成的交际行为,认为只要说话人说出了能让人理解的有意义的话语,就实施了一个言语行为。语用学侧重研究语境中话语的意义、话的使用规则及其内涵,认为交际过程就是说话人如何利用语言及相关语境表达意义的过程,语境对于话语意义的产生及理解起到举足轻重的作用。会话分析学通过分析会话中的话轮转换、话轮序列、修正、合意结构等来描述话语的结构特征以及所反映出来的秩序。变异研究旨在发现话语文本(通常是故事体)的基本结构以及句子的形式和意义如何帮助定义和完成那些基本结构。互动社会语言学研究在互动中产生的社会和语言意义,认为会话是一个言语互动过程,为了进行有效的交际,会话者相互协商、协作,依据双方共享的语言知识和非语言的社会文化背景知识来表达自己、理解对方。交际民族志学侧重研究作为文化行为的语言和交际,认为言语行为根植于社会文化之中,只有了解交际的社会文化背景,才能全面地理解语言行为。[①]毋庸置疑,每种研究路径都有自己的优缺点,而且在分析相同语料的时候,选择不同的研究路径和方法有可能产生不同的结果。本章主要介绍互动社会语言学对言语交际的研

[①] 参见 Deborah Schiffrin, *Approaches to Discourses*, pp.5—12, 1994。

究。由于互动社会语言学从交际民族志学汲取了丰富的营养,并与会话分析学进行了有机的结合,所以本章也会涉及交际民族志学和会话分析学的重要研究成果,并对这三种研究路径之间的起承交叉关系进行梳理。讲究礼貌是言语交际中的普遍现象,本章还将简要介绍有关礼貌现象的理论研究和相关评论以及社交套式研究。

5.1 交际民族志学

在海姆斯创立的交际民族志学兴起之前,民族志学只致力于对文化的描写和分析,而语言学只侧重于对语言的描写和分析,虽然民族志学者和语言学者都承认语言和文化之间存在着互构共生的关系,但他们的描写和分析结果无法为这种关系提供可信的解释。为了解决这个问题,海姆斯把传统人类学的方法和语言学分析结合在一起,研究语言在各种文化和社会情境下的使用情况。

交际民族志学的研究目标可以简单归结为:在某一特定言语社区中,说话者需要了解哪些文化和社会规则才能进行有效的交际,以及如何学习这些规则。海姆斯将这种知识和使用这种知识的各种技巧概括为"交际能力"。他强调,对"语言是什么"的研究不能与研究"如何使用语言"以及"为什么使用语言"相脱离。这说明交际民族志学首先把语言看做社会情境中的一种文化形式,同时也承认有必要研究语言本身以及说话者和听话者的认知过程。交际民族志学把交际事件(或称言语事件)作为基本的描写单位,通过描写交际者在交际场景中进行交际时所遵循的规范揭示人类言语交际活动的复杂性以及这种复杂性所隐含的规则。

5.1.1 交际能力

海姆斯针对乔姆斯基的"语言能力"提出"交际能力"概念。他认为,"语言能力"只是"交际能力"的一部分。说一个人获得了交际能力,就是说他不但获得了关于语言规则的知识,而且还具有运用语言的知识,包括:1)语法的正确性;2)语言的可行性,意指有的话虽语法正确,但实施起来不可行;3)语言的得体性,指语言应适合特定的情景;4)语言的现实性,指话语实现其功能并产生影响。[①]概括地说,交际能力就是语言使用者在交际情境中利用语言进行有效交际的能力,懂得:"什么时候,在什么场合,讲什么话,以及对谁讲与怎样讲。"交际能力涉及交际时间、交际场合、交际话题、交际对象、交际方式等诸多因素。

　　海姆斯认为,语言行为是一种"社会实践",语言的得体性离不开社会文化知识。语言使用者作为言语事件的参与者,不仅需要了解关于语言形式的知识,还需要了解某种语言形式所具有的社会含义。因此,在社会交际情境中,语言使用者不仅需要作出语言是否合乎语法的判断,还需要作出语言是否合乎社会规范的判断。凭借交际能力,语言使用者能够对特定交际情境中语言和其社会功能的联系以及这种联系的强弱度作出评价。

　　海姆斯"交际能力"概念的提出引发众多语言学家进一步研究的兴趣,其中要算卡内尔和斯威恩(Merrill Canale and Michael Swain)的研究成果影响最大。卡内尔和斯威恩认为,交际能力包括四个方面:1)语法能力,指具有表达和理解话语字面意义的知识,包括语法、词汇、语音知识,也就是海姆斯所说的语法正确性;2)社交语言能力,指对发生交际的社会语境的了解,包括角色关系、共享信息及交际目的等,与海姆斯的语言得体性类似;3)语篇能力,涉及语篇中语句间的衔接和连贯,包括意义在话语或语篇中的呈现方式;4)策略能力,包括语言交际的各种应对手段和交际策略。在交际活动中,交际者需要综合运用有关语言的知识、功能的知识、社会语言学方面的知识以及策略的知识。卡内尔和斯威恩扩展了交际能力的内涵,并且增加了策略能力这一维度,他们关于交际能力构成的论述成为交际语言教学的核心思想和交际测试的理论基础。[②] 另一个比较有影响的人物是巴赫曼(Lyle F. Bachman)。他的交际语言能力框架由语言能力、策略能力和心理生理机制三部分构成。语言能力包括组织能力和语用能力,其中组织能力涉及控制语言形式结构的能力,以及能够生成和识别语法正确的句子并将句子排列成语篇的能力;语用能力涉及

[①] 参见 Dell Hymes, *On Communicative Competence*, 载 J. B. Pride and J. Holmes 编 *Sociolinguistics: Selected Readings*, pp. 269—293, 1972。

[②] 参见 Merrill Canale and Michael Swain, *Theoretical Bases of Communicative Approaches to Second Language Teaching and Testing*, 载 *Applied Linguistics* 1, pp. 1—47, 1980。

与话语相关的多种功能,如表意功能、操作功能、启发功能和想象功能。策略能力包括三个方面:评价、制订计划、执行计划,涉及对特定语境中相关信息的判断、取舍和语言使用者对语义的协商等。巴赫曼认为,交际语言能力就是把语言知识和语言使用的情境特征结合起来创造并解释意义的能力。①也就是说,交际语言能力既包括语言能力,又包括能在交际情境中得体地运用语言能力的本领。巴赫曼的交际语言能力模式强调其各个组成部分相互影响,不可分割,进一步扩大了人们对交际能力的认识,他在此基础上提出的交际语言测试模式也在语言测试界产生了广泛的影响。② 以交际能力概念为基础的交际法教学强调学习者在习得语言的语法规则的同时,还要习得语言的使用能力,了解适当的说话规则,以及日常生活所必需的社会文化背景知识。③

上述学者对交际能力所作的研究及作出的解释,大大充实并扩展了海姆斯所下的定义。语言的使用是一个动态的交际过程,涉及一系列的社会文化因素,这些社会文化因素在具体的情境中体现为交际者所拥有的相关语境知识。这就是说,除了语法之外,语境与文化也在交际能力中占据重要位置。

5.1.2 交际事件④

交际事件是指发生在特定环境中的交际活动,如教堂里做礼拜、拍卖行里做交易、教室里上课、酒会上交谈等。海姆斯提出了一个描写交际事件的框架。他认为一次完整的交际事件包含 16 个基本特征,分列在 8 个大标题下。这 8 个方面可以用其英文标题的首字母 SPEAKING 来概括,即:S(场所和场景),P(参与者),E(目的),A(行为序列),K(基调),I(媒介),N(交往规范和解释规范),G(交际类型)。⑤海姆斯认为,按照这些方

---

① 参见韩宝成《Lyle F. Bachman 的语言测试理论模式》,载《外语教学与研究》1995 年第 1 期第 55—60 页。
② 参见 Lyle F. Bachman, *Fundamental Considerations in Language Testing*, p. 87, 1990.
③ 参见 Celia Roberts, Michael Byram, Ana Barro, Shirley Jordan and Brian Street, *Language Learners as Ethnographers*, p. 25, 2001.
④ 摘自祝畹瑾《社会语言学概论》第 182—185 页,1992。
⑤ 参见 Dell Hymes, *Foundations in Sociolinguistics: An Ethnographic Approach*, pp. 54—62, 1974.

面对言语事件进行分析,就能揭示言语交际的社会文化特征。

1. 场所(setting)和场景(scene)。场所指的是时间和地点,即交际活动所发生的具体的、物质的环境;场景指的是抽象的、心理的环境,或对该活动所下的文化定义。在某一特定的场所里,谈话人可以自由变换场景,如可以改变正式程度(从严肃变为开玩笑),也可以改变所进行的活动(如开始喝酒或开始吟诗)。

2. 参与者(participants)。参与者包括四种角色:说话人、发言人、受话人、听话人或听众。例如,打雷(好比天公说话)后,一名印第安老人(发言人)问他的老伴(受话人)听到雷公(说话人)说了些什么。又如,巴拿马的美洲印第安部落库纳人(Cuna)"吟唱"时,两名首领在听众面前举行仪式。一名首领(说话人)吟唱,唱完每一节时,另一名首领(受话人)应对"thus, it is so"("是这样")。吟唱结束时,另一名参与者,即首领的发言人开始对听众讲话、作解释。参与者可以有各种各样的组合,如说话人—听话人,发言人—听众,说话人—受话人等。在由两人组成的交谈中,一方是说话人,另一方是听话人;在演讲时,演讲者是发言人,演讲的对象是听众。

3. 目的(ends)。目的指的是言语活动依照惯例所期待达到的结果,以及各参与者的个人目的。例如,法庭审判有其最终的社会目的,但每一个参与者,包括法官、陪审团、原告、被告、证人等都有各自的目的;婚礼有一定的社会目的,但参加婚礼的人却有着自己的目的,新婚夫妇的目的是结婚,而其他人的目的是观看婚礼。

4. 行为序列(act sequence)。行为序列指的是谈话的形式和内容:用了什么词,如何用的,所说的话与话题之间的关系等。讲座、聊天、鸡尾酒会闲谈都有各自不同的行为序列,因为它们使用的是不同的语体,谈论的是不同的话题。

5. 基调(key)。基调指的是谈话时的语调、方式或精神状态:轻松的、严肃的、精确的、嘲讽的、夸大的等。基调既可用语言表示,也可用行为表示,如各种姿势、表情等。

6. 媒介(instrumentalities)。媒介指的是交际的渠道:口头的、书面的、电文的等,或者指运用何种语言、方言、语码、语域等。例如,爪哇人谈论买卖时用低层次的语体,而谈到宗教时则使用高层次的语体。在一次谈话活动中可以使用多种渠道,例如,开始读段文章,然后讲个方言笑话,引用两句莎士比亚的诗,再用另一种语言说两句话等等。改变媒介不意味着改变话题。

7. 交往规范和解释规范(norms of interaction and interpretation)。交往规范指的是伴随谈话的行为,如声音的大小、沉默、目视等;解释规范指其他持不同规范的人对此的评价。例如,一个阿拉伯人和一个英国人第一次相逢时很难找到一个使双方都感到"舒服"的谈话距离,阿拉伯人交谈时靠得近,说话声音大,英国人会觉得阿拉伯人太放肆。

8. 交际类型(genre)。交际类型指的是话语的类别,包括诗歌、谚语、谜语、祷告、讲座、社论等等。不同的交际类型适用于不同的场合,例如祷告适用于教堂做礼拜。

下面以一个实例来说明对交际事件的描写和分析。

例5.1 (马里(Mali)的班巴拉人(Bambabra)举行的传统乡村会议)

　　主题:怎样管好牲口,不让它们去农场

　　目的:作出决定,规范乡村生活

　　场所:如果是中午,炎日当空,在树下;如果是傍晚或晚间,在村里的公共场所

参与者:全体男性村民:P1——首领,P2——传令人,P3——积极村民(45岁以上),P4——半积极村民(21—45岁),P5——消极村民(14—20岁)

谈话形式:口头班巴拉语,P2的说话声音大,其他人的说话声音轻

行为序列:P1朗读会议程序

　　　　P2向与会者传达程序

　　　　P3要求发言

　　　　P2向P1转达请求

　　　　P1同意或不同意

　　　　P2向P3转达同意或不同意

　　　　P3发表意见(假定P1同意)

　　　　P2向P1和与会者转达意见(其他P3发言时,行为序列3—8重复进行)

　　　　P1总结并提议

　　　　P2向与会者转达总结和提议

交往规范：只有积极村民可以要求发言
　　　　　　半积极村民可以被征求意见,不能自动发言
　　　　　　每个发言人必须获得首领的同意才能发言
　　　　　　首领和其他与会者不直接对话,由传令人在中间转达
　　　　　　积极村民按影响或重要性依次发言
　　解释规范：直截了当地讲话(简洁、清楚)意味着说话人赞成论点
　　　　　　迂回地讲话(如猜谜和比喻)意味着说话人反对论点
　　　　　　与会者严肃
　　　　　　传令人不一定严肃

要说明的是,每一起交际事件的描写和分析不一定包括所有的项目,要分清主次及相互之间的制约关系。描写的对象也不限于少数民族。

5.2 会话分析学

会话分析学认为,日常会话并不是杂乱无章的,它有很强的系统性和组织性,因此可以对之进行科学的研究和分析,而且这种研究和分析不应该受到语言之外的因素的干扰。会话分析学的创始人萨克斯、谢格罗夫和杰弗逊在研究大量日常会话的基础上,提出了一整套研究方法(包括十分精细的会话录音转写符号①),其中话轮转换和邻接对是影响最大的两个分析概念。

5.2.1 话轮转换

话轮是日常会话的基本结构单位,话轮转换是指参与会话的人在整个会话过程中轮流讲话。话轮转换体系由两部分构成:话轮构建部分和话轮分配部分。话轮构建部分描写构成话轮的基本单位,它可以由不同的语言单位构成,词、短语、从句、句子、句子组合等都可以充当话轮。话轮分配部

---

① 转写符号「表示两句话同时说出,相互重叠(见例5.3 T3、T4);(1.0)括号及其内数字表示话语之间的间隙时间(以秒计算,见例5.8);→表示提请注意跟讨论有关的现象(见例5.12);...表示停顿半秒钟(见例5.12);⌐(跨两行)表示之后的话紧接之前的话(见例5.13);—表示突然中断(见例5.10);=表示前后两句之间没有间隙(见例5.17)。但研究者所用转写系统不一,通常都附说明。

分描写会话中话轮如何在参与者之间进行分配。话轮转换通常发生在第一个过渡关联位置,在此位置上,可能出现的三种常见转换是:①

1. 说话者选定下一个说话者。如果说话者选定下一个说话者,说话者必须停止说话,由入选的说话者接着说话。

2. 会话参与者自我选择成为下一个说话者。如果说话者没有选定下一个说话者,会话的其他参与者可以自选,第一个自选者成为下一个说话者。

3. 说话者持续话轮。如果说话者没有选定下一个说话者,会话参与者也没有自选,说话者可以(但并非必须)继续他的话轮。

举例如下:②

例 5.2 (T 代表话轮)

  Sara:Ben you want some?   T1
  萨拉:本你想要点吗?
  Ben:Well,alright I'll have a,   T2
  本:呃,好的,我要一个,
  (沉默,没有计时)
  Sara:Bill you want some?   T3
  萨拉:比尔你要来点吗?
  Bill:No.   T4
  比尔:不要。

          (Sacks et al.,1978:51)

例 5.3

  A:God any more hair on m uh chest an'I'd be a fuzz boy. T1
    天哪,如果胸口上再多点毛,我就变成了一个毛孩了。
  B:'d be a what.   T2
   成一个什么。
  C:A ⌈fuzz boy.   T3
  A: ⌊fuzz boy.   T4

---

① 参见 Harvey Sacks, Emanuel Schegloff and Gail Jefferson, *A Simplest Systematics for the Organization of Turn-taking for Conversation*,载 *Language* 50,pp.696—735,1974。

② 摘自黄衍《话轮替换系统》,载《外语教学与研究》1987 年第 1 期第 16—23 页。

C：一个 ⌈毛孩。
A：　　⌊毛孩。

(Sacks 1968)

例 5.4

Roger：That's a joke that Police force. They gotta hundred cops around the guy en some guy walks in and says I'm gonna shoot you and shoots him.

罗杰：警察局闹了笑话。他们几百个警察围着那家伙,嗯,有个家伙走进来说我要毙了你,接着就杀了他。

Roger：hhmhhh heh

罗杰：嗯呃呃

Roger：En it's the president's assassin y'know,　　　T1

罗杰：嗯,是刺杀总统,你知道,

Roger：They're wonder ⌈ful.　　　　　　　　　　　T2
Louise：　　　　　　⌊Hm-Now they're not even sure. T3

罗杰：他们真了 ⌈不起。
路易斯：　　　　⌊嗯,他们现在还都没确定呢。

(Sacks et al., 1978:53)

例 5.2 中,话轮 1 和话轮 3 属于"说话者选定下一个说话者";例 5.3 中,话轮 2 属于 B 自选,话轮 3 和话轮 4 属于 C 和 A 对于 B 的自选;例 5.4 中,话轮 2 属于"说话者持续话轮"。

话轮转换说明了日常会话的一些基本特征：

1. 日常会话中,说话者和听话者不断进行话轮转换。这种转换是有规律的,如在 A—B 会话中,大致以 A—B—A—B—A—B…的方式进行。

2. 日常会话中时有重叠及沉默(停顿)出现,但是大多非常短暂。重叠多发生在话轮过渡关联位置上,通常是由于会话参与者"争夺"下一个话轮引起的。

3. 绝大多数的话轮转换是没有重叠、沉默(停顿)现象的话轮转换和包含很少重叠、沉默(停顿)现象的话轮转换。

4. 话轮的大小及会话的长短是可变的。

5. 话轮转换体系是一种建立在一个个话轮基础上的局部操纵系统。

话轮转换体系是会话得以顺利进行的基本条件。会话中,说话者不断有意或无意地发出各种言语和非言语信号,暗示自己将很快终止话轮,以帮助听话者找到该话轮的过渡关联位置。另一方面,听话者也不断地捕捉、追踪和分析说话者发出的各种信号,从中作出正确的判断,从而确定说话者可能终止其话轮的位置。说话者发出的信号可分为放弃话轮信号(表示说话者意欲放弃该话轮)和保持话轮信号(表示说话者无意放弃该话轮),而听话者发出的信号可分为索求话轮信号(表示听话者意欲占有下一个话轮)和反馈信号(表示听话者无意占有下一个话轮)。

话轮转换的信号交换过程通常是:1)说话者发出放弃话轮信号;2)听话者接收到该信号;3)听话者发出索求话轮信号;4)说话者接收到该信号;5)说话者放弃话轮;6)听话者获得话轮。1)、3)可以同步进行。

英语日常会话中有一些常见的用来表达放弃话轮和保持话轮的表达方式。

放弃话轮的表达方式有:

1. 含有称呼语的短语、句子、句子组合等。

2. 邻接对中的第一部分,通常是要求会话对方作出回答的问句,例如:"How much is it?"(多少钱?)

3. 含有附加疑问形式的短语、句子、句子组合等。

4. 含有 and you..., so you..., but you..., you see..., you know..., you mean... 等套语的短语、句子、句子组合等。

5. 含有 I suppose..., I wonder..., I don't know... 等套语的短语、句子、句子组合等。

6. 含有 pardon, excuse me 等套语的短语、句子、句子组合等。

上述各种表达方式可以混合使用以达到话轮转换的目的。

保持话轮的表达方式有:

1. 含有话语未完成成分如 and, but, however, 以及未完成标记如:if, since 引导的句子或句子组合。

2. 含有 first, firstly, first of all, on the one hand 等的句子,或 Now from a practical point of view, I'd like to... 等句子组合。

此外,说话者还可以通过加快说话速度,提高声音,加大响度的方法来保持自己的话轮。

5.2.2 邻接对

邻接对是会话结构的基本组成单位,是指会话双方分别说出的意思相互呼应的两个话轮所构成的对子。邻接对具有如下特征:1)由两个话轮构成;2)两个话轮相邻接;3)两个话轮由两个说话人分别说出;4)邻接对的第一部分在第二部分之前出现;5)邻接对的第一部分所属的类型制约着第二部分的选择。当会话的一方说出某个邻接对的第一部分后,必须终止说话,以便让会话对方说出这个邻接对的第二部分。邻接对在会话中起着重要的作用,常常用于开始或结束一个会话。一些常见的邻接对如:①

问候——问候
A:你好!
B:你好!

感谢——接受
A:谢谢!
B:你太客气了。

道歉——接受
A:真对不起!
B:没关系。

请求——同意
A:劳驾,把门关上。
B:好吧。

告别——告别
A:再见
B:再见

"邀请——接受","警告——认可","提议——接受或拒绝","抱怨——否认"等也是比较常见的邻接对。

一些邻接对的第一部分和第二部分是相对稳定的,例如问候——问候,告别——告别。还有一些邻接对的第二部分由潜在的、可供选择的行为构成。例如,构成抱怨邻接对第二部分的不一定就是接受,有可能是辩

---

① 参见王得杏《会话研究的进展》,载《外语教学与研究》1988年第4期第41—46页。

解、否认、寻找借口,还有可能是攻击、转移及抱怨等。还有一些邻接对的第一部分和第二部分不是紧密相邻的,如:①

例5.5

  A:Which is the post office?
   邮局在哪里?
  B:Which one?
   哪一个?
  A:I mean the one with a phi-phi-latelic counter,
   我是说带集—集—邮柜台的那个,
  B:⎡Selling stamps-special
   ⎣Just over there.
   ⎡专卖邮票的
   ⎣就在那边。

  此例中,一个邻接对结构中嵌入了另一个邻接对,即[询问$_1$(询问$_2$回答$_2$)回答$_1$]。萨克斯等把这类结构称为内嵌序列。内嵌序列可以分为两大类:插入序列和分叉序列。

  插入序列是指邻接对的第一部分和第二部分之间插入了另一个(或若干个)邻接对结构,插入的序列和原邻接对通常属于同一类型。按道理讲,邻接对的第一部分和第二部分之间可以插入无数个插入序列,但在日常生活中,很难找到含有五个以上插入序列的邻接对结构。在很多情况下,第二个插入序列是一个元问题,其功能往往是要求重复第一个插入序列,如:

例5.6

  A:Are you coming tonight?
   你今晚来吗?
  B:Can I bring a guest?
   我可以带个客人吗?
  A:Male or female?
   男的还是女的?

---

  ① 摘自黄衍《英语日常会话的毗邻双部结构及内嵌序列》,载《外语学刊》1987年第2期第36—45页。

B：What difference does that make?
　　这有什么区别吗？
A：An issue of balance.
　　比例平衡问题。
B：Female.
　　女的。
A：Sure.
　　当然可以。
B：I'll be there.
　　我会到的。

插入序列的第一部分往往与原邻接对的第一部分有密切的关系，而且通常不改变正在进行的会话的话题，其作用通常是要求重复原来的询问，要求澄清某事或某人的身份，要求获取更多的信息，拖延或临时退出会话交流等。

分叉序列是一种松散的内嵌序列。分叉序列之前的话轮不必是邻接对的第一部分，它本身也不必是邻接对，而且分叉序列通常会"回归"到被打断的原序列中去，如：

例 5.7

Jim：An'everybody's akin'' im't dance.
Roger：An'because he's scareda dancing he's gonna dance in private til he learns how.
Jim：And a goodlooking girl comes up to you and asks you, y'know.　　〕进行序列

Roger：Gi(hh)rl asks you to. All right,
Ken：Well it's happened a lotta times,
Roger：Okay okay go ahead. (1.0)　　〕分叉序列

Roger：So he says "no". (1.0)
Roger：Cause he's scared to admit that he can't dance, an' he's scared to try. Cause he's gonna make a fool of himself.　　〕回归序列

吉姆:每个人都让他跳舞。 ⎫
罗杰:因为他害怕跳舞,他得先在私下里跳,直到学会。 ⎬ 进行序列
吉姆:并且是一个漂亮女孩走到你面前,并且邀请你,
　　　你知道。 ⎭

罗杰:女孩邀请你,好吧, ⎫
肯　:　呃,这已经发生好多回了, ⎬ 分叉序列
罗杰:好,好,继续。(停顿1.0秒) ⎭

罗杰:所以他就拒绝。(停顿1.0秒) ⎫
罗杰:因为他害怕承认他不会跳舞,他害怕试试, ⎬ 回归序列
　　　因为他会出丑。 ⎭

分叉序列的发起者通常也是该序列的终止者,以"询问性重复"开始,如上例中的"Gi(hh)rl asks you to",以"吸引注意力标记"回归到原序列中,如上例中的"Okay okay go ahead"。

邻接对是一种规范结构,它的两个部分缺一不可,而且通常是相继出现。如果某个邻接对的第二部分没有出现,说话者往往会重复第一部分,直到第二部分出现为止,如:

例5.8
　　A:Is there something bothering you or not?
　　　有什么事情在困扰着你吗?
　　(1.0)
　　(停顿1.0秒)
　　A:Yes or no?
　　　有还是没有?
　　(1.5)
　　(停顿1.5秒)
　　A:Wh?
　　　嗯?
　　B:No.
　　　没有。

话轮转换和邻接对概念直接关系到会话中说话者和听话者之间是否能够顺利地完成一轮会话,进行有效的交际。这两个概念反映出日常会

话是说话者和听话者积极参与并相互协作而产生的交际过程。

会话分析学通过对大量真实录音材料的分析,探索社会交往中日常会话的原则和规律,发现话轮转换和邻接对等会话的结构规律,为言语交际的研究提供一套非常有用的分析框架。批评者认为,会话分析学完全是从技术角度对会话活动的机制作出回答,而忽略了它的意义。有些规则过于死板,如称绝大多数的话轮转换没有或少有"重叠",实际上两人同时说话是很普遍的现象。在某些场合,抢夺"说话权"有失体统,而在熟人之间话论重叠往往意味着另一说话人积极参与,想法一致。只有对更大的语境如会话的一般趋势、会话者之间的关系、说话的风格等加以分析,才能确定某些话论的作用。[①]

5.3 互动社会语言学

互动社会语言学是交际民族志学与会话分析学有机结合的产物。首先,互动社会语言学借鉴了交际民族志学的方法,通过参与式的观察了解不同文化群体完成会话的方式,以期对人类交际能力的普遍特征有所了解。其次,互动社会语言学把会话分析学的理念和方法融入言语交际的互动研究中,强调在会话层面上把握交际过程的合作性本质。通过对言语互动案例进行深入细微的分析,互动社会语言学者观察会话双方如何在特定的语境中运用会话策略(主要是语境化提示)、会话推断、会话风格、话语标记等手段来产生和理解语言信息,进而推断讲话人在采取某个言语行动时所遵循的语境规约,并且检验相关的语言信号获得怎样的理解,了解言语交际是否成功,如果不成功,问题出在哪个环节上,因此互动社会语言学非常适合于研究具有文化和语言多样性的言语交际。

5.3.1 会话策略

互动社会语言学认为,会话的理解是个动态的过程,在这个过程中,会话者凭借所收到的信息不断地形成和修正一些关于对方交际意图的假定,并通过自己的言语和非言语的行动来验证这些假定。互动社会语言

---

① 参见 Deborah James and Sandra Clarke, *Women*, *Men*, *and Interruptions*: *A Critical Review*, 载 Deborah Tannen 编 *Gender and Conversational Interaction*, pp. 231–246, 1993.

学关心的是如何对交际实践进行分析以解释交际者维持会话参与,达到交际目的的能力,而这种能力又取决于交际者是否具有共享的会话推断机制。甘柏兹将会话者保持会话持续进行并且能够不断增强理解的行为称作"会话策略"。研究会话策略,就要研究会话参与者如何在具体的语境里运用词汇、句法、社会语言学以及其他方面的知识产生和理解言语和非言语信息,推进交际的顺利进行。会话策略既体现在会话参与者对一系列交际方式的适当选择(如使用语言变项,选择语音变式、韵律或程式化表达方式,以及语体或语码转换等),又体现在他们对这些交际方式所象征的知识的共同了解和他们在会话进行中的释义活动。下面的例子可以演示会话参与者如何运用各种各样的交际知识来达到特定的交际目的,以及言语信号与释义过程之间的关系。[①]

例 5.9(在一所大学里,一堂研究生讨论课结束后,一位黑人学生走到上课的老师面前)

  Student：Could I talk to you for a minute? I'm gonna apply for a fellowship and I was wondering if I could get a recommendation?
  学生：能和您谈谈吗?我想申请一份奖学金,不知您能否给我写封推荐信?
  Professor：O. K. Come along to the office and tell me what you want to do.
  老师：好的,到办公室来谈谈你的想法。
  (当大家都走出教室的时候,这位黑人学生将头稍稍转向其他学生)
  Student：Ahma git me a gig.
  学生：(表面意思大致是)我要弄点支持。

我们怎样解释这一段对话,当事人依据怎样的语言和社会知识来理解当时的言语事件呢?从语法角度看,这位黑人学生对其他学生说的话具有下列口语特征:1) Ahma 中的[a:]是代词 I [ai]的发音,[ma:]代表 gonna 或者(I)'m going to(要);2)单词 get(弄)中的元音发[i];3)单词 gig 中的元音拉长并且以滑音结束。

在美国英语里,上述1)和2)两点鲜见于标准英语而常见于黑人英

---

① 参见甘柏兹著,徐大明、高海洋译《会话策略》第 34—36 页,1982/2001。

语。Ahma 这一语言形式以及 gig 的特殊发音则只见于黑人英语。因此讲话人应该同时掌握黑人方言和标准英语。那么这位黑人学生为什么会在应该说标准英语的高雅学府使用黑人英语呢？或者说，这位黑人学生在该语境中所传达的交际意义是什么，使用了什么样的交际策略呢？通过回放录音和访谈等方法，研究者发现，这不仅仅是一次从标准英语向黑人英语的转换，因为具有讲话人这种背景的研究生平时并不随意进行语言转换，而且他们平时使用的语言变体往往是介乎两极之间的变体。此外这一段对话还使用了一种唱歌似的节奏，从而获得了一个程式化的特点。了解这种特点的人就会知道，这位学生是在模仿或者是在表演一个典型化了的黑人角色，而不是在表现他自己。这意味着，讲话人实际上是将他自己与他说的话所要显示的认同拉开了距离，这样他就可以给人一个印象，他没出问题，他还是他自己。通过这种独特的话语方式，这位黑人学生在向在场的其他黑人学生表明，"我是在做像我这样少数民族的人不得不做的事，只要我能够，就想法弄点支持"，意思是他不过是在逢场作戏，并没有被白人主流文化同化。讲话人通过间接地引入一整套与美国黑人文化和历史相关的语言文化传统，使得只有和他共享同一传统的黑人学生才能听懂他的意思，从而把在场的其他白人学生排除在外。在这个例子中，讲话人利用听众的语法知识、得体性规范的知识，以及他们在语言背景方面的差异达到了他所预期的交际效果。

5.3.2 语境化提示

语境化提示是关于互动社会语言学中会话策略的核心概念。甘柏兹认为，在会话过程中，不断产生的语境化提示是会话者赖以解释会话意图的必要信息。语境化提示可以是话语本身，如严肃的场合突然讲了句笑话，这说明说话人在力图改变语境；也可以是手势、体态、面部表情等非话语手段；但是最常用的往往也是最容易被忽略的语境化提示，是那些包含在话语中的一些具有边缘性语言特征的表现形式，如音高、节律、非音位性发音特征、习语的使用、程式化表达法等。语境化提示的特点在于它脱离了具体情境就无法理解。同样的提示在某些情况下可能暗示的是一般信息，但在另外一些情况下却可能表示相反的意思。此外，在同一言语活动中，如果参与者头脑里出现的是不同的"图式"，也可能对其含义作出不一样的判断。图式是人们将自己在某种文化环境里感受到的经验知识组织起来的认知结构,依赖它来衡量和理解新的经验。甘柏兹说过,在解读较长的会话的过程中,我们在任何时候都在使用多种不同范畴的知识,不但需要使用语法和词汇知识,还需要使用适合该语境的释义框架。①在言语交际中,解读框架有助于我们设定人们的讲话是什么类型的,它是对人们正在做的事进行实用性推理判断的基础。坦嫩对此作过详细的论述,她还让一些受试者叙述所看短片,以此为例分析说明心理预期结构能在叙事句子的表层语言形式上找到证据。②

对语境化提示的不同理解容易导致交际误解。下面的会话中,求职者是亚洲人,想在英国公共财政支持的机构所开设的紧缺技术指导中心进行有偿培训。由于会话者没有共享的语境规约,导致交际误解。③

例 5.10

a. Interviewer: and you've put here, that you want to apply for that course because there are more jobs in...the *trade*.
面试官:你这里写着,你想申请那个课程是因为在这个**行业**里有更多的工作机会。

b. Applicant: yeah(low).
求职者:(低声回答)是的。

c. Interviewer: so perhaps you could explain to Mr. C. *apart from that* reason, *why* else you want to apply for *electrical* work.
面试官:那么或许你可以向C先生解释一下,**除了那个**原因,你还有别**什么原因**想要申请**电工**工作。

d. Applicant: I think I like...this job in my-, as a profession.
求职者:我觉得我喜欢……这份工作在我的……,作为一个职业。

---

① 参见甘柏兹著,徐大明、高海洋译《会话策略》第24页,1982/2001。
② 参见 Deborah Tannen, *What's in a Frame?: Surface Evidence for Underlying Expectation*,载 D. Tannen 编 *Framing in Discourse*, pp.14—56, 1993。
③ 参见 John J. Gumperz, *Interactional Sociolinguistics: A Personal Perspective*,载 Deborah Schiffrin, Deborah Tannen and Heidi E. Hamilton 编 *The Handbook of Discourse Analysis*, pp.215—228, 2001。

e. Instructor: and *why* do you think you'll like it?
   指导员：那么**为什么**你认为你会喜欢它？

f. Applicant: why?
   求职者：为什么？

g. Instructor: could you explain to me why?
   指导员：你能给我解释一下为什么吗？

h. Applicant: why do I like it? I think it is more job *prospect*.
   求职者：我为什么喜欢它？我想更多的是由于工作**前景**。

求职者在面试前所填写的问卷上提到"trade"，因此面试官重读"trade"，希望引起求职者的注意，让他推断出她的意图，也就是说，她在间接地要求求职者详细地说明他对电工工作的兴趣。但是求职者只理解了她的字面意思，因此把这当成了一个简单的是或不是的问题。在第二轮对话中，当面试官重读一些关键的字眼，以引导求职者对需要解释的问题提供更多的信息时，求职者只是变换了一下他在问卷中所用的字眼。这时课程指导员也参与进来，但是他也像他的同事一样依赖间接的重读策略。因为无法推断面试官的意图，以及越来越不确定要说什么，求职者把他刚才说的话换一种方式又说了一遍。他似乎没有注意到面试官有策略地把重音放在特定的话语上，实际意图是要把他的注意力转向他们认为需要更多评论的论点上。

从上例可以看出，当相关的语境化提示被所有的交际参与者理解时，不会引起交际者的注意，会话理解的过程就会被看做是理所当然的。但是，当其中一个参与者意识不到某些语境化提示的功能时，会话理解就会产生偏差，从而导致交际误解。下面再举一例来说明当交际者以为双方对语境化提示有相同的理解而实际上并没有时所导致的交际误解。[①]

例5.11（一位黑人研究生被派去采访一位家住内城的黑人家庭主妇。事前，有关负责人已经通过电话与被采访人联系妥当。当这位研究生按响门铃，男主人就来开门，他微笑着对这位研究生说：）

So y're gonna check out ma ol lady, hah?

---

① 参见甘柏兹著，徐大明、高海洋译《会话策略》第173—174页，1982/2001。

你是来查我老婆的,嗯?
这位研究生回答道:
Ah, no, I only came to get some information. They called from the office.
啊,不,我只是来了解一些情况。办公室已经给你们打过电话了。

听完这句话,男主人的微笑顿时消失,他一言不发地走开去叫他的妻子。而接下来的访谈也十分拘束、不成功。后来,这位研究生才意识到这次采访之所以砸锅是因为他当时忽略了男主人的言语风格的意义。那句开场白是黑人与陌生人见面时常用的套话,用来检验对方是否是"自己人"。这位研究生只顾注意自己是否在进行正规的采访,说的是标准英语,而忽略了男主人的风格暗示,使男主人觉得他是个外人。如果他也用典型的黑人英语回答说"Yea, I'ma git some info"(对,我来弄点儿信息),就能证明自己了解当地的人情世故,从而获得男主人的信任。

语境化提示对会话的顺利进行非常重要,但语境化提示不是事先确定的,而是在会话过程中随着交际双方的互动不断产生和变化的。在会话过程中,语境化提示起着"规约提示者"的作用,看似相同的语境化提示在不同的文化中有可能暗示着不同的会话规约。交际参与者通过会话推断等认知过程使得文化及其他类型的知识都参与对会话的理解。说话者的话语不仅是为了传递指代意义和信息,他们还把这些意义和信息语境化,并且通过有特定背景的提示使得它们能被对方理解。

5.3.3 会话推断

会话推断是谈话中的一种重要行为。人们在会话中通过言语的或非言语的反应间接地、含蓄地提示对方应如何理解自己所说的话,同时也向对方表明自己是如何理解他的话的。对会话者的意图作出推断时,不能依据话语内容的字面意义,而应该依据会话者的言语或非言语的提示。会话的推断过程涉及几个因素,首先要领悟语境化提示,其次要把语境化提示与其他的标记联系起来。会话者要做的就是要倾听会话,初步判断说话人使用了何种规约,然后再根据其社会背景知识预测会话的目的,并对会话态度作出评价。甘柏兹举了一个例子来说明会话推断的过程。[①]

　　有一次甘柏兹在驾车去办公室的路上收听一个古典音乐电台。在节目结束的时候,代替原先主持人播音的播音员(原先的主持人第二天会回来继续工作)以下面这句话结束当天的节目:"I've enjoyed being with *you* these last two weeks."(同**你们**一起度过这两周我很愉快。)播音员对"you"的特别强调引起了甘柏兹的注意,听起来好像播音员在对别的什么人讲话,但是当时节目上没有其他人在场。播音员的话语使甘柏兹想起了人们道别时的情景,通常是一个人先说:"I've enjoyed being with you."(和你在一起过得很愉快。)而另一个人也许会回应:"It was fun being with *you*."(和**你**在一起过得很有意思。)因此可以推断,播音员强调本来应该在回应句中被强调的"you",实际上表达的是告别的意思。

　　在实用层面上,对会话推断的研究有助于解释现代社会中日益严重的交际问题。为什么英语流畅程度相同、语法能力相同的个体对相同的语境化提示却有很大的理解差异。为什么他们对于如何表达信息,如何排序,以及如何填补非言语的信息等,也都有不同的理解并因此导致交际误解。这种交际误解在互动的过程当中不会被注意到,但是可以通过话语分析揭示出来。下面这个例子可以说明会话推断研究的范围并且揭示话语理解的潜意识特性。[②]

　　英国一个机场的自助餐厅新雇用了一些印度和巴基斯坦的妇女。不久,餐厅主管和餐厅的主要客人——机场搬运工——就发现这些新来的服务员很乖戾而且不合作。观察发现,尽管服务员与客人的交流不多,他们说话的语调和方式却引起客人的负面理解。例如,当询问客人所点的肉是否需要加肉汁时,英国服务员会用升调说"肉汁?",而印度服务员则会用降调。在把这些对话录下音并放给印度服务员听时,起初她感觉不出自己所说的"肉汁"与英国服务员有何不同。但是英国教师和餐厅主

　　[①] 参见 John J. Gumperz, *Interactional sociolinguistics: A Personal Perspective*,见 Deborah Schiffrin, Deborah Tannen and Heidi E. Hamilton 编 *The Handbook of Discourse Analysis*, p.222, 2001。

　　[②] 参见甘柏兹著,徐大明、高海洋译《会话策略》第221—222页,1982/2001。

管却指出,用降调说的"肉汁"很容易被理解为"这是肉汁"——不是提议而是陈述,这在当时情境下是多余的,因此显得无礼。听完解释,这些印度妇女才开始明白为什么她们一直得到顾客如此奇怪的反应,于是她们改用在她们看来很奇怪的语调说话。而同时,餐厅主管也开始明白印度妇女使用的降调是她们在那种情境下很自然的问话方式,并没有无礼冒犯之意。

经过几次的讨论和训练之后,教师和餐厅主管都反映,印度雇员对工作和顾客的态度都有明显的进步。印度服务员似乎早就感觉到她们被误解,但是因为无法客观地用语言来描述,因此感觉受到了歧视。甘柏兹及其他研究人员没有去教这些服务员如何讲得体的英语,而是侧重于分析相关的语境及与其有关的话语偏好,从而帮助她们对交际困难进行自我诊断,解决了存在的问题。

5.3.4 会话风格①

会话风格指会话参与者如何使用不同的会话策略提示信息的含义。②坦嫩认为,要理解别人所说的话,必须注意到这些话是怎么说的,在说话方式上有哪些特点。坦嫩曾经把六个朋友(本人在内)在一次感恩节晚餐聚会上的谈话(共计 160 分钟)全部录制下来,从中筛选出有代表性的话段,逐步分析每个会话者是怎样参与的,涉及的范围包括:分析每个话题是怎样引入和延续下去的,各人对这些话题的兴趣怎样;各人参与会话的程度怎样,说了多少话轮和多少字;各人的话语在结构和韵律上有哪些特色;会话中有哪些重叠、中断、停顿等等。然后再把录音放给当事人听,看他们是怎样理解种种言语表现的。这六名会话者当中,有三名土生土长的纽约市人,两名南加州人,一名英国人,年龄在 29 岁至 37 岁之间。分析结果表明三名纽约市人的会话风格相似,而且那天晚上他们的说话方式占据了支配地位。

坦嫩在细致地研究会话风格后指出,成功言语交际的一个很重要的

---

① 摘自祝畹瑾《社会语言学概论》第 179—182 页。
② 参见 Deborah Tannen, *Conversational Style: Analyzing Talk among Friends*, p. 27, 1984。

第五章
言语交际和互动社会语言学

前提是谈话各方的"投入"。①她把"投入"定义为"人们所感到的一种内在的,甚至是情感的联系,这种联系将他们与其他人以及其他地点、事情、活动、思想、记忆以及话语维系起来。……它不是事前给定的,而是在言语交际中获得的"②。谈话各方在谈话中的投入程度取决于情感的产生,而情感的产生主要有两个途径:一是通过声音,二是通过意义。坦嫩认为,与声音相连的表达方式主要有:1)节奏;2)建立在音位、词素、单词、词汇的搭配及语段的重复和变化基础上的模式;3)修辞手法。与意义相连的表达方式主要有:1)迂回;2)省略;3)转义;4)对话;5)形象化;6)叙述。其中,她着重强调了重复、对话和形象化。重复通过声音的反复作用于听觉,唤起人的情感,从而产生对言语交际的投入。形象化通过显示一定的情景或细节,使人在头脑中产生联想并赋予一定的意义,从而产生情感并投入所进行的言语交际中。会话中运用对话,一方面具有重复的特点,即重复其他人在其他时刻说过的话,或即使没有人说过,也重复了其他人表达过的思想;另一方面,对话又具有形象的特征,因为对话是具体的,它创造一定的情景供人们想象。

坦嫩称那些纽约市人的谈话风格为"高度投入"风格,他们说起话来争先恐后,一个明显的特点是重叠,见例 5.12。

例 5.12

1) 合作造句,即说话人与听话人一起完成话语,如:

Steve: The Huntington Hartford is on the
Deborah: ⌈South side.
Steve: ⌊on the other?
Deborah: across.

史蒂夫:亨廷顿·哈特福是在
德博拉:⌈南边。
史蒂夫:⌊对面?
德博拉:对过。

---

① 参见 Deborah Tannen, *Talking Voices: Repetition, Dialogue, and Imagery in Conversational Discourse*, pp.17—29, 1989。

② 译自 Deborah Tannen, *Talking Voices: Repetition, Dialogue, and Imagery in Conversational Discourse*, p.12, 1989。

2）请求核实和给予核实，如：

```
       Steve: Right where Central Park West met Boroadway. That
                    bulid ┌─ ing
  →    Deborah:         └─ By
       Steve: shaped like that
       Deborah: Columbus Cir ┌─ cuit?... that Columbus
                             │   Circle?
  →    Steve:                │   Right on Columbus
                             └─ Circle,
       here's Columbus circle,... ┌─ here's Central Park West,
  →    Deborah:                   └─ Now it's ┌─ the Huntington Hartford
                                              │   Museum.
  →    Peter:                                 │   That's the Huntington
                                              └─ Hartford, right?
```

```
       史蒂夫：就在中央公园西路与百老汇的交汇处。那栋 ┌─ 楼
  →    德博拉：                                          └─ 在
       史蒂夫：形状像一个
       德博拉：哥伦布电 ┌─ 路？……那个哥伦布
                        │   广场？
  →    史蒂夫：          │   就在哥伦布
                        └─ 广场，
       这是哥伦布广场，…… ┌─ 这是中央公园西路，
  →    德博拉：              └─ 那这是 ┌─ 亨廷顿·哈特福
                                       │   博物馆。
                                       │   那是亨廷顿
  →    彼得：                           └─ 哈特福，对吗？
```

此段会话中，第一个箭头所指的话语是 Deborah 要求核实"Where Central Park West met Broadway"的地点，与 Steve 用手势形容楼房的样子重叠；第二个箭头处，Steve 核实了 Columbus Circle 的地点，与上面 Deborah 的话重叠，尽管她的话里提到了这个地点；第三个、第四个箭头所指的话语显示 Deborah 和 Peter 说出了 Steve 想说的那所楼房，不仅与 Steve 的话重叠，相互也重叠。

3）同声重复，如最后两个箭头所指处。

高度投入风格的另一个特点是在转换话轮时不留间隙，像开机关枪似地提出问题，见下例箭头所指处。

例 5.13

  Steve: That what good it's done is... outweighed by...
    the damage.
→ Deborah: Did you two grow up with television?
  Peter: Very little. We had a TV in the Quonset
→ Deborah: How old were you when your
    parents got it?
  Steve: We had a TV but
  we didn't watch it all the time... We were
  very young. I was four when my parents got
    a TV.
→ Deborah: You were four?
  Peter: I even remember that.

  史蒂夫：它的好处小于它的坏处。
→ 德博拉：   你们两个是看着电视长大的吗？
  彼得 ：很少。我们在匡塞有个电视
→ 德博拉：   你们多大的时候你们
    父母买的电视？
  史蒂夫：   我们有电视，但是
  我们不总看……我们当时
  很小。我 4 岁的时候我父母买的
    电视
→ 德博拉： 你当时 4 岁？
  彼得 ：我甚至记得那事。

  Steve 的话音一落，Deborah 提出问题，还没等 Peter 说完话，她又提出一个问题；Steve 等她问了第二个问题才回答她的第一个问题；第二个问题刚回答，Deborah 又追问一句。当这些会话者事后再听录音时，他们反映当初并没有觉得自己没有机会讲话，也没有感到讲话被别人打断了。这种高度投入会话的方式会产生熟悉、不拘礼和亲善的情感。当然，对于不习惯此种风格的人，他们可能感到不安。

  坦嫩的研究把会话风格与会话者的地区、社会背景乃至个人的性格联系在一起，并且表明脱离会话的内容和情景而孤立地分析会话结构所得出的规则并不是理想的结论。会话风格包括什么意义被表达以及如何被表达。所有这些会话策略都会帮助形成对说话者的印象。听话者根据所听到的话,不仅会对说话者的说话方式作出判断,还会判断说话者具有怎样的性格特征,因此不理解会话风格往往会形成民族偏见。

5.3.5 话语标记①

话语标记指具有组织话语功能的词或者词汇化短语,通过建立话语中表达出来的不同思想之间的关系帮助实现话语的衔接与连贯。这些关系包括:因果关系(therefore),条件关系(If X, then Y),时间关系(then he...),转折关系(however),递进关系(and)。话语标记可以在各种各样的语法范畴中找到,包括连词、感叹词和副词。它能够在单个平面上或者跨越不同平面把句子连接起来,这就意味着一个单独的话语标记可以连接篇章的表面结构,起到衔接作用,还可以连接各种动态的意义单位,起到连贯作用。下面的两个例子说明话语标记可以在话语的多个平面上发挥作用:

例 5.14

  a. Yeh, let's get back, because she'll never get home.
   哎,我们回去吧,因为她不会回家的。
  b. And they holler Henry!!! Cause they really don't know!
   而且他们大声叫亨利!!! 因为他们真的不知道!

在例 5.14a 中,because 连接请求和说明请求的理由。在例 5.14b 中,(be)cause 连接两个事件的陈述。

例 5.15

  Jack: The rabbis preach, "Don't intermarry"
  杰克: 那个教士宣讲说,"不要近亲结婚"
  Ferda: But I did- But I *did* say those intermarriages that we have in this country are healthy.
  弗雷达: 但我当时是……但我当时**是**说我们国家的这些近亲婚姻挺健康的。

---

① 参见 Deborah Schiffrin, *Discourse Markers: Language, Meaning, and Context*, 载 Deborah Schiffrin, Deborah Tannen and Heidi E. Hamilton 编 *The Handbook of Discourse Analysis*, pp. 54—75, 2001。

而在例 5.15 中，Freda 的"but"引出一个观点（"近亲婚姻挺健康的"），展示了一种参与结构（与 Jack 有不同的观点），实现了一个行为（在争论中辩驳），以及使 Freda 成为当前的说话者（在谈话中开始一个话轮）。因此 but 在此处有四种功能，这四种功能使一个句子处于四个话语平面的交界处。

希夫林强调话语标记既标示相邻语句间的局部关系，也标示句群间的整体关系。在下面这个例子中，because 既有局部功能，又有整体功能。

例 5.16

  Debby：a. Well some people before they go to the doctor, they talk to a friend, or a neighbor.
  德比： 呃，一些人看医生之前先要和朋友或邻居聊一聊。

      b. Is there anybody that uh...
       有没有人，呃……

  Henry：c. Sometimes it works!
  亨利： 有时候它起作用！

      d. Because there's this guy Louie Gelman.
       因为有路易·格尔曼这个家伙。

      e. He went to a big specialist,
       他去看了一个大专家，

      f. and the guy... analyzed it wrong.
       结果那家伙……诊断错啦。

      o. So doctors are-well they're not God either!
       所以医生……呃，他们也不是上帝！

在上例 d 句中，because 有一个局部功能，以三个简短的句子（d、e、f）开始理由的陈述，通过陈述理由，Henry 说明了他宣扬的一个普遍的事实（有医疗问题时找医生以外的人是有用的）。但是 Henry 接着用一个由八个子句构成的叙述（省略）详细描述了他朋友的经历。因此，because 还具有整体功能：because 把"Sometimes it works"与下面的 So 句连接起来。

话语标记本身也会给话语增加意义，如 oh 可以表达出某一信息是"新的"或"没想到的"意义；but 可以反映出语义上已经存在的明显的对比意义。话语标记还可能兼顾新的信息和已有信息,占据这两端的中间部位,如当 because 和 so 在话语的非命题平面上建立起比喻的关系时,也部分地维持了它们作为因果连接词的核心意义。总而言之,话语标记具有如下特征和作用:在句法上可以分离开来;占据初始位置;表示韵律;在局部和整体层面上都发挥作用;在话语的不同平面上同时发挥作用。话语标记既有主要功能,如 and 的主要功能是在概念平面上,而 well 的主要功能是在参与框架中,同时也有多功能。正是这种多功能性使得话语标记能够在话语的不同平面上发挥作用,并且帮助整合处于话语底层的许多同时进行的过程,从而最终帮助构建起话语的连贯。

但是,在强调话语标记的多功能性时,还需要注意具体的话语对话语标记的功能所产生的影响。在希夫林看来,一个话语篇章是一个列表,是对一组项目里成员的分级描述。所有的列表都是说话人对一系列具有相同特质的项目的识别和组织(例如,我今天的家务事,我家的成员等)。因此,列表的核心连贯关系是一组项目中的成员关系;核心组织结构是由具有平等关系的子单元合作构成的更大的单元。在具体分析时,希夫林强调注意几个关键问题,即分析单位(如句子、短语、语调、话轮等)、句法与篇章之间的关系、语境的概念化和操作化、标记的多功能性等。下面通过对 and 这个话语标记的分析来说明具体的语料对分析所产生的影响。

例 5.17(Kay 正在列举她家附近的赛马场以回答访谈者 Anne 有关赛马流行度的问题。列表通过提供实例来证明 Anne 的隐式声明,即赛马在当地很流行)①

X LOCAL RACE TRACKS Anne: a. Racing's big around her, isn't it?
         安妮: 赛马在这儿很流行,是吗?
         Kay: b. Yeh.
         凯: 是的。
         Anne: c. Yeh.
         安妮: 是的。

---

① 列表左边的罗马数字和字母(x1、x2、x3、x4)表示列表中项目的组织格式;LOCAL RACE TRACKS 表示这段对话是关于当地赛马场的,RACE TRACKS IN NJ、IN PA、IN DE、IN NY 分别表示这四段对话是关于 NJ、PA、DE、NY 赛马场的。

第五章
言语交际和互动社会语言学

X1 RACE TRACKS IN NJ	Kay：	d. Well，you got uh，Jersey.
	凯：	呃，这儿有泽西(赛马场)。
X1a		e. You got...Monmouth.
		这儿有蒙默恩。
X1b		f. and you got Garden State.
		而且这儿还有花园之州。
X1c		g. Y'got Atlantic City.
		这儿有大西洋城。
	Anne：	h. Mhm.
	安妮：	嗯。
X2/X2a RACE TRACKS IN PA	Kay：	i. And then uh here you got Liberty Bell.
	凯：	然后，呃，这儿有独立钟。
X2b		j. And they're building a new one up in Neshaminy.
		而且他们正在内沙米尼建个新的。
	Anne：	k. That's right. I've never seen that，=
	安妮：	对。我从来没见过那个，=
X3/X3a RACE TRACK IN DE	Kay：	l. And uh...you got=
	凯：	而且，呃，这儿有 =
	Anne：	=though.
	安妮：	=尽管。
	Kay：	=Delaware.
	凯：	=特拉华。
X4 RACE TRACKS IN NY		m. And of course，if you want to re-be-Really go at it you can go up to New York.
		而且当然，如果你真想试试，你可以去纽约。

	Anne：	n. Mhm.
	安妮：	嗯。
X4a	Kay：	o. = You got Aqueduct
	凯：	= 这儿有阿奎达克特
X4b		p. and you got Saratoga
		而且这儿有萨拉托加
X4c		q. and you have that Belmont, y'know.
		而且还有那个贝尔蒙特，你知道。

And 在列表中频繁出现，共引导了七个列表项目。没有被 and 引导的是 X1a(e)，X1c(g)，X4a(o)。为什么 and 和某些列表项目一起出现而没有和其他项目一起出现？因为列表展现的是列表项目的成员关系，这就说明 and 的出现表明被列举的一组项目里成员之间的组织结构，因此也就表明说话者对"LOCAL RACE TRACKS"（当地的赛马场）的认知。注意：and 连接的是同一平面上的列表项目，即较低层面上的列表项目(f, j, p 和 q)及较高层面上的列表项目(i, l 和 m)；但是 and 没有连接不同平面的列表项目，and 没有把 X1 连接到 X1a(e)或把 X4 连接到 X4a(o)。这种分布表明列表项目的篇章结构和 and 作为并列连词的语法作用是平行的。

当然，列表的概念结构不是唯一需要考虑的话语平面。列表是作为一个相对连续的话轮呈现出来的，因此我们不能忽视 and 和话轮转换之间的关系。在上面的语料中，Anne 使用了标准的衬托型反馈形式(h, k, n)，这些反馈形式不仅表明她的专注，也起到话轮附和语的作用。由于 Anne 使用了 mhm 和 that's right 这些话轮附和语，使得 Kay 可以继续她的话轮。在其中的两个话轮交换中(g-i, j-l)，Kay 在 Anne 使用了话轮附和语之后用 and 来继续她的话轮。为什么 Kay 没有在第三个话轮附和语(m-n)之后使用 and？这是因为 and 连接的是位于同一平面上的列表项目。在 Kay 持续的话轮中，由 and 引导的列表项目在宏观层面上都有并列关系(X1 and X2，X2 and X3)。但是没被 and 引导的列表项目，即 X4a(o) You got Aqueduct，没有和其他项目构成并列关系：作为 X4

的第一个次范畴,没有和它处于同一平面并且可以连接在一起的列表项目。因此,尽管 You got Aqueduct 的话轮转换环境符合 and 的使用条件,概念结构却不符合。

上例中,希夫林通过探讨语境的两个不同方面:概念结构和交换结构,试图解释 and 在列表中出现或不出现的原理。这说明了一个值得注意的问题,也是强调话语标记的多功能性时不被重视的一面,即多重约束对话语标记的功能产生的影响。话语标记的确具有多功能性,在认知的、表达的、社会的和篇章的领域中都起作用。如果语言在一个时间内只有这一种或那一种功能(当然在某些特定的文体中的确如此),相对就比较容易确定需要着重强调的是哪个平面,也比较容易发现话语标记标示的是话语的哪一个方面。但是当语言具有多种功能,正如话语标记具有多种功能一样,就必须根据语料本身来确定需要检验哪些约束条件,而不能简单地强调话语标记的多功能性。

连贯话语的产生是一个互动过程。这个互动过程要求交际者运用几种不同的交际知识——认知的、表达的、社会的、篇章的,这些知识和发音、形式以及意义等语法知识互为补充,相互作用。话语标记不仅使我们了解一系列常用表达的语言特征以及互动场景的组织结构,而且还帮助我们了解使用这些表达特征的人的认知、表达、社会和篇章组织能力。话语标记的功能非常广泛,任何对话语标记的分析——哪怕是局限于话语标记意义的一小部分,都能帮助我们了解它们在话语中的作用,因此不仅需要分析特定话语标记的使用及其使用的语境,还需要把话语标记的分析与话语分析的其他方面结合起来,使得话语标记成为理解话语的基本工具。

5.4 语言礼貌研究

讲究礼貌是言语交际中的普遍现象,在过去的三十多年里,礼貌现象吸引了许多研究者的兴趣,产生了大量关于礼貌的出版物和研究论文。本节着重讨论有关礼貌的理论研究和相关评论以及有关社交套式的研究。

5.4.1 关于礼貌的理论研究[①]

对礼貌理论的研究起源于格赖斯的会话"合作原则"。格赖斯提出,会话中说话人和听话人双方都应该遵守"合作原则"。这个原则包含四个准则:1)数量准则,即所提供的信息满足并且不多于会话的要求;2)质量准则,即不说自己相信是错误的事情,不谈缺乏足够证据的事情;3)关联准则,即所说的话必须是相关的;4)方式准则,即说话应简洁,有条理,避免模糊、歧义。[②]

莱考夫拓展了格赖斯的观点。她提出,格赖斯的准则主要和会话的简洁、次序有关。如果关注点是在信息的传达上,则说话者会把注意力放在话语的简洁上;反之,如果关注点在交谈对方的地位和(或)谈话涉及的情境上,则说话者会把注意力放在礼貌的表达上。尽管有时简洁就是礼貌,但大多数情况下,两者互不相容。当两者发生冲突时,就需要牺牲简洁,强调礼貌。莱考夫提出礼貌的三原则:1)不要强加,即不要干预别人的事情,因此上述数量、质量、关联和方式等准则都可视为是该原则的一部分;2)提供选择,即让听话人自己作决定;3)友好相待,即双方建立起一种平等的、同志般的关系。莱考夫认为,礼貌原则虽然在不同的文化环境中体现的方式有所差异,但其基本形式是一致的。[③]

利奇也对格赖斯的观点作了补充和发展。他认为,人们的言语行为受"人际修辞"和"语篇修辞"的支配,它们各由一套准则构成。"人际修辞"包括得体、慷慨、赞誉、谦逊、一致和同情六个准则。得体准则指尽量少让别人吃亏,尽量多让别人得益;慷慨准则指尽量少让自己得利,尽量多让自己吃亏;赞誉准则指尽量少贬低别人,尽量多表扬别人;谦逊准则指尽量减少对自己的表扬,尽量夸大对自己的批评;一致准则指尽量减少双方的分歧,尽量增加双方的一致;同情准则指尽量减少双方的反感,尽量增加双方的同情。"人际修辞"不仅包含了格赖斯的合作原则,还包含

[①] 摘自祝畹瑾《社会语言学概论》第 158—164 页,1992。

[②] 参见 Paul Grice, *Logic and Conversation*,见 Peter Cole and Jerry L. Morgan 编 *Syntax and Semantics: Speech Acts*, pp. 41—58,1975。

[③] 参见 Robin Lakoff, *The Logic of Politeness; or Minding Your P's and Q's*,载 Claudia Corum, T. Cedric Smith-Stark and Ann Weiser 编 *Papers from the Ninth Regional Meeting of the Chicago Linguistics Society*, pp. 292—305,1973。

了礼貌原则。利奇指出,合作原则指导我们应该说什么,使会话达到预期目的,而礼貌原则则可以帮助维持友好关系,这种关系是使双方加以配合的前提。[①]

布朗和莱文森的礼貌理论相比莱考夫和利奇的礼貌模式又更进了一步。布朗和莱文森试图通过了解说话人作为社会成员的诉求来解释礼貌,例如,比较理性,有面子需求等。[②]布朗和莱文森的礼貌理论建立在戈夫曼的"面子行为理论"基础上。戈夫曼认为,面子是社会交际中人们有效地为自己赢得的正面的社会价值,它是个人的自我体现。社会交际应该遵守"考虑周到"这一社会规范,照顾别人的面子,以免带来难堪或关系的恶化。受戈夫曼的影响,布朗和莱文森认为社会的所有成员都有面子需要,而且有可能失去、维护或者提升这种面子,因此在社会交往中必须时刻加以注意。布朗和莱文森区分了两种面子:积极面子和消极面子。积极面子指希望得到别人的赞同、喜爱,消极面子指不希望别人强加于自己,即自己的行为不受别人的阻碍。在社会交往中,交际者既要尊重对方的积极面子,也要尊重对方的消极面子,只有这样才能达到交际的目的。

布朗和莱文森认为,许多交际行为在本质上是威胁面子的。例如,命令、请求等威胁消极面子,而不同意、批评等威胁积极面子。威胁面子行为的严重程度取决于三个普遍使用的社会因素:1)社会距离;2)权势;3)言语行为本身所固有的强加程度。威胁面子行为可通过下列公式表示:

$$W_x = D(S, H) + P(H, S) + R_x$$

W_x指威胁面子行为的严重程度,$D(S, H)$指说话人和听话人之间的社会距离,$P(H, S)$指说话人对听话人所拥有的权势,R_x指的是言语行为本身所固有的强加程度。此公式既可用于威胁积极面子的行为,也可用于威胁消极面子的行为。威胁面子行为的严重程度是社会距离、权势差别及威胁面子行为所固有的强加程度之和。

布朗和莱文森认为,礼貌是一种补偿行为,用来平衡威胁面子行为的破坏性影响。从这种意义上来说,礼貌是一种"策略"。他们提出了五个礼貌策略,它们补偿的程度从强到弱依次为:1)不发生威胁面子的行为;2)威胁面子的行为是非公开的;3)使用消极礼貌;4)使用积极礼貌;5)威

---

① 参见 Geoffrey Leech, *Principles of Pragmatics*, p. 16, 1983。
② 参见 Ralph W. Fasold, *The Sociolinguistics of Language*, p. 161, 1990。

胁面子的行为是公开的。其中：1)是补偿程度最强的策略,因为说话人放弃了威胁面子的行为；2)也属于补偿程度较强的策略,说话人的行为的模糊性使得听话人有可能从另一个角度加以理解,1)、2)均用于威胁面子行为程度较重的情况；3)消极礼貌用于威胁面子相对较重的情况；4)积极礼貌则用于威胁面子相对较轻的情况；5)通常用于不存在威胁面子或存在某种可以接受的原因的情况。试比较下列各例：①

例 5.18

  a. You won't believe my problems, I have a phone bill that has to be paid by Monday or my telephone gets turned off.
你不会相信我有麻烦事,我得在周一之前把电话账单付了,要不我的电话就得被停掉。

  b. Excuse me, I hate to ask this of you, and I wouldn't normally put you on the spot if I weren't in such dire straits, but could you lend me ＄500 for just a few days? I'd be forever in your debt.
抱歉,我不想求你这件事,如果我不是陷在极度的困境中,我通常是不会麻烦你的。你能不能借给我 500 美元,就借几天？我会永远欠你这分人情的。

  c. Hey, old friend, you're a person I can really count on… Lend me ＄500, won't you?
嗨,老朋友,你是我真正能依靠的人……借我 500 美元,可以吗？

  Lend me ＄500.
借我 500 美元。

以积极面子和消极面子为基础,布朗和莱文森发展了两种类型的礼貌。积极礼貌满足的是听话人的积极面子,因此它是以接近为基础的策略,说话人通过表明自己与听话人有某些共同之处来满足对方的积极面子。与积极礼貌相反,消极礼貌满足的是听话人的消极面子,因此它是以回避为基础的策略,说话人通过承认并尊重对方的消极面子需要,不干预

---

① 转引自祝畹瑾《社会语言学概论》第 160 页,1992。

第五章
言语交际和互动社会语言学

对方的行动自由来满足对方的消极面子。布朗和莱文森列举了积极礼貌和消极礼貌的各种策略。

积极礼貌策略表现如下:①

例 5.19

    1) 注意到听话人的兴趣、需要等,如:
    You must be hungry, it's a long time since breakfast. How about some lunch?
    你一定饿了,吃过早饭很久了。一起吃午饭怎么样?

    2) 夸大自己对听话人的兴趣、赞同、同情,如:
    What a fantástic gárden you have!
    你有一个多棒的花园啊!

    3) 提高听话人的兴趣,如:
    I come down the stairs, and what do you think I see? —a huge mess all over the place, the phone's off the hook and clothes are scattered all over...
    我下楼梯的时候,你猜我看到什么?整个地方乱糟糟的,电话不在机座上,衣服也扔得到处都是……

    4) 使用具有属于同一集团身份的标记,如:
    Here mate, I was keeping that seat for a friend of mine...
    嗨,老兄,我留那个位子是为了给我的朋友……

    5) 寻求一致,如:
    A: John went to London this weekend.
        约翰这个周末去伦敦了。
    B: To Lóndon!
        去伦敦!

    6) 避免不一致,如:
    A: That's where you live, Florida?
        佛罗里达,是你的居住地吗?
    B: That's where I was born.
        是我的出生地。

---

① 转引自祝畹瑾《社会语言学概论》第 161—162 页,1992。

7) 假设有共同点,如:
I had a really hard time learning to drive, didn't I?
我学开车可真够费劲的,不是吗?
8) 开玩笑,如:
How about lending me this old heap of junk?
把这辆破车借给我怎么样?(指新的 Cadillac 豪华汽车)
9) 假设已知听话人的需要并显示出关心,如:
Look, I know you want the car back by 5:00, so should (n't) I go to town now?
喂,我知道你5点前需要用车,所以我就现在进城去不好吗?
10) 提供帮助或许诺,如:
I'll drop by sometime next week.
下周的某个时候我会顺便过来一趟。
11) 表示乐观,如:
Look, I'm sure you won't mind if I remind you to do the dishes tonight.
喂,我相信如果我提醒你今晚洗碗,你不会介意的。
12) 将说话人和听话人都包括到所进行的活动中,如:
Let's have a cookie, then.
那我们吃个小甜饼吧。(实指"我")
13) 给(或问)原因,如:
Why don't we go to the seashore!
我们为什么不去海边呀!

消极礼貌策略表现如下:[①]
例 5.20
1) 说话迂回,如:
There wouldn't I suppose be any chance of your being able to lend me your car for just a few minutes, would there?
我想你把车借给我用几分钟恐怕不可能,对吗?

[①] 转引自祝畹瑾《社会语言学概论》第 162—164 页,1992。

第五章
言语交际和互动社会语言学

2）说话模棱两可，如：

I suppose that Harry is coming.

我想哈里正在来的路上。

3）表示悲观，如：

I don't imagine there'd be any chance of you...

我想你不会有任何可能……

4）减小对对方的强加，如：

I just dropped by for a minute to ask if you...

我刚好顺便过来一会儿问问你能不能……

5）尊重对方，如：

Excuse me, sir, but would you mind if I close the window?

打扰一下，先生，您介意我把窗户关上吗？

6）表示道歉，如：

I don't want to bother you, but...

我不想打扰你，可……

7）避免突出个人，如：

It would be appreciated if...

如果……那将会被感激的。

8）提出一条普遍适用的规定，如：

Passengers will please refrain from not flushing toilets on the train.

乘客们在火车上请别忘记冲厕所。

9）用名词指行为，如：

I am surprised at your failure to reply.

对于您不能回复，我感到很惊讶。

10）公开表明自己欠了人情债或免除对方的负债心理，如：

I'll never be able to repay you if you...（请求）

如果你……我将永远无法还清你的人情。

It wouldn't be any trouble, I have to go right by there anyway.（提供帮助）

一点不麻烦，我反正也要经过那里。

由于消极礼貌策略的补偿程度比积极礼貌策略的补偿程度要强,因此不论威胁的是积极面子还是消极面子,当威胁面子行为相对较弱时,选择积极礼貌策略,反之则选择消极礼貌策略,如:

例 5.21(双方关系:互为朋友,权势相同,威胁面子行为相对较弱)

Goodness, you cut your hair! ... By the way, I came to borrow some flour.

天哪,你剪头发啦!……顺便说一下,我过来借点面粉。

例 5.22(双方关系:互为陌生人,听话人更有权势,威胁面子行为相对较重)

I just want to ask you if *you could lend me a tiny bit of paper*.

我就想问问你,你能不能借给我一点点纸。

例 5.21 中,说话人采取了积极礼貌的策略,通过注意到对方剪了头发一事来表明对对方的兴趣。例 5.22 中,说话人采取了消极礼貌策略,通过"你能不能借给我""一点点"这样的短语来减轻威胁程度。因此,同样是"请求"这一威胁消极面子的行为,由于威胁面子的相对严重性不同,既可采取消极礼貌策略,也可采取积极礼貌策略。[①]

5.4.2 关于礼貌理论的评论

在各个与礼貌相关的理论模式中,布朗和莱文森的礼貌理论最受关注,并受到了很多褒扬,但也有不少人认为他们的礼貌理论有待改进。批评的目标包括以下四个方面:1)面子概念的普遍适用性,尤其是消极面子;2)面子威胁行为的性质和定义;3)影响面子威胁行为严重程度的因素(如社会距离、权势和强加程度);4)礼貌策略的一维性质。[②] 下面分别予以介绍:

1. 面子概念的普遍适用性

尽管布朗和莱文森宣称他们的礼貌理论具有普遍适用性,许多研究

---

① 参见 Penelope Brown and Stephen C. Levinson, *Universals in Language Usage*:*Politeness Phenomena*, 载 Esther N. Goody 编 *Questions and Politeness*:*Strategies in Social Interaction*, pp. 56—289, 1978。

② 参见 Huey Hannah Lin, *Contextualizing Linguistic Politeness in Chinese—A Socio-Pragmatic Approach with Examples from Persuasive Sales Talk in Taiwan Mandarin*, p. 39, 2005。

非西方语言(例如汉语和日语)的学者认为,布朗和莱文森的理论中所构建的面子概念只适用于西方文化,不适合用来对东方语言进行分析。例如,在日语文化中,说话人更加注意按既定的行为规则行事,而不是出自维护自己活动领域的消极面子需要。以日语的敬语为例,尽管敬语通常被看做礼貌标记,在很多情况下,即使没有威胁面子行为的存在,说话人也必须使用敬语以符合当时的交际环境。[①]

顾曰国研究汉语文化中的礼貌现象,发现西方礼貌以"尊己尊人"为特征,而汉语礼貌则以"贬己尊人"为特征。布朗和莱文森的模式不适合用于分析汉语语料。首先,汉语中是否有消极面子的概念还不确定,即使有,也与布朗和莱文森所定义的不一样。如在汉语中,提供帮助、邀请和许诺通常不被看做威胁听话人消极面子的行为。其次,在社会交往中,讲究礼貌不仅仅是交际策略,也起到规约的作用,也就是说,礼貌能够帮助维持社会规约。顾曰国认为汉语文化有尊重、谦逊、态度热情和文雅四个方面的礼貌特征。根据这四个礼貌特征,他把礼貌原则切分为五个准则:贬己尊人准则、称呼准则、文雅准则、德言行准则、求同准则,并用这些准则来解释汉语的礼貌现象。[②]

2. 面子威胁行为的性质和定义

许多学者认为,句子层面上的言语行为不应该被用做分析的基本单位。考普兰(Nicolas Coupland)等人认为,应该在话语中通过观察礼貌现象的逐步实现来研究礼貌。而布朗和莱文森的分析实际上是在个体行为层面上进行的,因此与会话分析学和话语分析的观点背道而驰。[③]约翰逊(Donna M. Johnson)认为,语篇也有可能成为一个威胁面子行为(全局性的威胁面子行为),语篇中包含许多个体的威胁面子行为(局部性的威胁面子行为)。[④]布朗和莱文森自己也承认,在许多文化中,礼貌地提供帮

---

① 参见 Yoshiko Matsumoto, *Reexamination of the Universality of Face: Politeness Phenomena in Japanese*,载 *Journal of Pragmatics* 12, pp. 403—426, 1988。

② 参见 Yueguo Gu, *Politeness Phenomena in Modern Chinese*,载 *Journal of Pragmatics* 14, pp. 237—257, 1990。

③ 参见 Nicolas Coupland, Karen Grainger and Justine Coupland, *Politeness in Context: Intergenerational Issues*,载 *Language in Society* 17, pp. 253—262, 1988。

④ 参见 Donna M. Johnson, *Compliments and Politeness in Peer-review Texts*,载 *Applied Linguistics* 13, pp. 51—71, 1992。

助和请求不局限于一两个句子或话轮,而有可能贯穿整个交际过程。除了分析的基本单位这个问题之外,学者还提出,言语行为不只威胁一种面子。威尔逊(Steven R. Wilson)等人在研究赢取顺从的策略时,发现一些指示语同时威胁听话人的积极面子和消极面子。他们认为,布朗和莱文森的理论之所以出现问题,是因为他们使用常规的言语行为理论来对威胁面子行为进行分类。①

3. 影响面子威胁行为权重的因素

礼貌研究还关注影响礼貌策略选择的各个因素。根据布朗和莱文森的理论,听话者的社会距离、权力和强加程度都会增加面子威胁行为的权重,即面子威胁行为的权重越大,交际者就越讲礼貌。但是许多研究者认为,这些因素不具有普遍性,而且不足以概括影响礼貌实现的所有情境。布朗和吉尔曼研究了戏剧文本,他们发现,社会距离不是影响礼貌行为的主要因素。根据他们的分析,喜爱度会增加礼貌程度,但是社会距离对礼貌行为没有什么影响。②威尔逊和康科尔(Steven R. Wilson and Adrianne W. Kunkel)比较了三种不同类型的面子威胁行为:提出建议,请求帮助,强制执行朋友间没有履行的义务。他们发现,实施面子威胁行为的目的也是一个决定性的因素,而且有可能导致一种以上的面子威胁。③

4. 礼貌策略的一维性质

在布朗和莱文森的模式中,消极礼貌和积极礼貌是互相排斥的,而且消极礼貌比积极礼貌更维护面子。然而,有些学者发现,这种一维命题站不住脚。白克斯特(Leslie A. Baxter)在研究赢取顺从的交际时,发现人们认为积极礼貌比消极礼貌更礼貌,而且应该在策略层级上占据一个比

---

① 参见 Steven R. Wilson, Carlos G. Aleman and Geoff B. Leatham, *Identity Implications of Influence Goals: A Revised Analysis of Face-Threatening Acts and Application to Seeking Compliance with Same-Sex Friends*,载 *Human Communication Research* 25, pp. 64—96, 1998。

② 参见 Roger Brown and Albert Gilman, *Politeness Theory and Shakespeare's Four Major Tragedies*,载 *Language in Society* 18, pp. 159—212, 1989。

③ 参见 Steven R. Wilson and Adrianne W. Kunkel, *Identity Implications of Influence Goals Similarities in Perceived Face Threats and Facework Across Sex and Close Relationships*,载 *Journal of Language and Social Psychology* 19, pp. 195—221, 2000。

较高的位置。① 布拉姆-卡尔卡(Shoshana Blum-Kulka)研究操希伯来语的说话者对礼貌和间接委婉的理解,发现最委婉的请求策略并不被认为是最礼貌的。因此,布拉姆-卡尔卡认为,在间接委婉和礼貌之间并没有直接关系。② 布朗和吉尔曼认为,消极礼貌和积极礼貌并不是独立的,判定一个策略是消极的还是积极的不取决于策略的性质,而依赖于这个策略在特定的情境中如何被使用。

对布朗和莱文森的礼貌理论的批评主要来自于非英语文化的研究者。研究西方文化的学者把礼貌行为理解为策略性的,而研究非西方的等级社会的学者则认为交际者的相对地位决定着人际交往中的礼貌规约。布朗和莱文森的面子观具有的文化相对性以及他们对"威胁面子行为"的专注,促使许多非西方语言的研究者开始重新思考戈夫曼的面子概念,认为这样才能够产生一个同时协调好策略性行为和社会标记行为的"礼貌"理论。

5.4.3 社交套式研究 ③

人们在日常交往中,经常会遇到在某些场合需要双方立即作出有礼貌的反应,如问候、告别、道谢、致歉、恭维、婉拒等。这类言语行为通常都有约定俗成的表达方式,我们称之为社交套式。大量关于社交套式句型的研究表明,不同文化传统在礼貌表达方式上既有共性,即上面所讨论的各种礼貌策略,又有着各自的个性。

欧文-特立普首先看出语句的形式和意义之间的对应关系。她对美语中表达"请求"的说法作了详尽的研究,列举六种类型,并对每一类的使用场合、交谈双方的社会特征与空间距离,以及满足请求的难易程度等因素进行分析。现简要举例如下:

例 5.23

    1) 陈述型。常用于工作场合或家庭里,交谈双方有明确的职

---

① 参见 Leslie A. Baxter, *An Investigation of Compliance-gaining as Politeness*,载 *Human Communication Research* 10(3), pp. 427—456, 1984。

② 参见 Shoshana Blum-Kulka, *Learning to Say What you Mean in a Second Language: A Study of the Speech Act Performance of Learners of Hebrew as a Second Language*,载 *Applied Linguistics* 3, pp. 29—50, 1982。

③ 摘自祝畹瑾《社会语言学概论》第 167—172 页,1992。

责,如医生对护士说:
　　I'll need a 19 gauge needle, IV tubing, and a preptic swab.
　　我需要一个19号注射针头、Ⅳ号管和一根药棉棒。
　　又如小孩对妈妈说:
　　I need a spoon, Mummy.
　　我需要个勺子,妈妈。
2) 直接命令型。常用于家庭里、上级对下级或地位等同的人之间,如大人们在谈话,小孩在嚷嚷,大人对小孩说:
　　Please.
　　别闹了。
　　又如学生甲对学生乙说:
　　Give me a copy. (升调)
　　给我一份。
3) 委婉命令型。常用于下级对上级、年轻者对年长者,或欲说明给对方增添了麻烦时,如打字员对教授说:
　　Do you think you can have the manuscript by tonight?
　　您觉得您今晚能拿出底稿吗?
4) 请示型。常用于下级对上级或小辈对长辈,如侄女对姑妈说:
　　Can I invite us to have dinner with you tonight?
　　今晚我们能冒昧和您共进晚餐吗?
5) 提问型。此类结构易被误解为疑问句,听话人因而可回避请求,如:
　　(父女准备出门)
　　女儿:You ready? (本意是:快点儿!)
　　　　准备好了吗?
　　父亲:Not yet.
　　　　还没呢。
6) 暗示型。常用于彼此十分熟悉的人之间,或请求所做的事很麻烦而不便明说时,如:
　　姐:Oh, dear, I wish I were taller!
　　　　噢,天呀,我要是再高点多好啊!

弟：Here, can I get something for you?
　　嗯，需要我帮你拿什么东西吗？

姐：Yes, please, some of these green dishes up there.
　　是的，请拿几个那上边的绿盘子。

总之，交谈双方在级别、年龄、社会地位等方面相距越远，或请求的事越困难，则所用话语的结构类型越复杂。①

汉语日常会话中也有类似的"请求"表达法，现按礼貌的大致深浅程度(最委婉—最不委婉)举例如下②：

例 5.24

1) 含"好吗？""行吗？""能吗？""可以吗？""好不好？""行不行？""能不能？""可不可以？""怎么样？"等询问句，如：

行人：哎，小同学，请你过来帮我扶一扶车好吗？我要重新捆一捆书。

2) 含"请""劳驾""借光""麻烦您(你)""对不起"等祈使句，如：

病人：麻烦您给我换一张，我挂的是眼科。

3) 一般疑问句，如：

孩子：阿姨，有一毛钱的冰棍吗？(卖冰棍的人递给他一根冰棍)

4) 暗示，如：

(在宿舍的洗漱间里)

甲：哎哟，我没带肥皂。

乙：用我的吧！

5) 一般祈使句，如：

顾客：再给我拿一双吧！这双鞋太小了点儿。

6) 陈述句，如：

(妈妈正在做早饭)

女儿：妈，我要吃炸鸡蛋。

7) 命令句，如：

---

① 参见 Susan Ervin-Tripp, *Is Sybil There? The Structure of American English Directives*, 载 *Language in Society* 5, pp. 25—66, 1976。

② 根据北京大学英语系 1988 级部分学生所采集的 504 个实例分类，并采用语义鉴别法加以评判。

检票员:把烟掐了。

句型上的近似表明说汉语的人和说英语的人表达"请求"时的策略是一致的。为了使"请求"奏效,同时又不损害被请求者的"面子",说汉语的人通常在"请求"之外还附加一些说明。下面我们以"向人借自行车"这一言语行为所采取的策略为例。

例 5.25

1) 陈述理由。使对方不便拒绝,如:
你把车借给我用一下,行吗? 我的车拿去修了。

2) 解除顾虑。以示理解对方,如:
车借给我用一下,几分钟就回来,不会耽误你的。

3) 奉承。使对方高兴,此时请求容易获得满足,如:
你的车骑起来真舒服,跑长途也不觉得累,我想借来用一用。

4) 试探。先让对方表态,再提出请求,如:
甲:我想求你一件事。
乙:什么事? 你说吧!
甲:把你的车借给我用一下。

5) 互惠。表明"帮助"是相互的,如:
这是你要借的书。哎,下午你的车用不用? 我想借来骑一下。
你借给我车,我可以替你把你要的那本书买回来。

曼斯和沃尔夫森(Joan Manes and Nessa Wolfson)研究了另一种言语行为的礼貌策略:恭维语。①她们的研究揭示出美国人日常所说的恭维语有比较固定的格式。从她们搜集的 686 个实例来看,85% 的恭维语只使用了三个句型。

例 5.26

1) NP is/looks (really) ADJ
   Your blouse is beautiful.
   你的衬衫很漂亮。

2) I (really) like/love NP

---

① 参见 Joan Manes and Nessa Wolfson, *The Compliment Formula*, 载 Florian Coulmas 编 *Conversational Routines*, pp. 115－132, 1981。

I like your car.

我喜欢你的车。

3) PRO is (really) (a) ADJ NP

This was really a great meal.

真是很丰盛的一顿饭。

其中,句型 1)占全部实例的 53.6%,句型 2)与 3)分别占 16.1% 和 14.9%。其余六个句型是:

1) You V (a) (really) ADJ NP (3.3%)

You did a great job.

你做得很棒。

2) You (really) V (NP) ADV (2.7%)

You really handled that situation well.

你那个情况处理得真好。

3) You have (a) ADJ NP (2.4%)

You have such beautiful hair.

你有那么漂亮的头发。

4) What (a) ADJ NP (1.6%)

What a lovely baby you have.

你有一个多可爱的孩子。

5) ADJ NP (1.6%)

Nice game!

不错的游戏!

6) Isn't NP ADJ (1.0%)

Isn't your ring beautiful!

你的戒指多漂亮啊!

在这 686 个实例所使用的 72 个形容词中,有 5 个常用形容词,占实例的三分之二,即 nice, good, pretty, beautiful, great,其中尤以 nice 和 good 用得最频繁。在常用的动词中,like 和 love 两个词出现在 86% 的实例中。

汉语中恭维语的句式也相当集中,这类话语大多含有"真""太""这么""很""挺""特别""多""好"等强调副词,如:"你这套家具真不错!"

"今天你干得太棒了！"但与英语惯用说法相比，汉语中不常用"我喜欢你的……"来恭维对方所拥有的东西，以免令人感觉说话人垂涎三尺。出于同样的顾忌，说汉语的人对于同辈异性也较少随意夸奖对方"漂亮"。

上述研究还指出，说英语的人通常以道谢的方式接受恭维，很少加以否定，以免与恭维者不一致，让对方难堪。常用的策略是加以淡化，例如，当听到有人夸奖住房漂亮时，主人回答说："Well, we would have liked to have a bigger one."（呃，我们希望房子能再大一点。）该回答隐含被恭维者对被恭维的对象并不那样满意，以在表达一致的同时避免自我夸奖。而说汉语的人对恭维通常直接予以否定，如连连回答："过奖""一般"或"得了""不好"等，以示"谦逊"。

在"道谢"方面，说英语的人使用"谢谢"比说汉语的人要普遍得多，如说英语的家庭成员之间相互道谢，商店营业员对顾客的惠顾表示感谢，顾客在接受营业员的货物、找零时，也常致以"谢谢"；而说汉语的人对理所当然的服务一般不予感谢，但随着社会的发展，现在越来越多的人开始使用"谢谢"来表达礼貌。另一方面，对于不是理所当然的帮助，说汉语的人通常负欠心理更强，因此，他们在表达感谢的同时常伴有相应的报答。

在"抱怨"方面，豪斯和卡斯帕（Juliane House and Gabriele Kasper）把抱怨分为八个层次，这八个层次可依次代表抱怨从间接策略到直接策略的划分：①

1. X 暗示自己知道所发生的事情，并暗示是 Y 做了这件事；
2. X 公开说出所发生的事情，暗示 Y 做了这件事；
3. X 公开说出所发生的事情对自己有很坏的影响，暗示 Y 做了这件事；
4. X 向 Y 询问该事件发生的原因，或表明 Y 在某种程度上与该事件的起因有关，暗示 Y 做了这件事；
5. X 公开说出 Y 做了这件事；
6. X 公开说 Y 所做的事情不好，暗示 Y 不好，或者 X 称 Y 做了这件事，这件事对 X 来说很不好，因而暗示 Y 不好；
7. X 公开表明 Y 做这件事不好；

---

① 参见 Juliane House and Gabriele Kasper, *Politeness Markers in English and German*, 载 Florian Coulmas *Conversational Routines*, pp.157—185, 1981。

8. X 公开表明 Y 不好。

豪斯和卡斯帕比较英语和德语中的"抱怨"策略,发现从表面上看,说德语的人不如说英语的人有礼貌,前者最常用的是层次 6 表述法,而后者最常用的是层次 3 表述法。但如果放在各自的文化系统中加以衡量,则不同民族的文化系统的构成不相同,因而不应随意断定。

第 六 章　称呼语研究

称呼语是称谓中的面称词,用来直接指称听话人。在大多数语言中,称呼语可以分为代词称呼语和名词称呼语。称呼语一直被人类学家视为"活化石",它记录着社会结构、时代印记以及某个时期社会成员的价值观等重要信息。从不同时期的称呼语和称呼语系统的对比中,我们可以探测到社会、文化及价值观念的变迁。

6.1 称呼语的人类学研究

称呼语最早是人类学的研究领域,一些人类学家通过研究称谓系统了解特定社会的称谓制度。对中国亲属称谓进行系统的研究始于美国人类学家摩尔根(Lewis H. Morgan)1871年出版的《人类家族的血亲和姻亲制度》(Systems of Consanguinity and Affinity of the Human Family)。冯汉骥(Feng Han Yi)也通过分析中国亲属制度,探讨称谓的构成原则、结构原则与称谓范畴、影响亲属制的因素并考察称谓词的历史。但该研究的落脚点在亲属制度,而非亲属称谓系统。书中指出中国亲属制的构成依据两个原则:直系亲属与旁系亲属的划分和辈分的分层。通过这两个原则的结合,每一种亲属就被牢牢地固定在整个系统结构中。[①]社会学家费孝通对此评论说:"弄清楚亲属称谓的结构至多只能作为研究整个亲属系统的一部分。如果仅仅提供一个称呼表是没什么用处的,因为这不能说明它们的社会意义。过去的有关研究都用这种方法处

---

① 参见冯汉骥著,徐志诚译《中国亲属称谓指南》,1937/1989。

理,从摩尔根和哈特的旧著直到冯汉骥最近的出版物都如此。这是由于关于语言的概念有误,把词语看做是表现现实的结果,因此才相信对亲属称谓的分析就足以了解亲属关系的组织情况。像其他一切语言资料一样,亲属关系的称谓应该结合整个处境来研究。它们被用来表示某人身份或对某物享有某种权利,表达说话人对亲属的感情和态度,总之是说话人对亲属的部分行为。我们必须直接观察称谓究竟是如何使用的,然后才能充分地分析。"[①]罗常培的《语言与文化》专门从语词的含义来探索语言与文化的关系,从语言折射出的文化因素来窥察某一民族的文化特点,书中"从亲属称谓看婚姻制度"一章从诸多古今中外的部族如昆明近郊的黑夷部族和加利福尼亚州西北部的雅希人(Yahi)语言中,列举亲属称谓来研究婚姻制度,作者得出如下结论:"民族中亲属称谓颇可作为研究初民社会里婚姻制度和家庭制度的佐证,不过,应用它的时候,得要仔细照顾到其他文化因素,以免陷入武断、谬误的推论。"[②]

6.2 称呼语的社会语言学研究

称呼语的社会语言学研究开始于 20 世纪五六十年代,其主旨是研究称呼语的社会意义和社会功能,探寻称呼语的使用规范和模式,考察人际关系、会话双方的社会属性、情感和心理等因素与称呼语选用之间的关系。杨永林认为,由于研究侧重点的不同,传统的语言学研究过分强调形式类属上的区分,忽略了对称代系统社会指称含义的研究。社会语言学称代研究不但注重语言形式的归类,更注重语言功能的表达,从而通过跨语言比较,揭示出语言称代系统所包含的一些基本结构特征,以及使用过程中由于权势和同等关系两个语义的存在而产生的各种语用规约。更为重要的是,社会语言学研究还表明,语言称代形式所体现的语义选择,反映出言语行为的社会化过程。同时,这种过程的研究还揭示出语言形式是如何通过社会因素和语境的制约体现和生成社会意义的。这一过程涉及的多重社会文化要素包括社会地位、文化传统、意识形态、宗教信仰、贫

---

① 引自 Fei Hsiao-tung 著,戴可景译《江村经济——中国农民的生活》第 204 页,1939/1986。

② 引自罗常培《语言与文化》第 87 页,1950/1989。

富阶层、种族差异、年龄性别、职业性质、情感变化和个人风格。①

6.2.1　T/V 研究

在意大利语、法语、西班牙语和德语等多种欧洲语言中,单数第二人称代词均有熟悉形/非正式体(T)和礼貌形/正式体(V)之分,二者起源于拉丁语的 tu 和 vos。布朗和吉尔曼认为 T 和 V 的用法受制于权势和同等关系两个语义。②这里的"语义"指的是所使用的人称代词和会话双方人际关系之间的共变关系。权势和同等关系是社会中最普遍的、具有高度概括力的两种人际关系,它们共同制约着社会中人们的称代模式。

若交谈双方有权势差距存在,权势小的一方使用 V,权势大的一方使用 T;有同等关系的双方皆使用 T;权势相等的双方若亲近(即有同等关系)则使用 T,若疏远则使用 V。但是权势和同等关系两个语义之间也有发生冲突的时候,布朗和吉尔曼认为,在西方社会,随着民主化的进程,同等关系已占绝对上风,制约着权势关系。此外,T 和 V 的用法还受民族传统、社会结构和意识形态的影响,而 T 和 V 的变换使用可以表达个人短暂的情绪和态度。

之后,对第二人称代词较早进行研究的有弗里德里克关于俄语中第二人称代词单数的熟悉形 ty(T)和礼貌形 vy(V)的研究。他的研究全部取材于 19 世纪 13 位俄国作家的现实主义文学作品。他认为有 10 个因素决定着俄语第二人称代词的用法:话题、语境、年龄、辈分、性别、亲属地位、方言、群体身份、相互的司法和政治地位、情感一致。弗里德里克发现俄语中第二人称代词有三种使用模式,即相互称 vy、非相互地使用 vy 和 ty、相互称 ty。第一种模式是相互称 vy,一般有三种情况:1)某些正式场合要求人们必须使用 vy,如德高望重的老农民在星期天的教堂祷告结束后在街上碰面时会相互称 vy,农村年轻人的父母在和媒人协商孩子婚约时会互称 vy,但互称 vy 的情况大多出现在城市中受教育程度较高的市民身上;2)不管其地位如何,会话双方希望向对方表达尊重时会互称 vy;

---

①　参见杨永林《社会语言学研究:功能·称谓·性别篇》第 100—101 页,2004。

②　参见 Roger Brown and Albert Gilman,*The Pronouns of Power and Solidarity*,载 Christina Bratt Paulston and G. Richard Tucker 编 *Sociolinguistics：The Essential Readings*,pp. 156—176。译文《表示权势与同等关系的代词》载祝畹瑾编《社会语言学译文集》第 170—198 页,1960/1985。

第六章
称呼语研究

3)说话人可能通过使用 vy 来暗含嘲讽之意。第二种模式是非相互的称呼模式：如果交谈双方年龄悬殊，年轻的一方一般会用 vy 称呼年老的一方，以表示尊敬和服从，而后者会用 ty 称呼年轻的一方。在上层社会中，交谈的两个亲戚之间若在辈分上相差一辈或一辈以上，也会出现非相互的称呼模式。在农民阶层中，会话双方因辈分、权势、团体等的不同都会使用非相互的 ty 和 vy 称呼模式。另外，受教育程度较高、文职或军职级别较高的人对受教育程度较低、文职或军职级别较低的一方称 ty，后者则称前者 vy。第三种模式是相互称 ty，情形如下：任何社会阶层十一二岁以下的儿童之间互称 ty；人类和非人类（如上帝、魔鬼、动物）之间互称 ty；社会底层的所有成员之间多数互称 ty；同一团体中即使年龄存在差距的人也相互称 ty；同学、校友之间相互称呼 ty 以表示友好或集体精神。除了探讨各因素与 ty 和 vy 称呼模式之间的关系之外，弗里德里克的另一大贡献在于对 T/V 的替换使用进行了较系统的阐释。作者深入分析了俄语中 ty/vy 的八例转换对调整谈话双方关系的作用，最后得出结论：代词称呼语的变异受情感、文化原则、敌对情绪、矛盾心理、精神失常等因素的共同制约。①

20 世纪 90 年代初，姆赫斯勒和哈尔（Peter Mühlhöusler and Rom Harré）对人称代词的分析比较深入细致，他们分析了日语、英语、法语、德语、意大利、西班牙语和波兰语等语言中人称代词（包括第一、二、三人称代词）在建构会话双方的社会身份和个人身份中发挥的重要作用。作者在很大程度上支持萨丕尔—沃夫假设，认为语言在建立和维持社会关系中承担着重要角色，人称代词是将言语行为和会话主体联系起来的主要语法手段。这是称呼语领域较早含有社会建构主义思想的研究。社会建构主义的一个核心思想就是社会秩序蕴含在语言的语法规则中。例如，日本社会体系的特征几乎完全表现在日语的称呼语语法中，几乎每一个语法规则的细微之处都蕴含着社会意义。相比之下，英语的语法中基本不蕴含社会关系，对人称代词的选用基本不需要考虑说话人和听话人的相对地位和场合的正式程度，而其他大部分欧洲语言的第二人称代词蕴

---

① 参见 Paul Friedrich，*Social Context and Semantic Feature*：*The Russian Pronominal Usage*，载 John J. Gumperz and Dell Hymes 编 *Directions in Sociolinguistics*：*The Ethnography of Communication*，pp. 271—300，1972。

含社会意义。①

纵观社会语言学过去五十年对代词称呼语和名词称呼语的研究,早期的大部分研究探讨哪些社会、文化、心理因素影响和决定人们对称呼语的选择,近年来,越来越多的学者开始转换研究视角,着重研究称呼语的使用所承载的社会功能,以及说话人如何通过称呼语的使用和变化来实现特定的交际目的。下面的研究体现了互动社会语言学的思想。

奥斯特曼(Ana C. Ostermann)调查巴西东南部某城市的 DDM 和 CIV 两个机构中工作人员与家庭暴力女性受害者之间的对话,分析了 26 个对话中第二人称代词转换的社会意义。DDM 是女子警察局,CIV 是女权危机干预中心,两个机构皆致力于解决对妇女实施家庭暴力的社会问题。

巴西式的葡萄牙语(Brazilian Portuguese)中对女性使用的单数第二人称代词有 você 和 a senhora 变体之分,前者主要用在陌生人之间,后者比前者更为礼貌。下面的会话发生在女警员 Alessandra(A)和家庭暴力受害人 Karen(K)之间。K 25 岁,由她妈妈陪同来到警察局投诉她的丈夫。她的丈夫动手打了她。在整个对话中,警察 A 对 K 使用了第二人称代词的熟悉体 você 共 20 次,但谈话中有 3 次她转换到敬体 a senhora,这里介绍发生在谈话开始的第一次转换。

例 6.1

  A:(将纸张装入打印机,然后编上号)   T1
    Que que aconteceu?   T2
    发生什么事了?

  K:Bom, eu fui espancada. [Né?]   T3
    嗯,我被打了。(对不对?)

  A:[Vo]cê tem MARCAS da agreSSāO?   T4
    (你)身上有被打留下的伤吗?

  K:Ele me deu tapas. Muitos tapas e[chutes na barriga-] T5
    他抽我耳光了,抽了好多下,而且(踢我的肚子……)

---

① 参见 Peter Mühlhöusler and Rom Harré, *Pronouns and People*:*The Linguistic Construction of Social and Personal Identity*, pp.132—133,1990。

| 第六章 |
| 称呼语研究 |

```
A：〔Mas a senhora〕                                    T6
   （但是您）
   tem marcas?                                         T7
   身上有伤吗？
K：Não.〔Eu-〕                                          T8
   没有。（我……）
A：〔Tá.〕                                              T9
   （好了。）
K：até ontem eu tava com a marca dos dedos. Agora sumiu. T10
   E na barriga eu passei no Hospital Monte Pascoal，tomei T11
   injeção pra dor，né,〔tomei injeção-〕                T12
   直到昨天我身上还有他抽我时留下的淤青呢。但现在没了。
   我到医院给我肚子上的伤拍片子了。你看,（我拍的片子……）
```

作者在分析会话中第二人称代词转换的会话策略时指出,第二人称代词转换本身是一种语境化提示。第二人称代词的转换能够将会话中优先组织、框架和立场的变化等现象语境化,并在局部层面施加权势和同等关系。优先组织指某些话轮之间的组合是优先的,例如被期望的回答优先于非期望的回答。我们来分析一下上述会话中代词的转换是如何被用做优先组织的一种策略。

这个对话由问—答邻接对组成。警察开始提问（T2）,凯伦回答（T3）。警察开始问第二个问题（T4）,这时候她称呼凯伦"你"（você）。凯伦开始提供一些有关她被打的信息（T5）,但这并不是警察期望的答复。尽管凯伦的回答与家庭暴力有关,尤其与警察问的第一个问题（"发生什么事了？"）紧密相关,但却与此时要求提供的信息不相关,所以警察重复了她刚才的问题（"身上有伤吗？"）,要求凯伦提供相关的回答。重复问题的做法让凯伦感觉到刚才的回答不恰当,但请注意,这一重复问题的做法同时由一系列的语境化提示"包装"了起来:1）她从"你"（você）转换到"您"（a senhora）来称呼对方;2）她打断了对方不切题的回答来开始自己的话轮;3）她用表转折的话语标记"但是"开始自己的话轮,暗示对方刚才的话轮有问题。所以,在会话中常常是很多语境化提示的"合力"在发挥作用。最后,话轮 9 的内容进一步证实了女警察的确是在等待她所提出

215

的问题的答案。凯伦一说出她期望的答案(T8),女警察马上表示对方的回答正是自己所期望的信息。①

6.2.2 名词称呼语研究

布朗和福特(Roger Brown and Marguerite Ford)重点研究了美语中名词称呼语的用法。布朗和福特从剧本、观察、访谈和录音四种语料总结出美语中称呼语的用法主要有三种模式:相互使用名(First Name),如"罗伯特""鲍博";相互使用职衔+姓(Title+Last Name),职衔如"先生""小姐""医生""议员";非对称性地使用名与职衔+姓。

布朗和福特认为会话双方的称呼模式由双方的关系决定,以上三种称呼模式的决定因素是亲疏和地位,这两个语义类似于权势和同等关系。亲疏是人际关系的横轴,决定相互性的称呼模式。一般来讲,朋友之间相互称名,生人或刚认识的成人之间相互称职衔+姓。但是二者之间的界线并不分明,美国人能在不到5分钟内从相互称职衔+姓转换到相互称名。相同的价值观和频繁交往是促使美国人关系密切的主要因素。地位是人际关系的纵轴,决定非相互性的称呼模式,而年龄和职业地位的差距是决定相互地位的要素。小孩称大人职衔+姓,大人称小孩名;成人之间如果年龄差距为15岁或大于15岁,年幼者称长者职衔+姓,长者称年幼者名。同样,职位低者称职位高者职衔+姓,职位高者称低者名。如果年龄和职位一旦发生冲突,职位起支配作用。

实际上,名(FN)就相当于单数第二人称代词的熟悉形(T),它表达亲近、非正式和屈尊;职衔+姓(TLN)相当于单数第二人称代词的敬体(V),表达距离、正式和尊敬。现代英语中第二人称代词you没有敬体和非敬体之分,②但这丝毫没有影响人们的日常交际。事实上,"职衔+姓"这一结构很好地发挥了单数第二人称代词敬体的功能,这充分体现了语言的自偿功能。英语中除了职衔+姓、名,还有一些其他的称呼形式,如职衔、姓氏、姓名的多种称呼法。单独使用的职衔是最正式的称呼形式,

---

① 参见 Ana Cristina Ostermann, *Localizing Power and Solidarity*: Pronouns Alternation at an ALL-Female Police Station and a Feminist Crisis Intervention Center in Brazil, 载 *Language in Society* 32, pp. 351—381, 2003。

② 英语中第二人称代词的演变历史是从早期的thou(非敬体)/ ye(敬体),发展到后来的thou(非敬体)/ you(敬体),再到现代的单一形you。

能够表达最大程度的尊重和最小程度的亲近;单独使用姓比名更为正式,但较职衔+姓更为亲近;姓名的多种称呼(如职衔+姓、姓、名、绰号等的自由变异)比名更为亲近。

布朗和福特的另一个重大贡献是他们发现称呼模式会随时间和人际关系的进展而出现有规律的变化,他们提出一个称呼语的渐进模式。随着两个人交往的增加,其称呼行为势必经历如下的变化方向:两人认识时相互称职衔+姓,接着年长的或职位高的一方可称另一方名,而后者依然非对称性地称前者职衔+姓,直到最后两人相互称名。这是渐进模式的总趋势,见图 6.1 右上方。图 6.1 为渐进模式更详细的变化过程,称呼变化自左上向右下渐进,并可跳过中间任何一个或一个以上的步骤,但不可逆行,除非表达愤怒或谴责。

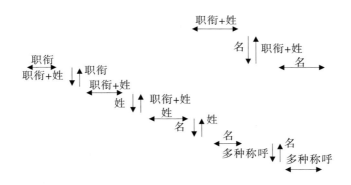

图 6.1　称呼随时间的渐进模式

(来源:Brown and Ford 1961:382)

两个人的称呼模式并不一定会经历上面的三个主要步骤,有些人的称呼可能从三个步骤中的任何一个步骤开始,例如地位相同的成年人开始的称呼模式是相互称职衔+姓,主人和奴仆的开始阶段就是非对称性的称呼模式,两个年轻人一开始就互称名。另外,并不是所有人的称呼行为都会渐进到互称名。例如,以前一个黑奴称主人职衔+姓,主人称其名,这种模式不会随时间变化。但是,两个人的称呼模式一旦要变化,它就会按照上面的方向渐进。

在渐进模式中,地位高的一方始终是变化步伐的控制者,他(她)有权利按照图 6.1 的渐进方向改变对另一方的称呼方式。如果地位低的一方在渐进模式中前进得太快,或者在地位高的一方没有邀请和允许其使用更亲近的称呼语的前提下就擅自启动相互性称呼模式(如互称名),这样的行为很冒险。① 地位高的一方可能会因生气而从名退回到职衔+姓来称呼地位低的一方,这将迫使后者在称呼模式上也往回退。例如,某办公室某晚举行了一个派对,次日晨一年轻雇员看到公司董事长,大声喊:"Morning, Jack!"(早,杰克!)董事长用冰冷的语气回应:"Good morning, Mr. Jones!"(早上好,琼斯先生!)我们可以断言,这个正式的称呼语"琼斯先生"和一个正式的招呼语"早上好"一定会将这个鲁莽的雇员吓一大跳。之后,他恐怕再也不敢擅自对董事长使用"杰克"这一亲近的称呼语了。

20 世纪 80 年代,布莱恩(Friederike Braun)的专著影响力较大。作者根据对本族语使用者的问卷和访谈描述了多种语言的称呼语系统,并进行了理论探讨。作者首先探讨称呼语的定义和类型。布莱恩认为称呼语的内涵具有两个特点:一是具有指称功能(指称受话者),二是含有社会意义(界定会话双方的关系)。称呼语可以有三种词性:代词、名词和动词。布莱恩对称呼语的经典社会语言学研究进行了逐一评述,认为大部分此类研究都采取了系统语言学的立场,即提前假设某一语言的称呼语系统是封闭的、同质的,人们都按照几乎相同的方式来选择和使用系统中固定的称呼语。而实际上,生活中人们的称呼行为是异质有序的,它常因说话人的年龄、社会阶层、性别、地域方言、城乡背景、所受教育、意识形态、宗教信仰等因素发生改变,存在大量的变异现象,所以社会语言学的视角应该是系统考察称呼语的变异。称呼变异并非称呼规范的例外情况,而是有规则的。布莱恩提出了"称呼能力"概念,指一个人应该掌握一个"称呼语库"以及库中称呼语的使用规则,并且了解这些称呼语在某一言语社区中使用时出现的变异用法。另外,作者指出一个称呼语的地位由它与这个系统中其他的称呼语之间的关系决定,称呼语系统的任何变化都会影响各个称呼变体的地位。②

---

① 参见 Roger Brown and Marguerite Ford, *Address in American English*, 载 *Journal of Abnormal and Social Psychology* 62, pp. 375—385, 1961。

② 参见 Friederike Braun, *Terms of Address: Problems of Patterns and Usage in Various Languages and Culture*, pp. 18—24, 1988。

第六章
称呼语研究

法索尔德也指出称呼语的用法存在大量跨语言、跨国家、跨社会群体、跨个体的变异现象,所以即使我们了解会话双方的关系,但试图预测说话的一方在某个特定时刻会对受话者使用什么称呼语也是极其冒险的行为。法索尔德介绍了称呼语变异的两个来源:群体差异和个体差异。在群体差异方面,他介绍了因称呼语使用者的社会阶层、年龄、城乡背景、性别等不同而发生变异的许多研究。在个体差异方面,他分析了不同个体、同一个体在不同场合称呼语使用上存在的变异情况。其中,作者借助实例展示了人们可以利用称呼语来表达暂时的社会关系、对他人的态度的变化以及新的职衔地位。最后,法索尔德提到为了理解称呼规则的一致性和变异性,布朗和吉尔曼试图将权势和同等关系作为普适性概念的做法其思路是对的,但权势和同等关系两个概念的基础和内涵会因文化、社会和个体的不同而有差异。①

21世纪初,塔维萨嫩和嘉科(Irma Taavitsainen and Andreas H. Jucker)编著的《称呼语系统的历时观》(*Diachronic Perspectives on Address Term Systems*)提出对称呼语进行历史语用学研究。这一新兴领域的诞生表明:一方面,历时语言学的研究人员开始从语用角度思考问题,在他们眼中,语言已不再是抽象的系统,而是人们用来实现交流目的的交际工具;另一方面,共时语言学(尤其是语用学)以往使用的语料一直局限于即席会话,但现在已经开始接受更广泛的语料来源,如历史上的戏剧、小说、书信、法庭纪录等。换言之,历史语言学家扩大了其研究范围,开始涉及语用调查,而语用学家扩大了可以接受语料的范围。这两种路向结合在了一起。书中收录的多篇论文综合使用历时语言学和共时语言学的研究方法,或从共时角度研究某一语言在某一历史时段的称呼系统,或从历时角度考察其演变轨迹。全书的核心内容是探讨制约称呼语选择的因素,书中多篇文章指出研究人员不能孤立地研究代词称呼语,应以情境分析路径弥补之。若想全面挖掘称呼语的意义,要同时考察代词称呼语、名词称呼语、自称语、话语者的相互交际地位、会话语气、空间位置和体态语等各种语言和非语言因素以及这些因素之间的关系,即加强称呼语的语篇研究和会话分析。另外,研究语境和称呼语的选择可以有两种路向:一是考察语境如何决定称呼语的使用;二是选择某一称呼语怎样可

---

① 参见 Ralph Fasold, *The Sociolinguistics of Language*, pp.16—30,1990。

以反过来决定语境的礼貌和正式程度。在称呼语的规则和变异方面,作者提到三种观点。观点一认为研究者无法系统地解释人称代词所有的随意变异现象;观点二认为正确的研究方向是至少要解释某一组语料中所有的称呼语用法;观点三认为即使我们解释不了称呼语系统中每一个人称代词的用法,我们还能够解释各种变体出现的百分比,这就是拉波夫的社会语言学范式。①

6.2.3 现代汉语称呼语研究

赵元任曾对现代汉语称谓系统作过详尽的描述,探究称呼语在不同人际关系中的实际使用条件、语法地位及其出现时的形式条件。② 其文章逐一描述了代词、专有名词、职衔、亲属词四类称谓语的用法。然而,这篇文章没有谈到新中国成立后称呼语使用上发生的变化。

姚亚平曾指出现代汉语称谓系统呈现出两大基本变化趋势:第一,称谓系统简化,称呼观念平等化;第二,通用称呼语不断出现。③的确,1949年以来汉语社交称呼语不断变化。50年代"同志"兴起,六七十年代"师傅"流行开来,改革开放后"先生、小姐、老板、朋友、老师"被广泛使用。到目前为止,汉语称呼语系统仍然存在通称用语缺环而尊称泛化的问题。由于每个社会通称用语对应着不同的社会价值观念,而目前中国社会结构复杂,人们的价值观念极不统一,所以在很多场合人们找不到合适的称呼语来称呼交谈对方,这是导致"同志"、"师傅"和"老师"等称呼语发生语义泛化的主要原因。

祝畹瑾曾从自然会话中搜集了大量"同志"称呼语的实例,对它的使用作了细致的分析。她发现"同志"大致以七种形式出现:1)∅+同志,如"同志";2)形容词+同志,如"老同志、小同志";3)姓+同志,如"王同志";4)形容词+姓+同志,如"老王同志";5)姓+名+同志,如"王卫国同志";6)名+同志,如"卫国同志";7)∅+头衔+同志,如"局长同志"。④她还提出

---

① 参见 Irma Taavitsainen and Andreas H. Jucker 编 *Diachronic Perspectives on Address Term Systems*,2003。

② 参见 Chao Yuan Ren,*Chinese Terms of Address*,载 *Language* 32,pp. 217—241,1956。

③ 参见姚亚平《现代汉语称谓系统变化的两大基本趋势》,载《语言文字应用》1995 年第 3 期第 94—99 页。

④ 除了以上七种搭配之外,在湖南等地,还有"同志哥"的说法,即同志 + 亲属词。

第六章
称呼语研究

了关于"同志"使用规则的几条假设。司珂腾和祝畹瑾通过对"同志"无标记和有标记选择的分析佐证了一些社会语言学理论。该称呼词的无标记性意义是用来称呼陌生人、职衔不明的人,或没有职衔而又不熟悉的人。而"同志"有标记选择则体现说话人当时想要改变同听话人的关系。例如,如果谈话双方存在权势差距,权势小的一方称权势大的一方头衔,而后者却称前者"同志"来拉大双方的距离。作者最后得出结论,由于"同志"一词的词义正处于演变过程中,它尚未成为全社会成员一致采用的中性称呼语,因而交谈者能够利用它的多重变异意义并通过语码转换来调整会话双方之间的社会距离。①

名词称呼语的语义会因时代的变迁、社会成员价值观念的变化以及政治事件等因素而频繁发生演变。"文化大革命"期间,由于"以阶级斗争为纲"的影响,"同志"成为区分敌我的一个标志,人们开始慎用这一称呼语,以防用错而招来横祸。同时,在全国上下掀起向工人阶级学习的热潮中,"师傅"取代"同志",迅速流行起来。祝畹瑾考察了"师傅"称呼语的语义由窄变宽、由具体到一般的演变过程。"师傅"这个称呼词最初的语义成分是:[+ 有技艺的工人]、[+ 长者]、[+ 男性];以后逐渐发展为:[+ 有技艺的工人]、[- 长者]、[- 男性];再以后又发展成为:[+ 服务]、[+ 劳动者]、[- 有技艺]、[- 长者]、[- 男性]。②

近几年来,社会结构和人们价值观的改变促使"同志"和"师傅"的意义和用法又发生了很大的变化,尤其是"同志"这一称呼词。王迪伟(Andrew D. Wong)指出 20 世纪 80 年代末,"同志"在香港发生语义降格现象。随着同性恋运动在香港兴起,一些同性恋者借"革命尚未成功,同志仍需努力"之义互称"同志"来共同争取平等合法权益和"革命"的胜利。当地的报纸为了增加新闻故事的娱乐性也推波助澜,加速了"同志"作为"同性恋者"这一新语义在香港的传播。③进入 20 世纪 90 年代中后期,"同志"的这一新语义经广东和互联网逐渐传播到中国内地。但是目前在大

---

① 参见 Carol Myers-Scotton and Zhu Wanjin, *Tóngzhi in China*:*Language Change and Its Conversational Consequences*,载 *Language in Society* 12,pp. 477—494,1983;译文《"同志"在中国——语言变化对日常会话的影响》,载胡文仲编《文化与交际》第 278—295 页,1994。
② 参见祝畹瑾《"师傅"用法调查》,载《语文研究》1984 年第 1 期第 44—47 页。
③ 参见 Andrew D. Wong, *The Reappropriation of Tongzhi*,载 *Language in Society*,pp. 763—793,2005。

陆这一新义的使用范围很有限,大概主要集中在个别青年人群。方传余在光明网上以"同志"作为检索词搜索了 1997 年 1 月 1 日至 2004 年 12 月 31 日这一时间段内的相关全文,发现约 99.9% 的文章使用"同志"的传统意义。另外,在我国公民(尤其是年长者)之间,"同志"仍然是常用称呼语。在严肃的政治场合,"同志"更是其他称呼语所不可替代的。"同性恋"的新义未被普遍认可和接受。①

从总体来看,近年来由于流行一些新的通用称呼语,"同志"和"师傅"的使用范围逐渐缩小,出现词义的回归。刘永厚在 2003—2006 年期间调查了北京多个不同档次的服装市场上 86 个售货员和顾客的对话,没有发现一例售货员对顾客使用"同志"或"师傅"。目前社会上汉语称呼语使用的特点是名词称呼语的多样性和拟亲属称呼语的主导性。②所谓拟亲属称呼,就是用亲属称呼语指称非亲属的称呼对象,如"叔叔、阿姨"。

对比不同语言的称呼语系统能够发现文化传统和文化观念的差异。欧文-特立普将美语称呼语系统概括为一张计算机流程图(见图 6.2)。祝畹瑾参照欧文-特立普的研究模式,尝试将汉语的称呼语系统也归纳成一张计算机流程图(见图 6.3)。如果我们将美语称呼语系统和汉语称呼语系统进行对比,就会发现在语言和文化观念方面的很多差异。在语言层面,美语的称呼语系统相对简单,包括七类称呼语:1)头衔 + 姓;2)Mr.(先生)+ 姓;3)Mrs.(夫人)+ 姓;4)Miss(小姐)+ 姓;5)亲属称谓 + 名;6)名;7)0 称呼。其中 2)、3)、4)为通用称呼语,这说明美语中不缺乏通用称呼语,人们对这三类称呼语的价值观念较为统一。汉语称呼语系统相对复杂,祝畹瑾将其分为六类:1)亲属称呼语;2)特殊亲属称呼语,即拟亲属称呼语;3)姓名,包括全名、学名、小名、别名、老/小/大 + 姓等;4)通用称呼语,如"先生、小姐、女士、同志、师傅、老师"等;5)职衔,指职位或者头衔;6)0 称呼,如"卖报的、骑自行车的"。其中,汉语的第 4)类称呼语包括美语的 2)、3)、4)类,前者比后者宽泛。

---

① 参见方传余《"同志"一词的社会语言学研究》,载《语言教学与研究》2007 年第 1 期第 28—33 页。

② 参见 Yonghou Liu, *Determinants of Stall-Holders' Address Forms Towards Their Customers in Beijing's Low-Status Clothing Markets*,载 *Journal of Pragmatics* 41,pp. 638—648, 2009。

第六章
称呼语研究

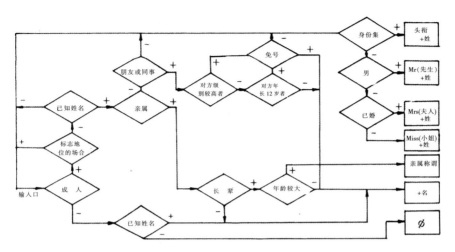

图 6.2 美语称呼语系统

（来源：Ervin-Tripp 1969）

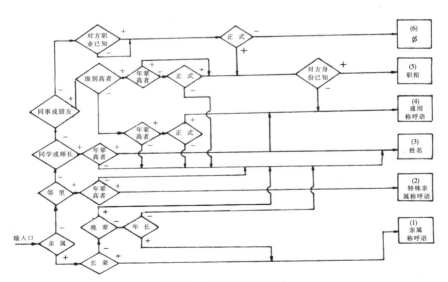

图 6.3 汉语称呼语系统

（来源：祝畹瑾 1990）

在价值观念层面,美语称呼语系统中地位和年龄是两个重要因素,但这里的年龄指的是被称呼人是成年人还是未成年人。在同辈人之间,年龄不是一个重要因素,而社会地位起着至关重要的作用。欧文-特立普举了这样一个经典的例子。(例中 P 代表警察,BD 代表黑人医生)

例 6.2(1967 年,在美国密西西比州,一名白人警察拦下了一辆小汽车,司机是一位中年黑人)

P:What's your name, boy?
你叫什么名字,小子?

BD:Dr. Poussaint. I'm a physician.
普森特医生,我是大夫。

P:What's your first name, boy?
你名叫什么,小子?

BD:Alvin.
艾文。

白人警察利用一个"小小的"称呼语 boy 极大地侮辱了普森特医生。首先,他使用了带有严重种族歧视的称呼语 boy。实际上,在美国社会,用 boy 来称呼任何种族、任何肤色的男性都在暗示他是一个地位低下的用人。普森特提醒对方自己的职业是医生,并给对方提供了合适的称呼语"普森特医生"。他这样做的目的是希望对方要尊重他。但警察没有理睬他的回答,再一次称呼他 boy,并且再次追问他名叫什么。根据图 6.2,陌生人在任何情况下都不可以以"名"来称呼一个内科医生。在这种背景下,白人警察想传达的信息很清楚:"你是黑人,不配享有成年人的地位和相应的职业地位。"难怪普森特医生后来在登载在《纽约时报》的文章中承认:"我在奇耻大辱中说出了自己的名字……当时我感到我的男人气魄被完全剥夺……没有一丝自爱当时能拯救我的尊严……"①

欧文-特立普当年旨在通过此例演示美语称呼语系统中的称呼规则。正是因为会话双方熟知这一称呼系统以及"种族"在系统中的位置和作

---

① 参见 Susan M. Ervin-Tripp, *Sociolinguistic Rules of Address*, 见 J. B. Pride and Janet Holmes 编 *Sociolinguistics: Selected Readings*, p. 225, 1972。

第六章
称呼语研究

用,警察的行为才极大地侮辱了普森特医生。我们下面再试着从建构主义角度来分析此例。一开始,白人警察的种族偏见思想(而非受话者的年龄、地位和职业等因素)促使他对受话者使用了 boy 这一含有种族歧视的称呼语;或者说,警察从一开始就有意识地使用这一称呼语来凸显对方的黑人身份。普森特没有按照警察的要求提供自己的名,而是通过提供 Dr. Poussaint 这个称呼语来凸显和建构自己的医生身份和相应的社会地位,他的信息很清楚:"我是医生,社会地位很高,请不要使用 boy 来称呼我。"但白人警察根本没有理睬他的医生职业身份和成年人身份,而是有意识地重复 boy 来巩固受话者的黑人这一社会身份。接下来普森特顺从地宣告自己建构医生身份的努力失败,而白人警察建构其黑人身份和解构其医生身份的行为取得彻底胜利。胜败悬殊,因此普森特医生备受侮辱。

与美语称呼语系统相比,在汉语称呼语系统中(见图 6.3),亲属/非亲属和年龄(或者辈分)起着重要作用,这一点被张积家和陈俊近年来做的一项实验证实。[①] 在实验中,他们逐一要求 100 个大学生对汉语中 50 个常用称呼语进行自然分类,对分类结果采用多维标度法(Multidimensional Scaling, MDS)进行统计分析。统计结果表明,被试者对 50 个称呼语分类的平均数为 5.07。聚成五类的汉语称呼语的语义空间包括两个维度:亲属和非亲属及辈分。100 名大学生汉语称呼语的语义空间及各个称呼语维度的坐标值见图 6.4。两个维度显示了中国人对亲属和辈分的重视,这在中国文化传统中有着深厚的渊源。冯汉骥指出在近两千年间中国亲属制在结构原则和称谓范畴方面发生了一系列变化,但是在其他很多方面仍保留着古代亲属制的特征。古代亲属制的这种顽固性似乎是与整个中国文明的连续性相关联的。10 世纪左右,中国亲属制已经定型,而中国社会却仍在继续演变。亲属制是一种较保守的制度,在某些方面具有比别的社会制度更稳定的机制。[②]

---

① 参见张积家、陈俊《汉语称呼语概念结构的研究》,载《语言文字应用》2007 年第 2 期第 41—49 页。

② 参见冯汉骥著,徐志诚译《中国亲属称谓指南》第 130 页,1937/1989。

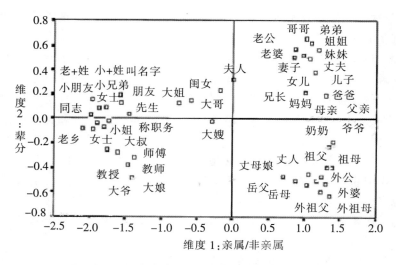

图 6.4　100 名大学生关于汉语称呼语的概念结构

综观汉语称呼语的研究路向,我们认为,我国称呼语研究有几个方面需要加强。第一,研究视野需进一步拓宽。目前国内探讨名词称呼语、代词称呼语、自称语等称谓语之间共现现象的文章尚属少见。不少学者研究称呼语的纵向选择,但忽略了它的横向共现。我们需要加强对称呼语结构的研究和语篇研究。称呼语结构方面的特征不仅包括称呼词和称呼短语本身的结构性,而且包括各类指称用语之间的共现、共变、互补和解歧等语篇特点。第二,实证研究需进一步加强。实证研究包括量的研究和质的研究。量的研究者热衷于探求现象内部某些变量之间的相关关系,而质的研究者认为只有在自然语境中长期体验才能对社会现象进行比较完整的、动态的和情景化的探究,才能获得对意义的真正理解。而目前我国对称呼语进行的民族志学式的研究比较少。我国称谓研究要想创新,需要运用新的研究方法。对称呼语的研究要尝试使用分析长篇自然谈话录音的话语分析法。第三,目前大部分称呼语研究还是一种静态的研究,对称呼语的动态研究还需加强。称呼行为的动态研究包括年龄、地位、场合和说话者主观意识等因素的变化引起的称呼语变异现象。研究人员可以在这些领域进行系统和深入的研究,并尝试揭示研究成果对语言学理论的启示。第四,探索和运用新的研究视角。以往称呼语的研究过分强调社会结构对称呼语使用的制约作用,忽视了使用者的主体性,而

第六章
称呼语研究

当前称呼语研究的一大趋势是运用社会建构主义的研究视角,研究人员更加关注交际双方如何创造性地使用称呼语来协商人际关系以及建构不同的社会认同。我们相信这一新的研究视角将有助于进一步挖掘称呼语的社会意义和社会功能,揭示称呼语的使用与人际关系、社会结构之间的复杂关系。

第 七 章　双语现象和语言接触

7.1 双语或多语现象

双语或多语现象指社会的个体和集体使用两种或多种语言的现象。① 它是操不同语言的人频繁交往和语言接触的产物。双语现象,就个体而言,研究的焦点在于个体内部不同语言的接触。主要研究个体使用两种交际代码的能力是如何获得的,如何表现的,以及如何加工的等问题。这些课题属于语言学和心理语言学研究范畴。② 双语现象,就社会层面而言,涉及历史、政治、教育等诸多方面,也和语言的变化密切相关,是社会语言学的重大研究课题。本章将着重讨论社会双语现象。

7.1.1 社会双语现象

社会双语并不意味着社会所有成员都是操双语者。相反,在一个实行双语制的国家里大多数人可能是单语者,因为讲不同语言的人在地域上是分隔的,例如,在比利时和瑞士实行的就是地区双语制。世界上几乎所有国家,无论官方承认与否,都存在双语现象。例如,英国、澳大利亚和美国尽管都将自己看成英语单语国家,但在这些国家仍存在相当数量的原住民语言社团和移民语言社团,他们除了使用英语之外,还使用本民族

---

① 参见 M. H. A. Blanc, *Bilingualism, Societal*,载 Rajend Mesthrie 编 *Concise Encyclopedia of Sociolinguistics*, pp. 16—22, 2001。

② 参见 John V. Edwards, *Foundations of Bilingualism*, 载 Tej K. Bhatia and William C. Ritchie 编 *The Handbook of Bilingualism*, pp. 7—31, 2004。

的语言。在英国,仅伦敦地区使用不同的语言就多达 50 种。墨尔本曾经是个单语城市,现在已经成为世界上最大的操希腊语人集中的地方。美国是全世界讲西班牙语的第五大国家,西班牙语是佛罗里达州迈阿密市的主要语言。据估计,世界上有 6700 多种语言,而国家只有大约 200 个。①过去那种"一个国家一种语言"的传统看法,显然不符合社会现实。语言与国家不完全对等,因为好几个国家可能讲同一种语言。例如,英语和法语是世界上好几个国家的官方语言;德语不但是德国的官方语言而且是奥地利、卢森堡和瑞士的官方语言,另外在比利时、捷克、丹麦、法国、匈牙利、意大利、波兰、罗马尼亚和俄罗斯也都有人讲德语。有些国家有多种官方语言。例如,瑞士有四种官方语言:德语、法语、意大利语和罗曼什语;新加坡也有四种官方语言:英语、华语、泰米尔语和马来语;加拿大有两种官方语言:英语和法语。在非洲,有许多国家将本国的一种民族语言或本地区的民族共同语和欧洲或其他地区的一种强势语言一并定为官方语言。例如,卢旺达的官方语言是卢旺达语和法语,索马里的官方语言是索马里语和阿拉伯语,肯尼亚的官方语言是斯瓦希里语和英语。

7.1.2 社会双语现象的由来

社会双语现象是社区内部和社区之间、国家内部和国与国之间语言接触的结果。产生双语现象的原因有很多。人口迁移是造成语言接触的重要原因之一。目前世界上大部分国家都存在移民现象,移民将本国或本民族的语言带入另一地区或国家后,因生活、工作和交际的需要而自愿学习其他人的语言,就会产生双语现象。这种双语现象具有双向性或单向性:新迁入的居民与当地居民彼此学习对方的语言,如巴拉圭的西班牙移民与瓜拉尼印第安人彼此学习瓜拉尼语(Guarani)和西班牙语;新迁入的居民学习当地居民的语言,如从世界各地移入美国的居民学习当地的英语,还可能是原住民学习新迁入居民的语言,如美洲印第安人学习殖民者的语言。19 世纪爱尔兰人因饥荒大量涌入美国;俄国十月革命后,大批逃亡者流入欧美;俄国的犹太人大量迁入以色列和美国;当今世界上一些经济、科技较为落后的不发达国家的人口流入西欧、北美等发达国家。

---

① 参见 Suzanne Romaine, *The Bilingual and Multilingual Community*,载 Tej K. Bhatia and William C. Ritchie 编 *The Handbook of Bilingualism*, pp. 385—405, 2004。

这些移民学习所在国的语言,形成双语个体和双语群体。

　　军事入侵继而殖民化,使殖民国家的语言在被征服的国家和民族中强行推广和使用,是导致双语现象产生的又一重要因素。例如,历史上西班牙人征服新大陆,使得西班牙语在中美洲和南美洲大部分国家推广;罗马帝国的入侵导致在英国、北非、中东等广阔地区使用拉丁语;阿拉伯语随着伊斯兰教和阿拉伯帝国的兴起和扩张,推广至地中海东部、北非及伊比利亚半岛等地,成为东起印度河,西到直布罗陀,南到北非,北至里海这一广大地区信奉伊斯兰教的各民族的共同语。

　　随着全球化和世界范围内科学技术特别是信息技术的发展,国际间、族际间、群际间的经济和文化交流也催生了许多双语社团。例如,欧洲联盟这样一个跨国集团规定其成员国的官方语言为欧洲共同体的官方语言,同时也是欧共体机构的工作语言,不同语言多达 20 种:捷克语、丹麦语、荷兰语、英语、爱沙尼亚语、芬兰语、法语、德语、希腊语、匈牙利语、意大利语、拉脱维亚语、立陶宛语、马耳他语、波兰语、葡萄牙语、斯洛伐克语、斯洛文尼亚语、西班牙语、瑞典语。欧盟半数以上的公民,除母语外至少还能使用一种其他语言。[①]

7.1.3　世界各地的双语和多语现象

　　许多国家的法律规定使用多种官方语言,欧盟从法律上保护语言多样性,这种情况使得世界各地的语言现象更加纷繁复杂。例如,欧洲最小国家卢森堡地处法国、德国和比利时之间,其官方语言是法语、德语和卢森堡语,法语多用于行政、司法和外交,德语多用于报刊新闻,卢森堡语为民间口语,也用于地方行政和司法。多数卢森堡人都会说四五种语言,特别是年青一代能用英语交谈。当今世界上以英语为母语的国家有 10 余个,它们是:美国、加拿大、英国、爱尔兰、澳大利亚、新西兰、南非和几个加勒比国家。以英语为官方语言的国家超过 70 个,其中包括尼日利亚,加纳,印度和新加坡。这个数字目前还在增加。如 1996 年,卢旺达宣布给予英语官方语言地位。在各国的外语教学中,英语享有的优先地位超过法语、德语、俄语、西班牙语和汉语。在 100 多个国家,英语被列为外语教

---

① 参见刘海涛《欧洲联盟语言状况及语言政策》,载《中国语言生活状况报告(2005)》上编第 374—389 页,2006。

学中的第一外语。我国教育部规定,从小学阶段起开设英语课。据统计,20世纪90年代后期,世界上有近四分之一的人口即12亿人至15亿人,能讲流利的英语或能熟练使用英语。在国际交往中,英语的地位更是其他国家的语言望尘莫及的。英语正在成为或已经成为世界通用的语言。①

南非的主要语言为阿非利加语(Afrikaans)、英语、恩德贝莱语(Ndebele)、科萨语(Xhosa)、祖鲁语(Zulu)、塞佩提语(Sepedi)、索托语(Sotho)、斯瓦蒂语(Swati)、茨瓦纳语(Tswana)、文达语(Wenda)及聪加语(Tsonga)。全国通用语言是英语和阿非利加语。南非共有9个行政省,各省的语言状况不一,都有几种主要语言。其中一些省将英语列为主要语言之一,如东开普省、西开普省、豪登省和夸祖鲁-纳塔尔省。埃塞俄比亚有80多个民族,其中奥罗莫族(Oromo)占全国人口的40%,阿姆哈拉族(Amhara)占30%,提格雷族(Tigre)占8%,其他主要少数民族有加拉格族(Garage)、索马里族(Somali)、锡达莫族(Sidamo)和沃莱塔族(Wolaita)等。据统计,全国有86种语言及200多种方言,其中包括一些濒危语言。根据埃塞俄比亚宪法,任何人都有权利在任何场合使用自己的民族语言。因此,地方政府有权制定自己的语言政策和语言教育政策。由于历史的原因,阿姆哈拉语在全国流行最广,所以被确定为"联邦政府的工作语言",也列入中小学的语文科目。但由于英语是埃塞俄比亚的"科技语言",所以目前从小学一年级起即开设英语课。因此,受过一定教育的埃塞俄比亚人多少都能讲英语。南非和埃塞俄比亚两国在重视民族语言教育的同时,把英语作为通用语加强学习,既重视民族文化的传承及民族语言文字中体现的民族平等,又强调语言作为交流、交往的工具的功能,宽容地、理智地把外民族语甚至外国语作为通用语和官方语言。②

阿拉伯语是阿拉伯民族的语言,主要通行于中东和北非地区,有22个国家将其列为官方语言:沙特阿拉伯、也门、阿联酋、阿曼、科威特、巴

---

① 参见《英语是怎样成为世界通用语言的》,http://blog.stnn.cc/wimydw/Efp_Bl_1002297589.aspx。
② 参见《语言文字工作简报307期》,http://www.moe.cn/edoas/website18/40/info34140.thm。

林、卡塔尔、伊拉克、叙利亚、约旦、黎巴嫩、巴勒斯坦、埃及、苏丹、利比亚、突尼斯、索马里、吉布提、毛里塔尼亚、科摩罗、阿尔及利亚和摩洛哥。以阿拉伯语作为母语的人数超过 2.8 亿之多。同时,阿拉伯语为全世界穆斯林的宗教语言,伊斯兰教经典《古兰经》就是用阿拉伯语书写与传播的,伊斯兰教信徒或多或少能懂阿拉伯语。《古兰经》作为阿语的经典与范本保证了阿语的发展和规范的统一,各个方言区的人交流可以使用以古典阿拉伯语为典范的标准语和本地区的方言土语。标准语通用于阿拉伯各国的文学、教育、书刊、广播、会议、公文、函件以及各种国际交往场合,而方言多用于各国民间的交流和日常生活。但当来自各国受过教育的阿拉伯人碰到一起时,他们一般都用古典阿拉伯语进行交谈。①

希伯来语(Hebrew)是西南亚一种传统的闪语(Semitic),以色列复国后重新引进到这个地区。这一闪语族语言发源于黎凡特(Levant)地区,是古代以色列人在三千年前所使用的语言。现代犹太人将其复活,作为以色列的官方语言,但这个国家的非犹太族群多数人说阿拉伯语。另外,许多回归的犹太人都说俄罗斯语,同时在以色列境内,英语也得以广泛应用,成为很多人的第二语言或第三语言。虽然阿拉伯语流传甚广,但伊朗高原的大部分地区以及附近的山区却是以古老的印欧语系为主导。在这里,主要的语言是波斯语(Persian),虽然从公元 10 世纪以来波斯语借用了大量的阿拉伯语词汇,并以阿拉伯字母书写,但波斯语正如其他古老的语言一样,发展出很多不同的方言。今天伊朗的官方语言是法尔西语(Farsi)。

印度是个多语国家,现在实行的语言政策是印地语为国语,地方语言和英语长期并存。在全国人口中,操印地语的人最多,约占总人口的 30%,如果加上与印地语口语相似的旁遮普语(Punjabi)、比哈尔语(Bihari)、拉贾斯坦语(Rajastani)以及乌尔都语(Urdu)的使用者,共约占总人口的 50%。一些只在偏远山区使用的部落语言,使用人数只有数万人,甚至更少。由于印度历史上曾受英国殖民统治,英语早已成为印度各邦之间沟通的最主要语言之一。印度人自小就开始学习英语,英语普及率很高;在印度的高等院校,基本采用英语授课,因此大学毕业生在英语

---

① 参见马戎《双语教育:加快民族发展的重要手段》,http://www.chinafolklore.org./forum/view。

第七章
双语现象和语言接触

听说能力方面,已达到运用自如的地步,完全具备运用英语进行国际交流的能力。

15世纪,西班牙人在拉丁美洲建立殖民地,西班牙语开始在当地占居主导地位。拉美国家先后独立之后,西班牙语成为除巴西外拉美国家间通用的语言。拉美是现代世界中的一个实体,代表该地区整体经济利益和文化认同的组织和机构,经常出现在联合国或世界性的会议上。拥有众多国家的拉美地区被看做一个实体并得到广泛承认,主要是因为它在许多方面表现出一致性。西班牙语化是其中的一个重要因素。占拉美总人口33%的巴西人以葡萄牙语为官方语言。仅有3%的拉美人只会讲一种或几种印第安语。操葡萄牙语的人要听懂西班牙语不是十分困难,所以现在拉美约有90%的居民或多或少地能讲或能听懂西班牙语。从某种意义上讲,西班牙语是整个地区的普通话。外国人只要会讲西班牙语,就可以遍游拉美,而不会在交往方面遇到多大问题。[①]

随着中国经济的繁荣,国外学习汉语的人数越来越多,其中既有在校的学生,也有从事外交、贸易、学术研究的人员。在世界各地,汉语学习正成为一种新兴的潮流。目前,全球共有85个国家的2300余所高校开设汉语课程,而正在学习汉语的外国人数量达到3000万人之多,预计到2010年,全球以汉语教学为主要课程的孔子学院将达到500所。[②] 据最新资料,截至2011年8月底,在104个国家和地区已建立353所孔子学院和473个孔子课堂。

在西方国家,加拿大和澳大利亚的华语人口增长最快,汉语成为这两个国家中使用人口最多的第二种语言;美国强调加强"关键"外语教育,中文被列为关键外语并且位居第二;英国政府批准资助英国人学习汉语,许多学校都开设汉语课程,汉语甚至可能挑战法语的地位;法国现今有近300所大中小学校开设中文课程。在传统的华夏文化圈与周边国家,汉语热势头更加强劲。在泰国,政府决定在中小学开设汉语课;在韩国,汉语已逐渐取代英语成为韩国学习人数最多的外语。东南亚国家一度华语

---

① 参见韩琦《简论拉丁美洲的一致性和差异性》,载《拉丁美洲研究》2000年第3期第45—51页。

② 参见孙阳《世界汉语热背后的隐忧》,http://world.jyb.cn/gjsx/200910/t20091021_318254.html。

衰落,新加坡一度取消华校并关闭南洋大学,印尼、柬埔寨政府也曾禁止使用华语。但如今在这些国家,华语的使用与教育正在蓬勃兴起。禁华文教育长达32年之久的印尼,如今已在中学教育中推行华文,全国现有的两个大学均设有汉学系,华校复开,华文报纸复办,媒体开播华语新闻。新加坡学习华语的人数与日俱增,并举行政府组织的推广华语的活动。马来西亚的华文学校遍布全国,华文教育发展成为从幼儿教育至高等教育的一套完整的教育体系。在泰国,原有华文学校约150多所,近年来又创办了一批华文学校,并规定汉语为英语之外的第二外语。缅甸开设的华文学校超过100所,学生达5万名。柬埔寨复办的华文学校多达50所,学生达4万名。越南有20多所大学开设了中文专业,汉语已成为越南的第二大语言。[①]

7.1.4 中国的双语和多语现象

中国有56个民族,语言多达120多种。[②]汉族占全国人口总数的91.95%,其余55个少数民族合计占人口总数的8.05%。[③]汉族遍布全国各地,与其他各民族接触密切,交往频繁,在政治、经济和文化上形成相互依存关系。这种密切关系必然会对少数民族的语言使用产生深远的影响。汉语作为民族通用语,已在全国推广。现在少数民族中,回族和满族已经全部转用汉语,畲族绝大多数人转用了汉语,其他各少数民族也都有一部分人程度不同地掌握了汉语,有的民族甚至绝大多数人都通晓汉语,属于兼通本民族语言和汉语的双语人。按照道布的分析,少数民族使用汉语的情况大致可分为五类:1)绝大多数人只使用本民族语言,只有少部分人兼通汉语,如维吾尔族、藏族。这些民族都有大片的聚居区,在这些区域内汉族人口比例低于少数民族。2)大部分人使用本民族语言,一部分人兼通汉语,还有一部分人已经转用汉语,不再使用本民族语言,如蒙古族、壮族、彝族、苗族、布依族、侗族、傣族等。这些民族虽然也有成片的聚居区,但是有相当多的人口与汉族杂居在一起。在这些区域内,汉族人

---

① 参见张桃《汉语走向世界的时代》,http://www.gmw.cn/content/2006_07/01/content_438396.htm。
② 参见孙宏开《关于濒危语言问题》,载《语言教学与研究》2001年第1期第1—7页。
③ 参见道布《中国的语言政策和语言规划》,载《民族研究》1998年第6期第42—52页。

第七章
双语现象和语言接触

口比例大于少数民族。3)大多数人兼通汉语,只在本民族内部使用自己的母语,对其他民族使用汉语,如撒拉族、东乡族、仫佬族、毛南族、羌族等。这些民族的聚居区都不大,与周围的汉族交往密切,基本上构成共同的经济和文化生活。4)大多数人已经转用汉语,只有少数人仍然使用本民族语言,但是也都兼通汉语,也就是说全民族都能使用汉语,如畲族、仡佬族、土家族等。5)整个民族都使用汉语。虽然过去有过本民族的语言,但早已放弃,不再使用,如满族和回族。①

我国少数民族的居住状态和环境与双语现象有一定的关系。在民族聚居地区,一般通用本民族语言或通用包括本民族语言在内的双语。我国依据少数民族的聚居程度建立了各民族不同级别的民族自治地,并且各自治地如果有使用少数民族语言需要的,都制定了保障自治民族语言使用发展的自治条例或语言使用条例。在没有实行民族自治的散、杂居民族地区,母语的使用程度一般都比较低,放弃母语而转用其他民族语言的情况也多发生在这类地区。②毫无疑问,汉语是强势语言,不但使用人口最多,而且在行政、文化、教育、经济等各个领域被广泛优先使用。少数民族在这种不对等的双语环境中,出于社会生活需要,自发地学习汉语,从而形成众多的双语个体和双语群体。

根据黄行的调查发现,我国不同少数民族的双语人口在年龄分布上存在明显差异。各年龄段双语人口比例都很低的民族,大多数是本民族语言保持稳定的民族;而双语人口低龄化的民族,几乎都是本民族语言不稳定的民族。双语使用差异的另一种表现是城乡之间的差别。在我国少数民族聚居地区的城镇,人们通用汉语的程度一般要超过少数民族语言。通用少数民族语言的情况主要发生在当地的农牧业地区。③这不仅是因为城镇的汉族人口比例相对较高,更主要的是因为人们在城镇需要参与更多的社会活动,自然会选择汉语作为共同的交际语言。

我国少数民族使用语言总的发展趋势是,有些少数民族会从本民族语言的单语转向民族语言和汉语的双语,有些通用双语的民族可能会从以使用本民族语言为主的双语转向以使用汉语为主的双语,还有些已经

---

① 参见道布《中国的语言政策和语言规划》,载《民族研究》1998年第6期第42—52页。
② 参见黄行《我国的语言和语言群体》,载《民族研究》2002年第1期第59—64页。
③ 同上书,第63—64页。

全部通用汉语的少数民族可能会逐渐放弃母语而完全转用汉语。[1]随着社会的发展和进步,商品经济的迅猛发展,信息技术的日益发达以及各族群之间不断的友好往来,我国的语言接触现象也会更加频繁。

7.1.5 英汉语言接触现象

中国大陆自改革开放以来,与世界的接触越来越频繁,英汉语言接触的频度和密度不断提高。在这种情况下,英语作为一种全球通用语言对现代汉语产生了一定的影响,使得现代汉语发生了某种程度的变化,即所谓的汉语欧化现象。这些变化在汉语的词汇和句法层面表现尤为突出。词汇是文化的载体和思维概念的表现形式。随着新事物的出现和新概念的产生,词汇会发生相应的调整、变动和更新。当今,汉语吸收了大量的英语借词,像"因特网"(internet)、"巴士"(bus)、"汉堡包"(Hamburg)、"电脑黑客"(hacker)、"的士"(taxi)、"作秀"(show)似乎已经家喻户晓。受英语的影响汉语构词使用了不少词缀。例如,前缀"不-"(non-/un-/in-):不科学、不道德、不民主,"多-"(multi-):多元论、多党制、多音节,"负-"(nega-):负增长、负效应、负收入;后缀"-主义"(-ism):资本主义、自由主义、浪漫主义,"-化"(-ization):全球化、城市化、工业化,"-性"(-bility):可行性、适用性、科学性。[2]由于英语名词复数和动词时体的影响,汉语词缀"-们""着""了""过"的使用频率和范围均大大增加。英语对现代汉语句法的影响表现在词汇转类上,如名词、动词和形容词之间的转类,非谓形容词和一般形容词、动作动词和心理动词以及单宾动词和兼宾动词之间的转类等。[3]谢耀基指出,受英语的影响,汉语语法结构也起了变化:1)汉语词的组合结构趋于复杂,例如:两个或两个以上的动词性结构共同支配一个对象(如"仔细观察、详细分析并且认真处理问题");人称代词、专有名词前面加上修饰成分(如"像长年干着粉笔黑板营生的我们","那个从落地的苹果悟出万有引力的牛顿")。2)句子结构发生了变化,例如:汉语句子主语可省而不省;汉语复句一般是偏句在前,正句在

---

[1] 参见黄行《我国的语言和语言群体》,载《民族研究》2002年第1期第59—64页。
[2] 参见吴东英《再论英语借词对现代汉语词法的影响》,载《当代语言学》2002年第2期第81—89页。
[3] 参见石定栩、朱志瑜《英语对香港书面汉语句法的影响》,载《外国语》1999年第4期第2—11页。

第七章
双语现象和语言接触

后,而现在则多了偏句后置;叙述对话,语序多了变化,说话者由一般置于话前而可置于话后;使用被动句更为普遍。①

当然,英汉语言接触对汉语的影响还包括语音、语义、语用和语体层面,例如词首字母的借用,如 CD(compact disk 光盘)、CEO(chief executive officer 首席执行官)、CPU(central processing unit 中央处理单元)、ID(identity card 身份证)、IT(information technology 信息技术)、TB(tuberculosis 肺炎)、MTV(music television 音乐电视)、VIP(very important person 非常重要人物)、APEC(Asia-Pacific Economic Cooperation 亚太经济合作组织)、MBA(master of business administration 商业管理硕士)、WTO(World Trade Organization 世界贸易组织)等。借词也会导致汉语语调发生变化,因为这些外来词的发音与其他汉语词汇不同。例如:"他大学毕业不久就去了美国,三年之后就拿了一个哈佛的 MBA",此句若改成"……拿了一个哈佛的工商管理硕士",句尾用降调,但受英语词影响,上句尾可能改用升调,而且汉语词"硕士"的后一个语素读轻声,而英语词 MBA 的最后一个字母"A"须重读。另外,有不少英语借词的词义在汉语中得到进一步扩展,例如:"拜拜"(bye-bye)在英语词典中意为"再见",用于告别,在汉语中"拜拜"已发展到除"再见"外,还表示"关系的破裂";再如"克隆"(clone),英语中的原意为"无性繁殖",汉语中发展为"复制""伪造"等。在英汉语言接触过程中,外来词汇的语义色彩和语用意义,以及国外民族的思维方式也会对汉语的用法产生影响。例如,汉民族听到别人赞美自己时,通常会以"哪里,哪里"作答以示谦虚。但近几十年来,由于受英语的影响,人们逐渐以"谢谢"回应别人对自己的赞美。②现在,普通百姓平时口头交际用语中说"拜拜(bye-bye)"的似乎比说"再见"的多,而且许多家长都教幼儿这样说。许多人看到对方穿着打扮时髦,一定会赞叹地说:"哇,好酷(cool)啊!"年轻人举办社交活动时,人们听到说的更多的是"开派对(party)",而不是"聚会"。

历史上,汉语对英语也产生过一定的影响。作为文明古国的中国,在历史上曾有过几度繁荣昌盛的时期,昌盛的中国文化传到欧洲,又由欧洲人带到北美洲,文化的输入导致了词汇的借用。中国最早与外国人做贸

---

① 参见谢耀基《汉语语法欧化综述》,载《语文研究》2001 年第 1 期第 17—22 页。
② 参见胡开宝《汉外研究接触研究近百年:回顾与展望》,载《外语与外语教学》2006 年第 5 期第 53—57 页。

易有三大物品：丝、瓷器和茶,因此英语中便增添了 silk ,china 和 tea 三个词。随着中国经济的发展和国际影响力的提升,同时伴随国际交流的增加和移居海外华人的剧增,汉语对英语的影响越来越大。仅《牛津英语词典》中以汉语为来源的英语词汇就有一千余条,涉及范畴包括饮食类、生物类、宗教哲学类、政治类等。在一向以快节奏为生活基调著称的美国,有不少人开始崇尚中国文化,对中国武术情有独钟。中国的太极拳(tai chi)曾一时风靡全美国,他们认为,以"太极"为代表的慢节奏能缓冲压力,保持心态平衡,利于健康,因此"tai chi"一词被借入美国英语。英语中反映我国传统文化和我国政治的词语还有：jiaozi(饺子)、toufu(豆腐)、mahjong(麻将)、kowtow(叩头)、fengshui(风水)、Taoism(道教)、pailou(牌楼)、kongfu(功夫)、qigong(气功)、kilin(麒麟)、lingchi(灵芝)、jinseng(人参)、Maotai(茅台)、ganbei(干杯)、Maoism(毛泽东思想)、Confucian(儒教信徒)等。

7.1.6 汉语普通话与粤港方言接触现象

汉语普通话是我国大陆地区各民族使用的共同语,而粤语是现代汉语中的一支重要方言。香港属于粤方言区,作为中国的特别行政区,香港推行两文三语的语言政策,即书面语推行中文和英文,口头交际语推行普通话、英语和粤语。香港和澳门,地理上同处在珠江三角州,两地人民主要来自岭南地区,通行相同的粤语,有一大批通用的粤语词。粤语长期以来作为珠江三角州地区的社会交际工具,在该地区享有很高的社会声望。作为岭南文化的重要标志之一,粤语在当地人的日常生活中有着旺盛的生命力和强大的影响力。随着我国东南沿海地区的经济迅速崛起,香港和内地以及海峡两岸交流的不断深入,大批粤港词涌入内地。广东毗邻港澳,粤港等地的经济往来和人们交往的日益频繁,为粤方言的传播及流行提供了适宜的条件。广东地区借助其强大的经济实力和地域文化的渗透力,将许多港澳词语输入中国其他省区,这些词语很快便成为普通话中的新词,如：义工、月供、打包、外卖、酬宾、猛男、花心、富婆、警花、非礼、充电、人脉、大牌、跳槽、摆平、炒鱿鱼、包二奶、摆乌龙等。香港许多股市上的行话,如：龙头股、中长线、反弹、套牢、大盘、减仓、放盘、洗盘等,已在大

第七章
双语现象和语言接触

陆流行,在大陆通行的"炒外汇、炒地皮、炒股票"等词语也都来自香港。①香港是一个中西文化荟萃、语言文化多元的社会,带有显著的新旧结合、土洋并存的地域文化特征,反映在词语上有:特首、布政司、廉政公署、太平绅士、问题少年、下午茶、嘉年华、报料、走穴、影帝、香港小姐等。"乌龙球"是足球比赛中的一个常用语,意思是"自进本方球门的球",源于英语一词 own goal,与粤语的"乌龙"一词发音相近,而粤语"乌龙"有"搞错、乌里巴涂"等意思,因此"摆乌龙"就有了稀里糊涂把事情搞糟的意思。还有一些粤港词语原本属于译借的外来词,但通过人们日常的口口相传以及大众媒体的广泛传播,目前已经正式进入汉语普通话,如:底线、峰会、金领、蓝牙、卖点、锁定、泊车、连锁店、度假村、面巾纸、单亲家庭、草根阶层等。正如有些学者所言,"近二十年来,以外来词为主的新词大都始用于港台,然后向北扩散到大陆。这些词扩散的方向其实即代表时尚扩散的方向"。② 词汇的变化和更新反映时代变革的脉络和动向。普通话从粤港方言中吸取的新词汇数量较多,这说明我国改革开放以来,两岸三地之间日益频繁的交往促进了普通话与方言间的融合,反映出在某种程度上人们对不同社会形态的宽容,以及人们在认知和价值取向上的趋同。

有些粤语词语进入普通话之后,仍存在与普通话中原有词汇并用的现象。其中有些词语可以在各种场合互用,有些则表现为不同的语体色彩,使用的人群也有所不同,如:买单(结账)、打的(乘出租车)、巴士(公交车)、靓丽(漂亮)、老公/先生(爱人)、保安(门卫/岗)、写真(裸照)、发廊(理发店)、走光(暴露)、发烧友(爱好者/痴迷者)、黄牛党(票贩子)、大排挡(小吃摊)。还有一些同义词,粤语和普通话往往"各取所好",如:皮蛋(松花蛋)、冲凉(洗澡)、臭丸(卫生球)、放水(小便)、瘦身(减肥)、滚水(开水)、非礼(调戏)、过节(不合)、收银台(付款处)、霸王条款(不合理条款)等等。上述词语,粤语惯用前者,普通话则惯用后者。③ "霸王"一词在普通话里原指极其霸道的人,而在香港地区"霸王"引申为享用某种服务后应付款而不付款的行为。"霸王"可以成为构词语素,如:坐霸王车、吃霸

---

① 参见苏金智《台港和大陆词语差异的原因、模式及其对策》,载《语言文字应用》1994年第4期第90—96页。
② 参见邹嘉彦、游汝杰《当代汉语新词的多元化趋向和地区竞争》,载《语言教学与研究》2003年第2期第12—21页。
③ 参见曾子凡《"港式普通话"剖析》,载《方言》2000年第3期第278—283页。

王餐、看霸王戏、跳霸王舞、霸王条款等。粤港地区的"炒鱿鱼"一词的意思与北方地区使用的"卷铺盖"意思相同,但前者有取代后者的趋势。在称谓上,内地城镇女性原把自己的配偶称为"丈夫""爱人",北方农村已婚妇女多称配偶为"孩儿他爹",如今人们耳边时常听到的却是"老公"的称谓。

除了方言词语进入普通话外,语法也出现这样的情况。粤语中"有+动词"表示过去的动作,如"昨日我有去过他家"。现在北方已经有不少年轻人模仿广东人使用这样的句式。根据郑定欧的观察,广州市民说粤语时会套用普通话词语,说普通话时会套用粤语用法,尤其是在结果补语上表现最为突出,如:说"煮滚",而少说"煮开";说"把瓶子盖实",而少说"把瓶口封严"。① 粤语与普通话相比较,很多时候词序是相反的,如:兵士(士兵)、鸡公(公鸡)、笋干(干笋)、和暖(暖和)、替代(代替)、劳烦(烦劳)、多彩多姿(多姿多彩)、惟肖惟妙(惟妙惟肖)。前者为广东话惯用,后者为普通话惯用。② 在语序方面,粤语话和普通话很多时候也是相反的,如:呢度太多人(这儿人太多),你好大力(你力气很大),真喺好运(运气真好),食多一碗(多吃一碗)。③ 在词语搭配方面,粤语和普通话也有所不同,如:件衫好污糟(衣服很脏),好似猪一般蠢(像猪那么笨),驾车上班(开车上班),几时去(什么时候),追你不上(追不上你)。④ 在表示比较关系的句子中,粤语常用"过"字,而普通话用"比",如"成绩高过我很多"(他的成绩比我高很多),"她步子慢过他许多"(她的步子比他慢得多),"牛重过猪很多"(牛比猪重很多)。粤语和普通话在某些量词的搭配上,也不尽相同,如:一条(把)钥匙,一间(所)学校、医院,一餐(顿)饭,一架(辆)单车(自行车),一根(头)蒜等。按照有些学者的看法,香港多数居民的母语是广东话,未能摆脱方言的干扰,再加上英语对汉语的干扰和影响,造成了特殊的港式中文,即中西合璧、半文不白、方言与共同语混杂的语言。⑤ 从构词角度看,粤语利用共同的构词语素,形成不少词族,进入普通话,

---

① 参见郑定欧《语言变异—香港粤语与广州粤语比较研究》,载《中国语文》1998年第1期第46—65页。
② 参见曾子凡《"港式普通话"剖析》,载《方言》2000年第3期第278—283页。
③ 同上书,第280页。
④ 同上书,第281—282页。
⑤ 同上书,第282页。

如：垃圾邮件、垃圾广告、垃圾食品、问题少年、问题家庭、问题裁判、问题产品、问题公司、问题汽车、上班族、打工族、工薪族、追星族、啃老族、月光族、脱口秀、时装秀、泳装秀、内衣秀、脱衣秀、模仿秀、大选秀、作秀、首席提琴手、首席科学家、首席教授等。

总之，一个时代的社会生活决定了那个时代的语言内容及风貌；反过来说，一个时代的语言特色反映了那个时代的现实社会生活。进而言之，语言不但折射某个特定时代社会生活的各个方面，而且构成那个时代的鲜明特征。粤方言作为汉语的地域变体之一，对丰富汉语词汇起着重要的补充作用。

7.2 语言转用和语言保持 ①

7.2.1 语言转用和语言保持的定义

语言转用是指在较长期的语言竞争中弱势群体的语言被逐步弱化，出现功能萎缩，最终被放弃，从而被强势群体的语言取而代之的现象。所谓强势是指人口众多，分布集中，经济、文化发达，语言使用功能强。弱势则相反，人口稀少，居住分散，经济、文化落后，语言使用功能小。至于政治和军事上的强势并不一定会造成语言替换。例如，清王朝曾试图用满文取代汉语文，但是因为汉族的经济和文化比满族先进，人口远远超过满族，最终还是汉语取代了满语。②

实际上，语言转用反映的是一种语言同化现象。同化有两种不同的性质：一种是外在的，属于强制性的；一种是内在的，属于自愿的。强制性的语言同化依赖政治上的统治地位或军事力量的优势，通过强制性的手段，禁止人们使用自己的本族语。自愿的语言同化是指语言群体在转用另一种语言时具有较大的主动性，他们放弃本族语不是因为屈服于外来的强制性压力，而是出于自己的选择。一般来讲，人们转用的新语言总是比放弃的语言具有更强的交际功能。当与外界交往使用本族语遇到越来越多的障碍和限制时，语言转用就开始发生。

语言保持是指群体或个体坚持使用自己的母语，不用其他民族语言

---

① "语言转用"的另一种译法是"语言替换"；"语言保持"也译作"语言维护"。
② 参见罗美珍《论族群互动中的语言接触》，载《语言研究》2002年第3期第1—20页。

替换母语的现象。一般而言,人们对母语都怀有深厚的感情,因为它是联系家庭成员、集团内部成员的纽带。它反映一个群体的文化传统,维系其道德规范,并形成内聚力。如果操某一语言的集团对其语言持积极的态度,他们就会维护自己的语言,显示出语言忠诚。例如,迁徙到海内外各地的客家人遵循"宁卖祖宗田,不忘祖宗言"的祖训,在异国他乡极力保持使用客家话,而且通过乡音彼此认同,相互帮助,有很强的凝聚力。[①]

7.2.2 语言转用和语言保持的因素

影响语言转用和语言保持的因素很多,归纳起来大致有以下几方面:经济地位和社会声望、人口因素、大众传媒和宗教以及教育政策。

一般而言,经济地位较低的语言社团总是向经济地位高的语言社团的语言转变。例如,在美国讲西班牙语的拉丁裔人经济地位较低,他们为了改善自己的处境,不仅自己学说英语,还主张子女也学英语。秘鲁、厄瓜多尔、玻利维亚等国家说奇楚亚语(Quechua)的人的社会地位较低,因此他们倾向转用在这些国家代表较高社会地位的西班牙语。我国畲族人生活在闽、粤、赣交界处的山区,以刀耕火种的游耕和狩猎的生产方式繁衍、生息。他们原有自己的语言,但人口不多。后来大批中原汉族人因躲避战乱和饥荒陆续到了那里,他们带去了先进的生产技术和文化,而且人多势众。虽然畲族人最初反抗和抵制这些汉人,但后来还是向汉族学习,与之通婚,在共同的生活和劳动中绝大多数的畲族人改用了汉语客家话,遗忘了本族语。[②]

语言的通用程度往往同使用语言的人口数量有密切的关系。人口的密集度高,居住集中容易使本民族的人维护自己的语言。例如,加拿大魁北克地区操法语的人口比较密集,这在很大程度上维护了法语的发展,而在加拿大的其他地区操法语的人口较稀疏,人们倾向于使用英语。再如,在美国旧金山等地华人集居的唐人街汉语得以保持下去。居住在农村和偏僻地区的人口比居住在城市和繁华地区的人口更容易保持自己的语言。例如,在墨西哥中部,操尤托-阿茨克语(Uto-Aztecan)的人迁往城市居住后,便开始转用西班牙语。我国一些少数民族地区也有类似的现象,

---

① 参见罗美珍《论族群互动中的语言接触》,载《语言研究》2002年第3期第1—20页。
② 同上书,第2—3页。

第七章
双语现象和语言接触

如在鄂伦春族长期生活的深山密林地区,在人口稀少、民族成分单一的历史时期主要通行鄂伦春语。近几十年来,在鄂伦春族居住的地区外来移民不断增加,形成了多民族杂居的状况,鄂伦春族人口比例的逆差不断加大,这种人口、民族成分比例的改变,给语言的使用带来了直接的影响。①我国居住在广东增城、博罗和惠东一带山区的畲族人,改革开放之前一直使用原来的苗—瑶语族的语言,因为他们的居住地闭塞,与外界交往很少。②

  大众传媒和宗教也是影响语言替换和保持的重要因素。例如,20世纪40年代早期,墨西哥广播事业的发展推动了西班牙语在该国的普及。其次是宗教的影响力。当某一种语言和宗教联系在一起时,便增强了语言保持和传播的动力。例如,在美国有些社团内部仍使用德语和伊地语,因为那是他们从事宗教活动所使用的语言,具有内部凝聚力。又如,我国海南三亚市羊栏镇的回族人,虽处在海南话的包围中,他们仍使用回辉话,因为他们信奉伊斯兰教,受宗教清规戒律的束缚,他们很少与外界接触。世界各地的犹太人也属于这种类型,犹太教使他们保留希伯来语。埃及的语言替换更具典型意义,埃及历史上曾使用过古埃及语,后因基督教的传入而改用科普特语(Coptic),到公元3世纪时,科普特语已成为信奉基督教的埃及人的主要语言。公元642年,随着伊斯兰教的传播,阿拉伯语取代科普特语,前者成为现在埃及大多数人使用的语言,1971年埃及通过宪法将阿拉伯语定为官方语言。③

  实施双语教育有助于维护少数民族的语言权,但不可能制止少数民族语言替换现象的发生。例如,在美国,少数民族享有语言权利,开办私立学校,用本族语讲课。但学生父母不愿意让自己的孩子失去学习主流语言的机会,在他们的压力下,这类学校逐渐实行了双语教育。美国有许多州原先规定公立学校都要用英语讲课,致使少数民族子弟辍学,引发教育危机。1968年国会通过双语教育法,并拨款资助一些州的中小学实施双语教育示范项目。但这些项目面临课程设置困难、教材和师资不足、缺乏统一的评估标准等问题。人们对双语教育要达到的目的及其成效提出

---

①③ 参见徐世璇《语言濒危原因探析——兼论语言转用的多种因素》,载《民族语言》2002年第4期第56—65页。

② 参见罗美珍《论族群互动中的语言接触》,载《语言研究》2002年第3期第1—20页。

了质疑:实施双语教育是否是为了学校能用主流语言讲课而采取的过渡性措施? 双语教育能帮助少数民族保持住他们的语言和文化吗?①

7.2.3 语言消亡和濒危语言

如上所述,当某一民族集团的成员开始使用另一民族集团的语言来代替本民族语言时,语言替换便开始了。语言替换一般需要经历三代人的时间。第一代人是操本族语的单语者;第二代人是双语者,除掌握第一语言外,还会使用第二语言;第三代人转用第二语言,即本族语在这代人身上开始丧失。语言替换可能会同步发生,即在某一时期当第一代人仍然是使用第一语言的单语者时,第三代人已经是使用第二语言的单语者。在语言替换过程中,第一语言会受到第二语言的影响,其形式和用法得以简化,出现借用和语码混合现象。当出现某一集团的人不再会讲本民族语言这一极端现象时,语言消亡便由此发生。消亡的语言通常会在胜利者的语言中留下一些痕迹,如某些发音方式的特点,当地某些地名或特有地貌、物产的名称等。这些痕迹被称为该语言的"底层"。例如,拉丁语的音位/u/在法语中变成/y/,是由于拉丁语与高卢语(Gaulois,属凯尔特语族)发生融合的时候,高卢人放弃自己的语言,但把自己的发音习惯带进拉丁语的使用中,使后高圆唇元音/u/变成后来法语的前高圆唇元音/y/。这就是失败的高卢语留在胜利的拉丁语(后来的法语)中的底层。

徐世璇认为,语言消亡的主要原因有两种:1)由于自然灾害、疾病、战争等灾难造成语言群体灭绝而引起语言消亡。例如,印度的库奇语(Kutchi)原本使用的人数就少,突如其来的自然灾害加剧了其灭绝程度。19世纪60年代,俄国沙皇征服北高加索地区后,实行种族屠杀,大部分乌别克人惨遭杀害,乌别克语(Ubykh)因此而遭彻底覆灭的厄运。非洲一些国家和地区长期以来因存在种族和宗教矛盾而冲突不断,由此导致一些种族近乎灭绝,从而使得曼比罗德语群(Mambiloid)中的卡萨贝语(Kasabe)、尼日利亚的奥高尼语(Ogoni)、苏丹的努巴语(Nuba)濒临危机。2)因语言群体失散,语言失去依存基础而消失。在自然灾害或战争的威胁下,语言群体被迫离开原居地,为求生存迁徙到世界各地,与其他

---

① 参见 François Grosjean, *Life with Two Languages: An Introduction to Bilingualism*, pp.67—81, 1982。

第七章
双语现象和语言接触

的语言群体混合杂居,从而很快失去包括语言在内的群体特征和传统文化。例如,20世纪70年代泰国修建桂河大堤时,武贡语(Ugong)群体的大部分村庄被淹没,村民们迁往讲泰语的地区,以致现在讲武贡语的人数微乎其微。南美洲讲奇楚亚语和埃马拉语(Aymara)的人,由于大批陆续移民到秘鲁沿海城市后转用西班牙语,从而使得操这些语言的人数迅速减少。[1]

在过去一个世纪,由于政治、经济、文化、战争、宗教、移民等种种原因,先后已有1000多种语言在地球上消亡。据语言学家估计,到21世纪末,还将有50%甚至多达90%的语言不再被使用。[2]随着全球经济一体化和地区经济发展速度的加快,随着网络、媒体现代化的迅猛发展和广播、电视、大众传媒的日益普及,随着一些封闭、半封闭状态的地区、族群的开放,随着官方语言或通用语言传播力度的加强,一些弱势语言的功能将更加减弱,最后濒临消亡。中国有120多种少数民族语言,包括台湾高山族使用的19种南岛语系语言。在这120多种语言中有20多种语言使用人口不足1000,基本上处于濒临消亡的边缘。[3]

世界各地的语言学家十分关注处于衰亡的语言,即濒危语言,对其特点包括使用功能和本体结构的特点展开研究。[4]关于濒危语言的定义,菲什曼把那些即将消亡的语言称为"受威胁的语言"。他认为受到威胁程度最高的语言,是那些与社会隔绝的老年人使用的语言,其次是那些虽然融入社会但已经失去生育能力的人使用的语言,再次是那些只用于口头交际而无书面文字的语言。[5]克劳斯(Michael Krauss)则将语言与生物相类比,把语言划分为垂死的、濒危的和安全的三种。[6]垂死型的语言是那些

---

[1] 参见徐世璇《语言濒危原因探析—兼论语言转用的多种因素》,载《民族语言》2002年第4期第56—64页。
[2] 参见刘汝山、郭璐宁《国外濒危语言研究扫描》,载《当代语言学》2004年第4期第328—333页。
[3] 参见孙宏开《关于濒危语言问题》,载《语言教学与研究》2001年第1期第1—7页。
[4] 参见戴庆厦《濒危语言研究在语言学中的地位》,载《长江学术》2006年第1期第97—101页。
[5] 参见 Joshua Fishman, *Reversing Language Shift: Theoretical and Empirical Foundations of Assistance to Threatened Languages*, 1991。
[6] 参见 Michael Krauss, *The World's Languages in Crisis*, 载 *Language* 68, pp. 4—10, 1992。

儿童不再以其为母语学习的语言;濒危型的语言是那些虽然儿童仍在学习,但是如果目前状况不改变,今后儿童不再学习的语言;安全型的语言则是那些受官方政策扶持并且拥有众多使用者的语言。联合国教科文组织于 2003 年 3 月在巴黎举行的国际专家会议的文献,认可联合国教科文组织下设的语言专家特别小组提出的鉴别濒危语言濒危程度的标准,即:1)代与代之间的语言传递情况;2)语言使用者的绝对数目;3)该语言的使用者在总人口中的比例;4)该语言使用领域的趋向;5)该语言对新语域和媒体的反应情况;6)语言和识字教育的资料状况;7)政府及机构的语言态度和政策,其中包括语言的正式地位和使用情况;8)社区成员对本集团语言的态度;9)文献的数量和质量。① 爱德华兹(John Edwards)提出一个影响语言状态的因素分析模型,综合考虑到社会、心理、历史、政治、地理、教育、宗教、经济等领域和语言使用者、语言、环境等因素的交互作用,涵盖 33 个可能影响语言状态的变量。② 这种模式的显著特点是,第一,涵盖面宽;第二,宏观与微观相结合;第三,将种族与语言群体区别开来。③ 我国学者戴庆厦也指出,造成语言濒危的因素不是单一的,而是多种多样的。濒危语言的形成,主要与使用人口、使用范围、使用功能等因素有关,而且还受历史变迁、民族关系、婚姻关系等因素的制约,并据此提出一个量化的可操作的指标,以衡量哪种语言属于濒危语言。④

7.3 双言制

7.3.1 双言制的定义和特征

双言制这一术语是由弗格森首先引入英美社会语言学界的。他对双言制下的经典定义是:"(双言制是)一种相对稳定的语言状况,其中除了有语言的主要方言以外(这可能包括一种标准体或几种区域标准体),还

---

① 参见刘汝山、郭璐宁《国外濒危语言研究扫描》,载《当代语言学》2004 年第 4 期第 328—333 页。
② 参见刘海涛《国外濒危语言研究概述》,载《长江学术》2006 年第 3 期第 46—51 页。
③ 参见徐世璇、廖乔婧《濒危语言问题研究综述》,载《当代语言学》2003 年第 2 期第 133—148 页。
④ 参见戴庆厦《濒危语言研究在语言学中的地位》,载《长江学术》2006 年第 1 期第 97—101 页。

有一种差异很大、高度精密的(往往是语法更加复杂的)高置变体,它是更早时期或来自另一个言语社团备受尊崇的大量书面文学作品的载体,它主要是通过正规教育而习得的,并且大部分用于书面语和正式口语,而不用于社团内部的日常会话。"[1]弗格森讨论的双言制的四个例子是:在阿拉伯国家使用的古阿拉伯语和它的地域口语变体;在瑞士使用的 High German(高地德语)和 Swish German(瑞士德语);在海地使用的法语和克里奥耳语;在希腊使用的 Katharévousa(现代书面语)和 Demotiké(现代口语)。

为了区分双言制和其他社会语言现象,弗格森提出双言制具备九条特征:1)"高"变体(H)与"低"变体(L)在功能上严格区分,两者呈互补性分布;2)在语言社团成员眼里,H 比 L 具有更高声望;3)H 是备受尊崇的大量书面文学作品使用的语言;4)H 主要通过正规教育才能学会,而 L 则是自然习得的;5)H 的语音、语法和词汇具有严格的标准,变异非常有限,而 L 在这三个层面变异很大;6)双言现象极其稳定,一般持续至少几个世纪;7)H 与 L 在语法结构层面存在广泛的差异;8)在 H 和 L 两种变体中存在着一系列音系上互不相关,但常用于表达概念的成对词汇;9)H 与 L 的语音系统构成一个单一的音系结构,其中 L 属于该结构中的基本系统。哈德逊(Alan Hudson)认为,这九个特征不是开放的,而是一个封闭的相互依存的特征集。双言制有别于一种标准语带几种方言的情况,原因在于社团成员一般不将 H 作为日常会话的工具。同样,双言制还有别于另一种类似的情况,即两种不同的语言(无论有无亲缘关系)在社团中并列使用,各自具有明确不同的作用。[2]

7.3.2 扩展式双言制

菲什曼对弗格森的定义作了扩展。在他看来,双言制中的语言可以是截然不同的语言,也可以是同一种语言的两种完全不同的变体。这就意味着双言制不仅包含弗格森所描述的语言现象,而且还可延伸至其他

---

[1] 转译自 Alan Hudson,*Diglossia*,见 Rajend Mesthrie 编 *Concise Encyclopedia of Sociolinguistics*,p.226,2001。

[2] 参见 Alan Hudson,*Outline of a Theory of Diglossia*,见 *International Journal of the Sociology of Language* 157,p.9,2002。

社会双语现象,如两种无亲缘关系的语言分别充当 H 和 L 的情况。

菲什曼认为世界各国的双言制和社会双语现象的关系可以概括为以下四种类型:①

表 7.1 双语和双言的关系

	＋双言	－
＋ 双语	1. 既有双言又有双语	3. 只有双语没有双言
－	2. 只有双言没有双语	4. 既无双言又无双语

第一种类型是既有双言又有双语。在这样的国家中,绝大多数社会成员都会使用高变体和低变体,懂得对什么人、在什么场合、就什么话题选择哪一种语言。例如在巴拉圭,几乎人人都会说西班牙语和瓜拉尼语,但西班牙语只用于教育、宗教和政府部门等正式场合,而瓜拉尼语只用于日常交往等非正式场合。第二种类型是只有双言没有双语。在这样的国家中,由于统治集团和被统治集团、社会上层和社会底层二者之间存在语言上的分隔,个体讲单语的现象非常普遍,统治集团和社会上层使用高变体,被统治集团和社会底层使用低变体。例如,在第一次世界大战前,欧洲的达官贵族讲时髦的法语或其他高变体,而普通民众则讲低变体。第三种类型是只有双语没有双言。当众多双语者不按照语言的功能分布使用语言时,便会出现只有双语没有双言的情况。这种局面通常出现在社会发生重大变革时,工业化和城市化促使人员流动急剧增加,人际角色关系不断变化,传统的社会文化模式被颠覆,社会价值观和社会准则发生严重错位,从而导致本应在家庭使用的语言被用于工作场所,而在工作场所所使用的语言反过来也被用于家庭场合,最后可能会导致高变体与低变体的混合,混合之后的新变体可能成为下一代人的母语,也可能会导致一种语言被另一种语言完全取代。这样发展下去的结果就是第四种类型,即既无双言又无双语。当然,没有经历过双语阶段的社会也可能存在单语、单言的情况,如朝鲜、古巴、葡萄牙等国家。然而,菲什曼自己也承认,在异族通婚、人口扩张、经济增长、对外接触频繁的现代社会,语言多样化

---

① 参见 Jushua Fishman, *Bilingualism with and without Diglossia*; *Diglossia with and without Bilingualism*, 载 *Journal of Social Issues* 23(2), pp.82－87, 1967。

第七章
双语现象和语言接触

是必然的趋势,因此真正的既无双言又无双语的社团很难找到。①

菲什曼将扩展式双言制中高变体和低变体的相关程度分为以下四种类型:② 1)高变体为古典语,低变体为土语,两者有亲缘关系,如古典希腊语和现代希腊语、古汉语和现代北京话;2)高变体为古典语,低变体为土语,两者无亲缘关系,如犹太人使用的希伯来语和伊地语;3)高变体为书面语和正式口语,低变体为土语,两者无亲缘关系,如巴拉圭的西班牙语和瓜拉尼语;4)高变体为书面语和正式口语,低变体为土语,两者有亲缘关系,如瑞士的标准德语(Hochdeutsch)和瑞士德语、汉语普通话和广东话。菲什曼的分类不再是一对一的简单式双言制,而是一种较为复杂的一对二或二对一的双重交叉式双言现象。例如,在坦桑尼亚使用的低变体为非洲土话(L),高变体为英语(H),而斯瓦希里语(H/L)既可作为高变体也可作为低变体使用。双言制或多言制属于较为稳定的语言现象,但它并不是固定不变的。当一种语言或变体侵入原本属于另一语言或变体的领域时,便产生了所谓"泄露"现象。这就是双言制将要崩溃的早期迹象,它预示着社会集团间权力关系的变化。由此产生的结果是,要么原先的高位变体和低位变体发生混合,要么导致语言更替。

7.3.3 双言制的渊源及历史沿革

弗格森认为各地的双言制并非仅出现于某个历史发展时期,而是具有不同的来源并且发生于不同的语言环境。形成双言制的一个重要条件是一个国家的文化悠久,拥有数量可观的优秀的文学作品,这些作品能反映其基本价值观,但语言形式只有少数上流社会的人通晓。哈德逊认为书面语的发展,加上其他因素的作用,为双言制创造了适宜的环境。第一,受社会文化规范制约,书面语较之口语在语法结构上更为严谨;第二,书面语和口语在实际使用中受到的语用限制(如时间限制、心理因素、社会距离等)不同,从而决定了口语和书面语中某些语法形式出现的频率不等;第三,由于学习和使用语言技能的机会不均,使得社会上享有特权的

---

① 参见陈立平《双语社团语码转换研究——以常州话-普通话语码转换为例》第 42—43 页,2009。

② 参见 Joshua Fishman, *Bilingualism and Biculturism as Individual and as Societal Phenomena*, 见 *Journal of Multilingual and Multicultural Development*, p.3, 1980。

人有更多的机会使用书面语或文学作品中的语法形式;第四,书面语作为一种媒介,可起到语言结构固化剂的作用。一般而言,口语结构易受到历时演变的侵蚀而发生变化,但书面语的结构则相对稳定。正是因为书面语不受口语的直接影响,两者潜在的差别就会扩大,从而就可能催生双言制。①

弗格森指出,双言制在历史上曾发生过数百次,在现代已有几十例。②双言制被描述为南亚的社会语言地域特征,如孟加拉语(Bengali)和僧伽罗文(Sinhala),以及卡纳达语、马拉雅拉姆语(Malayalam)、泰米尔语和泰卢固语(Telugu)。关于梵语与印度-雅利安人(Indo-Aryan)的任何一种亲属语言共存的现象是否属于双言制这一问题仍存在争议。公元前500年帕尼尼时期,梵语仍是口头方言,但是到了公元1世纪,它便成为一种高置的学术语体,当时的广大民众却只会讲普拉克里语(Prakrit)。

阿拉伯国家的双言制出现于公元7世纪,是以伊斯兰军事征服为发端的,有些学者认为早期的伊斯兰诗歌的语言与口语差别很大,因此双言制可以追溯到伊斯兰兴起之前。到公元750年古典阿拉伯语不再作为口语使用,而成为纯粹的文学语言形式。现在这门语言仅用于宗教,通过正规教育学习和掌握这门语言也只是为了研究语言、宗教或文学。现代标准阿拉伯语(Modern Standard Arabic)是在古典阿拉伯语基础上简化了的标准化语言,已成为正式书面语工具,用于广播和公共讲演,而与阿拉伯语在结构上差别很大的一种口语变体则用于非正式的日常交往。

拉丁语的双言制现象可追溯到公元前1世纪,那时古典拉丁书面语有别于通俗拉丁口语和后来出现的拉丁文学标准语。从公元前100年到公元400年,古典拉丁语得到广泛使用,但它与通俗拉丁语之间的通话程度在逐步降低。后来,古典拉丁语与早期的罗曼语变体之间的功能互补,加上民众识字率的减少,催生了双言制。

欧洲最著名的双言制的例子当属瑞士。瑞士德语和高地德语并存且功能互补。毫无疑问,高地德语作为文学和高等教育的语言自然成为高

---

① 参见 Alan Hudson, *Outline of a Theory of Diglossia*,载 *International Journal of the Sociology of Language* 157, pp. 21—24, 2002。

② 参见 Alan Hudson, *Diglossia*,见 Rajend Mesthrie 编 *Concise Encyclopedia of Sociolinguistics*,p. 226, 2001。

雅文化领域的标准,然而尽管在德国高地德语逐步取代当地方言成为儿童习得的母语,但在瑞士由于人们对19世纪和20世纪德国扩张主义的反感,因而高地德语仅用于书面语和正式口语。[1]

7.4 皮钦语、克里奥耳语和混合语

7.4.1 皮钦语

皮钦语最初是在操不同语言的人往来却不能通话时产生的一种临时性交际工具。讲皮钦语是17世纪以后在殖民地、半殖民地的通商口岸常见的一种语言现象。它是交往双方在语言上相互妥协的产物,是由一种语言的词汇和另一种语言的语法结构混杂而成的。[2] 皮钦语大多以英语、法语、葡萄牙语等某一欧洲语言为基础,最大程度简化语法规则,省却性、数、格等变化,没有屈折和派生词缀等。说话人仅借助有限的词语和简单的词序来指称事物或表达意义。例如,操托克比奇语(Tok Pisin)的人用"sip"表示"ship"(船),用"sipsip"表示"sheep"(羊),用"talk"表示说话,而用"talktalk"表示"chatter"(喋喋不休),用"looklook"表示"stare"(凝视),用"gras bilong het"表示"hair"(头发),用"gras bilong fes"表示"beard"(胡须),用"ka bilong me"表示"my car"(我的汽车)。[3]皮钦语的发展过程与社会变迁息息相关,它们的命运取决于交际环境的需要。有些皮钦语如17—19世纪在我国南方沿海地区流行的"洋泾浜"英语逐渐消失了。但有些皮钦语稳定下来,逐步发展出新的形式和更为复杂的结构,成为当地人的一种主要交际工具,如巴布亚新几内亚的托克比奇语已成为该国的官方语言。当后代人将皮钦语作为母语来学习时,它就成为克里奥耳语。

关于皮钦语的起源有多种说法。一种说法是,皮钦语来源于17世纪后非洲、美洲某些地区殖民统治者的种植园。那里的劳工来自彼此不能通话的不同部落,他们不仅与殖民统治者之间没有共同的语言,就是相互之间也无法用自己的语言沟通,从而产生了当地唯一共同的交际工具皮

---

[1] 参见 Alan Hudson, *Diglossia*, 见 Rajend Mesthrie 编 *Concise Encyclopedia of Sociolinguistics*, p.228, 2001。
[2] 参见 Ronald Wardhaugh, *An Introduction to Sociolinguistics* (3rd edition), p.57, 2000。
[3] 同上书, p.66。

钦语。这种语言通常由地位低的底层语言成分与地位高的表层语言成分混合而成,如非洲奴隶使用的语言与英语、法语、荷兰语或葡萄牙语的混合。有人认为,皮钦语分为内源型和外源型两类。前者指本部落人与外部落商人交往时使用的语言,后者指操不同语言的多民族人交往时产生和发展起来的语言,如奴隶和契约工与种植园主之间使用的语言。还有人认为,皮钦语也是一语者在学习表层语言的过程中所产生的第二语言。这种语言的词汇借用底层语言和表层语言,但词汇形式源自表层语言,而句法和词义特征遵循底层语言的规则。由于输入的表层语言的质和量受限,学习者没能完全掌握目的语,结果就形成了混合语。

7.4.2 克里奥耳语

当皮钦语发展成熟并成为后代人的母语时,它就成为一种相对稳定的克里奥耳语。目前世界上有多种克里奥耳语,如以法语为基础的克里奥耳语,有圭亚那克里奥耳语(Guyanese Creole)、瓜德鲁普克里奥耳语(Guadeloupe Creole)、多米尼克克里奥耳语(Duominike Creole)、马尔提尼克里奥耳语(Martinique Creole)、圣卢西亚克里奥耳语(Saint Lucia Creole)、海地克里奥耳语(Haitian Creole)、留尼汪克里奥耳语(La Réunion Creole)等,此外还有以英语、西班牙语、葡萄牙语或德语为基础的克里奥耳语。由于经济、社会和文化方面的压力,克里奥耳语会朝着标准语方向发展,这一过程被称作"去克里奥耳化"。如牙买加克里奥耳语实际上是一个连续体,一端连着皮钦语,另一端连着英语,中间存在多个变体。由于深刻的社会变革,原先等级森严的社会分层被打破,使得操克里奥耳语的人得以向上流动,结果牙买加克里奥耳语逐步与牙买加英语趋同。如果不存在这样的社会条件,"羽翼丰满"的克里奥耳语会与标准语共存,各司其职,如海地的克里奥耳语和法语形成双言制。

7.4.3 混合语

布兰克(M. H. A. Blanc)认为,混合语是一种群体内部语言,其语法结构通常来源于一种语言,而词汇来自另一种语言。[①]例如,马耳他语

---

① 参见 M. H. A. Blanc, *Bilingualism, Societal*, 见 Rajend Mesthrie 编 *Concise Encyclopedia of Sociolinguistics*, p. 20, 2001。

(Maltese)就是阿拉伯语借用大量的意大利语和英语混合而成的。另一个少见的混合语的例子是米奇夫语(Michif),这是加拿大西部和美国北达科他州地区使用的一种语言。其词组的内部结构,如音系、形态、句法实质上是法语,而它的动词词组结构实质上是克里语(Cree),一种阿尔贡金语(Algonquin)。讲米奇夫语不能看成是语码转换,因为语码转换者多少具有使用两种语言的能力,但大多数讲米奇夫语者既不会讲法语又不会讲克里语。那么它是皮钦语?其实也不是。因为它是讲这种语言人的母语,是很发达完备的语言。这听起来好像是克里奥耳语,但克里奥耳语是由皮钦语发展而来,米奇夫语却不是。米奇夫语是群体内部语言,而克里奥耳语属于族际群体间语言。目前它仍然是语言学界要解决的一个谜团。

对这些语言的研究有助于人们对语言本质的认识,有助于加深对语言起源和语言演变过程的理解。

7.5 场域和语码转换

7.5.1 场域

菲什曼认为,多语交际情景中的语言选择不是任意的行为,它受某些因素的制约。他使用"场域"这一概念对个人在面对面交谈中选用的语言进行分析,试图回答"谁对谁在何时讲何语言"这一问题。[①]所谓"场域",是指一个多因素的组合体,如角色关系、情景及话题。场域决定语言使用的类型。例如:布鲁塞尔的一位政府官员在办公室工作时讲标准法语,在家讲佛兰芒语(Flemish)的一种地方变体,在酒吧聚会喝酒时讲标准荷兰语。他在不同的场合针对不同的对象选择了不同的语言,这说明他所认同的对象分属于不同的群体,或者说他想要被上述对象认同为其群体中一员。然而,不难想象可能会出现一些非典型的情况,即这位官员在办公室讲佛兰芒语的一种地方变体,在酒馆讲法语,在家中讲荷兰语。菲什曼对此作出的解释是,谈话用何种语体与人际关系相关,如交际者之间的亲疏关系、同等与不同等的社会地位关系等。这位官员和在办公室与之交

---

① 参见 Joshua Fishman, *Who Speaks What Language to Whom and When*, 载 *Linguistics* 2, pp. 67−68, 1965。

谈的另一官员很可能是同乡和同学,有共同的经历和相同的观点。因此,他们更倾向于使用代表这种亲密关系的家乡话,以表达他们更愿意将对方看成知己,而不是政府官员。然而,当他们谈论工作、艺术和文学时,他们会转用法语。可见话题又成了影响语言选择的一个重要因素。

格林费尔德(Lawrence Greenfield)曾运用场域分析法对美国纽约市波多黎各双语社团的语言选择作过调查。[1]他共分出五个场域:家庭域、朋友域、宗教域、教育域和工作域,他发现西班牙语更多用于家庭域和朋友域,而英语则更多用于宗教域、教育域和工作域。他运用的调查方法是,在事先准备好的调查表上标出人物、地点和话题这三个场域要素中的前两项,让受试者填补第三项,并要求他们说明在此情况下他们会使用何种语言。例如,关于同父母谈论家事的地点选项是家里、海滨、教堂、学校、工场。结果所有受试者都选择了"家里",从而验证了前两个要素:父母(人物)和谈论家事(话题)总是与家里(地点)紧密联系在一起。

场域分析法虽能说明一定的语码转换现象,但仍缺乏充分的解释力。帕拉舍(S. N. Parasher)在印度所作的语言调查发现,本族语或其他方言只用于家庭域,英语除用于教育、政府部门和工作域外,有时还用于朋友和邻里之间。[2]他对此作出的解释是,受试者都是受过良好教育的人,因为彼此没有共同的第一语言,而且虽然是朋友但谈话的话题都较为正式,所以他们更多选择用英语交流,并不受场合和人际关系的限制。盖尔研究发现,地点、场合和话题不及交际者的身份更为关键。她强调社区结构和价值观念对语言选择起到重要作用。在匈牙利和奥地利的边境地区,德语享有高的社会声望,属于高变体,而匈牙利语则属于低变体。一些匈牙利人在对这两种语言作选择时,主要考虑讲德语更为体面,更像城里人,而讲匈牙利语则像乡巴佬,显得土气。[3]显然,讲某种语言可以标示说话人的某种身份。

场域分析法的另一弊端是,菲什曼没有具体说明到底应当确定多少场域作为语言选择的参照才算合理,以及各场域之间的关系如何,孰重孰

---

[1] 参见 Ralph Fasold, *The Sociolinguistics of Society*, p. 184, 1984。

[2] 参见 S. N. Parasher, *Mother-tongue-English: A Case Study of Educated Indian Bilinguals' Language Use*, 载 *Anthropological Linguistics* 22(4), pp. 151—168, 1980。

[3] 参见 Susan Gal, *Language Shift: Social Determinants of Linguistic Change in Bilingual Austria*, 1979。

轻。例如,菲什曼在研究美籍犹太人使用伊地语和英语情况时,使用了六个场域:家庭、朋友、相识、大众媒体、犹太组织和职业,但他在引述施密德-罗尔(Schmidt-Rohr)的研究时,指出后者运用了九个场域,而其他的学者就场域的划分却有增有减。虽然存在这样的不足,菲什曼的见解在一定意义上否定了双语者在语言能力上存在缺陷的偏见,为多语环境中的语言选择研究提供了社会文化结构方面的解读,加深了人们对双语和语言转换现象的理解,并为该领域的研究提供了一套可操作的方法。

7.5.2 语码转换的动机

语码转换是语言接触中的一个普遍现象。"语码"是个中性词,泛指人们在言语交际中使用的任何一种符号系统,或语言或方言或一种语体。语码转换指在双语或多语交际环境中,在不同场合,或在一次交谈中,操双语者轮换使用两种或多种不同的语言、方言或语体。

当我们讨论为什么人们要从一种语言转换成另一种语言,或从一种语言中的一种变体转向另一种变体时,我们总会产生这样的疑问:语码转换的动机何在? 菲什曼虽没有正面回答这一问题,但从他的研究中可得出的间接答案是:说话人作出语码转换,或是为了调整与听话人的社会距离,或是与选择话题有关。如果说菲什曼的研究是从场域这一情景化的社会构念的角度阐述语言选择的模式,那么布洛姆(Jan-Peter Blom)和甘伯兹则是依据社会内部结构和规约一起探究语码转换的不同类型。[①]他们在挪威北部一个叫 Hemnesberget 的小镇经过实地考察后发现,当地居民使用两种语码:标准语 Bokmål 和方言 Ranamål,他们在日常交往中频繁在这两种语码之间切换,表现出一种较为固定的结构模式。影响他们语码选择的因素有种族、性别、年龄、社会经济地位等。布洛姆和甘伯兹把当地居民的语码转换分为两种类型:情景型和喻意型。情景型转换是指由于情景的改变或交际参与者的改变而引起的语码转换,不涉及话题的改变。情景型转换假定语言与社会情景存在直接的关联,选择的语言形式表现事件的关键特征,如果违反语言选用规则,就会改变人们对事

---

① 参见 Jan-Peter Blom and John Gumperz, *Social Meaning in Linguistic Structure: Code-switching in Norway*,载 John Gumperz and Dell Hymes 编 *Directions in Sociolinguistics: The Ethnography of Communication*, pp. 407—434, 1972。

件的看法。例如,教师在正式讲课时使用 Bokmål,而当教师鼓励学生开展自由公开讨论时,却使用 Ranamål。讲课和讨论都在教室进行,虽然场景没变,话题没有发生实质性的转变,但前后属于两个不同的言语事件。喻意型转换指说话人为了改变话题或说话的语气,或是为了调整角色关系而采取的语码转换。有趣的是,有些话题可以用任何一种语码进行讨论,但选择不同的语码可以表达不同的感情色彩,传递语言之外的其他意义,暗示着交际者对当前情景的重新定义。① 例如,社区管理部门的工作人员既能讲标准语又能讲方言,当他们处理公务时相互之间就使用标准语,而当他们谈论家务事时就使用方言。如果当地居民有人来办事,他们与来者相互使用标准语,待事情办完之后,他们可能会改用方言谈论私事。

7.5.3　语码转换的功能

　　从社会交往的角度,甘伯兹还对语码转换的功能作了描述。②例如,他通过对奥地利边界地区使用斯洛文尼亚语与德语的情况、新德里使用印地语与英语的情况,以及美国一地区使用奇卡诺语与英语的情况作了调查之后,发现会话中语码转换有六种功能,即援引他人话语、指定受话人、插入旁岔语、重述、限制信息,以及个性化或客观化功能。甘伯兹把转换中涉及的语码归结为两类:"我方码"(we-code)和"他方码"(they-code),前者用于群体内部成员之间的人际交往和非正式场合,后者用于与群体外部成员之间的人际交往和正式场合。他指出,说话人对语码选择的自由度会因情景的不同而受到限制。语境的规约化程度越高,对语码选择的可预测性就越强,反之亦然。③格罗斯让(François Grosjean)总结出影响语码选择的多种因素,包括以下四个方面:1)与交际者有关的因素:语言能力、语言爱好、社会经济地位、年龄、性别、职业、受教育程度、民族背景、说话人的语言交往史、亲属关系、亲密关系、权力关系、对语言的态度以及外部压力;2)与情景有关的因素:交际场景、单语者的存在、正式程度、亲密程度;3)与语篇内容有关的因素:话

---

　　① 参见 Jan-Peter Blom and John Gumperz, *Social Meaning in Linguistic Structure: Code-switching in Norway*, 载 John Gumperz and Dell Hymes 编 *Directions in Sociolinguistics: The Ethnography of Communication*, pp. 407—434, 1972。
　　② 参见 John Gumperz, *Discourse Strategies*, pp. 38—99, 1982。
　　③ 同上书, pp. 163—194。

题、词汇类型;4)与交际功能有关的因素:提高地位、建立社会距离、排除听话人、请求或命令。①

甘伯兹研究的重要意义在于向人们展示语码转换是一个非常复杂的语言策略,它用于传递超乎字面意义的重要社会信息。此外,他的研究还引起众多研究者对语码转换的兴趣,特别是从动态的交际角度关注个体的语码选择,而不是从静止的角度说明语码转换与个体的社会地位相关。

7.5.4 语码转换的标记性模式

司珂腾对语码转换的动机作了更为深入的研究,并试图从认知角度解释语码转换的社会心理动机。她把语码转换看做说话人协商双方权利与义务的一种手段,认为会话中语言的选择是社会因素和个人因素相互作用的结果。她效仿格赖斯的合作原则,精心设计了一条协商原则:"选择会话语言的形式,以指示你期望在当前交际的说话人和受话人之间维持的权利与义务集。"②她根据自己在非洲所作的田野调查,特别是斯瓦希里语与英语、与当地原住民语言之间的语码转换研究,提出标记性模式。"标记性"原本是结构主义语言学的一个概念,主要指研究者按照语言形式的结构特征,在语言各层次的系统中建立起对立关系,并对这些对立项作出有标记性或无标记性的界定。在她看来,一种语言或变体的使用都具有社会和心理的联想意义。基于这种联想和人们对某一语码在其特定语境中所持的期望,这种语码就会被认定为无标记性或有标记性的。人们在交往中作出无标记的选择就是作出符合社会规范的选择,意味着说话人在协商维持各自的权利与义务现状。相对而言,无标记选择是可预测的行为。作出有标记选择,表示说话人打破常规,违反无标记选择准则,试图协商建立一套新的权利与义务集,其行为不能为社会准则所预测。无标记性与有标记性不是绝对的两极划分,而是相对的概念,受具体语境的限制,因场景的变化而变化,是动态性的。③

---

① 参见 François Grosjean, *Life with Two Languages*: *An Introduction to Bilingualism*, p. 136, 1982。
② 译自 Carol Myers-Scotton, *Social Motivations for Codeswitching*: *Evidence from Africa*, p. 113, 1993。
③ 参见 Carol Myers-Scotton, *Social Motivations for Codeswitching*: *Evidence from Africa*, pp. 1—2, 1993。

司珂腾认为语码选择是一种理性行为,她把社会交往看成类似一种交换过程,"成本—效益"分析是理性选择的出发点。说话人在权衡得与失后,力求以较少的付出获得最大的收益,转换语码比坚持使用原来的语码能带来更多的回报。[1]说话人选择有标记性语码为的是传递附加意义,获取最佳效果。司珂腾的理性选择模式基于社会学家埃尔斯特(Jon Elster)的假说:人的行为是经过两个装置系统过滤的结果。一是结构性限制系统,包括个体所要面对的所有生理、心理、经济和法律上的限制。这里与语码转换相关的是社会语境的限制,如宏观的社会特征、集团关系变迁史,也包括个体的社会身份特征,如年龄、性别、社会经济地位、种族以及社会网络关系等。由此结构限制过滤出来的是机会集,应用于司珂腾所说的标记性模式,就是指个人语库。但她认为,结构限制中的差异并不能直接解释行为上的差异。二是以理性为核心的另一个过滤装置系统。在这两个系统之间,她提出"标记等级评估器"这一概念。标记等级评估器是一种说话人内在的认知机制,属于语言能力的一部分,由说话人平时使用语言的经验来支持,借助它说话人能够识别语言选择的标记性等级,但它并不决定最终的选择。语言选择还是要由理性装置来完成。那么,理性又是如何完成其任务的呢?司珂腾认为:首先,它强调作"成本—效益"分析,其目的是引导说话人作出有可能获取最佳回报的选择。要找到最佳选择,说话人首先要考虑自己的愿望、价值观以及个人先前的信念;其次,还要确认上述三个因素关系一致而不冲突;最后,还要保证其最终的愿望、价值观和信念得到证实。理性行事的另一层含义是要考虑社会规范。社会规范是社会的粘合剂,是社会集团成员在某个特定历史时期,在某个地区共同理解和接受的期望集。社会期望规范着行为的可接受性。就语言选择而言,无标记选择一定是为大多数人广泛接受的。无标记选择可通过计算其使用的频率来确定,在会话中它出现的频率通常高于其他变体或语言形式。[2] 总之,标记性评估机制包含了一个语码

---

[1] 参见 Carol Myers-Scotton and Agnes Bolonyai, *Calculating Speakers:Code-switching in a Rational Choice Model*,载 *Language in Society* 30, pp.1—28,2001;李经伟《从斯科顿的标记模式看语码转换研究的新进展》,载《解放军外国语学院学报》2002年第2期第12—16页。

[2] 参见 Carol Myers-Scotton, *Social Motivations for Codeswitching:Evidence from Africa*,pp.88—90,1993;祝畹瑾、王润经《家庭谈话语码转换剖析》,载《语言文字应用》1997年第3期第55—62页。

选择的过程,这是说话人对无标记和有标记选择可能导致不同结果而进行的比较和筛选过程。

7.5.5 主体语言框架模式

司珂腾还从句法形态上对语码转换进行分析,并指出其非对称性的本质。语码转换是操双语或多语者在同一次会话过程中,在主体语言中嵌入其他语言形式,即所谓"主体语言框架模式"。司珂腾把表现为混合成分的语法框架的语言称为"主体语言",把参与语码转换的其他语言称为"嵌入语言"。主体语言的语法框架由语素顺序和系统语素构成,其中系统语素包括变位和大部分功能词;嵌入语言由实义语素和系统语素一起构成嵌入语言孤岛,其语素来源于嵌入语言并遵循嵌入语言的语法框架。在混合语言中,主体语言和嵌入语言呈现非对称关系,主体语言占主导地位,决定构成句内转换的补足语的投射结构。在主体语言框架模式下,补足语包括以下三种类型的结构:1)混合结构(主体语言＋嵌入语言结构),包含主体语言和嵌入语言的实义语素,但语法框架由主体语言决定,即所有句法上活跃的系统语素只来源于主体语言;2)主体语言孤岛,遵循主体语言语法框架,所有语素来源于主体语言;3)嵌入语言孤岛,所有语素来源于嵌入语言,并遵循嵌入语言的语法框架。[①]

司珂腾提供的识别主体语言的标准是:在任何语码转换中,语素较多的那种语言就是主体语言。但是这种标准过于绝对。从语篇角度看,支撑会话进行的语言就是主体语言。在同一次会话中,使用主体语言是个动态过程,它会根据话题的改变而改变,或随着会话新成员的加入而发生变化。从宏观角度讲,随着时间的推移和社会结构的变化,一个语言社团的主体语言也可能发生转变。司珂腾后来又在主体语言框架模式中新增两个子模式:四语素模式和抽象层次模式,其主要做法是将原来的两类语素(实义语素和系统语素)扩充为四类语素(一类实义语素和三类系统语素——先语素、后语素和过渡语素),它们分布在语法结构的各个层次上,

---

[①] 参见 Carol Myers-Scotton, *Multiple Voices: An Introduction to Bilingualism*, pp.239－267,2006;李经伟、陈立平《多维视角中的语码转换研究》,载《外语教学与研究》2004年第5期第337－344页。

生成时由不同的机制激活,并与不同的机制结合。①

7.5.6 语码转换的会话分析模式

奥尔(Peter Auer)指出,以往的语码转换研究关注的是一种语言对应一种情景,或一种语言与一种交际活动类型相关。但语言现实往往不是如此,语言与活动类型的关系远非如此简单。② 这实际上是在批评菲什曼的场域分析法。另一类研究的关注点是语码转换的类别,企图说明在哪些活动中双语者倾向进行语码转换。这类研究没有解释为什么语码转换具有这样或那样的意义和功能,而且似乎隐含语码转换不存在方向性问题,即从 A 语言转向 B 语言,或从 B 语言转向 A 语言是一样的。而事实上转换的方向对于建构谈话的意义是非常重要的。奥尔认为,宏观的社会因素无法完全决定语言的选择和语码交替的类型,而且语码转换从来没有仅限于句子内部并经得起严格的句法分析。每当句内转换发生时,句际转换似乎就成为既定事实,但实际情况是并非所有允许句际转换的场合或社团都允许句内转换。因此奥尔提议,有必要从会话参与者的角度,而不应仅从研究者的角度,对语码转换进行研究。他指出,语码转换与其在会话序列中的位置密切相关,对其意义的理解必须关注话语的前后序列,必须站在会话参与者的角度予以诠释,因为对他们而言,双语首先意味着具有在会话中使用两种或更多语言的能力。③

奥尔区分语码转换三种最重要的会话模式(字母代表语言,数字代表说话人):④

1. 与语篇相关的交替式语码转换。指一段谈话用一种语言,另一段谈话改用另一种语言,从而构建和组织会话。例如,A 语言的一段话是

---

① 参见 Carol Myers-Scotton, *Multiple Voices*: *An Introduction to Bilingualism*, pp. 239—267, 2006;李经伟、陈立平《多维视角中的语码转换研究》,载《外语教学与研究》2004 年第 5 期第 337—344 页。

② 参见 Peter Auer, *Bilingual Conversation Revisited*, 见 Peter Auer 编 *Code-switching in Conversation*: *Language, Interaction and Identity*, pp. 1—24, 1998。

③ 参见 Peter Auer, *The Pragmatics of Code-switching*: *A Sequential Approach*, 见 Lesley Milroy and Pieter Muysken 编 *One Speaker, Two Languages*: *Cross-disciplinary Perspectives on Code-switching*, pp. 115—135, 1995。

④ 参见 Peter Auer, *Code-switching*: *Discourse Models*, 见 Rajend Mesthrie 编 *Concise Encyclopedia of Sociolinguistics*, pp. 443—446, 2001。

针对某一位会话参与者讲的,而后续的一段话是同一个说话人用B语言针对另一位会话者讲的。可示意如下:

模式1a：...A1 A2 // B1 B2 B1...

或者:

模式1b：...A1 // B1 B2 B1 B2...

2. 与语篇相关的插入式语码转换。可示意为:

模式2：...A1[B1]A1...

模式2分两种情况:1)临时借用,指在使用A语言的谈话中插入B语言素材,目的同样是为了构建会话,或者是将出现在会话中的该语段的意思语境化。例如,插入的某个词可能会产生诸如幽默的特殊效果。2)与语言能力相关的插入,指插入的形式,与上述情形一样,但与语篇无关,只表明A语言能力方面的欠缺。

3. 与语言偏好相关的交替式语码转换。可示意为:

模式3a：...A1 B2 A1 B2 A1 B2 A1 B2...

模式3a体现会话参与者之间持续的语言背离现象,各自选择不同的语言。或者:

模式3b：...A1 B2 A1 B2 A1// A2 A1 A2 A1...

模式3b体现语言协商序列及语言选择并合现象。

奥尔认为,大部分语码转换研究都是针对与语篇相关的交替式语码转换,即上述模式1。该模式有如下特点:1)发生在社会语言环境中,通常可以识别特定时段内有效的交际语言,否则不会发生语码转换。2)通过偏离既定的交际语言,语码转换暗示着即将转入特别语境,从而实现双方社会地位的变化。3)从理论上讲,语境种类是无穷的,因此语码转换传递的意义也是无限的,但对这些意义的诠释方法在各言语社团都是一致的。4)语码转换可以是个人的风格,也可以是集团的风格;作为集团风格,它必然受到言语社团内部规约的制约,然而它肯定不是一种变体。5)多数语码转换出现在主要句法和韵律分界处(句或小句层面),但语码转换是用于语境化某些言语活动,这种意义上的语码转换并不提供适合句法研究的有趣语料。6)尽管双语者可能两种语言水平都很高,但语码转换不以双语者的两种语言水平相当作为研究的前提,语码转换可能在对另一种语言知之甚少者身上发生。

奥尔运用会话分析学方法,将语码转换置于严格的序列分析。同时他借用甘伯兹的语境化提示,将语码转换看成参与者在会话中将会话局部语境化。他总结出的模式所具有的指示性反映了对语境的敏感性。对某一特定转换例子的研究既包含了对它出现在语篇中的序列分析,又包括对转换是如何标示语言社团的价值观和行为定式的分析。

在分析与偏好相关的语码转换时,奥尔强调对背离他人坚持选择某一语言这种现象的理解取决于更大的社会、政治和文化语境。[①]

下面是一则讲西班牙语—德语双语者的对话(M 代表男子,W 代表女子,斜体字部分为西班牙语)。

例 7.1[②]

  W:*qué hora es*?   T1
    几点钟了?
  (2.0)   T2
  (停顿 2.0 秒)
→ wie spät?   T3
    几点钟?
  M:zwanzig nach elf   T4
    11 点 20 分
  W:h (2.5)   T5
    呃(停顿 2.5 秒)
  M:wann muß du hoch?   T6
    你什么时候走?
  W:nö-nich so früh. Ich hab erst um vier Uni. T7
    我不那么早走。我 4 点钟才有课。

上例中,W 先用西班牙语问 M 几点钟,对方无反应。过了两秒钟之后,W 重新用德语再问对方时间。这时 M 才用德语回答告知对方时间。接下去的谈话都用德语进行。话轮 3 W 作出的语码转换说明,她先前使用的西班牙语与 M 偏好的语言不一致,即 M 倾向使用德语,所以 W 才

[①] 尽管奥尔强调会话结构,但他并不完全排斥宏观社会语境的作用,至于两者关系该如何界定,未见他对此作过深入的研究。

[②] 摘自 Peter Auer, *Bilingual Conversation Revisited*, 见 Peter Auer 编 *Code-switching in Conversation:Language,Interaction and Identity*, pp.4—5,1998。

第七章
双语现象和语言接触

改用德语与他交谈。按照会话中邻接对结构的分析,一方有问则另一方必有答,即 W 问话 M 应当作答,否则就会产生会话含义。话轮 2 M 的沉默使 W 意识到交际出现障碍,同时也提示她对自己的话语进行修正。W 的语码转换,起到了组织语篇的作用,因此按照奥尔的界定标准,此例属于与语篇相关的语码转换。

例 7.2(F 代表农民,W 代表工人,正体字为肯尼亚西部讲的一种方言嘞达克胡语(Lwidakho),斜体为斯瓦希里语,黑体为英语)①

  F: Khu inzi khuli menyi hanu inzala-   T1
    因为我住在这里,我挨饿……
  W:〔Interrupting:〕*Njaa gani*?   T2
    (打断)哪种饥饿?
  F: Yenya khunzirila hanu-   T3
    想把我弄死在这儿……
  W:〔Interrupting again, with more force〕*Njaa gani*?   T4
    (再次打断,更有力地说)哪种饥饿?
  F: Vana veru-〔said as appeal to others as brothers〕   T5
    我的孩子们……(说话的口吻如同央求兄弟一般)
  W: *Nakuuliza, njaa gani*?   T6
    我问你,哪种饥饿?
  F: Inzala ya mapesa, kambuli.   T7
    对钱的饥渴,我没有钱。
  W: **You have got a land.**   T8
    你有土地。
    Una shamba.   T9
    你有土地。
    Uli nu mulimi.   T10
    你有土地。
  F: ... mwana mweru-   T11

---

① 摘自 Peter Auer,*Bilingual Conversation Revisited*,见 Peter Auer 编 *Code-switching in Conversation: Language, Interaction and Identity*, pp.9-10, 1998。

……我的兄弟……	
W:... mbula tsisendi.	T12
……我没有钱。	
Can't you see how I am heavily loaded?	T13
难道你不明白我负担有多重吗?	

　　这是一位农民向在城里工作的工人同乡借钱的例子,原例取自司珂腾的著作。①按照她的解释,在这种情况下,斯瓦希里语和英语属于有标记性语码选择。这种标记性能够激发对工人使用有标记性语言的联想,推导出他选择族群外语言的目的是想拒绝对方要与自己保持同等关系的诉求。但奥尔认为,司珂腾的这种解释是根据她对肯尼亚语言使用情况的了解(会话之外的知识)作出的。这是一个很明显的语言协商的例子。在话轮9之前农民与工人各自使用不同的语码,一直僵持到话轮10,工人才选择顺应农民的语言,但这只维持到话轮12。到话轮13,工人重新转换到英语。奥尔认为用英语和斯瓦希里语这样的有标记性语言来解释上例中的语码转换是不正确的,因为在此会话中两个核心部分即农民两次借钱的间接请求均遭到工人使用与他相同的语码拒绝。奥尔运用会话分析学方法对此例进行新的诠释,其内部结构如下:

F: Khu inzi khuli menyi hanu inzala-　(间接请求)	T1
因为我住在这里,我挨饿……	
W:〔interrupting:〕 *Njaa gani*?　(要求澄清)	T2
(打断)哪种饥饿?	
F: Yenya khunzirila hanu-　(阐明)	T3
想把我弄死在这儿……	
W:〔interrupting again, with more force〕 *Njaa gani*?	T4
(要求澄清,第2次)	
(再次打断,更有力地说)哪种饥饿?	
F: Vana veru-〔said as appeal to others as brothers〕	
(间接请求,第2次尝试)	T5
我的孩子们……(说话的口吻如同央求兄弟一般)	

---

① 参见 Carol Myers-Scotton, *Social Motivations for Codeswitching: Evidence from Africa*, p.82,1993。

第七章
双语现象和语言接触

W：*Nakuuliza, njaa gani?* （要求澄清，第3次）   T6
　　我问你，哪种饥饿？

F：*Inzala ya mapesa, kambuli.* （回答）   T7
　　对钱的饥渴，我没有钱。

W：**You have got a land.** （间接拒绝）   T8
　　你有土地。

　　Una shamba. （间接拒绝，第2种形式）   T9
　　你有土地。

　　Uli nu mulimi. （间接拒绝，第3种形式）   T10
　　你有土地。

F：…*mwana mweru-* （间接请求，第3次尝试）   T11
　　……我的兄弟……

W：…*mbula tsisendi.* （<u>直接拒绝</u>）   T12
　　……我没有钱。

　　Can't you see how I am heavily loaded?   T13
　　难道你不明白我负担有多重吗？

上述谈话片段以农民（话轮1）间接请求借钱开始，接下来以工人（话轮2）要求对方澄清为插入序列，这样做既不表示拒绝又不表示同意，而是将对方的请求搁置。农民（话轮3）没有直接回答工人的提问，而只是阐明自己先前讲的话，从而引起工人（话轮4）再次提问。但农民（话轮5）仍然坚持自己的间接请求，工人（话轮6）仍然坚持使用插入序列，再次要求对方把话说清楚。可见两人的谈话不合拍，因为他们的对话不是建立在相对应的序列结构上。双方拉锯式周旋三个回合后，农民（话轮7）终于说出借钱要求，这才解决序列结构的矛盾，插入序列被封闭。此时，邻接对的第一方，即农民提出的借钱请求已明白无误，有待第二方给予回复。这时工人用三种语言重复了三次"你有土地"（话轮8、9、10），拒绝了农民的请求，用这三句话似乎是想平衡对方先前作出的三次请求尝试。奥尔认为语码转换也能起到重述、对比和强调的作用。上例中的工人从英语转到斯瓦希里语再转到嘞达克胡语，逐步顺应对方的语言偏好。但其方向不可逆转，因为这里语言顺应与强调重合在一起，交际双方的语码选择处在同一层面上，尽管一方的请求遭到另一方的拒绝。与司珂腾的解释不同的是,奥尔认为工人的语码转换并不像她所说的那样是为了疏远对方,相反,选择嘞达克胡语起到了弱化拒绝请求的作用。至此,该序列本应该结束。但农民继续提出间接请求(话轮 11),而后又遭到拒绝(话轮 12),从而构成另一邻接对序列(请求—拒绝),且使用的是同一种语言。话轮 13 开启另一轮语言协商序列,但是说话人使用英语,偏离前面使用的共同语言,从而既拒绝对方的借钱请求又拒绝双方共同语言的选择。通过对会话结构和序列发展脉络细致入微的分析,奥尔赋予了语码转换新的互动意义,使我们能够更深刻地理解这段对话的含义。

李嵬(Li Wei)也借用会话分析学方法研究语码转换现象。

例 7.3（下面是一位讲粤语—英语双语者的母亲 A 与她 12 岁儿子 B 之间的对话,B 在玩电脑）[①]

  A：Finished homework?
    功课做完了吗?
  B：(2.0)
    (停顿 2.0 秒)
  A：Steven, *yiu mo wan sue*?
    史蒂文,你要不要做功课?
  B：(1.5) I've finished.
    (停顿 1.5 秒)我做完了。

上述例子若按司珂腾的解释,母亲倾向讲粤语,儿子倾向讲英语,则两种语言分别属于各自的无标记性语言。在这次谈话中,母亲选择了英语,属于有标记选择,其目的是终止无标记性权力和义务集,但当她没能得到满意答复后,就改用粤语向儿子表明态度:先要做功课,然后才能玩。按照理性选择模式的解释,母亲从英语转换到粤语是受交际双方业已知道的证据所驱使,即在粤语指示的权力和义务集方面母亲享有一定的权威。后来儿子回答了母亲的询问,表示她的权威得到承认。李嵬认为,这种解释固然有道理,但那只是局外人的理解,是从分析者的角度凭借特定情景中的有标记和无标记语言选择这种假设而得出的。其实,摆在眼前的证据就是可观察到的沉默,即母亲用英语问话,儿子默不作声。这是

[①] 引自 Li Wei, "*How Can You Tell?" Towards a Common Sense Explanation of Conversational Code-switching*,见 *Journal of Pragmatics* 37, pp.377—378, 2005。

第七章
双语现象和语言接触

一种典型的非合意应答标记,也正是儿子的沉默才促使母亲转换语码,重复问话。这时儿子理解母亲提出的间接要求是要他做作业,但他并没有爽快回答,而用1.5秒的停顿将该话轮标示为另一非合意配对,而且他的语码选择与其母亲的语码选择形成对照,起到了强化这种非合意性的作用。需要指出的是,合意和非合意在这里并非指心理或情感意义,而是会话分析学使用的一个专门术语。合意的应答话轮在结构上一般比较简单、直接,并能与上一话轮顺畅对接;而非合意的应答话轮在结构上相对复杂,时常伴有停顿、迟疑或嗯啊等语气词或其他话语标记。在上例中,非合意应答是交际者作为一种策略来使用的,是提示对方应该如何理解其话语的一个信号和步骤。李嵬认为,只有更多地关注这些普通的步骤,才能找准社会意义的本源。①

米尔罗伊和李嵬运用会话分析学方法,探讨英国东北部某地区一华人社团的粤语—英语语码转换的代际差异。他们发现这些双语者用语码转换来标示会话结构序列。例如,优选标志:1)一般用来标示非优选的第二部分的语码转换,主要出现在代际会话中,2)通常由说英语的孩子对他们说汉语的父母或祖父母在邻接对的第一部分作出非优选的回答,3)在同代人的会话中,很少用语码转换标示非优先选择;修正标志:语码转换可以用来引发自我修正或他人修正,但这似乎只出现在成人会话中,而不出现在孩子的交谈中;前置语序列:在目标语序列前插入一个另一语码的前置语序列,用来实现特定的会话功能,这在不同代人交谈中尤为普遍;话轮转换:父母和祖父母辈在同代人之间交谈时,除非表示自我修正,一般不转换语码,但在对孩子说话时,有时候从汉语转换到英语,特别是在表示分配话轮或引发修正时。②

会话分析学者从会话参与者的视角将会话分析手段引入到语码转换的微观研究之中,加深了我们对语码转换性质的理解以及对其动态过程的认识。这无疑为语码转换研究开拓了一片新的研究天地。但是,正如奥尔所说,会话分析学独立于社会语言学和语法学的研究领域,对语言现

---

① 参见 Li Wei, "How Can You Tell?" Towards a Common Sense Explanation of Conversational Code-switching,载 Journal of Pragmatics 37, pp. 375−389, 2005。

② 参见 Lesley Milroy and Li Wei, A Social Network Approach to Code-switching,载 Lesley Milroy and Pieter Muysken 编 One Speaker, Two Languages: Cross-disciplinary Perspectives on Code-switching, pp. 136−157, 1995。

象的描述和解释有可能不够全面。因此,只有同社会语言学和语法学方法结合起来,它才能为我们提供系统的语码转换的解释机制。

　　另一位会话分析学者格法朗各(Joseph Gafaranga)则从宏观角度批评"语言反映社会"的观点,他认为会话结构并不对应社会结构,语言差别并不完全对应社会差别。例如,在卢旺达有胡图族(Hutu)和图西族(Tutsi)两大民族,虽然种族之间存在严重对立,但所有卢旺达人都讲卢旺达语,在语言使用上不存在差异。从理论上讲,所有卢旺达人都可以通过正规教育学习另外两种官方语言,即法语和英语。然而,对于卢旺达人来说,能够接受教育的机会并不均等。这样,有可能出现即便是属于同一种族或出身同一家庭的人,也会因受教育程度的不同而导致所掌握的语言数量不等。从这个意义讲,卢旺达的社会结构是以是否接受过正规教育来划分的。由此可见,社会可以用不同的方式分层,在不同的场合,个体分别隶属不同的社会范畴。但无论使用什么标准,社会结构意味着将人分成不同的类别,因此社会结构的概念与社会身份的概念紧密联系在一起。社会结构引发会话结构;反过来,会话结构在局部上建立起社会结构。在会话中交际者将各种社会结构作为资源加以利用,其中一个资源就是语言偏好,选择一种语言本身就意味着塑造一种社会身份,或者说,就在建构社会结构。[①]

7.6 借用

7.6.1 借用、语码转换和语码混合的区别

　　借用指一种语言中的某个语言形式扩散到另一种语言中,从这一意义讲,借用与借词同义。但借用可能是小于词的词干或大于词的词组。例如,英语中 money(钱)一词是在 13 世纪从法语借过来的,但现在讲英语的人中很少有人知道它的外国"血统"了,说明这个词已经完全融入英语词汇体系中,被另一语言同化,这是借用的一个极端例子。借用也可指同一语言内部方言之间语言成分的相互借用。语言借用的模式反映语言

[①] 参见 Joseph Gafaranga, *Demythologising Language Alternation Studies: Conversational Structure vs. Social Structure in Bilingual Interaction*,载 *Journal of Pragmatics* 37,pp. 281—300, 2005。

第七章
双语现象和语言接触

接触的社会和历史背景。

　　语言借用常常容易与语码转换混淆。目前,一般采用的区分方法是将它们看成处于一个连续体的两极。借用方面,有许多借词并没有被目标语同化,有的可能只是部分同化,其他仍保留着源语言特有的形态。例如,进入英语的法语词 femme fatale(荡妇,英语字面意思是 fatal woman);拉丁语词 quid pro quo(交换物,英语字面意思是 something for something)。语码转换方面也存在非句际的转换现象,如一种语言的词或词组嵌入另一种语言句中的现象。因此,希思(Jeffrey Heath)认为,从保留外来语的形态上看,借用更像是语码转换;而从转换的简短性来看(如词、短语),语码转换更像是借用。鉴于此,我们不妨把它们看成是介于两极之间的模糊地带。[①]

　　有人将这种模糊现象称之为语码混合。麦斯瑞(Rajend Mesthrie)很形象地将典型的语码转换说成是整洁的,而语码混合是杂乱的。例如,在美国得克萨斯州一些墨西哥裔社团使用的 Tex-Mex 就是英语和西班牙语的混合体。但语码混合与混合语是两个不同的概念。前者主要指个体使用的语言策略,因为不是所有的语码混合都能够成为混合语;而后者指在一定时期内相对稳定并为某一言语社团所接受的一种语言形式。[②] 在北美有一种独特的混合语叫做 Michif,巴克和缪依斯肯(Peter Bakker and Pieter Muysken)称之为交织语。这种语言的句法结构是由两种语码交织在一起构成的,如动词短语来源于克里语(Cree),而名词短语来源于法语。[③]从某种意义上讲,混合包含借用,如临时借用。但借用不等于使用者真正掌握源语言。譬如某人在讲话中使用了某个外来词,这并不等于他会讲那国语言。语码混合一般意味着说话人通晓两种语码,表现为语码混合者可能在某种情景中只使用语码 A,如在家里同父母讲话,而在另一种情景中只使用语码 B,如在学校与老师讲话,但他可能在有些特殊

---

① 参见 Jeffrey Heath,*Borrowing*,载 Rajend Mesthrie 编 *Concise Encyclopedia of Sociolinguistics*,pp. 432—442,2001。

② 参见 Rajend Mesthrie,*Code-mixing*,见 Rajend Mesthrie 编 *Concise Encyclopedia of Sociolinguistics*,pp. 442—443,2001。

③ 参见 Peter Bakker and Pieter Muysken,*Mixed Languages and Language Interwining*,见 Jacques Arends, Pieter Muysken and Norval Smith 编 *Pidgins and Creoles: An Introduction*,pp. 130—133,1995。

场合使用 A－B 混合码,如与同辈人娱乐或与伙伴玩耍时。由此可以看出,借用通常是单语者的语言行为,而语码转换和语码混合则通常是双语者群体内部的语言行为。

7.6.2 借用和迁移

借用一般可理解为将 A 语言的词干、语素、词、短语照搬到 B 语言中,而迁移一般指源语言对目标语造成的影响或干扰现象。如果源语言是社会地位低下的社会成员讲的那种语言,它被称为底层语言。底层语言一般经历几代人之后会逐步消亡,但它可能会在后代人的语言中留下痕迹。如果源语言是相邻语言,它被称为傍层语言。语言接触造成的相互干扰叫做会聚。地区间几种语言长期广泛的会聚被称为语言联盟。

迁移最明显的例子是人们通常所说的外国口音,即源语言中的音段和韵律特征被带入目标语中。在有利的社会历史条件下,最初的外国口音可能会随着时间的推移被确立为某言语社团的标准口音。由军事征服引起的语言扩张而形成的语系在语音和音系上有可能高度分化,至少外围语明显地反映出不同的外国语音模式。这就是为什么法语与罗马尼亚语之间差别如此之大的原因,前者以凯尔特语(Celtic)和日耳曼语为底层语言,而后者同南部斯拉夫语结盟。法语和罗马尼亚语与拉丁语的差别也很大,而意大利语特别是在罗马和托斯卡纳区,保留了许多拉丁语的语音和韵律特征。再追溯到更久远时期,古印欧语系从本土向欧洲西部和南部、印度次大陆以及其他更远地区迅速扩张而导致各语言间音系方面的巨大差异,使得想要识别诸如古爱尔兰语、古斯堪的纳维亚语、拉丁语、希腊语、阿尔巴尼亚语、梵语和吐火罗语(Tokharian)之间的同源词十分困难。历史上另一个语言扩张的例子是阿拉伯人对北非、波斯和地中海东部的军事征服。迁移也表现在形态和句法层面上。例如,与印欧语不同源的巴斯克语(Basque)具有与西班牙语和法语相似的语法范畴,如完成体和非完成体、虚拟语气和动词不定式,这是因为巴斯克人与罗曼语族的人在同一地域共同生活了两千多年的结果。但巴斯克语仍保留着本族语的词缀,它的名词和动词的词干和语素的顺序不变。形态句法方面的迁移较为缓慢,可能涉及本族语结构的细微重组。正因为如此,有时很难区分到底是语言内部的历史演变,还是外部因素干扰的结果。事实上,每一种语言都是一个语法完整的系统,不可能区分语言演变的外部动因与

第七章
双语现象和语言接触

内部动因,因为从一方面讲,目标语与源语言接触过程中对形态句法方面的迁移是有选择的,从另一方面讲,目标语成分中的任何显著变化都可能波及其相邻成分,从而导致相邻部分作出相应调整,以弥补变化造成的影响。

第八章　语言与认同

"认同"(identity,又译"身份、身份认同")指一个人或一群人"究竟是谁"。社会语言学兴起初期,无论是拉波夫将社会阶层、性别、年龄等说话人所属社会范畴与发音特征联系起来的经典语言变异研究,还是伯恩斯坦对中上阶层和劳工阶层的"复杂语码"及"局限语码"的研究,都反映出由社会结构定义的群体身份与语言形式对应的观念。在这些研究中,人的身份是静态的、稳定的,社会结构所决定的群体身份影响到语言使用特征。这类研究尽管假定的语言与社会对应关系较为简单,但开启了语言与认同研究的思路。经过半个世纪的不断发展,"语言与认同"在社会语言学学科中从隐性的课题逐渐成为显性的研究领域。社会语言学者对于认同的多样性、认同在交际情境中的转换和流动性、认同与社会结构及个体能动性的互构关系等研究不断深入,逐渐发展出"建构主义"的语言认同观,即不仅仅是语言使用受到社会群体身份的影响,而且人们在实践中通过语言的使用来建构自己的认同。[①]

8.1　语言接触和语言行为中的认同

20世纪80年代,一些社会语言学研究在社会理论的影响下开始关注互动中的群体关系、人际交往及个体的主观态度。例如,社会心理学家泰弗尔(Henri Tajfel)提出"社会认同理论",认为"社会认同是自我概念

---

① 参见高一虹、李玉霞、边永卫《从结构观到建构观:语言与认同研究综观》,载《语言教学与研究》2008年第1期第19—26页。

的一部分,涉及有关社会群体成员的意识,以及与该群体成员相关的情感意义。"①泰弗尔的"社会认同"虽然仍基于客观外在的群体范畴,但沿袭了心理学对个体的自尊、情感和态度的关注,揭示了认同的微观个体情感基础。这对语言与社会的研究产生了很大影响。

在此之前,米德等社会心理学家曾提出符号互动理论,认为人类具有运用符号进行思维和互动的能力,不仅能把周围环境及自身当做对象进行抽象的思考、假设,还能主动运用符号呈现自我。因此,个人能够以合作互动为基础进行自我评价,获得与特定互动情境相关的临时性自我形象。个人在成长过程中逐渐在不同的互动情境中拥有多重的自我形象。最后,成熟的个体能够理解和接受特定共同体的总体信念、价值和规范,能够根据重要的互动对象调整自己的反应和自我形象,形成相对稳定和一致的自我概念。而社会结构就是在个人与个人的符号互动过程中产生和维持的。在米德的影响下,不少社会学者开始从微观角度关注人们在互动中扮演的角色,承认同时拥有多种认同的可能性,也开始意识到符号不仅能够被动地反映认同,也能够被个人有意识地用来呈现认同。②

8.1.1 交际顺应理论和民族语言认同理论

社会心理学家贾尔斯20世纪70年代起与其合作者发展了数个语言社会心理模式,包括"交际顺应理论"、"民族语言认同理论"和二语学习的"群际模式"。按照贾尔斯本人的说法,他的理论意图是:"在社会语言学进程的骨架上加些社会心理学的血肉,在社会心理学中发展有关语言的研究焦点。"③这些研究将"内群体"(个体经常参与其中并有强烈归属感的社会群体)和"外群体"(内群体之外的其他群体)成员身份以及与此相联系的积极自我概念作为影响语言使用和习得动机的重要因素,其中交际顺应理论是核心理论,其他均为在其基础上生成的"卫星模式"。

交际顺应理论的雏形称为"言语顺应理论",关注的是互动过程中说话者口音的调整和方言的转换;后来,关注焦点从口音扩大到包括语言和

---

① 译自 Henri Tajfel, *Social Identity and Intergroup Behaviour*, 见 *Social Science Information* 13, p. 69, 1974。

② 参见 Jonathan H. Turner, *The Structure of Sociological Theory* (7th edition), 2003。

③ 译自 Howard Giles, *The Process of Communication Accommodation*, 见 Nikolas Coupland and Adam Jaworski 编 *The New Sociolinguistics Reader*, p. 278, 2009。

超语言、非语言在内的话语过程各个方面,并改名为"交际顺应理论"。该理论受到泰弗尔社会认同理论的影响,其基本假设是:人们通过调整交际风格,向他人传达自己的价值观、态度与意向。所谓"顺应",就是"交际参与者对交际进行调整,以缩小或扩大双方的社会和交际差异"[①]。也就是说,人们都在不同程度上是"社会语言变色龙"[②],根据环境改变自己的语言和认同。言语风格向受话者靠拢称为"趋同",是为了表达共同的群体归属和情感;与受话者的言语风格偏离称为"求异",是为了表达对受话者的排斥,或者维护、突出自己的内群体认同。例如,当警察对疑似违章的车辆进行检查时,他可能向车主的当地口音趋同以争取配合,也可能坚持标准口音,以求异向车主显示自己的权力。

趋同又可分为"向上趋同"和"向下趋同",前者是向更正式的、声望更高的交际风格靠拢,后者是向非正式、非标准的风格靠拢。就交际效果而论,顺应也可按程度区分:过于自我中心或缺乏敏感性经常导致"顺应不足";而有时对某社会群体的刻板印象可能导致"顺应过度",例如年轻人认为老年人脑筋不好用而刻意把语速放得很慢,选择十分简单的用词。

萨克拉等(Jitendra Thakerar et al., 1982)将"觉察中的/主观的适应"这一概念引入交际顺应理论,用来说明这样一种现象:受话者对说话者言语行为的阐释不一定与说话者的意图一致。鲍弗斯等(T. Boves et al., 1990)发现受话者的言语顺应行为不是依据实际听到的言语发生变化,而是更多地受到有关社会地位与言语关系的陈旧印象的影响。[③]

贾尔斯和约翰逊(Howard Giles and Patricia Johnson, 1987)等的民族语言认同理论是从民族语言活力的角度提出的,讨论的是多重社会群体身份的重要性。该理论涉及的群体活力有三个变量:1)地位,尤其是群体的社会经济地位;2)人口特征,包括数量、密度、群体成员的比例;3)结构支持,即社会结构中处于主导地位的结构是否使用某群体的语言,比如

---

① 译自 Howard Giles, *The Process of Communication Accommodation*,见 Nikolas Coupland and Adam Jaworski 编 *The New Sociolinguistics Reader*, p.278, 2009。

② 同上书, p.277。

③ 参见 Carolyn A. Shepard, Howard Giles and Beth A. Le Poire, *Communication Accommodation Theory*,载 W. Peter Robinson and Howard Giles 编 *The New Handbook of Language and Social Psychology*, pp.33—56, 2001。

第八章
语言与认同

群体的语言是否在教育、政府、宗教等领域使用。评估群体活力有客观与主观两个角度。他们提出一套有关预测民族语言活力的标准,认为人们更可能从民族角度来解释与外群体成员的"交往",当出现下列情况时尽力维系自己的语言特色(即维持认同),如:1)由于语言这一重要因素,某一个民族群体认同感很强;2)意识到在他们的群体之外,还有可供选择的其他群体;3)认为自己的群体的生存力强;4)认为自己的群体边界僵化、闭合;5)对群体之外的社会范畴认同感不强。

民族语言认同理论可用来解释二语学习动机。当以上五个命题全部有效时,二语学习动机会受到阻碍;当它们并非全部有效时,就会存在很强的学习外群体语言的动机,以期达到民族融合。由此角度来解释二语学习动机便称为"群际模式"。

相关的实证研究涉及多个学科、环境和人群,主要有群体与个体两个层面。前者研究宽泛的社会、历史、文化环境对人们的交际适应行为及其结果所产生的影响,包括使用语言的选择、语码的转换、二语甚至母语的学习等。后者多出现在20世纪90年代之后,研究个体在群际或人际交流中表现出来的适应取向,包括其社会、个人认同及社会心理状态。[①]

交际顺应理论与民族语言认同理论/群际模式从两个不同侧面表达了同一思想,即认同在很大程度上决定语言的使用和学习。交际顺应理论强调语言风格的变化标示认同;民族认同理论则描述产生语言使用和学习动机差异的认同条件,强调其中的群体概念。总体来说,贾尔斯等的语言认同理论仍是"结构主义"的——顺应的驱动力是对"内群体""外群体"的认同。但它又不是一成不变的客观群体身份与语言形式的对应,比起拉波夫范式的早期研究,它较多地注意到认同的内在性和变化性,强调根据群体互动条件的不同,经由个体主观意识作用产生的认同和语言转变,因而带有一些"建构主义"的成分。

8.1.2 体现于个人言语风格中的认同

新西兰社会语言学家贝尔认为,不仅言语风格体现说话人的认同,而

---

① 参见 Carolyn A. Shepard, Howard Giles and Beth A. Le Poire, *Communication Accommodation Theory*,载 W. Peter Robinson and Howard Giles 编 *The New Handbook of Language and Social Psychology*, pp. 33—56, 2001。

且说话人通过调整言语风格表示新的认同。①贝尔从70年代开始关注言语风格的变异,认为它是一个人使用语言时的自身差异;导致其变化的原因既是社会情境性的,也是说话者的主动选择,这种选择主要受到听众和参照者的影响。这一学说被概括为言语风格的"听众设计"模式和"参照者设计"模式。②

听众设计模式以贾尔斯的言语顺应理论为基础,其核心思想是说话者会根据听众的不同调整自己的言语风格,而言语风格的选择反映说话者的群体认同。与言语顺应理论相同,听众设计模式关注说话者如何调整言语风格,使之与受话者趋同或求异,从而表达自己的群体认同,但贝尔的理论又在此基础上有所发展。贝尔根据说话者是否知晓听众在场、说话者是否认可听众参与言语交际、听众是否为说话对象,区分四类听众角色:受话者、旁听者、无意的听众、偷听者,见表8.1。

表 8.1 言语情境中的角色分类

说话者	第一方	/		
		被知晓	被认可	说话对象
听众	第二方	受话者	+	+	+
	第三方	旁听者	+	+	−
		无意的听众	+	−	−
		偷听者	−	−	−

(根据 Allan Bell 1984:图5和表3改制)

从对言语风格的影响来看,说话者的社会认同是主要因素,但说话者也会根据受话者调整自己的言语风格,此外还要考虑言语情境中的第三方。这一观点基于已有的实证研究。例如,比克顿在夏威夷的研究发现,研究对象 Sailor 对三个语言变项(冠词 wan、含 no 的否定式、过去式标记 bin/wen)的使用情况因听众的变化而有所不同。比较他与夏威夷本地朋

---

① 参见 Allan Bell, *Style and Linguistic Repertoire*,见 Carmen Llamas, Louise Mullany and Peter Stockwell 编 *The Routledge Companion to Sociolinguistics*,p.99,2007。

② 参见 Allan Bell, *Language Style as Audience Design*,载 *Language in Society* 13(2), pp.145−204,1984。

第八章
语言与认同

友的对话和他接受操标准英语的研究员的访谈,上述三个变项的使用差异分别达到59%、65%和60%;而比较他与本地朋友的谈话和他与本地朋友谈话但有研究员在场旁听的语言使用,差异分别达到27%、20%和39%。[①]这说明说话人的言语风格对交际参与者的社会群体认同有一种回应,回应程度受到具体情境中交际角色的影响。贝尔认为,言语交际角色对语言变体的影响大小按下列顺序排列:

说话者 > 受话者 > 旁听者 > 无意的听众 > 偷听者

参照者设计模式是影响言语风格的另一种模式。贝尔认为,说话者的言语风格不仅受到自身群体认同以及现场听众的影响,还有可能带有不在谈话现场的个体或群体的语言特征。这种不在交际现场的个体或群体就是"参照者"。说话者根据现场听众的情况对个人言语风格的调整是对交际情境作出的回应,是社会结构规约个人言语风格的体现;而说话者言语呈现出参照者的言语特征,是对其言语风格的主动调整,这是说话者对交际情境的主动界定,是个人能动性和创造性的体现。在贝尔的理论中,参照者设计模式最初只是一个次要模式,因而他的理论多被冠以"听众设计模式"。但是从1996年开始,他指出参照者设计与听众设计具有同等地位,前者在个人语言使用中总会起作用,可见贝尔逐渐加强了对个人能动性影响的关注。到2007年他则明确指出,说话者用言语风格体现其认同,听众设计实际上是说话者根据自己与交际参与者的关系,重新定义自我认同的行为。[②]

贝尔以参照者设计模式为框架对媒体进行分析,发现在很多新西兰电视广告当中,商家有意用非新西兰口音(参照者口音)使观众产生某种联想。比如,新西兰航空公司1997年使用的一系列电视广告,其主要音响背景是一首在新西兰家喻户晓的毛利传统爱情歌曲,歌词与广告内容无关。这首歌由不同演唱片段拼接而成:具有毛利血统的国际知名女高音歌唱家用较纯正的毛利语发音演唱的片段,具有非毛利语特征的歌曲片段以及相应的爱尔兰酒吧影像,带有典型美国黑人英语语音特征的由

[①] 参见 Allan Bell, *Language Style as Audience Design*,载 *Language in Society* 13(2),pp.145—204,1984。

[②] 参见 Allan Bell, *Style and Linguistic Repertoire*,载 Carmen Llamas, Louise Mullany and Peter Stockwell 编 *The Routledge Companion to Sociolinguistics*, pp.145—204,1984。

非洲裔美国老歌手演唱的片段,以及相应的美国新奥尔良地区的影像,新西兰白人(Pakeha)男青年用英语化的发音演唱的片段,以及在英国伦敦游学的 Pakeha 男青年在地铁卖艺演唱毛利爱情歌曲的影像。贝尔分析,这则广告的说话人和观众都应是新西兰白种人,但是广告却创造性地混用了 Pakeha 元素和非 Pakeha 元素(后者即参照者元素),借用新西兰毛利土著歌曲、具有毛利血统的新西兰女歌唱家、新西兰白人的故乡英国等语言和图像元素来表现新西兰航空公司 Pakeha 认同的复杂性。Pakeha 来自欧洲,但是已不属于那里;Pakeha 来到了毛利人的土地上,但还没有完全融入这里;新西兰文化是一个有两种"自我"、两种认同、两种文化的新兴文化。同时,广告业运用爱尔兰和美国黑人元素来体现新西兰新兴文化被世界各国认识和接受的现状。①

贝尔对个人言语风格的研究是对拉波夫语言变异研究的发展。首先,该理论的认同观仍建立在社会结构对群体的区分之上,群体认同通过成员的语言特征共核体现出来。不过,个人的语言除反映内群体语言共核外,还受具体交际场景中角色的影响,使话语带有听众所属社会群体(内/外群体)的语言特征。说话人还能够创造性地运用不在现场的(内/外群体)人的语言特征。因此言语风格可带有跨群体特征,各种身份的声音似在相互对话,反映出较为复杂的认同。个人语言变异中的"回应"和"起始",反映出社会结构的规约性和说话人能动性在语言变异中的共同作用。作为有意图、有理智、有创造性的社会施事者,说话者能把变异作为资源,策略地运用于交际。由此,语言变异研究的关注点从局限于群际变异拓展到个体变异,社会语言学者视野中语言与认同的关系更为多元,向更建构的方向发展。

8.1.3 作为认同行为的语言行为

勒佩奇和塔布雷-凯勒对于拉波夫范式用固定的社会群体范畴作为社会变项来研究语言变异提出异议。在《认同行为:基于克里奥耳语的语言与民族研究》(*Acts of Identity*: *Creole-based Approaches to Ethnicity and Language*,1985)一书中,他们通过对加勒比克里奥耳语群体和伦敦

---

① 参见 Allan Bell,*Styling the Other to Define the Self*: *A Study in New Zealand Identity Making*,载 *Journal of Sociolinguistics* 3(4),pp. 523—541,1999。

第八章
语言与认同

的西印度群体的民族、种族、阶层认同发展和语言演变的研究,提出了"认同行为"理论。作者指出,"认同"有两个层面的意义,一个是"作为一个特别的人、范畴或样本被识别出来",如在一群孩子中认出自己的孩子;另一个是"将某个实体视为更大实体的一部分",如将自己归属于一个群体或传统。"在这种行为当中,人们同时展现个人认同和对社会角色的寻求。"[1]认同行为将两个层面的意思结合在一起,即个体的行为反映出对群体、传统的态度,并受到一定因素的制约;而群体的认同则存在于每位个体对群体概念的投射中。根据这一认同观,语言行为都是认同行为。"个人为自己创造语言行为模式,使自己与想要认同的群体相仿,与自己想要疏远的群体有区别。"[2]但认同行为又不完全是主观的:个人通过言语所进行的认同行为会不断受到他人反馈的影响,原有的认同有所加强或减弱。语言认同行为还是复杂和多维的:个人往往不是在若干标准语中作出非此即彼的选择,而是根据所处的多维社会语言互动情境,通过复杂的语码转换、语码混合行为表现出复杂的认同。

勒佩奇和塔布雷-凯勒的调查地点主要是在伯利兹,这是中美洲东北部一个语言和文化背景较为复杂的国家。伯利兹原为玛雅人居住地,16世纪初沦为西班牙殖民地,1638年英国殖民者入侵,1862年英国正式宣布其为英国殖民地,改名英属洪都拉斯。1973年6月改为伯利兹,1981年9月21日独立,为英联邦成员国。在伯利兹居住的有克里奥耳人、来自圣文森特的黑人、来自周围西班牙语国家的移民,以及原住美洲的印第安人。伯利兹的官方语言为英语,但许多居民通用西班牙语或克里奥耳语。虽然在海岸城市,克里奥耳人在互动中建立了自己的语言行为规范,但在内地人口杂居的地区,语言规范并不清晰。

在研究方法上,研究者除采用聚类分析的统计方法以发现调查对象的自然结群外,主要采用请当地妇女和孩子讲传统故事的方式,从中发现他们的语言特征。录音转写材料显示,调查对象具有多元行为模式。例如,一位老妇人在讲故事时,开始用尽可能标准的英语,因为她知道与她直接交流的两位客人不是克里奥耳人,应该是说英语的。当讲到一些关

---

[1] 译自 R. B. Le Page and A. Taboret-Keller, *Acts of Identity: Creole-based Approaches to Ethnicity and Language*, p. 14, 1985。

[2] 同上书, p. 181。

键话语时，她转用西班牙语，故事结束时则用了克里奥耳语。她在故事中模仿有些人物（例如具有上等生意人身份的木匠）时，讲的是比模仿其他人物时更标准的英语。然而这位老妇人最标准的英语、克里奥耳语、西班牙语也分别有别于英美人的英语、伯利兹城人讲的克里奥耳语、危地马拉城、墨西哥城或西班牙卡斯提尔的西班牙语。①

在解释材料时，研究者一方面指出，地区的语言规范会有别于公认的"标准语"；同时强调，个人会根据交流对象、内容和目的而改变认同、转换语码。个人的认同行为有其前提条件：1)有能力识别有关群体；2)有足够的机会接触有关群体，并有能力分析他们的行为模式；3)成为群体成员的动机足够强，并得到该群体的强化或弱化；4)有能力调节自己的行为。②

认同行为理论与贾尔斯的理论有一定相似之处，即注重互动关系，注重主体对于群体的界定。然而勒佩奇和塔布雷-凯勒的认同行为理论在"建构"趋向上比贾尔斯走得更远一些，关注的情境更为复杂，更重视个人的能动性。他们明确指出，贾尔斯有关"民族群体成员的交往一般限于正式的体制化情境"的看法过于狭窄，对民族群体的定义仍有先入为主，过于僵化的嫌疑，忽略了早期奴隶交易等许多重要情境。

将语言作为接触现象和认同行为进行研究的社会语言学者，超越了将语言变项与社会变项相对应的变异研究范式，更多关注社会范畴的多样性和情境中的认同变动，并注意到语言使用者个体一定程度上的认同选择。在方法学上他们主要采用民族志学的、质的描述法，而非大样本的普查或测试。比起传统的变异研究范式，他们的语言认同观更加复杂。但他们的关注点与变异研究仍有不少相似之处，即集中于某一地区或某一言语共同体的语言使用情况，内群体与外群体的区分仍是主要的认同标记；社会范畴对个人语言认同的影响仍基本被视为是单向的。这与后来社会建构主义取向的认同研究对个体的能动性以及对社会结构与个人行为的双向影响的关注是有区别的。

---

① 参见 R. B. Le Page and A. Taboret-Keller, *Acts of Identity: Creole-based Approaches to Ethnicity and Language*, p. 13, 1985。

② 参见 A. Tabouret-Keller, *Language and Identity*, 见 Florian Coulmas 编 *The Handbook of Sociolinguistics*, p. 323, 1997。

第八章
语言与认同

8.2 语言实践和意义建构过程中的认同

20世纪90年代开始,社会语言学者有意识地吸收借鉴跨学科领域的学术成果,对认同形成的社会和心理机制进行更加深入的探讨。在诸多对社会语言学产生影响的理论当中,社会建构主义的作用较为突出。

社会建构主义是20世纪七八十年代在西方哲学社会科学领域兴起的社会思潮。它有别于强调社会结构对个体和认同有决定性影响的结构决定论,也有别于强调个人自由意志的唯意志论,而是关注社会环境与个体行为的互动。在认识论方面,它摒弃本质主义的知识观,认为知识是在情境化的实践中产生和建构的。在这一视角下,"认同"是个体在与社会环境的互动中"建构"起来的。社会建构主义并非一个单独的理论,而是一种宽泛的思潮。下面简要介绍对语言研究影响较大的几个理论观点。

8.2.1 惯习、文化资本与投资

法国社会学家布迪厄(Pierre Bourdieu)称自己的理论是"建构主义的结构论"和"结构主义的建构论"。[①] 他反对把地域和民族认同看做先验存在的实体,认为认同的标准既是客观物质的又是心理的,是在不同力量的斗争中历史地建构起来的。他强调语言在认同建构中的作用,认为对地域、民族认同定义的过程,并非中立地反映"现实"社会的"自然"分类的过程,而是能动者借助语言的象征力量来控制人们对现实世界的认识和信念,使群体产生或消亡的过程。[②]

布迪厄认为客观社会结构对认同有重大影响,但并非直接决定认同,而是通过"市场"以及"惯习"的中介影响认同。所谓"市场",即具有结构的客观关系网络或社会空间,其中的位置及相互关系是由各种资源或"资本"的分配决定的。语言(及其状况、分布、教育等)就是这样的社会空间。布迪厄所说的"资本"包括"经济资本"、"社会资本"、"文化资本"和"符号资本"。经济资本即人们通常熟悉的资本类型,可直接兑换成货币。社会

[①] 参见 Pierre Bourdieu, *In Other Words: Essays Towards a Reflexive Sociology*, p.123, 1990。

[②] 参见 Pierre Bourdieu, *Language and Symbolic Power*, 1991。

资本指人际关系网络,以及由此发展出来的社会制度形式,如家庭、阶级、部落等。文化资本指借助教育传递的文化物品,具有三种形式:身体化的形态,如技能;客体化的形态,体现在文化物品之中,如著作;制度化的形态,体现于特定的制度安排,如学位认定。符号资本是对上述三种基本形式的资本的认同,是制度化、合法化了的权威。在社会世界的再生产中,不同形式的资本可以相互"兑换",有其"兑换率"。[1]

语言(作为技能)也是资本,是文化资本的一种形式。语言技能是身体化的"惯习",即在社会环境中积淀形成的性情倾向,它是一种生成结构的机制,既为结构所制约,又不断产生新的结构。例如,口音是口腔运动的倾向,是长期实践形成的惯习。如其他惯习一样,口音是"外在性的内在化",标示社会环境的结构特征,不同的发音从一个侧面反映了说话人的社会阶层。同时,口音作为一种实践又强化了某种认同。惯习并非一旦形成就不可改变,而是不断建构的实践过程。

在既定社会的语言市场中,不同语言变体具有高低不等的价值。标准语一般价值很高;经济实力强的群体,其方言的价值往往也相对较高。生活在这样的社会空间中,语言使用者会向价值高、获得利润机会大的变体"投资"金钱、时间、精力,以习得某种语言技能、文体或话语方式,采取某种语言策略等。这种文化资本一经获得,就能转变为其他形式的资本。例如,掌握标准语或某种外语,可能会获得更好的就职机会和薪水(经济资本),进入更高的社会阶层(社会资本),乃至成为公众的学习榜样或偶像(符号资本)。

在《反思性社会学雏形》(An Invitation to Reflexive Sociology)一书中,布迪厄等这样定义"投资":"我所说的投资是指这样一种行为倾向,它产生于特定场域与其倡导之游戏的习性系统之间的关系,是对此游戏及其利害关系的意识。该意识同时蕴含了参与游戏的意向和能力,这两者都是社会性、历史性构建的,而非先天性、普适性的。"[2]

布迪厄的理论试图克服客观主义和主观主义的缺陷。与传统的社会结构决定论相比,布迪厄的理论中社会结构对认同的影响并非直接的、绝

---

[1] 参见 Pierre Bourdieu, *The Form of Capital*. 载 John G. Richardson 编 *Handbook of Theory and Research for the Sociology of Education*, pp. 241—258, 1986。

[2] 译自 Pierre Bourdieu and Loic J. D. Wacquant, *An Invitation to Reflexive Sociology*, p. 118, 1992。

对的,在宏观社会结构与个体之间,有市场这一中间层在运作调节。"惯习"既是历史的产物,有结构的一面,同时,作为一种生成性的机制,它也塑造、组织实践,生产着历史,有建构的一面。"投资"行为的选择,无疑受目标资本在市场结构中价值的驱使,但必须通过个体的"投资意识"实施;长期的投资可能会使惯习产生一定的改变。

尽管布迪厄的理论赋予能动者的力量仍较有限,但他对语言建构作用的重视以及确立"资本"和"投资"等概念,影响了 90 年代以来一批建构论语言教育学者。

8.2.2 实践共同体和想象共同体

在 1991 年出版的《情景学习:合法的边缘性参与》(*Situated Learning: Legitimate Peripheral Participation*)一书中,教育社会学家莱夫和温格首次提出"实践共同体"概念。"多种层次的参与是实践共同体的成员关系所必需的。'共同体'这一术语既不意味着一定要是共同在场、定义明确、相互认同的团体,也不意味着一定具有看得见的社会性界线。它实际意味着在一个活动系统中的参与,参与者共享他们对于该活动系统的理解,这种理解与他们所进行的行动、该行动在他们生活中的意义以及所在共同体的意义有关。"[①]学习不是个人的独立认知行为,而是情景性的活动。学习的过程,也是学习者不断改变身份或认同归属,由实践共同体的边缘性参与者变为充分参与者,参与意义建构的过程。

在 1998 年出版的单行本专著《实践共同体:学习、意义与认同》(*Communities of Practice: Learning, Meaning, and Identity*)中,温格发展了"实践共同体"概念,指出形成实践共同体有三个条件:1)密切的相互交往;2)共同奋斗的事业;3)共享的话语或意义交流方式。与此同时,温格还指出共同体有三种归属形式。这三种归属形式是:1)"直接参与",即面对面地接触交流。2)"想象",即"创造世界图景,将自己的经验作时空延伸,以建立联系"。[②] 温格借鉴安德森(Benedict Anderson)的"想象

[①] 引自 Jean Lave and Etienne Wenger 著,王文静译《情景学习:合法的边缘性参与》第 45 页,1991/2004。

[②] 译自 Etienne Wenger, *Communities of Practice: Learning, Meaning, and Identity*, p.173, 1998。

共同体"概念来界定这种归属。例如,A城的某出租汽车司机,可以想象自己与其他城市并不相识的人同属"出租汽车司机"群体;尚未成为正式司机的学徒,也可想象自己将来会成为该群体的一员。3)"结盟",即将自己的体验纳入更大的结构框架并与之保持一致,例如,某跨国公司在A城分公司的雇员将自己的工作看做对总公司要求的遵从。结盟需要想象,但想象并非充分的条件,因为人们可以通过想象与他人联系,但并不一定需要行为一致。归属的三种形式及内部联系方式可用下图概括:

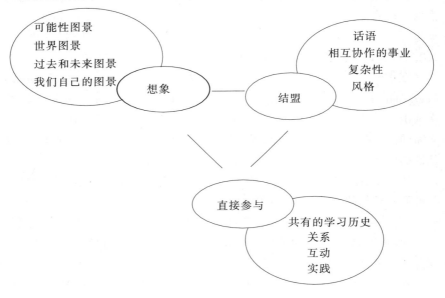

图 8.1 归属模式

(来源:Wenger 1998:174)

在温格看来,想象是我们对于世界之体验的重要因素,也是对自己在世界中位置的感觉,它对我们的认同以及可能的学习有着巨大影响。如果问两个凿石头的人他们在干什么,一位回答:"我在把这块石头凿成正方形。"另一位回答:"我在造一座大教堂。"在直接参与层面,两人所做的事情相同。然而他们的想象不同,因而对于世界以及自我的体验很不相同,从同一活动中学习到的东西也会很不相同。

实践共同体、想象共同体将共同体成员的联结、意义阐释和协商、归属形式作为认同的核心,是建构主义的一个认同理论。尤其是超越直接参与的"想象"归属形式,使认同的发展超越客观结构的界限,获得了很大的空间。这一教育社会学理论对语言教学、二语习得领域的研究产生了很大影响。

除上述理论外,社会学家戈夫曼的拟剧理论、社会心理学家特纳(Jonathan H. Turner)有关互动情境中的角色理论、后结构女性主义批判理论中有关社会性别认同的理论,①社会学家吉登斯(Anthony Giddens)的现代性与自我认同理论,②文学批评家巴赫金(Mikhail M. Bakhtin)的对话性理论③等,也从各自角度为语言与认同研究提供了建构观的思想营养。在上述理论的指导和启发下,语言与认同的社会语言学研究获得了丰硕的成果。认同的多元性、灵活性、情境性获得了充分肯定,语言在认同建构中的重要作用、个体在认同建构中的能动作用得到了深入研究。

8.3 二语学习与学习者认同研究

自20世纪90年代以来,社会建构主义思想开始在二语学习领域产生影响,一批学者直接应用相关理论或吸收其营养,考察语言学习者的认同。

8.3.1 二语投资和二语想象共同体

1. 二语投资

"二语投资"概念是加拿大语言教育学者诺顿④于90年代借鉴布迪厄的理论提出的:"学习者如果向某种第二语言投资,是由于他们明白自己将会获得范围更广的象征性和物质性资源(我所说的象征性资源包括语言、教育、友谊等,物质性资源是指资本货物、房地产、金钱等),从而提高自己文化资本的价值。学习者期待或希望自己的投资得到很好的回报,享有原来无法得到的资源。而且,借鉴奥格布(Ogbu, 1978)的观点,我还认为在二语学习上付出的努力,应被视为与这种投资的回

---

① 参见 Chris Weedon, *Feminist Practice and Poststructuralist Theory*, 1987。
② 参见 Anthony Giddens, *Modernity and Self-Identity*, 1991。
③ 参见 Mikhail Mikhailovich Bakhtin, *The Dialogic Imagination*, 1981。
④ 该作者1997年以前发表的文章,署名为 Bonny Peirce 或 Bonny Norton Peirce;1997年以后发表的文章,署名为 Bonny Norton。为行文简洁,本文未作严格区分。

报相匹配。"①

  诺顿以投资概念解释实证材料。其经典研究描述了五名加拿大移民妇女对二语学习的投资和认同变化。②来自波兰的伊娃，22岁时为了"经济优势"独自移民加拿大，初期在一家饭馆工作，同事都是本地人，只有她不能讲流利的英文。当年轻同事指着电视中的某公众人物，惊讶地问她为何不知道此人时，伊娃感觉很糟。在饭馆她感觉自己需做许多同事不愿做的事，没有人在意她，因而也没有欲望交流。然而后来她逐渐主动参与同事的谈话，当他们谈起假期喜欢去的加拿大地区时，她便介绍欧洲的生活，其他人也开始问她相关问题。

  从传统的语言学习社会心理观来看，伊娃"性格内向"，二语学习持"工具性动机"，与目的语群体的"社会距离""心理距离"较远，因此语言习得受阻。诺顿认为这些概念忽略社会情境中权力关系对语言学习的影响，忽略个体与社会环境的互动，无法解释学习者对目的语矛盾的态度，以及态度和认同的变化。从投资观来看，伊娃不仅投资于目的语的经济优势，而且投资于更高的社会地位。在明显的权力差距下，她感觉自尊受到威胁，无奈接受了"不合法的语言使用者"认同，放弃了话语权。后来她的"多元文化公民"认同逐渐发展起来，有能力要求目的语使用者倾听自己的历史和经验，希望这些"文化资本"被认可，环境也给予了她更多平等交流的空间。

  诺顿宣称"投资"并非经典社会心理模式中的"工具性动机"。③"投资"与"动机"的区别在于，后者体现了个体心理学取向，指学习者个人的稳固个性特征，前者则体现了社会学取向，表明学习者和变化着的社会的关系。由此视角来看，学习者充满了矛盾的愿望，其认同及其与目的语的关系是复杂的、变化着的，充满了权力的斗争，在通过语言进行的社会互动中不断被重新构建。在这个意义上，"投资"拓展了"动机"

---

  ① 译自 Bonny Peirce, *Social Identity, Investment, and Language Learning*, 载 TESOL Quarterly 29(1), p.17, 1995。

  ② 参见 Bonny Peirce, *Social Identity, Investment, and Language Learning*, 载 TESOL Quarterly 29(1), pp.9-31, 1995; Bonny Norton, *Identity and Language Learning: Gender, Ethnicity and Educational Change*, 2000。

  ③ 参见 Bonny Peirce, *Social Identity, Investment, and Language Learning*, 载 TESOL Quarterly 29(1), pp.9-31, 1995。

第八章
语言与认同

的概念。

诺顿还认为:"对目的语的投资,也是学习者对其社会认同的投资,这种认同是随着时空不断变化的。"[①]"我强调,语言构建了学习者的社会认同,同时也由学习者的社会认同所构建。"[②]可见,诺顿所持的是一种社会建构主义的认同观,她说的"社会认同"并非阶层、年龄等客观、固定的范畴身份,也难以简单定位于动机的预测因素或学习结果。

2. 二语"想象共同体"

近年来诺顿借鉴温格的理论,将"想象共同体"概念引入二语研究,与"投资"联系起来。对于许多语言学习者来说,共同体是想象的,即能为未来认同提供更多可能性的期望中的共同体。它也可能在某种程度上是以往共同体或历史关系的重构。从本质上看,每一个想象共同体都前设了一种想象认同。学习者对于目的语的投资必须置于这一情境中理解。[③]

当投资的范围从直接交流的实践共同体扩大到主观期待中的想象共同体时,主体能动性便更加突出了。诺顿等人以实证材料表明,学习者对于目的语共同体的成员有着不同投资,投资最大的是能够代表学习者本人的想象共同体,或者为其进入想象共同体提供可能性的那些人。人类有能力和存在于眼前的现实的共同体以外的共同体取得联系,这种对于想象共同体的投资影响认同的构建和对学习的投入。[④]

诺顿用此概念来解释加拿大成年移民英语学习者的调查材料,特别是两例拒绝参与学习的个案。其中一位是成年后从波兰移民至加拿大的卡塔丽娜。当卡塔丽娜向英语老师表示想上计算机课时,老师不赞成,认为她的英语"还不够好",暗示她说的是"移民英语"。卡塔丽娜感到被羞

---

① 译自 Bonny Peirce, *Social Identity, Investment, and Language Learning*, 载 TESOL Quarterly 29(1), p.18, 1995。
② 同上书, p.13。
③ 参见 Bonny Norton, *Identity:Second language*, 见 Keith Brown 编 *Encyclopedia of Language and Linguistics* (2nd edition), Vol.5, pp.502—507, 2006。
④ 参见 Bonny Norton, *Non-participation, Imagined Communities, and the Language Classroom*, 载 Michael Breen 编 *Learner Contributions to Language Learning:New Directions in Research*, pp.159—171, 2001; Bonny Norton and Kelleen Toohey, *Identity and Language Learning*, 载 Robert B. Kaplan 编 *The Oxford Handbook of Applied Linguistics*, pp.115—23, 2002。

辱，从此不上英语课，但成功地进入了计算机课程班，完成了18个月的学习。诺顿分析，卡塔丽娜在波兰是有经验的教师，移民加拿大后虽然暂未找到教师工作，但在想象中认同于未来的教师共同体。她感到老师的回应将自己定位于"仅是移民"，否定了向想象共同体前进的可能。因此，卡塔丽娜不上英语课，根源在于教师的教育眼光与学生的想象共同体错位。另一例个案中的学习者是来自秘鲁的费利西亚。在一次英语课上，老师请每位学生与大家分享自己国家的情况，但在总结发言要点时没有提到费利西亚关于秘鲁的观点。费利西亚询问时，老师回答说秘鲁不是主要的国家。费利西亚十分气愤，再也没有回到该英语课堂。诺顿指出，费利西亚在秘鲁过着富裕悠闲的生活，只是由于动荡的局势才很不情愿地离开。在加拿大她的丈夫没有工作，家庭生活水平下降。她并未将自己看做加拿大移民而只是暂居的外国人。她的想象共同体是秘鲁，想象认同是"富裕的秘鲁人"。由于想象共同体、想象认同被老师否定，她感到自己被排斥，便通过拒绝参与表示抗议。①

8.3.2　自我建构与自我转换

与诺顿同样以社会文化取向区分于社会心理取向的，还有以兰托夫（James P. Lantolf）为首的"新维果茨基学派"。但这批学者的学科背景是心理学，关注焦点是认知发展。苏联心理学家维果茨基（Lev S. Vygotsky）认为，认知能力不是天生的，而是社会建构的；语言不是任意性的，而是历史和文化的产物，是人类认知和社会关系发展的最重要的象征性工具。在与成人互动的语言学习过程中，儿童通过语言这种符号中介内化有关行为的文化规则，并不断重构自己的心理结构。②维氏的心理发展文化历史观形成于20世纪初，70年代传入西方，与皮亚杰（Jean Piaget）等的建构主义思想融汇，产生了重大影响。由此他被视为"社会建构主义"的一位直接先驱。

近十多年来，新维果茨基学派不断重新解读维果茨基，并在概念上予

---

① 参见 Bonny Norton, *Non-participation*, *Imagined Communities*, *and the Language Classroom*, 载 Michael Breen 编 *Learner Contributions to Language Learning*: *New Directions in Research*, pp.159-171, 2001.

② 参见 Lev S. Vygotsky, *Mind in Society*, 1978; Lev S. Vygotsky, *Thought and Language*, 1986.

第八章
语言与认同

以适应西方学术情境的更新,在经典维氏文化历史观的基础上形成了认知发展的"社会文化理论"。①该理论突出语言符号在个人认知和自我发展与社会文化环境之间的中介作用,还试图将巴赫金的"对话性"、皮尔斯的符号理论、米德的符号互动论等多种理论融合进来,强调个体作为符号使用者的能动性以及实践活动的重要性。在该理论的观照下,二语学习被视为使用新的中介工具进行认同转换的过程。②

兰托夫等一批学者采用社会文化理论视角,从 90 年代初开始作了许多实证研究,揭示二语学习者的"自我建构"过程。③例如,克拉姆什(Claire Kramsch)分析了一个二语课堂的写作练习,其对象是在美国的亚洲成年移民和他们的英语老师。通过分析学生对阅读材料的归纳概括和修改过程,以及师生就此进行的对话,该研究揭示出二语学习过程是一个符号生产、交流和阐释的过程,一个在建构他者的同时建构自我的过程。④ 巴甫兰科(Aneta Pavlenko)和兰托夫分析了一组具有东欧背景的美国和法国作者有关二语学习历程的个人叙事,发现学习是一个"自我转换"的过程,第一阶段是丧失,即作为社会交际和思维工具的原有语言被弱化,学习者感受到身份、主体性、意义框架和内部声音的丧失;第二阶段是恢复,学习者通过新的语言获得他人的声音,进而发展出自己的声音,重建过去,并逐渐建立新的主体性。⑤ 作者引用了斯法德(Anna Sfard,1998)的观点,用有关二语的"参与隐喻"来扩展传统的"习得隐喻"。参与隐喻将二语学习视为"变为某个共同体成员的过程",这意味着学习者有

---

① 参见 James P. Lantolf 编 *Sociocultural Theory and Second Language Learning*,pp. 1—26,2000;James P. Lantolf and Steven L. Thorne,*Sociocultural Theory and the Genesis of Second Language Development*,pp. 1—23,2006。

② 有关综述参见李霞、兰英《基于社会文化学派理论的第二语言学习观及其述评》,载《国外外语教学》2007 年第 2 期第 54—61 页;文秋芳《评析二语习得认知派与社会派 20 年的论战》,载《中国外语》2008 年第 3 期第 3—20 页。

③ 参见 James P. Lantolf 编 *Sociocultural Theory and Second Language Learning*,2000;James P. Lantolf and Steven L. Thorne,*Sociocultural Theory and the Genesis of Second Language Development*,2006。

④ 参见 Claire Kramsch,*Social Discursive Constructions of Self in L2 Learning*,载 James P. Lantolf 编 *Sociocultural Theory and Second Language Learning*,pp. 133—154,2000。

⑤ 参见 Aneta Pavlenko and James P. Lantolf,*Second Language Learning as Participation and the (Re)construction of Selves*,载 James P. Lantolf 编 *Sociocultural Theory and Second Language Learning*,pp. 155—178,2000。

"用这一共同体的语言交流,并依照其规范而活动的能力"。[①]

新维果茨基派对维氏心理学理论的阐释和应用,与诺顿对布迪厄社会学理论的阐释异曲同工,都为经典理论增加了"建构主义"的色彩,强调学习者个体的主体能动性、学习过程中的认同斗争,以及学习的目标是进入某个"共同体"。但新维果茨基派是从心理角度考察认知,强调社会、文化和历史环境的影响,而诺顿一派主要是从社会角度考察学习者身份,突出学习者的主体创造性、想象力,以及目标共同体对于传统"目的语群体"的超越,对传统心理学派的挑战也更直接。[②]

8.3.3 二语学习动机自我系统

尽管诺顿等倡导的新兴社会文化学派以传统社会心理学学派的对立面自居,试图用二语"投资"来取代"动机",社会心理学阵营的学者似乎并没有与其相对立,展开辩论,使二语研究分别向社会情境和个体心理两个极致发展。社会心理学学派当今阶段的代表人物之一多尼叶(Zoltan Dörnyei)对诺顿的社会文化范式研究采取了积极肯定和选择性借鉴的态度。在 2005 年出版的《语言学习者心理——二语习得的个体差异》(*The Psychology of the Language Learner: Individual Differences in Second Language Acquisition*)一书中,多尼叶多次正面引用诺顿有关想象共同体、想象认同的概念,指出当今学习者的想象共同体、想象认同往往与"全球共同体""世界英语"的使用者紧密联系在一起,而非与"母语使用者"联系在一起,这比社会心理学派加德纳(Robert C. Gardner)经典模式中的"融合性动机"[③]更符合学习者的实际情况。

在借鉴社会文化学派成果、梳理社会心理学派传统的基础上,多尼叶进一步修正和发展了社会心理学派的理论,提出将二语学习的动机视为"自我系统"的一部分:"我想为二语学习动机提出一个新的概念框架,将它与自

[①] 转译自 Aneta Pavlenko and James P. Lantolf, *Second Language Learning as Participation and the (Re)construction of Selves*,见 James P. Lantolf 编 *Sociocultural Theory and Second Language Learning*,p.155,2000。

[②] 本节综述参见高一虹、周燕《二语习得社会心理研究:心理学派与社会文化学派》,载《外语学刊》2009 年第 1 期第 123—128 页。

[③] 参见 Robert Gardner,*Social Psychology and Second Language Learning: The Role of Attitudes and Motivation*,1985。

第八章
语言与认同

我和认同的理论联系起来。"①这样做是出于几个原因。首先,外语并不仅仅是交际工具或课程内容,它"也是个人的人格'核心'的一部分,参与大多数心理活动,并且是个体之认同的重要部分。所以,我越来越倾向于从整体的人的角度来研究动机"②。第二,需要超越加德纳的经典"融合性"概念。第三,采用结构方程模型对大样本定量数据所作的分析,显示出诸多动机、态度、行为之间的稳定的关系,需要用新的理论来描述。③

多尼叶借鉴人格心理学家希金斯(Edward T. Higgins, 1987)的"自我不一致"或"自我导向"理论来构筑自己的"二语动机自我系统"。希金斯认为,自我导向代表个体要达到的标准,它来自早年的社会学习经验。他将人的自我概念区分为"现实自我"、"理想自我"和"应该自我"。现实自我即个体如何看待实际的自己;理想自我代表个体愿意拥有的理想特征,与正面的结果和情感有关;应该自我表达个体感到自己应该达到的特征,与负面的结果和情感有关。理想自我和应该自我是两种自我导向,人们都被驱使着减少实际自我与理想自我、应该自我之间的差距。多尼叶在此基础上所建立的二语动机自我系统包括三个层面:④

1. 理想二语自我,指与二语相关的理想自我部分。如果我们想成为的理想自我是讲某种二语的,理想二语自我就产生强大的学习动力,以缩小现实自我与理想自我之间的差距。

2. 应该二语自我,指人们相信自己为了避免负面结果的产生而应该具有的那些特征。这一层面较多地与工具型动机、外在动机相对应。

3. 二语学习经验,指与具体学习情境相联系的动机。

自二语动机自我系统提出以来,已有一系列实证研究。在一个以匈牙利小学生为对象的大样本实证研究中,希泽(Kata Csizér)和多尼叶采用聚类分析的方法,归纳出四种不同的动机人群,并得出结论说其结果支

---

① 译自 Zoltan Dörnyei, *The Psychology of the Language Learner: Individual Differences in Second Language Acquisition*, pp.93—94, 2005。
② 同上书, p.94。
③ 参见 Zoltan Dörnyei and Kata Csizer, *Some Dynamics of Language Attitudes and Motivation: Results of a Longitudinal Nationwide Survey*, 载 *Applied Linguistics* 23(4), pp.421—462, 2002。
④ 参见 Robert Gardner, *Social Psychology and Second Language Learning: The Role of Attitudes and Motivation*, p.106, 1985。

持了"二语动机自我系统"的设想。①克尔摩斯(Judit Kormos)和希泽在匈牙利进行的另一项研究表明,理想自我对学习者有促进作用,应该自我对学习者具有监督作用。②塔古奇、马吉德和帕皮(Tatsuya Taguchi, Michael Magid and Mostafa Papi)对日本、中国以及伊朗三国的学生二语动机自我系统进行调查研究,通过结构方程模型跨组比较,发现三个国家的学生在二语动机自我系统上具有共同特性,理论模型在三个样本上具有稳定性,而且工具性动机的提升与应该自我有密切联系。③由多尼叶和乌什沃达(Ema Ushioda)编辑的《动机、语言认同与二语自我》(*Motivation, Language Identity and the L2 Self*)文集,介绍了在这一理论框架下进行的数项实证研究成果。④

多尼叶提出的二语动机自我系统,将"动机"与学习者的"自我"(认同)挂钩,以理想自我直接驱动二语学习。该理论在较宽广的全球化背景中考察二语学习者的社会心理和行为,突破了"融合性动机"的框框,同时也更关注动机的发展变化。这是二语习得社会心理学派在坚持和发展自身传统,吸收社会文化学派营养基础上的新发展,也是对二语学习与认同理论的贡献。同时,以理想自我直接驱动二语学习的观念,仍体现了心理学注重个体稳定心理结构的特点,有别于社会科学范式中建构主义有关行动可能产生意图之外后果的观点,注重个体在情境中与环境互动而发展认同的特征。

8.4 全球化、英语使用与多元认同建构

在全球化背景下,英语已成为国际商贸、学术、国际航空、海运和网络

---

① 参见 K. Kata Csizér and Zoltan Dörnyei, *Language Learners' Motivational Profiles and Their Motivated Learning Behavior*,载 Language Learning 55, pp. 613—659, 2005。

② 参见 Judit Kormos and Kata Csizér, *Age-related Differences in the Motivation of Learning English as a Foreign Language: Attitudes, Selves, and Motivated Behavior*,载 Language Learning 58, pp. 327—355, 2008。

③ 参见 Tatsuya Taguchi, Michael Magid and Mostafa Papi, *The L2 Motivational Self System among Japanese, Chinese and Iranian Learners of English: A Comparative Study*,见 Zoltan Dörnyei and Ema Ushioda 编 *Motivation, Language Identity and the L2 Self*, pp. 66—97, 2009。

④ 参见 Zoltan Dörnyei and Ema Ushioda 编 *Motivation, Language Identity and the L2 Self*, 2009。

第八章
语言与认同

世界交流的通用语,同时英语也拥有世界上最多的学习者。[1]英语在全球广泛传播的同时,也引发了一系列关于语言与认同的新议题,反映出全球化中呈现出的语言与认同的复杂关系。正如英国语言学家格拉多(David Graddol)所指出的,全球化的一个核心现象就是"英语在全世界范围内重新定义国家认同和个人认同"[2]。

8.4.1 新英语的传播与语言帝国主义——国家、民族和语言认同

全球化的一大特征是英语在世界的广泛传播和英语学习者的迅速增加。社会语言学者对此现象的观点可概括为两大类:一类持积极态度,认为英语的传播促使全世界不同种类英语变体崛起;另一类持批判态度,认为英语的传播是语言帝国主义产生的结果。两类研究均涉及国家或民族和语言认同的关系。

从20世纪七八十年代开始,在非英语本族语地区使用的本土化新兴英语变体逐渐进入社会语言学者的视野。不少人认为,英语正在变为多种变体的集合体,应用复数的"世界英语"(world Englishes)来描绘此状况。他们不仅关注新兴英语变体的语言学特征,而且将这些变体与不同的国家或民族认同联系起来,分析新变体反映的世界结构。

在这类研究中,印度裔美国语言学家卡特鲁(Braj B. Kachru)提出的世界英语同心圈模型最有影响力。[3]他将英语变体划为三层同心圆:"内圈"是本族语变体,如英、美、澳大利亚、加拿大、新西兰英语;"外圈"是"制度化的非本族语变体",即传统上的"作为第二语言的英语"变体,如印度、尼日利亚、坦桑尼亚英语;"扩展圈"包括"运用性变体",即传统上的"作为外语的英语",如日本、希腊、中国英语。外圈和扩展圈英语并非英语使用的错误或偏差,而是"制度化的创新",源于语言认同、文化认同和地域认同。

英国语言学家麦克阿瑟(Tom McArthur)提出世界英语轮轴模型。他认为所有英语变体有一个"世界标准英语"轴心,是由围绕其自身的若干类国家或区域性标准英语变体相互作用和协商产生的。这些国家或区域性英语变体又包含两大类:一类是"标准英语",包括英国与爱尔兰英语、美国

---

[1] 参见 David Crystal, *English as a Global Language*, 1997。
[2] 译自 David Graddol, *English Next*, p.12, 2006。
[3] 参见 Braj Behari Kachru, *The Other Tongue: English Across Cultures* (2nd edition), 1992。

英语等;另一类是"正在标准化的英语",包括南亚英语、东西南非英语、东亚英语等。在每一类国家或区域性标准英语的外围,又有许多非标准变体,如苏格兰英语、魁北克英语、印度英语、香港英语、黑人英语等。①

以上研究不再把具有本土特征的英语看做是有缺陷、非标准的,而是将其视为不同于本族英语变体的新兴英语变体;不再用本质主义的观点看待语言与国家或民族认同,使语言和认同的对应关系有可能更加丰富。以往"英语本族语—非英语本族语"、"标准英语—非标准英语"的二元对立被打破,以英语作为本族语者国家或民族认同标记的功能被削弱,而英语作为可为不同国家和民族使用以表述各自文化与认同的语言,逐渐进入社会语言学者的视野。

与以上对世界英语新秩序持积极态度的学者不同,丹麦语言学者菲利普森(Robert Phillipson)提出具有批判性的"语言帝国主义"理论。②综合文献研究和对语言学者的访谈结果,菲利普森认为英语全球化的实质是"英语语言帝国主义",英语在全球的统治地位反映出中心英语国家(英国、美国、加拿大、澳大利亚、新西兰)和周边英语国家之间的不平等关系。也就是说,语言作为媒介,传递并承载着支配国的价值观、信仰、规范和行为等,语言帝国主义的存在将发达国家与发展中国家之间在经济、政治、军事、交流、文化和社会方面权利和资源的不平等分配合法化。

斯里兰卡裔美国学者卡纳贾拉察(Suresh Canagarajah)根据自己对斯里兰卡的泰米尔人社区的研究,探讨应对英语语言帝国主义的策略。他认为,认同和语言是相互联系的,但是人们不可能具有不受种族、文化影响的普世认同,英语学习必定影响学习者的认同。应对语言帝国主义有两种方式:一种是从权力决定论的角度出发,认为英语学习就是居于统治地位的英语本族语文化意识形态和利益"再生产"的过程,学习者都是消极被动的,无法处理意识形态和语言冲突,因而他们会拒绝学习英语,以保持对本土文化的忠诚;另一种方式从权力批判论的角度出发,认为英语学习主体既可以认识到英语语言的压迫作用,又可以利用英语进行思

---

① 参见 Tom McArthur,*The English Languages*? 载 *English Today* 11,pp. 9—11,1987。
② 参见 Robert Phillipson,*Linguistic Imperialism*,1992。

第八章 语言与认同

想解放和批判性思考,能动性地"反抗"居于统治地位的语言意识形态。①

尽管对英语在全球传播的原因存在不同的解释,但世界英语和语言帝国主义两大研究潮流逐渐打破了人们把英语与本族语国家或民族进行单一对应的观点,而是把英语的变迁看做权力与反抗、社会结构和个体能动性相互作用的社会历史过程,因而有可能从社会、政治、历史的角度去探讨英语的发展、变化、传播与权势、意识形态和认同之间的关系。近些年来,世界英语研究的影响逐渐加强,但在批判反省自身的同时,吸纳了语言帝国主义研究对于英语传播中地位不平等的清醒认识。在总结全球化时代的英语和认同关系时,澳大利亚语言学者洛比安科(Joseph Lo Bianco)指出,由于英语的全球化而产生的新的认同形式,并不一定与传统的民族国家、文化、特定民族史或国家叙事相联系。②英国学者克里斯托尔(David Crystal,1995)指出,民族国家认同和国际主义认同共同决定了一个民族国家如何确定自己的语言政策。在马可尼和潘尼库克(Sinfree Makoni and Alastair Pennycook)看来,全球化时期人们需要对传统的语言观进行解构和重建。③而布鲁马特(Jan Blommaert)则借鉴布迪厄有关"资本"理论并强调其结构性的一面,指出英语在全球的"移动"将重组原有文化中语言变体的社会价值秩序,这其中所隐藏的不平等经常被忽视。他称传统的社会语言学为"分布性的社会语言学",主要研究静态的语言分布和语言变异现象。在一定实证研究支持的基础上,他提出"全球化的社会语言学"新概念。全球化的社会语言学为"移动性的社会语言学",其中的核心概念是"移动性"。④

8.4.2 多语、想象和多层次认同建构

英语在全球的传播使英语学习者迅猛增加。以英语为"第二语言"或

---

① 参见 Suresh Canagarajah, *Resisting Linguistic Imperialism in English Teaching*, 1999。

② 参见 Joseph Lo Bianco, *No Longer a (Foreign) Language: Rhetoric of English as a Post-Identity*,见《中国社会语言学》2005 年第 2 期第 38 页。

③ 参见 Sinfree Makoni and Alastair Pennycook 编 *Disinventing and Reconstituting Languages*,2007。

④ 参见 Jan Blommaert, *A Sociolinguistics of Globalization*,载 Nikolas Coupland and Adam Jaworski 编 *The New Sociolinguistics Reader*, pp. 560−573, 2009; J. Blommaert, *The Sociolinguistics of Globalization*, 2010。

"外语"的学习者大多没有很多机会与英语本族语者进行面对面的交流，他们或者与本地的双语者互动，或者通过想象，认同于未来所要参与的实践共同体。另外，英语与宏观的民族国家认同之间的关系也比以往松动，这些都促使研究者把更多目光投向较为微观层次的认同与语言学习之间的关系。英语的全球化传播使语言与认同研究成为热点，特别是对英语外圈和扩展圈语言学习者和使用者认同的研究，近些年来呈明显上升趋势。下面概述一些微观研究实例。

南非学者特森(Lucia Thesen)以南非开普敦大学黑人大学生为研究对象，考察他们在用第二语言英语进行学术写作过程中的多元认同挣扎。[1] 来自乡村的黑人大学生罗伯特在写作宗教学研究论文时拒绝使用带有西方文化色彩的 *God*，而选择使用非洲创世神的名字 *Modimo*，但这却和宗教学课论文的要求有冲突。另一名黑人大学生库鲁利曾经积极参与黑人觉醒组织，并从组织内的黑人知识分子那里学习用英语表达激进的政治观点，但是在大学政治学课上他感觉不能自由表达观点，因为他经常被批评不够客观，或者因为观点和白人学者相似，被认为是缺乏原创性甚至是剽窃而得。特森认为，黑人大学生在使用英语写作学术论文中的困难，即在多种相互冲突的话语之间选择用语时的难处，实质上是他们对不同的话语所表征的不同认同进行选择时犹豫和挣扎的体现。他们在学习和使用英语词语时不能完全符合白人教师的期待，时常出现"不得体"的情况，这反映出他们的城乡、宗教、部族、种族的多重认同与白人的英语话语所体现的认同发生了冲突，这些冲突有时甚至是黑人大学生有意识地拒绝大学强加给他们的新身份认同的策略。她呼吁教育人士不要简单地把黑人学生当做弱势生，而应该对黑人学生的多重认同和能力给与新的理解与尊重。

加拿大学者诺顿与巴基斯坦学者卡马尔(Farah Kamal)合作，对巴基斯坦两所小学的 20 名十二三岁的双语小学生进行跟踪调查。研究者收集到学生参与教阿富汗难民孤儿学习英语的活动时的感想以及他们对未来社会的设想。研究发现，学生对自己学习英语、个人文化和技术水平的看法与当时巴基斯坦的政治处境以及他们对国家未来的想象密切相关。在学生的想象中，他们所要参与的社会共同体是多元化的，其未来认同也

---

[1] 参见 Lucia Thesen, *Voices, Discourse, and Transition: In Search of New Categories in EAP*, 载 *TESOL Quarterly* 31(3), pp.487-511, 1997。

第八章
语言与认同

是杂合的。未来的巴基斯坦社会将和平稳定,同时使用英语和当地语言,既能保持伊斯兰的优良传统,又能为国际社会作出贡献。[①]

麦克马希尔(Cheiron McMahill)对东京的一个英语学习讨论班中的7名成年日本女性学员进行个案研究。在这个由成年日本女性自行发起并组织管理的英语学习讨论班,学员自行招聘研究女性主义的英语教师,通过共同学习和讨论提高英语水平,并提升女性主义意识。麦克马希尔认为,英语能力的提高能让学员在职场上更具竞争力,从而帮她们建构更加自立自强的女性认同。同时,在课堂上使用英语来共同学习讨论,能让学员们突破本民族语言和文化的束缚,更加自在、深入地诠释和分享自己作为女性的个体经验和女性认同,挑战压迫她们的性别意识形态和种族意识形态。比如,学员们发现,因为在英语讨论中需要使用"I"、"you"等明确的人称代词,而不像日语中经常省略人称代词,她们能够更加清晰地区分自己和谈话对象的不同观点,从而更加理清自己的思维。总之,英语使这些学习者更加有能力建构新的女性认同,也让学习者更加深入地参与到全球女性解放的实践中。[②]因此,英语学习班成为她们共同努力建构新的语言认同以及种族和性别认同的场所。

普莱斯勒(Bent Preisler)通过一项在丹麦的大规模调查发现,英语对丹麦语的作用很大程度上受到英裔美国青年亚文化的影响。在这些亚文化中,转用英语语码被视为和着装、音乐风格一样有价值象征,是一种认同和群体亲密关系的表征。因此,转用英语语码成为丹麦青年人语言的一个不可分割的部分。作为一种学校科目,英语是青年人参与国际化过程的关键。学校英语的重要性甚至被那些对英语知之甚少或者一无所知的人所承认,只不过不懂英语的人不得不面对英语在丹麦语文本词汇和段落中的增加所带来的问题。[③]

[①] 参见 Bony Norton and Farah Kamal, *The Imagined Communities of English Language Learners in a Pakistani School*, 载 *Journal of Language, Identity, and Education* 2(4), pp. 301—317, 2003。

[②] 参见 Cheiron McMahill, *Self-Expression, Gender, and Community: A Japanese Feminist English Class*, 载 Aneta Pavlenko, Adrian Blackledge, Ingrid Piller, and Marya Teutsch-Dwyer 编 *Multilingualism, Second Language Learning, and Gender*, pp. 307—344, 2001。

[③] 参见 Bent Preisler, *English in Danish and the Danes English*, 载 *International Journal of the Sociology of Language*, Issue 159, pp. 109—126, 2003。

全球化过程中的英语传播与本地化认同的复杂关系,在克拉克(Matthew Clarke)对阿拉伯联合酋长国第一批大学本科英语师范生的定性研究当中表现得更为充分。克拉克发现,在被研究的 75 名女性英语师范生的学习过程中,有关阿拉伯民族国家发展和爱国主义的宏观话语与有关女性认同、家族认同、英语教师职业认同发展的微观话语交织在一起,影响着师范学生的教师知识和观念的话语性建构以及新型英语语言教师实践共同体的形成。[①]

8.4.3 网络和大众媒体时代的多元读写能力与认同建构

以英语的全球化为背景,远程通讯和互联网技术的迅猛发展为跨时空、跨文化的交流提供了新的平台。依托新媒体而壮大的全球化大众娱乐传播业也让更多新兴亚文化得以发展。进入 21 世纪以后,这些全球化变革对青年人认同的建构发挥着日益重要的作用。"读写能力"概念的含义已多元化,从传统的识文写字扩展到更广的符号使用能力或素养,如计算机使用、网络交流。认同的影响、形成和表现见于符号、语言和话语的不同层次,[②]见于多元读写能力。社会语言学的研究兴趣从单纯的语码选择扩展到符号和话语层次,网络和流行文化中的语言使用成为新的研究热点。这些研究大多摒弃传统的结构论,采用后现代主义、批评理论、社会建构主义等视角分析材料。

潘尼库克是在此方面影响较大的一位学者,以其后现代视角的批判洞察力和对流行文化的深入考察而知名。他在 2007 年的专著《全球英语和跨文化流变》(*Global Englishes and Transcultural Flows*)中,[③]审视嘻哈文化与英语和全球化的关系。嘻哈歌曲不是传统意义上的"语言",而是一种包括语言、音乐、表演等在内的广义话语方式。书中有这样一幅场景:在马来西亚吉隆坡的一家夜总会,嘻哈说唱歌手乔·菲利祖(Joe Flizzow)用英语唱道:

---

① 参见 Matthew Clarke, *Language Teacher Identities: Co-constructing Discourse and Community*, 2008.

② 参见 Joseph Lo Bianco, *No Longer a (Foreign) Language: The Rhetoric of English as a Post-Identity Language*, 载《中国社会语言学》2005 年第 2 期第 17—40 页。

③ 参见 Alastair Pennycook, *Global Englishes and Transcultural Flows*, 2007.

第八章
语言与认同

    Hip hop be connectin' Kuala Lumpur with LB
    嘻哈把吉隆坡和长滩连起
    Hip hop be rockin' up towns laced wit' LV
    嘻哈让城市舞动人们穿着 LV
    Ain't necessary to roll in ice rimmed M3's and be blingin'
    不必开宝马 3 系也不必珠光宝气
    Hip hop be bringin' together emcees.
    嘻哈把 MC 聚在一起。
                   （来源：Alastair Pennycook 2007：1，李玉霞译）

    歌词中 blingin'[①]，emcees[②] 等用语和其他一些内容把马来西亚的说唱歌曲与全球化文化联系了起来。那么嘻哈文化与全球化的关系是怎样的呢？歌词的第一句把马来西亚的吉隆坡和美国加州的长滩联系起来，似乎反映了美国文化在全世界的传播和对马来西亚本土文化的控制。但是，以英语为本族语的英、美上层白人却未必能听懂嘻哈歌词的意思。歌词受到美国黑人英语影响的发音和句法特色如 Hip hop be connectin'，似乎说明嘻哈是美国黑人亚文化认同的表现形式，表达了对白人统治阶层文化成为全球主导性文化的反抗。同时，歌词有关 LV（路易·威登）服装品牌的内容表达了对世界流行时尚文化的认同，而对宝马 3 系名牌汽车和珠光宝气等流行文化元素的拒绝却又与世界的全球化中心拉开了距离。

    那么，这位马来西亚嘻哈歌手的表演是不是马来西亚本土认同的体现呢？另一首乔·菲利祖的歌让问题的答案更加复杂了：

    If I die tonight, what would I do on my last day
    如果今晚死去，我在最后一天应该怎样
    I know I'd wake early in the morn' for crack of dawn's last pray
    我会早早起床祈祷，在那黎明天刚蒙蒙亮

---

  ① blingin'，脱胎自流行语 bling bling 的缩略，意思是宝石般亮闪闪的。
  ② emcee 即 MC，是英语 microphone control 的缩写，字面意思是控制麦克风的人，指司仪和主持人。在嘻哈舞蹈表演时，手持麦克风，和着音乐节奏用即兴说唱形式调动气氛的人就是 MC。现在 MC 被用来指称可以进行即兴表演的优秀饶舌歌手。

Then probably go for breakfast like I used to do
然后可能去吃早饭,就像平时一样
Fried kuey teow FAM and roti canai at Ruja's with my boo
吃家常炒粿条和鲁记小店鹰嘴豆面烙饼,把我宝贝儿带上

(来源:Alastair Pennycook 2007:3,李玉霞译)

  这段歌词具有明显的马来西亚英语特点,按照卡特鲁的同心圈理论,该变体处于世界英语的外圈。歌词提到马来西亚常见的中国小吃炒粿条和印度小吃鹰嘴豆面烙饼,以及穆斯林的早祷告,而鲁记小店(Ruja's)更是把我们带入马来西亚本土。那么这样的嘻哈歌曲是否反映的就是马来西亚传统文化呢?也不尽然,因为马来西亚拥有更加古老和传统的民族音乐和舞蹈形式。若是这样,这种本土化的嘻哈音乐反映的又是怎样的马来西亚认同呢?

  潘尼库克考察英语通过嘻哈文化在东亚、澳大利亚、西非和太平洋群岛中的传播情况,指出存在与英语紧密联系在一起的全球化嘻哈文化,为我们打开了理解认同的新思路。我们须从全球、地区、国家和本土多个层次理解认同的多元形式,理解认同与全球化和英语的关系。由此他提出"全球英语"和"跨文化流变"两个概念。潘尼库克认为,传统的关于语言的理论模式带有种族分离主义的窠臼,"世界英语"和"语言帝国主义"理论仍然以现代民族国家的概念为基础,具有局限性。而"全球英语"与新的权力、控制、破坏形式相联系,也与新的反抗、变化、利用和认同形式相关,是超地缘的语言,既在地域之间流动,又根植于本土和社会关系之中。"跨文化流变"是在全球化背景下有关文化的新观点,指的是文化形式发生迁移、变化,用来在不同的情境中建构新的认同。"全球英语"与"跨文化流变"相互依存,是一种想象共同体和重构认同的语言。

  对多元读写能力和多元认同的研究,还包括亚穆娜·卡特鲁(Yamuna Kachru)对印度电影流行歌曲中英—印语码混用现象的考察、[1]布鲁马特对刚果平民"草根写作方式"的民族志调查、[2]沃绍尔、萨义德和

---

[1] 参见 Yamuna Kachru, *Mixers Lyricing in Hinglish: Blending and Fusion in Indian Pop Culture*, 载 World Englishes 25(2), pp. 223—233, 2006。

[2] 参见 Jan Blommaert, *Grassroots Literacy: Writing, Identity and Voice in Central Africa*, 2008。

佐利(Mark Warschauer, Ghada R. El Said and Ayman Zohry)有关埃及开罗年轻上班族的网络语言选择调查、①布莱克(Rebecca W. Black)对亚裔青少年日本动漫迷使用英语参与粉丝小说网创作活动的跟踪②等等。这类研究揭示的认同也是多元的,但它们往往更多跨越或打破了"群体"的层次和边界,让"结构"本身变得模糊,凸显了杂合、流动的特征。部分致力于揭示读写能力资源不平等的学者,也同时肯定处于底层的语言使用者会创造性地运用符号,以争取改变身份的机会。

8.5 中国的语言与认同研究

中国许多有关语言状况、语言态度、语言接触和语言转用的研究,往往蕴含着语言是群体认同的标志这一基本观点,但以"语言认同"或"语言与认同"作为明确主题来研究还是近十几年的事。综观以认同为主题的社会语言学研究,可以粗略地概括为以下几大类。

第一类研究是从民族识别、语言状况、语言政策和规划角度,宏观论述语言与群体身份的关系、认定标准以及采取的措施。例如,周庆生概述建国后的民族识别工作,将中国语言与民族的对应关系分为"一族一语"、"一族多语"和"多族一语"三种情况,突出语言在民族身份识别中的作用。③ 黄行指出作为民族识别的标准,语言认同感与语言结构特征可能不吻合。④ 在我国,语言认同感、民族身份比语言结构更为重要,如果是同一民族,结构差异不是很大,可以认为是同一种语言;在确定一个民族使用不同语言时相当慎重。相比之下,国外学术界往往更注重语言结构特点。从保护汉语方言,提倡多种语言变体的角度出发,游汝杰指出语言忠诚和"民系认同"是汉语方言长期保持独立的重要原因

---

① 参见 Mark Warschauer, Ghada R. El Said and Ayman Zohry, *Language Choice Online: Globalization and Identity in Egypt*,载 *Journal of Computer-Mediated Communication* 7(4),2002。
② 参见 Rebecca W. Black, *Online Fan Fiction, Global Identities, and Imagination*,载 *Research in the Teaching of English* 43(4), pp.397—425, 2009。
③ 参见周庆生《中国语言、民族与认同:民族识别研究》,载《中国社会语言学》2005年第2期第84—92页。
④ 参见黄行《我国的语言和语言群体》,载《民族研究》2002年第1期第59—64页。

之一,预测普通话与汉语方言将长期共存,和谐发展。①曹志耘强调地区文化和族群的认同感需要通过语言来实现,面对中国当今少数民族语言和方言濒危加速的现实,需区分"语言保护"和"语言保存",二者并行。②周振鹤从历史角度回溯分析中国的方言认同、民族语言认同和共通语认同,提倡三者并存。这类研究中的身份或认同观是"结构"的,即稳定的群体归属。③

第二类研究是对于群体语言或方言使用情况、语言态度的田野调查。这些研究在不同层面涉及"语言认同"主题,将语言接触、语言演变、语言转用等与族群认同结合起来考察。例如,万明钢、王亚鹏、李继利对藏族大学生民族与文化认同的调查、④王莉、崔凤霞对新疆维吾尔族汉语言认同的调查、⑤王远新对青海同仁土族语言认同和民族认同的考察、⑥徐杰舜、徐桂兰、韦树关、⑦陈小燕对广西贺州族群语言认同的调查、⑧马伟华对青海卡力岗回族语言认同的调查、⑨莫红霞对杭州市农民工语言认同的调查,⑩以及戴庆厦等对阿昌族语言转用和汉文化认同的考察、⑪刘玉

---

① 参见游汝杰《方言和普通话的社会功能与和谐发展》,载《修辞学习》2006 年第 6 期第 1—8 页。

② 参见曹志耘《汉语方言与中国地域文化的研究概论》,载张公瑾、丁石庆主编《混沌学与语言文化研究》第 113—122 页,2005。

③ 参见周振鹤《从方言认同、民族语言认同到共通语认同》,载郑培凯、鄢秀主编《文化认同与语言焦虑》第 263—273 页,2009。

④ 参见万明钢、王亚鹏、李继利《藏族大学生民族与文化认同调查研究》,载《西北师大学报》(社会科学版)2002 年第 5 期第 14—18 页。

⑤ 参见王莉、崔凤霞《我国少数民族聚居区内的汉语言认同问题研究——以新疆维吾尔族聚居区为例》,载《甘肃社会科学》2009 年第 5 期第 266—270 页。

⑥ 参见王远新《青海同仁土族的语言认同和民族认同》,载《中央民族大学学报》(哲学社会科学版)2010 年第 5 期第 106—112 页。

⑦ 参见徐杰舜、徐桂兰、韦树关《贺州族群语言认同论述》,载《广西右江民族师专学报》2002 年第 4 期第 4—6 页。

⑧ 参见陈小燕《贺州不同族群成员语言掌握情况的计量研究——贺州多族群语言与族群认同关系研究之一》,载《百色学院学报》2010 年第 2 期第 30—38 页。

⑨ 参见马伟华《青海卡力岗回族语言认同的调查报告——以化隆县德恒隆乡德一村为例》,载《青海民族大学学报》(社会科学版)2010 年第 2 期第 48—51 页。

⑩ 参见莫红霞《城市化进程中农民工语言接触与语言认同研究》,载《文教资料》2010 年 5 月号中旬刊第 41—45 页。

⑪ 参见戴庆厦主编《阿昌族语言使用现状及其演变》,2008。

第八章
语言与认同

屏对浙江义乌农民工语言"再社会化"的调查、①郭熙对新加坡华人社会母语维持的考察②等。有些研究将"语言认同"直接等同于人们掌握哪些语言。③这些描述性研究未必有明确的理论框架和文献综述,但基本前设是假定语言使用、语言态度是群体认同的重要标志,大多有保护与保存语言的宗旨。就研究方法而言,调查问卷是最常用的研究工具,频次和百分比是最常用的统计方法,也有一些采用语音记录和访谈。这些研究提供了相关群体语言认同的大量信息,其中有些研究分析了被调查群体态度与行为的不一致④或语言和民族认同选择的"工具性",⑤揭示出认同的复杂性。就理论视角而言,这些研究大多直接或间接采纳了结构主义的语言观,将语言与固定的群体认同对应起来。

第三类研究是言语共同体、语言变异理论指导下的语言认同论述和调查。徐大明等强调语言认同、基本一致的语言态度是言语社团的构成要素之一。⑥徐大明、王晓梅借鉴卡特鲁的世界英语分区,以及新加坡学者吴英成对全球华语的"内圈"(以华语为母语的中国大陆和台湾)、"中圈"(以华语作为共通语的海外华人移民地区)、"外圈"(以华语作为外语的非华人地区)的地区划分,⑦将"全球华语社区"分为"核心""次核心""外圈"的三层同心圆,其分层以语言认同(即语言态度)为主要标准,与地理位置关系不大,与语言使用也无必然联系(图8.2)。⑧

---

① 参见刘玉屏《农民工语言再社会化实证研究——以浙江省义乌市为个案》,载《语言文字应用》2010年第2期第63—72页。
② 参见郭熙《多元语言文化背景下母语维持的若干问题:新加坡个案》,载《语言文字应用》2008年第4期第2—11页。
③ 参见徐杰舜、徐桂兰、韦树关《贺州族群语言认同论述》,载《广西右江民族师专学报》2002年第4期第4—6页;陈小燕《贺州不同族群成员语言掌握情况的计量研究——贺州多族群语言与族群认同关系研究之一》,载《百色学院学报》2010年第2期第30—38页。
④ 参见万明钢、王亚鹏、李继利《藏族大学生民族与文化认同调查研究》,载《西北师大学报》(社会科学版)2002年第39卷第5期第14—18页。
⑤ 参见杨荣华《语言认同与方言濒危:以辰州话方言岛为例》,载《语言科学》2010年第4期第394—401页。
⑥ 参见徐大明、陶红印、谢天蔚《当代社会语言学》,1997。
⑦ 参见吴英成《全球华语的崛起与挑战》,http://www.studa.net/hanyuyan/080803/09284018-2.html,2008。
⑧ 参见徐大明、王晓梅《全球华语社区说略》,载《吉林大学社会科学学报》2009年第2期第132—137页。

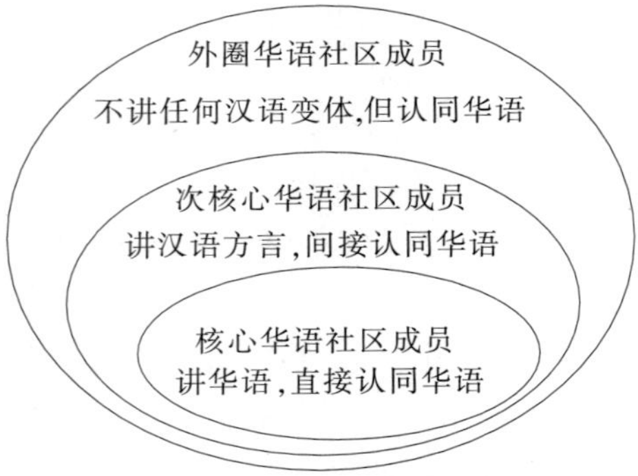

```
外圈华语社区成员
不讲任何汉语变体,但认同华语
    次核心华语社区成员
    讲汉语方言,间接认同华语
        核心华语社区成员
        讲华语,直接认同华语
```

图 8.2 全球华语社区内部结构
(来源:徐大明、王晓梅 2009:135)

在这一有关言语共同体的基本思路指导下出现了一批调查报告(如王玲的研究报告[①]),从地域、阶层、年龄、性别等角度考察语言变异。这类研究的范围除人际变异外,也包括个体变异。研究方法以问卷为主,也有访谈;徐大明团队还采用了他们探索出的"问路法"。[②]这类研究方法在理论视角上有明显的拉波夫范式影响,即语言与群体一一对应的、"结构"的语言认同观,特别强调语言态度对语言使用的影响。有部分调查明确采用了较为建构的概念定义。例如,杨荣华[③]引用约瑟夫(John E. Joseph)的观点,[④]认为语言不仅反映而且建构认同;讲话人在交际过程中不断重构身份。她还明确提出"语言/方言认同"的三要素:语言使用、语言意识、语言态度,并以此为框架报告四川辰州话方言岛居民的语言认同情况。张东波、李柳采用贾尔斯的群际模式理论和方差分析的统计手段,考察美国华人社团的语言维护和变迁。[⑤] 郑素娟对夫妻间语言认同的调

---

① 参见王玲《言语社区内的语言认同与语言使用——以厦门、南京、阜阳三个"言语社区"为例》,载《南京社会科学》2009 年第 2 期第 124—130 页;王玲《农民工语言与认同与语言使用的关系及机制分析》,载《北华大学学报》(社会科学版)2010 年第 3 期第 47—52 页。

② 参见徐大明、付义荣《南京"问路"调查》,载《中国社会语言学》2005 年第 2 期第 143—150 页。

③ 参见杨荣华《语言认同与方言濒危:以辰州话方言岛为例》,载《语言科学》2010 年第 4 期第 394—401 页。

④ 参见 John E. Joseph, *Language and Identity*: *National*, *Ethnic*, *Religious*, 2004。

⑤ 参见张东波、李柳《社会心理因素与美国华人社团的语言维护和变迁》,载《语言文字应用》2010 年第 1 期第 42—51 页。

第八章
语言与认同

查,显示语言使用者在互动中主动选择说话方式,以实现某种自我认同。① 这些研究带有一些建构色彩。

第四类研究是从语言学习的社会心理或社会文化角度来考察二语习得/外语学习和认同。这类研究往往用"语言学习与认同"、"语言学习自我概念"等将语言学习、使用与整体的"人"联系起来。王初明从心理学自我概念的角度探讨英语语音对英语学习的影响,在实证基础上提出"外语语音学习假设",指出语音掌握的好坏影响学习者对自己整个外语学习能力的评价,并且进而影响外语学习成绩。②许宏晨指出社会心理学家多尼叶"二语动机自我系统"中的概念不一致,他在结构方程模型定量研究基础上,提出一个包括英语学习"可能自我"、"当前自我"和"过去自我"在内的修正性理论模式。③高一虹在对"最佳外语学习者"访谈的基础上,借鉴人本心理学家弗洛姆(Erich Fromm)的"生产性取向"理论,提出有别于削减性、附加性双语现象的"生产性双语现象"或双语者认同变化,即母语和目的语认同积极互动,在认知、情感和审美层面产生"1+1>2"的增值效果(见表8.2)。④这一结果有别于郭风岚、松原恭子对日本在华留学生汉语习得的考察结论:即便第二语言达到相当高的程度,学习者也无法消除对其文化的适应距离。高一虹及其团队后来的相关研究以量与质相结合的方式扩大到普通大学生群体,在他们身上也发现了某种程度的生产性取向,但同时发现削减性变化在英语学习过程中有较大增长。⑤陈新仁等有关外语教育与民族认同的问卷调查有类似发现,即当代大学生的母语文化认同高于外语文化认同,但外语学习对母语文化认同有一定冲击。⑥鄢秀、郑培凯等以量的方式为主考察了回归后香港学生的文化认同和语言焦虑,发现中国文化知识、中国文化认同、普通话学习焦虑和自陈

---

① 参见郑素娟《个案研究:夫妻间的语言认同》,载《现代语文》2007年第5期第25—26页。
② 参见王初明《自我概念与外语语音学习假设》,载《外语教学与研究》2004年第1期第56—63页。
③ 参见许宏晨《中国大学生英语学习动机自我系统的构成——结构方程模型研究》,载《中国社会语言学》2010年第1期第130—141页。
④ 参见Gao Yihong, *Foreign Language Learning*:"1+1>2",2001。
⑤ 参见高一虹等《中国大学生英语学习社会心理——学习动机与自我认同研究》,2004。
⑥ 参见陈新仁主编《全球化语境下的外语教育与民族认同》,2008。

普通话水平之间有显著相关关系。①

表 8.2 双语者的削减性、附加性、生产性认同变化

削减性	附加性	生产性
"1－1＝1"	"1＋1＝1/2＋1/2"	"1＋1＞2"
母语及文化认同被目的语及文化认同替代	母语、目的语及文化认同分用于不同交际情境	母语与目的语水平相得益彰；母语文化与目的语文化的鉴赏相互促进；认知、情感和审美能力整体提高

（根据 Gao Yihong 2001 改制）

语言学习/使用者的话语也作为认同研究的切入点受到关注,建构的认同观在这类研究中较有施展空间。李战子等通过对外语学习者的自传文本进行话语分析,从细部考察认同变化的心路历程。②欧阳护华、唐适宜考察了英语议论文写作中的作者身份。③谷明樾(2009)对大学生英语学习与认同建构为时两年的跟踪研究也是从话语的角度切入的,但材料不限于书面文本,包括访谈和日记、网络聊天和电邮等多种形式,该研究采用建构性较强的批评话语分析和想象共同体概念作为框架。④近来研究范围还从普通学生群体扩展开去,如李玉霞对"差生"的研究、⑤刘熠对英语教师身份的隐喻研究等。⑥吴东英主编的《全球化时代的大中华话语》囊括了一批大中华地区"全球本土化"的话语和认同的研究,话语类型涉及平面媒体新闻、电视节目、网络广告等。⑦对于"外语情境"语言学习者认同变化的考察,曲卫国提出理论挑战,认为跨文化的自我认同改变必须建立在相对明晰的不

---

① 参见 Jackie Xiu Yan, Peikai Cheng, and Shen Yuan, *Chinese Culture, Identity and Language Anxiety*,载郑培凯、鄢秀主编《文化认同与语言焦虑》第 70－109 页,2009。

② 参见李战子等《跨文化自传与英语教学》,2007。

③ 参见欧阳护华、唐适宜《中国大学生英语议论文写作中的作者身份》,载《解放军外国语学院学报》2006 年第 2 期第 49－53 页。

④ 参见 Mingyue Gu, *The Discursive Construction of Second Language Learners' Motivation: A Multi-level Perspective*,2009。

⑤ 参见李玉霞《外语学习与反思性自我认同——以中国大学英语学习"差生"为例》,载《中国社会语言学》2007 年第 1 期第 107－117 页。

⑥ 参见刘熠《隐喻中的大学公共英语教师认同》,载《外语与外语教学》2010 年第 3 期第 35－39 页。

⑦ 参见 Doreen D. Wu 编 *Discourses of Cultural China in the Globalizing Age*,2008。

第八章 语言与认同

同文化的自我认同的研究上;外语情境的文化输入有限,学习者的认同变化难以归因于语言学习。① 对此高一虹回应指出,挑战是站在结构论的角度提出的,但相关研究带有较强的建构论取向。② 总起来看,这一领域的理论框架和研究方法比较多元,建构主义的理论得到应用,但研究对象群体还相对比较单一,对一些重要问题并未达成一致看法。

以上几类研究由于其宗旨和背景不同,其特征也有区别,表8.3 尝试概括上述讨论。

表8.3 我国语言认同研究的类别与特征概括

	1.语言与群体身份关系的宏观论述	2.语言或方言使用的田野调查	3.言语共同体理论指导下的语言认同研究	4.二语学习与认同研究
研究宗旨	(民族)群体身份识别;语言政策	语言保护与保存	建立言语共同体模型;描述言语共同体状况	描写和概括(中国)二语学习者的语言认同发展
认同定义	既定群体成员	既定群体成员	(交际中的)言语共同体成员	在选择的群体中获得身份
研究重心	语言使用(语言活力)	语言使用	语言态度	语言态度
概念取向	结构	结构	结构+建构	建构
研究路径	理论	描写	理论+描写	描写+理论
研究方法	阐述、论证	语音描写、问卷、访谈	问卷、访谈、"问路"	问卷、访谈、话语分析

---

① 参见 Qu Weiguo, *On Issues Concerning English and Identity Research in China*,载 *The Journal of Chinese Sociolinguistics* 5,pp.93—116,2005。

② 参见高一虹《外语学习与认同研究在我国情境中的必要性——回应曲卫国教授》,载《外语教学理论与实践》2008年第2期第72—77页。

第九章 语言规划

9.1 语言规划研究的发展

"语言规划"一词,本章既用来指语言规划实践,又指语言规划学科。人类的语言规划活动历史悠久。但是,直到第二次世界大战以后,语言规划与语言政策才作为一门专业科目在大学里建立起来。[①]对语言规划的正式的学术研究大概始于 20 世纪 60 年代。近五十年来,随着社会的不断发展,语言规划的理论也处在不断发展更新之中。

9.1.1 语言规划的概念

"语言规划"这一术语见于 20 世纪 50 年代末。[②] 1959 年,豪根《在现代挪威规划一种标准语》(*Planning for a Standard Language in Modern Norway*)一文,首先将语言规划定义为:"一种准备规范的正词法、语法和词典的活动,为非同质言语社区进行写作和说话的人提供指导。"[③]后来,他在 1966 年发表的《语言学与语言规划》(*Linguistics and Language Planning*)一文中,将这些规范活动看做语言规划者作出的决策付之实

---

① 参见 S. Wright, *Language Policy and Language Planning: from Nationalism to Globalization*, p. 8, 2004。

② Language engineering 可能是文献中先于语言规划出现的术语。参见 R. Cooper, *Language Planning and Social Change*, p. 29, 1989。

③ 译自 E. Haugen, *Planning for a Standard Language in Modern Norway*, 载 *Anthropological Linguistics* (1)3, p. 88, 1959。

第九章
语言规划

施的一部分,并没视其为语言规划的全部。①

  学者对语言规划的界定并不一致。库珀列举的语言规划的定义有12种,而刘海涛列举的语言规划的定义则达33种。②早期的研究者将语言规划作为解决语言问题的一种技术手段。例如,鲁宾和颜诺(Joan Rubin and Björn H. Jernudd)认为语言规划"关注问题的解决,其特点是形成并评估解决语言问题的方案,以找到最好(最佳、最有效)的决策"。菲什曼也认为语言规划指"有组织地寻求语言问题的解决方案,通常发生在国家层面"。③ 随着语言规划所处的环境日益复杂,人们对语言规划的认识进一步深入,语言规划的跨学科属性也得到进一步的体现。菲利普森认为:语言规划主要包括地位规划、本体规划以及学得规划,作为语言社会学的一个专门领域,语言规划需要吸收经济学、人口学、教育学和语言学的内容。④

  有些学者认为语言政策和语言规划是同义术语,这两个英语术语也常常一前一后并列,缩写为LPLP。也有学者对这两个术语进行了区分,如鲁宾指出制定政策并非规划,她认为:"在评估语言规划过程时,人们经常说语言规划失败了。但严密检查后发现:几乎没有明显迹象表明采用了任何政策实施手段,也没有考虑过实现目标有哪些可供选择的手段。如果政策制定者没有适当的背景信息,没有认识到规划必须同其他的社会文化进程协调一致,政策很可能仅仅是个政策而已。"⑤

  卡普兰和鲍尔道夫(Robert. B. Kaplan and Richard B. Baldauf)指出:语言规划和语言政策实际上代表语言变化过程这一系统的两个不同方面。语言规划是一种最明显的由政府实施的行为,其意图是提升某个言语社区的系统的语言变化。而语言政策可以理解为观念、法律、规范、规定、实践等的统一体,其意图是在社会、团体和系统中获得规划了的语

---

  ① 参见 R. Cooper, *Language Planning and Social Change*, pp. 29－30, 1989。
  ② 参见刘海涛《语言规划和语言政策——从定义发展看学科变迁》,载教育部语用所社会语言学与媒体语言研究室《语言规划的理论与实践》第55－60页,2006。
  ③ 转译自 R. Cooper, *Language Planning and Social Change*, pp. 29－30, 1989。
  ④ 参见 R. Phillipson, *English-Only Europe Challenging Language Policy*, p. 15, 2003。
  ⑤ 转译自 C. Mar-Molinero, *The Politics of Language in the Spanish-Speaking World: From Colonisation to Globalisation*, pp. 69－70, 2000。

言变化。①

汤金(Humphrey Tonkin)对语言规划和语言政策的关系有一段精彩的论述:"语言规划和语言政策是互动的。理想地说,规划基于对实际语言实践的全面研究和记录,是对政策选择的探究。政策产生于这个过程,又要求用规划来使其生效。需求政策的愿望会引发规划行为,规划又会产生连贯的政策。政策通过有计划的行动来实施。不幸的是,无规划的政策或无政策的规划却经常出现。"②

除了语言政策外,语言管理也被认为是语言规划的同义术语。语言管理的概念主要由诺伊施塔普尼(J. V. Neustupny)、颜诺等人提出并发展。但是,语言管理强调的是一种自下而上的基于话语的语言管理方法,其管理的中心在个人和社区,而传统意义上的语言规划则是一种自上而下的语言管理方法,由政府或权威机构实施。

作为一门应用学科,语言规划总是为了实现一定的目标。语言规划的目标可以分为两个方面:与语言相关的目标和政治、经济驱动的目标。与语言相关的主要目标有语言纯洁、语言再生、语言改革、语言标准化、语言传播、词汇现代化、术语统一、文体简化、语际交流、语言保持、辅助码标准化等。政治、经济驱动的目标主要是国家统一、民族团结、经济发展等。

9.1.2 语言规划研究的发展阶段

第二次世界大战后语言规划研究的发展大致可以划分为三个阶段③:第一阶段从 20 世纪 50 年代至 60 年代末期,为语言规划的形成期;第二阶段从 70 年代初期至 80 年代后期,为反思期;第三阶段从 80 年代中期至今,为复兴期。

1. 第一阶段(50 年代至 60 年代末期)

早期的语言规划观念无疑受到 20 世纪五六十年代盛行的实证主义思想的影响。实证主义认为:政府通过理性规划(通常建立在经济规划模

---

① 参见 R. B. Kaplan and R. B. Baldauf, *Language Planning from Practice to Theory*, p. xi, 1997。

② 译自 H. Tonkin, *Language Planning*, 载 M. J. Ball 编 *Clinical Sociolinguistics*, pp. 121-122, 2005。

③ 参见 T. Ricento, *Historical and Theoretical Perspectives in Language Policy and Planning*, 载 *Journal of Sociolinguistics* 4(2), pp. 196-213, 2000。

型和经济手段之上)能够解决许多社会问题。此外,受结构主义语言学和行为主义心理学影响产生的听说教学法(以教授语言的内在结构为基础,被认为是语言教学的重大突破)在五六十年代享有盛誉。人们相信能够使语言发生有规则的变化,这种信念与当时的规划环境和社会问题正好相适应,新独立的国家需要进行语言选择以适应新的独立地位。[①]

第二次世界大战之后纷纷独立的前殖民地国家面对的重要问题是国家的统一和现代化。如何选择和确定国语或官方语言,如何实现语言现代化以更好地解决交际问题,不仅政府需要考虑,也令社会语言学者感兴趣。那个时期,人们常常将语言多样性与贫穷落后联系到一起,语言多样性被看做"国家发展中的障碍"。"一个国家、一种语言"的欧洲模式受到推崇。一些语言学者被委派到世界各地去进行语言本体规划,如为本土语言创制文字、发展语法、编写词典,实现语言的标准化、现代化。进一步说,语言规划之所以在二战后得到迅速发展,主要是因为新独立国家为语言学者尤其是社会语言学者提供了解决社会语言问题的舞台。那些受过结构主义语言学训练,对语言类型和社会语言学感兴趣的学者意识到推进语言学研究的巨大潜力,尝试用新的方法探索语言和社会的关系。

在这一阶段,人们一般相信语言规划的有效性,相信语言问题能被解决,表现出某种乐观态度。[②]语言规划被看做一门在政治上中立的技术,语言统一和语言标准化被看做治疗社会问题的妙方。

2. 第二阶段(70年代初期至80年代后期)

但是,发展中国家期待中的现代化和经济腾飞并没有到来,语言规划并不像人们先前以为的那样奏效。一些发展中国家不但没有摆脱前殖民者的影响,反而更大程度地依赖前宗主国。先前推崇的西方模式被看做新殖民主义的表现。对语言规划的质疑、批判和反思是第二阶段的主要特征。

这一时期语言学及相关社会科学的发展也对语言规划研究产生了影响。自主语言学作为语言习得、使用和变化研究的范式不断受到挑战,无

---

① 参见 R. B. Kaplan and R. B. Baldauf, *Language Planning from Practice to Theory*, p. 153, 1997。

② 参见 S. Wright, *Language Policy and Language Planning: from Nationalism to Globalization*, p. 9, 2004。

论在发展中国家还是在发达国家,都出现了对语言学及语言规划研究的批判分析。学者开始关注语言接触的社会、经济和政治影响,意识到语言规划的负面影响和内在局限性,认识到社会语言学的一些概念如双言、双语、多语等蕴含着权力关系,不能简单地用现有的描写主义的分类法去对待。①发展中国家选择欧洲语言作为一种"中立的媒介"以帮助国家发展,将会对大国的经济利益有利,而对被边缘化了的少数族群语言使用者的经济、社会和政治利益则会产生负面影响。语言行为是社会行为,受到说话者和言语社区的态度和信念的驱动以及宏观经济和政治力量的影响。语言规划模型不能够解释语言行为,一些语言规划学者兴趣锐减,转向社会语言学的其他领域。语言规划研究开始走向低谷。

3. 第三阶段(80年代中期至今)

80年代末以来世界政治格局发生了巨大变化。苏联解体、东欧新的国家的产生、冷战结束、南非的种族隔离制度的瓦解、超国家组织如欧盟的扩展、西方尤其是美国文化和科技对发展中国家的渗透——这些都对语言规划的发展产生了重要影响。语言规划在这一时期出现了新的研究主题。随着人们对濒危语言、语言生态、语言权利、英语的全球传播等问题的关注,语言规划研究获得了新的生命力,成为一门复兴的学科,日益受到重视。

1992年,美国著名语言学期刊《语言》(*Language*)在第一期发表一组关于濒危语言的文章。在这一年举行的第15届世界语言学家大会上,"濒危语言问题"是会议的两大主题之一。此后出现了全球性的濒危语言的研究热潮。②对濒危语言的关注推动学者在语言及语言规划研究中借用"生态"这样的隐喻来分析语言及其所处的环境,揭示语言生态系统在语言规划研究中的重要意义。有些学者甚至试图在生物多样性与语言多样性、文化多样性之间建立起一种因果联系。语言多样性不再被看做一种问题,而成为语言规划的主要目标。传统语言规划是以管理和控制语言多样性为中心的精简方式,而生态语言规划则强调以重建"自我调节"的方式来维护语言多样性。面对经济全球化和英语的全球传播,学者对

---

① 参见 T. Ricento, *Historical and Theoretical Perspectives in Language Policy and Planning*, 见 *Journal of Sociolinguistics* 4(2), p. 201, 2000。

② 参见刘海涛《国外濒危语言研究概述》,见《长江学术》2006年第3期第46页。

英语广泛传播背后的政治和意识形态尤为关注,主张语言生态模式,反对语言帝国主义。少数族群的语言权利问题也受到空前的重视。学者从法律和人权等角度分析尊重语言权利的重要性,将母语的使用权和学习权视为最基本的语言人权。

9.2 语言规划的理论框架

一些研究者对语言规划理论进行了有益的探索,试图构建语言规划的理论模型。其中比较有影响的是豪根、哈尔曼(Harald Haarmann)、库珀、颜诺和诺伊施塔普尼、卡普兰和鲍尔道夫等提出的理论框架。

豪根用四格模型表示语言规划的过程,即选择、编典、实施和完善。① 这个模型将语言规划分为社会(即地位规划)和语言(即本体规划)两个维度。语言的社会维度包括语言的选择(即决策程序)和实施(即教育传播),语言维度包括编典(即标准化程序)和完善(即功能发展)。这个模型还可以从语言的形式(即政策规划)和功能(即培育规划)两个角度来分析,决策和编典同形式有关,实施和完善同功能相关。选择、编典、实施和完善构成语言规划的基本步骤或过程。

哈尔曼提出语言规划应该在地位规划和本体规划之外加上另外一个维度,即声望规划。他认为:任何一种语言规划都必须吸引正面的价值,即规划活动必须具有声望,以保证获得语言规划者和预计会使用这种语言的人的支持。② 他还区分两种声望:一种是与语言规划的产生相关的声望,另一种是与语言规划的接受相关的声望。在他的模型中,语言规划发生在政府活动、机构活动、群体活动和个人活动等四个不同的层级中,这些层级反映不同的声望有着不同的组织影响的效率。语言的声望规划将对语言规划的成败产生影响。

---

① 参见 E. Haugen, *The Implementation of Corpus Planning: Theory and Practice*, 载 J. Cobarrubias and J. Fishman 编 *Progress in Language Planning: International Perspectives*, pp. 269−289, 1983。

② 参见 H. Haarmann, *Language Planning in the Light of a General Theory of Language: A Methodological Framework*, 见 *International Journal of the Sociology of Language* 86, p. 104, 1990。

库珀提出从八个方面分析语言规划活动，即：什么样的规划者，试图影响什么样的行为，针对什么人，为什么目的，在什么条件下，用什么方式，采取什么决策过程，达到什么效果。① 这个分析框架中列出的八个要素是语言规划要考虑的一般性问题，为后来的学者广泛引用。此外，库珀也提出了语言学得规划（即语言教育规划）的概念。把语言学得规划从豪根的模型中的"实施"部分分离出来，赋予它独立的地位。

颜诺和诺伊施塔普尼提出了分析语言问题和提供解决方案的语言管理框架。这个理论框架是在 20 世纪七八十年代发展起来的。它把语言管理分为简单管理和有组织的管理。简单管理是仅对个人交际行为中出现的问题进行管理，有组织的管理则是对两个以上的人参与的语言活动进行管理，出现在不同的层面。语言管理是一个过程，存在偏离规范、予以注意、评价、选择修正方案、实施修正方案等不同阶段。语言管理、交际管理和社会经济管理之间形成层级。要想使语言形式发生改变，仅语言管理这个层级是不可能完成的，交际管理和社会经济管理也要参与其中。语言管理要建立在社区内的利益和权力关系的基础上。语言管理框架强调管理出现在各个层级，如个人、社会组织、媒体、经济实体、教育机构、地方政府、中央政府或跨国机构。②

卡普兰和鲍尔道夫认为语言规划是对"整个语言生态系统"而言的，进而提出一个基于语言生态观念的语言规划模型。③ 模型中有一个最大的圈，是要规划的语言生态系统。大圈内有小圈，分别表示国语（或官方语言）、少数族群语言、濒危语言以及官方语言的非标准变体。语言生态系统会受到语言变量和机构、组织因素的影响。语言变量包括语言消亡、语言生存、语言变化、语言再生、语言转用、语言融合、语言接触以及语言能力的发展。机构、组织因素包括政府机构、教育机构、言语社区、非政府组织以及其他机构。显然，任何语言变量或机构、组织发生变化，整个语言生态系统会随之变化。这个模型也反映出变化不仅发生在政府层面，还发生在言语社区甚至个人层面。

---

① 参见 R. Cooper, *Language Planning and Social Change*, p. 98, 1989。
② 参见 J. V. Neustupny and J. Nekvapil, *Language Management in Czech Republic*, 见 *Current Issues in Language Planning* 4(3—5), pp. 184—186, 2003。
③ 参见 R. B. Kaplan and R. B. Baldauf, *Language Planning from Practice to Theory*, pp. 296—311, 1997。

第九章
语言规划

尽管学者描绘出一些语言规划的理论模型,但现阶段语言规划的理论还远不成熟,需要更有系统性、预见性和解释力。

9.3 语言规划的类型

早期的语言规划研究采用二分法,将语言规划分为地位规划和本体规划两类。[①]随着人们对语言规划研究的不断深入,语言教育规划和声望规划作为语言规划新的类型,日益受到认可。

1. 地位规划

地位规划是与语言的外部社会环境相关的规划,包括语言的选择(如官方语言、国语等)和语言传播[②]等活动。

语言的选择不是一件容易的事,尤其在多语社会,往往要综合考虑诸如语言的中立性、标准化、使用的广泛性以及声望等。国语或官方语言的确立要确保社会稳定,不能引起国家的分裂。印度尼西亚选择印尼语作为官方语言是因为印尼语与爪哇语——印度尼西亚最大民族爪哇族的语言——相比,在政治和社会上更具有中立性。南非的宪法确定英语、阿非利加语及9种原住民语言作为官方语言,这既是尊重南非语言使用现状,[③]又是协调各方利益的妥协之举。加拿大国会1969年通过《官方语言法》,该法宣布英语和法语均为加拿大的官方语言。1974年颁布的《官方语言法》(第22号法案),使法语成为魁北克省的官方语言,1977年的《法语宪章》(第101号法案)加强了法语作为政府和法律部门用语及工作、教育、通信、商业和各行业的标准日常用语的地位。加拿大官方语言的二元性是操英语和法语的加拿大人力量博弈的结果,反映出操法语的加拿大人对其经济、社会和政治地位的诉求。

语言传播指的是"一种语言或语言变体使用者的增加或其用途的扩大"[④]。语言传播既可能是语言接触中的一种自发现象,也可能是一种有

---

① 这种划分法由 Heinz Kloss 于1969年首先提出;参见 H. Kloss, *Research Possibilities on Group Bilingualism: A Report*,1969。

② 通常与语言使用相关的语言传播可归入地位规划,而与语言使用者相关的语言传播则归入学得规划;参见 R. Cooper, *Language Planning and Social Change*, p.33,1989。

③ 南非超过98%的人口使用这些原住民语言中的一种作为家庭用语或母语。

④ 译自 R. Cooper, *Language Planning and Social Change*, p.33, 1989。

意识的语言规划活动。以英语的全球传播为例,斯波尔斯基认为:"英语发展成为全球语言不是语言管理的最终结果,而是反映了地区和个人对语言学习的决策,是其对世界语言系统复杂的生态变化的响应。"① "语言帝国主义"理论的倡导者菲利普森认为,英语的全球传播是核心英语国家有意识努力推广语言的结果。英语帝国主义指的是通过在英语和其他语言之间建立和不断重建文化上的不平等以确立和维系英语的主宰地位。② 例如,成立于 1934 年的英国文化协会是英国海外推广英语的核心机构,其 2005—2006 年度报告称:在"推广英语学习"上的支出达189597千英镑,在所有支出中列第二位,仅次于"增加学习机会、加强教育合作"一项支出(金额为 212366 千英镑)。

2. 本体规划

本体规划是对语言本身的规划,主要包括文字化、标准化和现代化。

土耳其共和国建立后,在凯末尔总统的领导下进行了语言文字改革,内容包括:放弃阿拉伯字母文字,采用拉丁字母创制的土耳其新文字,剔除那些与土耳其新文字不相适应的阿拉伯语和波斯语借词,并为其寻找纯土耳其语对应词或创造新词,从而纯化和发展土耳其语。③ 苏联的阿塞拜疆、土库曼斯坦和乌兹别克斯坦近年来放弃斯拉夫字母文字,选择拉丁字母文字。④ 这些都是文字改革的典型例子。1755 年出版的约翰逊(Muel Johnson)编纂的《英语词典》(*Dictionary of English Language*),1828 年出版的韦伯斯特(Noah Webster)编纂的《美国英语词典》(*An American Dictionary of English Language*),1981 年出版的德尔布里奇(Arthur Delbridge)主编的《麦夸里词典》(*The Macquarie Dictionary*)在很大程度上对英国英语、美国英语及澳大利亚英语的拼写、读音和用法起到了标准化和规范化的作用。近些年来,孟加拉国、日本、以色列、爱尔兰、印度尼西亚、墨西哥、巴西、莫桑比克、埃及等国家纷纷成立语言学术机构,其重要任务就是研究和实施词汇的现

---

① 译自 B. Spolsky, *Language Policy*, p. 90, 2004。
② 参见 R. Phillipson, *Linguistic Imperialism*, p. 47, 1992。
③ 参见周庆生主编《国家、民族与语言——语言政策国别研究》第 132—140 页, 2003。
④ 参见 H. Tonkin, *Language Planning*, 见 M. J. Ball 编 *Clinical Sociolinguistics*, p. 124, 2005。

代化。①

3. 语言教育规划

语言教育规划,指教育领域的语言规划,与语言的学与教密切相关。主要涉及以下几方面:学习对象、师资、教学目标、教学方法和教材、财力资源、社区、评价等。为了发展社区语言,2000年在澳大利亚新南威尔士建立了423个社区学校,为3万名学生提供44个语种的教育。其中学习人数最多的5个语种是:汉语(大约1万名学生)、希腊语、意大利语、越南语和阿拉伯语,占全部学生总数的三分之二。学校的老师要先参加新南威尔士教育和培训部支持的培训课程。②

1987年启动的日本交流与教学项目,其目标是促进日本的外语教学并推动日本的国际交流和国际化。项目吸引年轻的大学毕业生来日本教英语,最长期限为3年,或者在地方政府工作。参与此项目的人数和国家不断增多,在1999—2000年约有37个国家5800人参加,他们主要来自英语为母语的国家。③

4. 声望规划

声望规划是与语言形象相关的规划,发生在政府、机构、压力集团和个人等层面。目前声望规划的研究还不充分,但人们已经意识到声望规划所强调的社会心理因素对语言规划有着重要影响。新加坡政府从1979年开始发起讲华语运动,总统李光耀倡导家长将华语变为华人社区的日常用语,提倡说普通话,不说方言。经过十多年的发展,新加坡讲普通话的人不断增加,说方言的人不断减少。政府的大力支持增加了普通话的声望价值,对推广华语起到重要作用。

应该说,语言规划的这四个类型中,最重要的是前两个,即地位规划和本体规划。地位规划是最根本的规划,通常是本体规划的先决条件,而后者则是地位规划的重要保证。语言教育规划也是语言规划的重要类型。声望规划可以看做一种辅助性规划,学术界对此研究并不充分,如何

---

① 参见 R. B. Kaplan and R. B. Baldauf, *Language Planning from Practice to Theory*, p. 10, 1997。

② 参见 R. B. Kaplan and R. B. Baldauf, *Language and Language-in-Education Planning in the Pacific Basin*, p. 153, 2003。

③ 参见 R. B. Kaplan and R. B. Baldauf, *Language-in-Education Policy and Planning*,见 E. Hinkel编 *Handbook of Research in Second Language Teaching and Learning*, p. 1017, 2005。

发挥其作用还有待进一步研究。

9.4 语言规划观的发展演变

人们对语言或语言多样性的看法不同形成不同的语言规划观。语言规划观在一定程度上影响语言规划者采取何种语言规划行动。鲁伊斯（Richard Ruíz）提出影响语言规划的三种取向：语言作为问题，语言作为权利，语言作为资源。所谓"取向"是指"对语言及其功能、不同语言及其在社会中的功能的一种复杂的认识取向"。[①] 20世纪90年代以来，人们对濒危语言的关注则引发了另一种基于语言生态观的语言规划取向。

语言问题观是最早催生语言规划与语言政策的重要观念。语言规划者的注意力及语言规划领域的大量著述集中在对语言问题的甄别和解决上，而语言规划则是解决语言问题的一种手段。米尔豪斯勒（Peter Mühlhäusler）甚至认为，直到20世纪80年代语言规划的前提还是将语言多样性视为问题，解决此问题只能通过精简和实施中央计划。[②]

语言权利[③]到底指什么呢？通常认为语言权利包括少数族群语言保持、语言使用以及接受双语教育的权利，如法律程序中使用少数族群语言的权利，医院里少数族群有接受使用他们的语言提供医疗服务的权利，学校里少数族群有要求使用他们的母语接受教育的权利等。

一些学者如斯卡特纳布-坎加斯（Tove Skutnabb-Kangas）、康特拉（Miklós Kontra）和菲利普森将语言同人权联系起来，形成了"语言人权"的概念。作为语言人权研究最有影响力的学者之一，斯卡特纳布-坎加斯指出：语言权利与语言人权是有区别的，前者更加宽泛。很多语言权利尽

---

① 参见 R. Ruíz, *Orientations in Language Planning*, 载 *Journal of the National Association for Bilingual Education* 2, pp.15—34, 1984。

② 参见 P. Mühlhäusler, *Linguistic Ecology: Language Change and Linguistic Imperialism in the Pacific Region*, pp.311—312, 1996。

③ 学术界对语言权利的研究时间并不长。Christina Bratt Paulston 在 *Language Policies and Language Rights*（1997）一文中提到：在匹兹堡大学图书馆网站上用 language rights（语言权利）作为关键词搜索书名，找到81本书，其中48本是在近10年出版的；用另一个表示语言权利的词 linguistic rights 搜索到的18本书全部是1979年以后出版的；而用 linguistic human rights（语言人权）找到的书都是20世纪90年代写的。

第九章
语言规划

管重要,但不能或不应该看做语言人权。如果语言人权的范围太广,它就变得毫无意义。她进一步区分了两种语言权利,即必要的语言权利和充实的语言权利。必要的权利指能够实现基本需要的权利,它是过上"有尊严的"生活的先决条件。充实的权利是一种超出基本需要的过上"好"生活的"额外"权利。只有必要的语言权利属于语言人权,而充实的语言权利,如学习外语的权利,可以看做一种语言权利,但并不是不可剥夺的人权,因此不属于语言人权。①当前,语言人权已成为维护语言公平的一种重要的思想武器。

先前将语言多样性看做问题的观念忽视了少数族群语言的价值,忽视了语言在少数族群认同当中的重要作用。语言资源观正好从相反的角度出发来考虑语言多样性问题。认为语言不但不是问题,反而是资源的观点,反映出人们对语言多样性的积极评价。语言资源思想的优势是显而易见的。它强调合作式语言规划的重要性,这将对提高弱势语言的地位直接产生影响,有助于缓解主体社区与少数族群社区之间的紧张局面。语言资源观提供了一种更为一致的看待非英语语言的方式。②

此外,语言资源是一种重要的人力资源。语言规划就是对语言这种人力资源的规划。卡普兰认为:从大的方面或宏观上看,语言规划是国家资源发展规划的一个方面。国家资源发展规划包括自然资源发展和保护规划及人力资源发展和保护规划两部分,而语言规划就属于国家人力资源规划。③

资源取向的语言规划值得进一步研究。语言到底是怎样一种资源?如何有效开发、管理和配置语言资源?如何处理国家语言资源与个人语言资源之间的关系?这些都是值得思考的问题。

20世纪90年代以来,学者在语言规划研究中借用"语言生态"概念来分析语言规划。米尔豪斯勒对语言规划与语言生态的关系作了细致的研究,其观点具有代表性。米尔豪斯勒指出:近来语言生态学的出现为我

---

① 参见 T. Skutnabb-Kangas, *Linguistic Genocide in Education or Worldwide Diversity and Human Rights*? pp. 497—498, 2000。

② 参见 R. Ruiz, *Orientations in Language Planning*, 载 *Journal of the National Association for Bilingual Education* 2, pp. 15—34, 1984。

③ 参见 R. B. Kaplan and R. B. Baldauf, *Language Planning from Practice to Theory*, pp. 4—5, 1997。

们提供一个机遇来重新考查语言规划实践,开辟了一条多参数的整体解决语言问题的路径。语言生态学借用生态学的视角来分析语言现象,具有以下特点:不仅考虑系统内部因素,还考虑更宽泛的环境因素;认识到强调单一文化的危险;认识到自然资源和人文资源的有限性;着眼长远;认识到那些使语言生态健康的因素。

  语言生态规划和传统语言规划的目标和方法都有所不同。传统语言规划的显著特点是减少语言多样性,而语言生态规划的主要目标是保持语言生态系统内交流方式的结构多样性。就方法而言,传统的本体规划强调单一系统的规范,地位规划关注个体语言的等级。而语言生态规划则对标准化的必要性表示怀疑,也不认可用一种语言取代多种方式交流的观念的有效性。语言生态规划强调去除"语言的"与"非语言的"系统之间的界线。它强调运用整体的方法,这样,语言生态的健康及其支撑系统的健康就成为获得想要结果(比如遏制语言多样性的丧失)的一个前提条件。①在语言生态规划的框架下,规划或管理是为了最终实现语言的"自我调节",也就是说,现在的干预或管理是为了达到将来的无需管理的"自治"状态。

9.5 语言规划研究的未来走向

  进入 21 世纪以来,语言规划研究日益受到重视,先后出版了一些专门的刊物和学术著作。2000 年卡普兰和鲍尔道夫创办《当前语言规划的问题》(*Current Issues in Language Planning*)期刊,2002 年斯波尔斯基创办《语言政策》(*Language Policy*)期刊;一批重要的学术著作也纷纷面世,主要包括:斯波尔斯基的《语言政策》(*Language Policy*)和《语言管理》(*Language Management*),赖特(Sue Wright)的《语言政策与语言规划——从民族主义到全球化》(*Language Policy and Language Planning：from Nationalism to Globalization*),理森托(Thomas Ricento)主编的《语言政策导论:理论与方法》(*An Introduction to Language Policy：Theory and Method*),弗格森(Gibson Ferguson)的《语言规划与教育》(*Language Planning and Education*)以及卡普兰和

---

① 参见 P. Mühlhäusler, *Language Planning and Language Ecology*,载 *Current Issues in Language Planning* 3, pp. 306－367, 2000。

第九章
语言规划

鲍尔道夫主编的"语言规划与政策"系列著作。这些刊物和著作的出版对语言规划的研究起到积极的推动作用。

语言规划的研究将不再局限于亚洲、非洲的后殖民地国家,西方国家、苏联解体后新独立的国家、高加索和波罗的海地区及超国家组织的语言规划也将备受关注。语言规划的跨学科属性会得到充分的印证。政治学、政策科学、社会学、经济学、生态学、法学、批判性语言理论、后现代主义等会构成语言规划研究的跨学科视角,形成语言规划理论的"丛林",并将推动这门学科不断发展。

托列夫森(James W. Tollefson)预测未来语言规划可能关注的问题[①],可以概括为:1)语言规划造成的剥削和不平等问题;2)语言规划中的区域性法律框架;3)将政治理论和政治过程与语言规划联系起来;4)语言规划对移民、国家形成或政治冲突等社会问题的影响;5)公共话语、大众传媒及政治领导人在语言规划形成中的作用;6)语言对社会认同和权力的影响;7)从宏观向微观问题转向,与交际民族志学、微观社会语言学等理论联系起来;8)少数族群的语言权利。

规划语言在一定意义上就是规划社会。[②]在全球化时代,语言规划面临的环境更加复杂,语言规划也显得格外重要。从宏观角度看,全球化使各个国家、组织、语言集团之间的相互依存关系更加明显,语言规划不再是一个国家内部的事,而将成为跨越国家边界的语言协调行为。[③]从微观角度看,个人在语言规划中的作用将更受重视,个人的语言选择和语言权利将更受尊重。语言规划受到政治、经济、文化等诸多因素的影响,成为一种极其复杂的社会行为。语言规划的理论和实践将结合得更为紧密。

9.6 中国语言规划情况

中国的语言规划实践历史悠久,历来受到国家的重视。中国的语言

---

① 参见 J. W. Tollefson, *Limitations of Language Policy and Planning*,见 R. B. Kaplan 编 *The Oxford Handbook of Applied Linguistics*, pp. 424—425, 2002。

② 参见 R. Cooper, *Language Planning and Social Change*, p. 182, 1989。

③ 参见王辉《背景、问题与思考——全球化时代面对英语扩散的中国语言规划研究》,见《北华大学学报》第5期第57页,2006。

规划实践也非常丰富,但是对语言规划的学术研究相对薄弱。近几年来,语言规划研究呈现出良好的发展势头。

9.6.1　19世纪末至1949年的语言规划回顾[①]

我国历史上见诸记载的较早的语言规划事件要算两千多年前秦始皇实行的"书同文"政策了。春秋战国时代,诸国文字各具特色,多有不同。秦灭六国建立统一王朝后,丞相李斯奏请废除六国文字中与秦文不合者,以使全国"同书文字"。秦始皇统一文字的主要举措是:以秦字为基础,废除与"秦文"不同的原六国的异体字;简化字形,斟酌简省繁杂的史籀大篆,将其整理为小篆,作为全国规范化的文字;为推广小篆,命李斯、赵高、胡毋敬分别撰《仓颉》、《爰历》、《博学》三篇,并用小篆写成,作为文字范本。[②]

19世纪末至20世纪初以来,在西方文明的影响下,我国开始出现了轰轰烈烈的语言规划活动,主要是本体规划,体现在文字、书面语和口语三个方面。

文字方面,方块汉字在沿袭使用了几千年之后,卢戆章于1892年第一次提出了"切音字"(拼音文字)方案,开我国汉字拼音化运动之先河。此后至清末的二十年中,各种切音字方案不断出现,其中在社会上最有影响的是王照在日文假名的启发下,于1901年创制的"官话字母"。官话字母采用汉字笔画、偏旁或独体字来标示汉语声母、韵母、声母一介音结合体和声母一单韵母结合体。1912年民国成立后,教育部立即着手组织研制拼音字母。北洋政府于1918年公布了我国第一套法定的拼音字母——注音字母(后改称"注音符号")。它采用笔画很少的古汉字作字母,经多次修订而不断科学、完善,在大陆一直使用至《汉语拼音方案》公布的1958年。除了注音字母以外,1949年前较重要的汉字拼音化工作还有"国语罗马字"和"拉丁化新文字"的制定和推行。国语罗马字由国语统一筹备会罗马字母拼音研究委员会研制,民国政府于1928年公布。该方案完全采用拉丁字母,本来是作为"国音字母第二式"与汉字式的注音

[①] 摘自祝畹瑾《社会语言学概论》7.3.1(曹志耘撰写),稍有增删。
[②] 参见白寿彝、高敏、安作璋主编《中国通史》第四卷《中古时代·秦汉时期》(上)第207—209页,1995。

第九章 语言规划

字母并列使用的,但实际上没有得到广泛学习。只是台湾在 1984 年重新修订试用该方案,并于 1986 年正式公布,称为"国语拼音符号第二式(原注音字母为第一式),作为拉丁字母拼音方案大力推行。[①] 拉丁化新文字(又简称"北拉")由旅苏的瞿秋白、吴玉章等人和一些苏联汉学家于 1929 年在苏联拟订,1931 年在海参崴召开的中国文字拉丁化第一次代表大会上正式通过。与注音字母、国语罗马字不同,拉丁化新文字自始至终是一个群众运动。尽管民国政府禁止推行,但在群众中特别是北方地区影响和成效都很大,新中国成立初期还在铁路电报、海军手旗、灯号、无线电通信等方面得到推广应用。

汉语书面语的改革,最著名、最重要的自然是发生在 20 世纪初的白话文运动。汉语传统的书面语——文言文——随着时代的发展,越来越与实际口语脱节,近代以来不少学者提出以白话文代替文言文的主张。辛亥革命之后,思想解放运动不断高涨,胡适、陈独秀、钱玄同、鲁迅等人及时地掀起了一场划时代的书面语改革运动。他们高举反对文言文、提倡白话文的旗帜,利用各种方式特别是自己的文学创作宣传、提倡和实践白话文,在社会上产生了很大影响,终于使白话文在文学作品和一些学术著作、教科书中取得了合法地位,宣告了文言文独尊局面的结束、白话文时代的开始。汉语书面语从此走向正确、健康的发展道路。当然,白话文运动不可能彻底地消灭文言文,所提倡的白话文本身存在不少问题,如很多白话文实际上是半文半白,有的则滥用外语句式。为了击退文言文的复兴势力,使白话文更加接近大众口语,陈望道等人于 1934 年在上海发起大众语的讨论(被称为"大众语运动"),对汉语书面语的性质、特点和建设发展的方法等问题进行了热烈的探讨,从而促进了书面语的健康发展。

在汉语口语规划方面,从清末开始进行了口语标准的确定和推广工作。1911 年,清政府通过《统一国语办法案》,开展审定国语标准等工作。1913 年,北洋政府的读音统一会议确定汉字的国定读音(即"老国音")。1919 年,又成立国语统一筹备会,出版《国音字典》。老国音以北京话为主体,兼顾各地方言,未能在全国推行开。1923 年,国语统一筹备会决定以北京语音作为国音的标准(即"新国音"),1932 年教育部发行的《国音常用字汇》采用了新国音。在确定国语标准的同时,教育部举办国语讲习

---

① 参见 1986 年第 4 期《语文建设》:台湾正式公布使用《国语注音符号第二式》。

所等训练班大量培训国语师资,并通过行政手段改革学校的国语教育,使以北京话为标准的国语在学校进而在社会上得到逐步推广。

9.6.2　1949年以来的语言规划情况

1949年新中国成立以后,我国的语言规划工作进入一个新的历史时期。六十年来,取得了重大成绩,但也经历过艰辛曲折。

1955年10月15—23日,教育部和中国文字改革委员会联合召开了第一次全国文字改革会议,着重讨论简化汉字和推广普通话问题。10月25—31日,中国科学院在北京召开现代汉语规范问题学术会议,会议的主要目的是"要根据语言发展的规律,采取必要的步骤使得这全民族的语言在语音、语法、语汇方面减少它的分歧,增加它的统一性"。罗常培、吕叔湘的报告《现代汉语规范问题》,作为这次大会的重要文献和成果,第一次集中、全面地阐释了现代汉语规范的意义、内容、对象、标准及原则等重大理论和实践问题。[①]会议期间,《人民日报》于10月26日发表社论《为促进文字改革、推广普通话、实现汉语规范化而努力》,有力地促进了现代汉语规范化工作的顺利开展,并将学术成果迅速推向全国,有效地扩大了规范化工作的影响。

1955年,中国文字改革委员会发表《汉字简化方案(草案)》,1956年,国务院正式通过并颁布《汉字简化方案》,1964年经国务院批准,文改会编印出版《简化字总表》。《总表》共改简化字2236个,简化掉1264个繁体字。这批简化字经过逐步试用、推行,已经为人们普遍接受,在减轻学习汉字的负担、促进汉字规范化方面起到积极作用。1975年,文改会拟出《第二次汉字简化方案(草案)》,1977年经国务院批准发表,广泛征求意见并且试用。由于《第二次汉字简化方案》字数简得过多(853个),有些字简化得不够合理,受到很多人的批评和反对。1986年1月举行的全国语言文字工作会议确定,今后对汉字简化,应持谨慎的态度,在一个时期内保持汉字形体相对的稳定,以利社会运用。简化汉字工作至此告一段落。至于汉字拼音化问题,上世纪50年代曾经有过热烈讨论和积极研究,现今争论之声依然不断,但未能有实质性结果。

普通话的正式标准是1955年现代汉语规范化问题学术会议和1956

[①]　参见郭龙生《中国当代语言规划的理论与实践》第62页,2008。

第九章
语言规划

年国务院《关于推广普通话的指示》提出来的,即:以北京语音为标准音,以北方话为基础方言,以典型的现代白话文著作为语法规范。推广普通话是我国一项基本国策。1955年召开的全国文字改革会议的迫切任务之一就是推广普通话。1956年国务院专门发布《关于推广普通话的指示》,同时还成立了中央和各地的推广普通话工作委员会。此后,全国上下展开了轰轰烈烈的推广普通话运动。

《汉语拼音方案》的制定和推行是清末创制切音字以来汉字拼音化运动的继续和发展。1954年成立的中国文字改革委员会的主要任务之一是制订《汉语拼音方案》,该机构的汉语拼音方案委员会从1955年起经过长期研究讨论和征求意见,先后提出了采用拉丁字母的《汉语拼音方案(草案)》和《汉语拼音方案(修正草案)》。1958年,第一届全国人民代表大会第五次会议正式批准《汉语拼音方案》,并在全国推行。《汉语拼音方案》的主要功能是给汉字注音和帮助推广普通话。

汉字的规范和改革历来是我国语言规划工作的重点。1955年国家公布《第一批异体字整理表》,表中共列出异体字810组,1865个,经过整理后淘汰了异体字1055个。有关汉字的标准,国家先后颁布了《常用字表》(1952年)、《印刷通用汉字字形表》(1965年)、《信息交换用汉字编码字符集·基本集》(1981年)等。《新华字典》和《现代汉语词典》的出版也为汉语的规范化作出了重要贡献。

1958年1月,周恩来总理在中国人民政治协商会议上作《当前文字改革的任务》的报告。会议和报告明确提出了当时和今后语言规划工作的任务,即简化汉字,推广普通话,制定和推行《汉语拼音方案》,实现汉语规范化。

少数民族语言规划和语言政策是中国语言规划的重要组成部分。我国有55个少数民族,它们绝大多数有自己的语言,部分民族还有自己的文字。1956年至1958年,全国开展民族语言文字的全面调查,为语言规划的制定和实施奠定了重要的基础。1956年至1979年,为布依、彝、傈僳、苗、哈尼、佤、纳西、侗、载瓦、黎、土家等民族创制14种拉丁字母形式的文字,为景颇等4个民族改进了5种文字。[①]

1985年12月16日,国务院决定中国文字改革委员会改名为国家语

---

① 参见陈章太《当代中国的语言规划》,见《语言文字应用》2005年第1期第8页。

言文字工作委员会。

1986年1月6—13日,第一次全国语言文字工作会议召开。会上确定新时期语言文字工作的方针是:"贯彻、执行国家关于语言文字工作的政策和法令,促进语言文字规范化、标准化,继续推动文字改革工作,使语言文字在社会主义现代化建设中更好地发挥作用。"同时也确定当前语言文字工作的主要任务是:"做好现代汉语规范化工作,大力推广和积极普及普通话;研究和整理现行汉字,制定各项有关标准;进一步推行《汉语拼音方案》,研究并解决实际使用中的有关问题;研究汉语、汉字信息处理问题,参与鉴定有关成果;加强语言文字的基础研究和应用研究,做好社会调查和社会咨询、服务工作。"[1]新时期语言文字工作的主要任务可以概括为"三化":语言文字的规范化、标准化和信息化,其工作目标是服务于中国的工业化和现代化。

1997年12月23—26日,第二次全国语言文字工作会议召开。大会提出当前的主要任务是:坚持普通话的法定地位,大力推广普通话;坚持汉字简化的方向,努力推进全社会用字规范化;加大中文信息处理的宏观管理力度,逐步实现中文信息技术产品的优化统一;继续推行《汉语拼音方案》,扩大使用范围。

在语言立法方面,1982年颁布的《中华人民共和国宪法》规定:"各民族有使用和发展自己的语言文字的自由。"2001年1月1日起实施的《中华人民共和国国家通用语言文字法》是中国有史以来第一部专门的有关语言文字的法律,第一次以法律的形式确定普通话和规范汉字作为国家通用语言文字的地位,并对国家通用语言文字的使用作出具体规定。

20世纪80年代以来,加强民族语言文字的规范化、标准化,保持和激活民族语言活力,保护和抢救濒危语言,推行双语教育等工作,成为少数民族语言规划的主要任务。[2]

1997年1月6日国务院批准,于1998年开始进行首次中国语言文字使用情况调查。这一项国情调查历时六年,已圆满完成,为国家制定和实施语言政策奠定了坚实的基础。

国家语委自2004年6月起陆续与相关部委和高校共建国家语言资

---

[1] 参见郭龙生《中国当代语言规划的理论与实践》第65页,2008。
[2] 参见陈章太《当代中国的语言规划》,见《语言文字应用》2005年第1期第8页。

第九章
语言规划

源监测与研究中心及各个分中心,以动态语料库为基本手段,对平面媒体、有声媒体、网络媒体、教育教材以及海外华语等的语言状况进行动态的采样分析。国家语委成立"中国语言生活状况报告"课题组,分年度收集、报告和分析中国语言生活的基本状况及其热点问题。

2006年,我国召开纪念国务院《关于公布〈汉字简化方案〉的决议》和《关于推广普通话的指示》发布五十周年座谈会和学术研讨会;国务院批准国家语委换届;召开国家语委"十一五"科研工作会议等。这些可以写入语言文字工作史册的重要事件,使语言规划者认识到,语言文字工作的目标就是促进语言生活的和谐。

中国的语言规划研究与语言规划实践结合非常紧密。自20世纪90年代以来中国的语言规划研究产生了一批重要的学术成果,主要集中在两个方面:一是对国外语言规划理论和实践的译介和研究,如周庆生主编的《国外语言政策与语言规划进程》(2001)和《国家、民族与语言——语言政策国别研究》(2003)、周玉忠和王辉主编的《语言规划与语言政策:理论与国别研究》(2004)、蔡永良的《美国语言教育与语言政策》(2007)等。二是对中国语言规划实践的梳理、总结及理论提升,如周有光的《新语文的建设》(1992)、高天如的《中国现代语言计划的理论和实践》(1993)、王均的《当代中国的文字改革》(1995)、戴昭铭的《规范语言学探索》(1998)、吕冀平的《当前我国语言文字的规范问题》(2000)、Zhou Ming Lang(周明朗)的 *Language Policy in the People's Republic of China:Theory and Practice since* 1949(中国的语言政策:1949年以来的理论和实践,2004)、李宇明的《汉字规范》(2004)和《中国语言规划论》(2005)及《中国语言规划续论》(2010)、陈章太的《语言规划研究》(2005)、姚亚平的《中国语言规划研究》(2005)、郭龙生的《中国当代语言规划的理论与实践》(2008)等。从研究内容来看,当前对地位规划、教育规划、声望规划等方面的研究还不充分。从研究视角来看,缺乏对语言规划的跨学科研究。总体而言,中国的语言规划研究偏重实践研究,在理论建树上还有很大空间,语言规划学科的理论体系尚未建立起来。

参考文献

Allen, H. B. and M. D. Linn (eds). 1982. *Readings in Applied English Linguistics* (3rd edition). New York: Alfred A. Knopf.

Allen, H. B. and M. D. Linn (eds). 1986. *Dialect and Language Variation*. London: Academic Press.

Appel, R. and P. Muysken. 1987. *Language Contact and Bilingualism*. London: Edward Arnold.

Arends, J., P. Muysken and N. Smith (eds). 1995. *Pidgins and Creoles: An Introduction*. Amsterdam: John Benjamins.

Auer, P. 1995. *The Pragmatics of Code-switching: A Sequential Approach*. In Milroy and Muysken (1995).

Auer, P. 1998a. *Bilingual Conversation Revisited*. In Auer (1998b).

Auer, P. (ed). 1998b. *Code-switching in Conversation: Language, Interaction and Identity*. London: Routledge.

Auer, P. 2001. *Code-switching: Discourse Models*. In Mesthrie (2001).

Austin, J. L. 1962. *How to Do Things with Words*. Cambridge, Mass.: Harvard University Press.

Bachman, L. F. 1990. *Fundamental Considerations in Language Testing*. Oxford: Oxford University Press.

Bailey, R. and M. Görlach (eds). 1983. *English as a World Language*. Ann Arbor: University of Michigan Press.

Bakhtin, M. M. 1981. *The Dialogic Imagination*. Austin: University of Texas Press.

Bakker, P. and P. Muysken. 1995. *Mixed Languages and Language Interwining*. In Arends, Muysken and Smith (1995).

Ball M. J. (ed). 2005. *Clinical Sociolinguistics*. Malden, MA: Blackwell.

参考文献

Bauman R. and J. Sherzer (eds). 1989. *Explorations in the Ethnography of Speaking* (2nd edition). Cambridge: Cambridge University Press.

Baxter, L. A. 1984. An Investigation of Compliance-gaining as Politeness. *Human Communication Research* 10(3), 427—456.

Bell, A. 1984. Language Style as Audience Design. *Language in Society* 13(2): 145—204.

Bell, A. 1999. Styling the Other to Define the Self: A Study in New Zealand Identity Making. *Journal of Sociolinguistics* 3(4):523—541.

Bell, A. 2001. *Back in Style: Reworking Audience Design*. In Eckert and Rickford (2001).

Bell, A. 2007. *Style and Linguistic Repertoire*. In Llamas, Mullany, and Stockwell (2007).

Bergvall, V., J. M. Bing, and A. F. Freed. 1996. *Rethinking Language and Gender Research: Theory and Practice*. Boston, MA: Addison Wesley.

Bernstein, B. 1970. *Social Class, Language, and Socialization*. In Bernstein (1971).

Bernstein, B. 1971. *Class, Codes and Control, Vol.1: Theoretical Studies towards a Sociology of Language*.

Bhatia, T. K. and W. C. Ritchie (eds). 2004. *The Handbook of Bilingualism*. Oxford: Blackwell.

Bickerton, D. 1980. What Happens When We Switch? *York Papers in Linguistics* 9:41—56.

Black, R. W. 2009. Online Fan Fiction, Global Identities, and Imagination. *Research in the Teaching of English* 43(4):397—425.

Blanc, M. H. A. 2001. *Bilingualism, Societal*. In Mesthrie (2001).

Blom, J. P. and J. J. Gumperz. 1972. *Social Meaning in Linguistic Structure: Code-switching in Norway*. In Gumperz and Hymes (1972).

Blommaert, J. 2008. *Grassroots Literacy: Writing, Identity and Voice in Central Africa*. London: Routledge.

Blommaert, J. 2009. *A Sociolinguistics of Globalization*. In Coupland and Jaworski (2009).

Blommaert, J. 2010. *The Sociolinguistics of Globalization*. Cambridge: Cambridge University Press.

Bloomfield, L. 1933. *Language*. New York: Henry Holt.

Blount, B. G. (ed). 1974. *Language, Culture and Society: A Book of Readings*.

Cambridge, Mass.: Winthrop.

Blum-Kulka, S. 1982. Learning to Say What you Mean in a Second Language: A Study of the Speech Act Performance of Learners of Hebrew as a Second Language. *Applied Linguistics* 3: 29—50.

Boas, F. 1911. *Introduction to Handbook of American Indian Languages*. In Blount (1974).

Bolinger, D. 1981. *Aspects of Language* (3rd edition). New York: Harcost, Brace & World.

Bolton, K. and H. Kwok. (eds). 1992. *Sociolinguistics Today: International Perspectives*. London: Routledge.

Bourdieu, P. 1986. *The Form of Capital*. In Richardson (1986).

Bourdieu, P. 1990. *In Other Words: Essays Towards a Reflexive Sociology*. Translated by M. Adamson. Stanford, CA: Stanford University Press.

Bourdieu, P. 1991. *Language and Symbolic Power*. Translated by G. Rymond and M. Adamson. Cambridge: Polity Press.

Bourdieu, P. and L. J. D. Wacquant. 1992. *An Invitation to Reflexive Sociology*. Chicago: University of Chicago Press.

Boves, T., R. van Hout, W. H. Vieregge, and U. Knops. 1990. *Accommodation in Cooperative and Competitive Conversations*. Paper presented to the International Congress of Dialectologists. The Netherlands, July-August, 1990.

Braun, F. 1988. *Terms of Address: Problems of Patterns and Usage in Various Languages and Culture*. Berlin: Mouton de Gruyter.

Breen, M. (ed). 2001. *Learner Contributions to Language Learning: New Directions in Research*. Harlow, England: Pearson Education.

Bright, W. (ed). 1966. *Sociolinguistics*. The Hague: Mouton.

Brouwer, D. 1982. The Influence of the Addressee's Sex on Politeness in Language Use. *Linguistics* 28: 697—711.

Brown, K. et al. (eds). 2006. *Encyclopedia of Language and Linguistics* (2nd edition). Elsevier.

Brown, P. and S. C. Levinson. 1978. *Universals in Language Usage: Politeness Phenomena*. In Goody (1978).

Brown, P. and S. C. Levinson. 1987. *Politeness: Some Universals in Language Usage*. Cambridge: Cambridge University Press.

Brown, R. and A. Gilman. 1960. *The Pronouns of Power and Solidarity*. In Paulston and Tucker (2003).

参考文献

Brown, R. and A. Gilman. 1989. Politeness Theory and Shakespeare's Four Major Tragedies. *Language in Society* 18: 159—212.

Brown, R. and M. Ford. 1961. Address in American English. *Journal of Abnormal and Social Psychology* 62 (2): 375—385.

Bucholtz, M. 1996. *Black Feminist Theory and African American Women's Linguistic Practice*. In Bergvall et al. (1996).

Bucholtz, M. 1999. "Why be normal?": Language and Identity Practices in a Community of Nerd Girls. *Language in Society* 28: 203—223.

Cameron, D. 1990. *Demythologizing Sociolinguistics*. In Coupland and A. Jaworski (1997).

Cameron, D. 1992. "Not gender differences but the difference gender makes": Explanation in Research on Sex and Language. *International Journal of the Sociology of Language* 94: 13—26.

Cameron, D. 1995. *Rethinking Language and Gender Studies: Some Issues for the 1990s*. In Mills (1995).

Cameron, D. 1996. *The Language-Gender Interface: Challenging Co-optation*. In Bergvall et al. (1996).

Canagarajah, S. 1999. *Resisting Linguistic Imperialism in English Teaching*. Oxford: Oxford University Press.

Canale, M. and M. Swain. 1980. Theoretical Bases of Communicative Approaches to Second Language Teaching and Testing. *Applied Linguistics* 1: 1—47.

Chambers, J. K. 2003. *Sociolinguistic Theory: Linguistic Variation and Its Social Significance* (2nd edition). Oxford: Blackwell.

Chambers, J. K. and P. Trudgill. 1998. *Dialectology* (2nd edition). Cambridge: Cambridge University Press.

Chambers, J. K., P. Trudgill and N. Schilling-Estes (eds). 2003. *The Handbook of Language Variation and Change*. Malden, MA: Blackwell.

Chao, Y. R. 1956. Chinese Terms of Address. *Language* 32 (1): 217—241.

Cheshire, J. and P. Trudgill (eds). 1998. *The Sociolinguistics Reader*. London: Arnold.

Chomsky, N. 1975. *Reflections on Language*. New York: Pantheon.

Clarke, M. 2008. *Language Teacher Identities: Co-constructing Discourse and Community*. Toronto: Multilingual Matters.

Coates, J. 1993. *Women, Men and Language: A Sociolinguistic Account of Gender Differences in Language*. London: Longman.

Coates, J. 2007. *Gender*. In Llmas et al. (2007).

Cobarrubias, J. and J. Fishman (eds). 1983. *Progress in Language Planning: International Perspectives*. The Hague: Mouton.

Cole, P. and J. L. Morgan (eds). 1975. *Syntax and Semantics: Speech Acts*. New York: Academic Press.

Cooper, R. 1989. *Language Planning and Social Change*. Cambridge: Cambridge University Press.

Corum, C., T. C. Smith-Stark, and A. Weisler (eds). 1973. *Papers from the Ninth Regional Meeting of the Chicago Linguistic Society*. Chicago: Chicago Linguistic Society.

Coulmas, F. (ed). 1981. *Conversational Routines*. The Hague: Mouton.

Coulmas, F. (ed). 1997. *The Handbook of Sociolinguistics*. Oxford: Blackwell.

Coulthard, M. 1977. *An Introduction to Discourse Analysis*. London: Longman.

Coupland, N. 1998. What is Sociolinguistic Theory? *Journal of Sociolinguistics* 2: 110—117.

Coupland, N. and A. Jaworski (eds). 1997. *Sociolinguistics: A Reader and Coursebook*. New York: St. Martin's Press.

Coupland, N. and A. Jaworski (eds). 2009. *The New Sociolinguistics Reader*. New York: Palgrave Macmillan.

Coupland, N., K. Grainger, and J. Coupland. 1988. Politeness in Context: Intergenerational Issues. *Language in Society* 17: 253—262.

Crystal, D. 1980. *A First Dictionary of Linguistics and Phonetics*. London: André Deutsch.

Crystal, D. 1995. *The Cambridge Encyclopedia of the English Language*. Cambridge: Cambridge University Press.

Crystal, D. 1997. *English as a Global Language*. Cambridge: Cambridge University Press.

Csizér, K. and Z. Dörnyei. 2005. Language Learners' Motivational Profiles and Their Motivated Learning Behavior. *Language Learning* 55: 613—659.

Dijk, T. A. van. 1985a. *Introduction: Levels and Dimensions of Discourse Analysis*. In Dijk T. A. van. (1985b).

Dijk, T. A. van. (ed.) 1985b. *Handbook of Discourse Analysis, Vol. 2, Dimensions of Discourse*. London: Academic Press.

Dijk, T. A. van. 1993. Principles of Critical Discourse Analysis. In Toolan (2002).

Dil, A. S. (ed). 1972. *Language in Sociocultural Change*. Stanford: Stanford University Press.

Dittmar, N. 1976. *A Critical Survey of Sociolinguistics*. New York: St. Martin's Press.

Dorian, N. C. 1982. *Defining the Speech Community to Include Its Working Margins*. In Romaine (1982b).

Dörnyei, Z. and K. Csizer. 2002. Some Dynamics of Language Attitudes and Motivation: Results of a Longitudinal Nationwide Survey. *Applied Linguistics* 23(4): 421—462.

Dörnyei, Z. 2005. *The Psychology of the Language Learner: Individual Differences in Second Language Acquisition*. Mahwah, NJ: Lawrence Erlbaum Associates.

Dörnyei, Z. and E. Ushioda (eds). 2009. *Motivation, Language Identity and the L2 Self*. Bristol, UK: Multilingual Matters.

Downes, W. 1998. *Language and Society* (2nd edition). Cambridge: Cambridge University Press.

Duranti, A. and C. Goodwin. 1992. *Rethinking Context: Language as an Interactive Phenomenon*. Cambridge: Cambridge University Press.

Eastman, C. 1990. *Aspects of Language and Culture* (2nd edition). San Francisco: Chandler and Sharp.

Eckert, P. 1989a. The Whole Woman: Sex and Gender Differences in Variation. *Language Variation and Change* 1: 245—267.

Eckert, P. 1989b. *Jocks and Burnouts: Social Categories and Identity in the High School*. New York: Teachers College Press.

Eckert P. 1996. *(ay)Goes to the City*. In Guy, Feagin, Schiffrin and Baugh (1996).

Eckert, P. 2000. *Linguistic Variation as Social Practice*. Malden, MA: Blackwell.

Eckert, P. and J. R. Rickford (eds). 2001. *Style and Sociolinguistic Variation*. Cambridge: Cambridge University Press.

Eckert, P. and S. McConnell-Ginet. 1992. Think Practically and Look Locally: Language and Gender as Community-Based Practice. *Annual Review of Anthropology* 21: 461—490.

Eckert, P. and S. McConnell-Ginet. 1995. *Constructing Meaning, Constructing Selves: Snapshots of Language, Gender, and Class from Belten High*. In Hall and Bucholtz (1995).

Eckert, P. and S. McConnell-Ginet. 2003. *Language and Gender*. Cambridge: Cambridge University Press.

Edwards, J. V. 2004. *Foundations of Bilingualism*. In Bhatia and Ritchie (2004).

Ehrlich, S. and R. King. 1998. *Gender-Based Language Reform and the*

(De)politicization of the Lexicon. In Cheshire and Trudgill (1998).

Elizabeth, A. 1987. *Gender and Communication*. In Shaver and Hendrick (1987).

Erickson, F. and J. Shultz. 1982. *The Counselor as Gatekeeper: Social Interaction in Interviews*. New York: Academic Press.

Ervin-Tripp, S. M. 1969. *Sociolinguistics*. In Fishman (1968).

Ervin-Tripp, S. M. 1972. *Sociolinguistic Rules of Address*. In Pride and Holmes (1972).

Ervin-Tripp, S. M. 1974. *Two Decades of Council Activity in the Rapprochement of Linguistics and Social Science*. Items 28.

Ervin-Tripp, S. M. 1976. Is Sybil There? The Structure of American English Directives. *Language in Society* 5:25—66.

Fairclough, N. 1985. Critical and Descriptive Goals in Discourse Analysis. *Journal of Pragmatics* 9(6): 739—763.

Fairclough, N. 1992. *Discourse and Social Change*. Cambridge, MA: Polity Press.

Fairclough, N. 2000. Discourse, Social Theory, and Social Research: The Discourse of Welfare Reform. *Journal of Sociolinguistics* 4(2): 163—195.

Fasold, R. 1984. *The Sociolinguistics of Society*. Oxford: Blackwell.

Fasold, R. 1990. *The Sociolinguistics of Language*. Oxford: Blackwell.

Ferguson, C. A. 1959. *Diglossia*. In Giglioli (1972).

Ferguson, C. A. 1971. *Language Structure and Language Use*. Stanford: Stanford University Press.

Figueroa, E. 1994. *Sociolinguistic Metatheory*. Oxford: Pergamon Press.

Firth, J. R. 1935. *The Technique of Semantics*. In Firth J. R. (1957).

Firth, J. R. 1957. *Papers in Linguistics* 1934—1951. New York: Oxford University Press.

Fischer, J. 1958. *Social Influences on the Choice of a Linguistic Variant*. In Allen and Linn (1982).

Fishman, J. A. 1965. Who Speaks What Language to Whom and When. *Linguistics* 2: 67—68.

Fishman, J. A. 1966. *Planned Reinforcement of Language Maintenance in the United States: Suggestions for the Conservation of a Neglected National Resource*. In Dil (1972).

Fishman, J. A. 1967. Bilingualism with and without Diglossia; Diglossia with and without Bilingualism. *Journal of Social Issues* 23(2): 82—87.

Fishman, J. A. 1971. *Advances in the Sociology of Language*, Vol. Ⅰ Basic

Concepts, Theories and Problems: Alternative Approaches. The Hague: Mouton.

Fishman, J. A. 1972a. *Advances in the Sociology of Language, Vol. Ⅱ Selected Studies and Applications*. The Hague: Mouton.

Fishman, J. A. 1972b. *The Relationship Between Micro- and Macro-Sociolinguistics in the Study of Who Speaks What Language to Whom and When*. In Pride and Holmes (1972).

Fishman, J. A. 1980. Bilingualism and Biculturism as Individual and as Societal Phenomena. *Journal of Multilingual and Multicultural Development* 1:3—15.

Fishman, J. A. 1989. *Language, Ethnicity and Racism*. In Coupland and Jaworski (1997).

Fishman, J. A. 1991. *Reversing Language Shift: Theoretical and Empirical Foundations of Assistance to Threatened Languages*. Clevedon: Multilingual Matters.

Fishman, J. A. 1999. *Handbook of Language and Ethnic Identity*. New York: Oxford University Press.

Fraser, C. and K. R. Scherer (eds). 1982. *Advances in the Social Psychology of Language*. Cambridge: Cambridge University Press.

Friedrich, P. 1966. *Structural Implications of Russian Pronominal Usage*. In Bright (1966).

Friedrich, P. 1972. *Social Context and Semantic Feature: The Russian Pronominal Usage*. In Gumperz and Hymes (1972/1986).

Gafaranga, J. 2005. Demythologising Language Alternation Studies: Conversational Structure vs. Social Structure in Bilingual Interaction. *Journal of Pragmatics* 37: 281—300.

Gal, S. 1978. Peasant Men Can't Get Wives: Language Change and Sex Rules in a Bilingual Community. *Language in Society* 7:1—16.

Gal, S. 1979. *Language Shift: Social Determinants of Linguistic Change in Bilingual Austria*. New York: Academic Press.

Gao, Yihong. 2001. *Foreign Language Learning: "1+1>2"*. Beijing: Peking University Press.

García, O. and H. Schiffman. 2006. *Fishmanian Sociolinguistics (1949 to the Present)*. In García, Peltz and Schiffman (2006).

García O., R. Peltz and H. Schiffman. 2006. *Language Loyalty, Continuity and Change*. Clevedon: Multilingual Matters.

Gardner, R. C. 1985. *Social Psychology and Second Language Learning: The Role of Attitudes and Motivation*. London: Edward Arnold.

Gardner, R. C. and W. E. Lambert. 1972. *Attitudes and Motivation in Second Language Learning*. Rowley, Mass: Newbury House.

Giddens, A. 1989. *Sociology*. Cambridge: Polity Press.

Giddens, A. 1991. *Modernity and Self-Identity*. Cambridge: Polity Press.

Giglioli, P. P. (ed). 1972. *Language and Social Context*. Harmondsworth: Penguin.

Giles, H. 2009. *The Process of Communication Accommodation*. In Coupland and Jaworski (2009).

Giles, H. and P. Johnson. 1987. Ethnolinguistic Identity Theory: A Social Psychological Approach to Language Maintenance. *International Journal of the Sociology of Language* 68: 69—99.

Giles, H. and P. M. Smith. 1979. *Accomodation Theory: Optimal Levels of Convergence*. In Giles and St. Clair (1979).

Giles, H. and P. Powesland. 1975. *Accommodation Theory*. In Coupland and A. Jaworski (1997).

Giles, H. and R. St. Clair (eds). 1979. *Language and Social Psychology*. Baltimore: University Park Press.

Giles, H. and W. P. Robinson (eds). 1990. *The Handbook of Language and Social Psychology*. New York: John Wiley.

Gingras R. C. (ed). 1978. *Second Language Acquisition and Foreign Language Teaching*. Arlington, VA: Center for Applied Linguistics.

Goffman, E. 1955. On Face-work: An Analysis of Ritual Elements in Social Interaction. *Psychiatry* 18:213—231.

Goffman, E. 1959. *The Presentation of Self in Everyday Life*. New York: Anchor.

Goodwin, M. H. 1980. *Directive-Response Speech Sequences in Girls' and Boys' Task Activities*. In McConnell-Ginet and Furman (1980).

Goody, E. N. (ed). 1978. *Questions and Politeness: Strategies in Social Interaction*. Cambridge: Cambridge University Press.

Graddol, D. 2006. *English Next*. British Council: http://www.britishcouncil.org/learning-research-english-next.pdf.

Grice, P. 1975. *Logic and Conversation*. In Cole and Morgan (1975).

Grimshaw, A. 1980. Sociolinguistics at the Council, 1963—1979: Past and Prologue. *Items* 34.

Grosjean, F. 1982. *Life with Two Languages: An Introduction to Bilingualism.* Cambridge, MA: Harvard University Press.

Gu, Mingyue. 2009. *The Discursive Construction of Second Language Learners' Motivation: A Multi-level Perspective.* Bern: Peter Lang.

Gu, Yueguo. 1990. Politeness Phenomena in Modern Chinese. *Journal of Pragmatics* 14:237－257.

Gumperz, J. J. 1982a. *Discourse Strategies.* Cambridge: Cambridge University Press.

Gumperz, J. J. (ed). 1982b. *Language and Social Identity.* Cambridge: Cambridge University Press.

Gumperz, J. J. 1984. Communicative Competence Revisited. *Berkley Cognitive Science Report* 24.

Gumperz, J. J. 1997. *On the Interactional Bases of Speech Community Membership.* In Guy, Foagin, Schiffrin and Baugh (1997).

Gumperz, J. J. 1999. *On Interactional Sociolinguistic Method.* In Sarangi and Roberts (1999).

Gumperz J. J. 2001. *Interactional Sociolinguistics: A Personal Perspective.* In Schiffrin, Tannen, and Hamilton (2001).

Gumperz, J. J. and D. Hymes (eds). 1972/1986. *Directions in Sociolinguistics: The Ethnography of Communication.* Oxford: Basil Blackwell.

Guy, G., C. Feagin, D. Schiffrin and J. Baugh (eds). 1996. *Towards a Social Science of Language: Papers in Honor of William Labov. Volume 1 Variation and Change in Language and Society.* Amsterdam: John Benjamins.

Guy, G., C. Feagin, D. Schiffrin and J. Baugh (eds). 1997. *Towards a Social Science of Language: Papers in Honor of William Labov. Volume 2 Social Interaction and Discourse Structures.* Amsterdam: John Benjamins.

Haarmann, H. 1990. Language Planning in the Light of a General Theory of Language: A Methodological Framework. *International Journal of the Sociology of Language* 86:103－126.

Harold, G. 1967. *Studies in Ethnomethodology.* New Jersey: Prentice-Hall.

Hall, K. and M. Bucholtz. 1995. *Gender Articulated: Language and the Socially Constructed Self.* New York: Routledge.

Hall, K. and V. O'Donovan. 1996. *Shifting Gender Positions Among Hindi-Speaking Hijras.* In Bergvall et al. (1996).

Halliday, M. A. K. 1978. *Language as Social Semiotic: The Social Interpretation of*

Language and meaning. London: Edward Arnold.

Haugen, E. 1959. Planning for a Standard Language in Modern Norway. *Anthropological Linguistics* 1:8—21.

Haugen, E. 1966. Dialect, Language, Nation. *American Anthropologist* 68:922—935.

Haugen, E. 1983. *The Implementation of Corpus Planning: Theory and Practice*. In Cobarrubias and Fishman (1983).

Heath, J. 2001. *Borrowing*. In Mesthrie (2001).

Heller, M. (ed). 1988. *Codeswitching: Anthropological and Sociolinguistic Perspectives*. Berlin: Mouton de Gruyter.

Higgins, E. T. 1987. Self-discrepancy: A Theory Relating Self and Effect. *Psychological Review* 94: 319—340.

Hinkel E. (ed). 2005. *Handbook of Research in Second Language Teaching and Learning*. Mahwah, NJ: Lawrence Erlbaum.

Holmes, J. 1999. Preface. *Language in Society* 28: 171—172.

Holmes, J. 2008. *An Introduction to Sociolinguistics*. London: Longman.

Holmes, J. and M. Meyerhoff. 1999. The Community of Practice: Theories and Methodologies in Language and Gender Research. *Language in Society* 28:173—183.

Holmes, J. and M. Meyerhoff. 2003. *The Handbook of Language and Gender*. Malden, MA: Blackwell.

House, J. and G. Kasper. 1981. *Politeness Markers in English and German*. In Coulmas (1981).

Hudson, R. A. 1980/1996. *Sociolinguistics*. Cambridge: Cambridge University Press.

Hudson, R. A. 2001. *Diglossia*. In Mesthrie (2001).

Hudson, R. A. 2002. Outline of a Theory of Diglossia. *International Journal of the Sociology of Language* 157:9.

Hymes, D. 1962. *Sociolinguistics and the Ethnography of Speaking*. In Blount (1974).

Hymes, D. (ed). 1964. *Language in Culture and Society: A Reader in Linguistics and Anthropology*. New York: Harper & Row.

Hymes, D. 1972. *On Communicative Competence*. In Pride and Holmes (1972).

Hymes, D. 1974. *Foundations in Sociolinguistics: An Ethnographic Approach*. Philadelphia: University of Pennsylvania Press.

Hymes, D. 1985. Toward Linguistic Competence. *Review de l'AILA* 2: 9—28.

Hymes, D. 1986. *Models of the Interaction of Language and Life*. In Gumperz and

Hymes (1986).

James, D. and S. Clarke. 1993. *Women, Men, and Interruptions: A Critical Review*. In Tannen (1993).

Jaworski, A. and N. Coupland. 1999. *The Discourse Reader*. London: Routledge.

Jiang, Wanqi. 2000. *Pragmatics: Theories and Applications*. Beijing: Peking University Press.

Joas, H. and W. Knöbl. 2004/2009. *Social Theory: Twenty Introductory Lectures*. Cambridge: Cambridge University Press.

Johnson, D. M. 1992. Compliments and Politeness in Peer-review Texts. *Applied Linguistics* 13:51—71.

Joseph, J. 2004. *Language and Identity: National, Ethnic, Religious*. New York: Palgrave Macmillan.

Kachru, B. B. 1992. *The Other Tongue: English Across Cultures* (2nd edition). Urbana: University of Illinois Press.

Kachru, Y. 2006. Mixers Lyricing in Hinglish: Blending and Fusion in Indian Pop Culture. *World Englishes* 25(2):223—233.

Kaplan R. B. (ed.) 2002. *The Oxford Handbook of Applied Linguistics*. Oxford: Oxford University Press.

Kaplan, R. B. and R. B. Baldauf. 1997. *Language Planning from Practice to Theory*. Clevedon: Multilingual Matters.

Kaplan, R. B. and R. B. Baldauf. 2003. *Language and Language-in-Education Planning in the Pacific Basin*. London: Kluwer Academic.

Kaplan, R. B. and R. B. Baldauf, 2005. *Language-in-Education Policy and Planning*. In Hinkel (2005).

Kasper, G. 1997. *Linguistic Etiquette*. In Coulmas (1997).

Kloss, H. 1969. *Research Possibilities on Group Bilingualism: A Report*. Quebec: International Center for Research on Bilingualism.

Kormos, J. and K. Csizér. 2008. Age-related Differences in the Motivation of Learning English as a Foreign Language: Attitudes, Selves, and Motivated Behavior. *Language Learning* 58:327—355.

Kramarae, C. 1981. *Women and Men Speaking: Frameworks for Analysis*. Rowley, MA: Newbury House.

Kramsch, C. 2000. *Social Discursive Constructions of Self in L2 Learning*. In Lantolf (2000).

Krauss, M. 1992. The World's Languages in Crisis. *Language* 68:4—10.

Kuhn T. S. 1970. *The Structure of Scientific Revolutions* (2nd edition, enlarged). Chicago: University of Chicago Press.

Labov, W. 1963. *The Social Motivation of a Sound Change*. In Labov(1972b).

Labov, W. 1966. *The Social Stratification of English in New York City*. Washington D. C. : Center for Applied Linguistics.

Labov, W. 1969. *The Logic of Nonstandard English*. In Labov (1972a).

Labov, W. 1971. *Some Principles of Linguistic Methodology*. In Labov (2001).

Labov, W. 1972a. *Language in the Inner City: Studies in the Black English Vernacular*. Philadelphia: University of Pennsylvania Press.

Labov, W. 1972b. *Sociolinguistic Patterns*. Philadelphia: University of Pennsylvania Press.

Labov, W. 1984. *Field Methods of the Project on Linguistic Change and Variation*. In Labov (2001).

Labov, W. 1994/2007. *Principles of Linguistic Change: Internal Factors*. Beijing: Peking University Press.

Labov, W. 2001/2007. *Principles of Linguistic Change: Social Factors*. Beijing: Peking University Press.

Labov, W. 2001. *Studies in Sociolinguistics: Selected Papers By William Labov*. 《拉波夫自选集》,北京语言文化大学出版社。

Lakoff, R. 1973. *The Logic of Politeness; or Minding Your P's and Q's*. In Corum, Smith-Stark and Weiser (1973).

Lakoff, R. 1975. *Language and Woman's Place*. New York: Harper & Row.

Lambert, W. E. 1967. *A Social Psychology of Bilingualism*. In Pride and Holmes (1972).

Lantolf, J. P. (ed). 2000. *Sociocultural Theory and Second Language Learning*. Oxford: Oxford University Press.

Lantolf, J. P. and S. L. Thorne. 2006. *Sociocultural Theory and the Genesis of Second Language Development*. Oxford: Oxford University Press.

Lave, J. and E. Wenger. 1991. *Situated Learning: Legitimate Peripheral Participation*. Cambridge: Cambridge University Press.

Leech, G. 1983. *Principles of Pragmatics*. London: Longman.

Lehmann, W. P. and Y. Malkiel (eds). 1968. *Directions for Historical Linguistics*. Austin: University of Texas Press.

Le Page, R. B. 1997. *The Evolution of a Sociolinguistic Theory of Language*. In Coulmas (1997).

Le Page, R. B. and A. Taboret-Keller. 1985. *Acts of Identity: Creole-based Approaches to Ethnicity and Language*. Cambridge: Cambridge University Press.

Levinson, S. 1983. *Pragmatics*. Cambridge: Cambridge University Press.

Li, Wei. 1994. *Three Generations, Two Languages, One Family*. Clevedon: Multilingual Matters.

Li, Wei. 2005. "How Can You Tell?" Towards a Common Sense Explanation of Conversational Code-switching. *Journal of Pragmatics* 37: 377—378.

Liebkind K. 1999. Social Psychology. In Fishman (1999).

Lin, H. H. 2005. *Contextualizing Linguistic Politeness in Chinese: A Socio-Pragmatic Approach with Examples from Persuasive Sales Talk in Taiwan Mandarin*. Ph. D. dissertation. The Ohio State University.

Liu, Yonghou. 2009. Determinants of Stall-Holders' Address Forms Towards Their Customers in Beijing's Low-Status Clothing Markets. *Journal of Pragmatics* 41(3): 638—648.

Llmas, C., L. Mullany and P. Stockwell. 2007. *The Routledge Companion to Sociolinguistics*. New York: Routledge.

Lo Bianco, J. 2005. No Longer a (Foreign) Language: The Rhetoric of English as a Post-identity Language. *The Journal of Chinese Sociolinguistics* 5: 17—40.

Lo Bianco, J., J. Orton, and Gao Yihong (eds). 2009. *China and English: Globalization and the Dilemmas of Identity*. Bristol: Multilingual Matters.

Lucy, J. A. 1992. *Language Diversity and Thought: A Reformulation of the Linguistic Relativity Hypothesis*. Cambridge: Cambridge University Press.

Lyons, J. 1968. *Introduction to Theoretical Linguistics*. Cambridge: Cambridge University Press.

Lyons, J. 1978. *Noam Chomsky* (revised edition). Penguin.

Mackay, D. and D. Fulkson. 1979. On the Comprehension and Production of Pronouns. *Journal of Verbal Learning and Verbal Behavior* 18(6): 661—673,1979.

Makoni, S. and A. Pennycook (eds). 2007. *Disinventing and Reconstituting Languages*. Clevedon: Multilingual Matters.

Malmkjær, K. (ed). 1991. *The Linguistics Encyclopedia*. London: Routledge.

Manes, J. and N. Wolfson. 1981. *The Compliment Formula*. In Coulmas (1981).

Mar-Molinero, C. 2000. *The Politics of Language in the Spanish-Speaking World: From Colonisation to Globalisation*. London: Routledge.

Matsumoto, Y. 1988. Reexamination of the Universality of Face: Politeness

Phenomena in Japanese. *Journal of Pragmatics* 12: 403—426.

McArthur, T. 1987. The English Languages? *English Today* 11: 9—11.

McConnell-Ginet, S. , R. Borker, and N. Furman. 1980. *Women and Language in Literature and Society*. Santa Barbara, CA: Praeger.

McCormilk, K. M. 2001. *Gender and Language*. In Mesthrie (2001).

McMahill, C. 2001. *Self-Expression, Gender, and Community: A Japanese Feminist English Class*. In Pavlenko, Blackledge, Piller, and Teutsch-Dwyer (2001).

Mesthrie, R. 2001. *Code-mixing*. In Mesthrie (2001).

Mesthrie, R. (ed). 2001. *Concise Encyclopedia of Sociolinguistics*. Oxford: Elsevier.

Meyerhoff, M. 2003. *Communities of Practice*. In Chambers, Trudgill and Schilling-Estes (2003).

Mills, S. 1995. *Language and Gender: Interdisciplinary Perspectives*. London: Longman.

Milroy, J. 1992. *Linguistic Variation and Change*. Oxford: Blackwell.

Milroy, J. and L. Milroy. 1997. *Varieties and Variation*. In Coulmas (1997).

Milroy, L. 1980. *Language and Social Networks*. Baltimore: University Park Press.

Milroy, L. 1987. *Observing and Analysing Natural Language: A Critical Account of Sociolinguistic Method*. Oxford: Basil Blackwell.

Milroy, L. and J. Milroy. 1992. Social Network and Social Class: Toward an Integrated Sociolinguistic Model. *Language in Society* 21:1—26.

Milroy, L. and Li Wei. 1995. *A Social Network Approach to Code-switching*. In Milroy and Muysken (1995).

Milroy, L. and P. Muysken. (eds). 1995. *One Speaker, Two Languages: Cross-disciplinary Perspectives on Code-switching*. Cambridge: Cambridge University Press.

Mühlhäusler, P. 1996. *Linguistic Ecology: Language Change and Linguistic Imperialism in the Pacific Region*. London: Routledge.

Mühlhäusler, P. 2000. Language Planning and Language Ecology. *Current Issues in Language Planning* 3: 306—367.

Mühlhäusler, P. and R. Harré. 1990. *Pronouns and People: The Linguistic Construction of Social and Personal Identity*. Oxford: Basil Blackwell.

Murray, S. O. 1998/2004. *American Sociolinguistics Theorists and Theory Groups*.

Beijing: Peking University Press.

Myers-Scotton, C. 1983. The Negotiation of Identities in Conversation: A Theory of Markedness and Code Choice. *International Journal of the Sociology of Language* 39:119—128.

Myers-Scotton, C. 1993a. *Duelling Languages: Grammatical Structure in Codeswitching*. Oxford: Clarendon Press.

Myers-Scotton, C. 1993b. *Social Motivations for Codeswitching: Evidence from Africa*. Oxford: Clarendon Press.

Myers-Scotton, C. 2002. *Contact Linguistics*. Oxford: Oxford University Press.

Myers-Scotton, C. 2006. *Multiple Voices: An Introduction to Bilingualism*. Oxford: Blackwell.

Myers-Scotton, C. and A. Bolonyai. 2001. Calculating Speakers: Code-switching in a Rational Choice Model. *Language in Society* 30:1—28.

Myers-Scotton, C. and Zhu Wanjin. 1983. *Tóngzhì* in China: Language Change and Its Conversational Consequences. *Language in Society* 12 (4):477—494.

Myers-Scotton, C. and Zhu Wanjin. 1984. The Multiple Meanings of *shi · fu*: A Language Change in Progress. *Anthropological Linguistics* 26 (3):326—343.

Neustupny, J. V. and J. Nekvapil. 2003. Language Management in Czech Republic. *Current Issues in Language Planning* 4: 181—366.

Norton, B. 2000. *Identity and Language Learning: Gender, Ethnicity and Educational Change*. Harlow, England: Pearson Education.

Norton, B. 2001. *Non-participation, Imagined Communities, and the Language Classroom*. In Breen (2001).

Norton, B. 2006. *Identity: Second Language*. In Brown (2006).

Norton, B. and F. Kamal. 2003. The Imagined Communities of English Language Learners in a Pakistani School. *Journal of Language, Identity, and Education* 2(4):301—317.

Norton, B. and K. Toohey. 2002. *Identity and Language Learning*. In Kaplan (2002).

Ochs, E. 1992. *Indexing Gender*. In Duranti and Goodwin (1992).

Ogbu, J. 1978. *Minority Education and Caste: The American System in Cross-cultural Perspective*. New York: Academic Press.

Ostermann, A. C. 2003. Localizing Power and Solidarity: Pronouns Alternation at an All-Female Police Station and a Feminist Crisis Intervention Center in Brazil. *Language in Society* 32 (3):351—381.

Parasher, S. N. 1980. Mother-Tongue-English: A Case Study of Educated Indian Bilinguals' Language Use. *Anthropological Linguistics* 22(4): 151—168.

Paulston, C. B. 1997. Language Policies and Language Rights. *Annual Review of Anthropology* 26:73—85.

Paulston, C. B. and G. R. Tucker (eds). 2003. *Sociolinguistics: The Essential Readings*. Oxford: Blackwell.

Pavlenko A., A. Blackledge, I. Piller, and M. Teutsch-Dwyer (eds). 2001. *Multilingualism, Second Language Learning, and Gender*. Berlin: Mouton de Gruyter.

Pavlenko, A. and J. P. Lantolf. 2000. *Second Language Learning as Participation and the (Re) Construction of Selves*. In Lantolf(2000).

Peirce, B. 1995. Social Identity, Investment, and Language Learning. *TESOL Quarterly* 29(1): 9—31.

Pennycook, A. 2007. *Global Englishes and Transcultural Flows*. London: Routledge.

Pennycook, A. 2009. *Refashioning and Performing Identities in Global Hip-Hop*. In Coupland and Jaworski (2009).

Phillipson, R. 1992. *Linguistic Imperialism*. Oxford: Oxford University Press.

Phillipson, R. 2003. *English-Only Europe Challenging Language Policy*. London: Routledge.

Popper, K. 1977/1990. *The Logic of Scientific Discovery*. London:Routledge.

Preisler, B. 2003. English in Danish and the Danes English. *International Journal of the Sociology of Language* 159: 109—126.

Pride, J. B. and J. Holmes (eds). 1972. *Sociolinguistics: Selected Readings*. Harmondsworth: Penguin.

Qu, Weiguo. 2005. On Issues Concerning English and Identity Research in China. *The Journal of Chinese Sociolinguistics* 5: 93—116.

Rampton, B. 1995. *Crossing: Language and Ethnicity Among Adolescents*. London: Longman.

Ricento, T. 2000. Historical and Theoretical Perspectives in Language Policy and Planning. *Journal of Sociolinguistics* (4)2:196—213.

Richardson, J. G. (ed). 1986. *Handbook of Theory and Research for the Sociology of Education*. New York: Greenwood Press.

Roberts, C., M. Byram, A. Barro, S. Jordan, and B. Street. 2001. *Language Learners as Ethnographers*. Clevedon: Multilingual Matters.

参考文献

Robinson W. P. and H. Giles (eds). 2001. *The New Handbook of Language and Social Psychology*. Chichester: John Wiley & Sons.

Romaine, S. (ed). 1982a. *What Is a Speech Community?* In Romaine (1982b).

Romaine, S. (ed). 1982b. *Sociolinguistic Variation in Speech Communities*. London: Edward Arnold.

Romaine, S. 2004. *The Bilingual and Multilingual Community*. In Bhatia and Ritchie (2004).

Ruíz, R. 1984. Orientations in Language Planning. *Journal of the National Association for Bilingual Education* 2: 15—34.

Ryan, E. B. and H. Giles (eds). 1982. *Attitudes Towards Language Variation*. London: Edward Arnold.

Sachdev, I. and R. Bourhis. 1990. *Bilinguality and Multilinguality*. In Giles and Robinson (1990).

Sacks, H., E. Schegloff, and G. Jefferson. 1974. A Simplest Systematics for the Organization of Turn-taking for Conversation. *Language* 50:696—735.

Sapir, E. 1921/2002. *Language: An Introduction to the Study of Speech*. Beijing: Foreign Language Teaching and Research Press.

Sapir, E. 1927. *The Unconscious Patterning of Behavior in Society*. In Blount (1974).

Sarangi, S. and C. Roberts. 1999. *Talk, Work and Institutional Order: Discourse in Medical Medication and Management Settings*. The Netherlands: Mouton de Gruyer.

Saussure, F. de. 1983/2001. *Course in General Linguistics*. Beijing: Foreign Language Teaching and Research Press.

Saville-Troike, M. 1982. *The Ethnography of Communication*. Oxford: Basil Blackwell.

Scherer, K. R. and H. Giles (eds). 1979. *Social Markers in Speech*. Cambridge: Cambridge University Press.

Scheuer, J. 2003. Habitus as the Principle for Social Practice: A Proposal for CDA. *Language in Society* 32:143—175.

Schiffrin, D. 1994. *Approaches to Discourses*. Oxford: Blackwell.

Schiffrin, D. 2001. *Discourse Markers: Language, Meaning, and Context*. In Schiffrin, Tannen and Hamilton (2001).

Schiffrin, D., D. Tannen, and H. E. Hamilton (eds). 2001. *The Handbook of Discourse Analysis*. Oxford: Blackwell.

Schumann, J. 1978. *The Acculturation Model for Second Language Acquisition.* In Gingras (1978).

Searle, J. B. 1970. *Speech Acts: An Essay in the Philosophy of Language.* Cambridge: Cambridge University Press.

Sfard, A. 1998. On Two Metaphors for Learning and the Dangers of Choosing Just One. *Educational Researcher* 27:4—13.

Shaver, P. and C. Hendrick. 1987. *Sex and Gender.* Los Angeles: Sage.

Shepard, C. A., H. Giles, and B. A. Le Poire. 2001. *Communication Accommodation Theory.* In Robinson and Giles (2001).

Skutnabb-Kangas, T. 2000. *Linguistic Genocide in Education or Worldwide Diversity and Human Rights?* Mahwah, NJ: Lawrence Erlbaum.

Sperber, D. and D. Wilson. 1988. *Relevance: Communication and Cognition.* Cambridge, Mass: Cambridge University Press.

Spolsky, B. 2004. *Language Policy.* Cambridge: Cambridge University Press.

Spolsky, B. 2009. *Language Management.* Cambridge: Cambridge University Press.

Taavitsainen, I. and A. H. Jucker (eds). 2003. *Diachronic Perspectives on Address Term Systems.* Amsterdam: John Benjamins.

Tabouret-Keller, A. 2001. *Language and Identity.* In Coulmas (2001).

Taguchi, T., M. Magid, and M. Papi. 2008. *The L2 Motivational Self System Among Japanese, Chinese and Iranian Learners of English: A Comparative Study.* In Dörnyei and Ushioda (2009).

Tajfel, H. 1974. Social Identity and Intergroup Behaviour. *Social Science Information* 13: 65—93.

Tannen, D. 1984. *Conversational Style: Analyzing Talk Among Friends.* Norwood, NJ: Ablex.

Tannen, D. 1986. *That's Not What I Meant!: How Conversational Style Makes or Breaks Your Relations with Others.* London: Virago Press.

Tannen, D. 1989. *Talking Voices: Repetition, Dialogue, and Imagery in Conversational Discourse.* Cambridge: Cambridge University Press.

Tannen, D. 1990. *You Just Don't Understand: Women and Men in Conversation.* London: Virago Press.

Tannen, D. 1993a. *What's in a Frame?: Surface Evidence for Underlying Expectation.* In Tannen (1993b).

Tannen, D. (ed). 1993b. *Framing in Discourse.* London: Oxford University Press.

Tannen, D. (ed). 1993c. *Gender and Conversational Interaction.* Oxford: Oxford

参考文献

University Press.

Thakerar, J., H. Giles, and J. Cheshire. 1982. *Psychological and Linguistic Parameters of Speech Accommodation Theory*. In Fraser and Scherer (1982).

Thesen, L. 1997. Voices, Discourse, and Transition: In Search of New Categories in EAP. *TESOL Quarterly* 31(3):487—511.

Thompson, J. 1991. *Introduction*. In Bourdieu (1991).

Thorne, B., C. Kramarae, and N. Henry (eds). 1983. *Language, Gender and Society*. Rowley, Mass: Newbury House.

Thorne, B. and N. Henley. 1975. *Language and Sex: Difference and Dominance*. Rowley, Mass.: Newbury House.

Tollefson, J. W. 2002. *Limitations of Language Policy and Planning*. In Kaplan (2002).

Tonkin, H. 2005. *Language Planning*. In Ball (2005).

Toolan, M. 2002. *Critical Discourse Analysis: Critical Concepts in Linguistics*, Volumes I-IV. London: Routledge.

Trudgill, P. 1972. Sex, Covert Prestige and Linguistic Change in the Urban British English of Norwich. *Language in Society* 1: 179—195.

Trudgill, P. (ed). 1978. *Sociolinguistic Patterns in British English*. Baltimore: University Park Press.

Trudgill, P. 1983a. *On Dialect: Social and Geographical Perspectives*. New York: New York University Press.

Trudgill, P. 1983b. *Sociolinguistics: An Introduction to Language and Society* (revised edition). New York: Penguin.

Turner, J. H. 2003. *The Structure of Sociological Theory* (7th edition). Belmont: Wadsworth.

Vygotsky, L. S. 1978. *Mind in Society*. Cambridge, MA: Harvard University Press.

Vygotsky, L. S. 1986. *Thought and Language*. Cambridge, MA: MIT Press.

Wardhaugh, R. 1986/2009. *An Introduction to Sociolinguistics* (6th edition). Oxford: Basil Blackwell.

Warschauer, M., G. R. El Said, and A. Zohry. 2002. Language Choice Online: Globalization and Identity in Egypt. *Journal of Computer-Mediated Communication* 7 (4).

Weedon, C. 1987. *Feminist Practice and Poststructuralist Theory*. Oxford: Basil Blackwell.

Weinreich, U. 1953. *Languages in Contact: Findings and Problems*. The Hague:

Mouton.

Weinreich, U., W. Labov, and M. Herzog. 1968. *Empirical Foundations for a Theory of Language Change*. In Lehmann and Malkiel (1968).

Wenger, E. 1998. *Communities of Practice: Learning, Meaning, and Identity*. Cambridge: Cambridge University Press.

Whorf, B. L. 1941. *The Relation of Habitual Thought and Behavior to Language*. In Blount (1974).

Williams, G. 1992. *Sociolinguistics: A Sociological Critique*. London: Routledge.

Williams, G. 1999. *Sociology*. In Fishman (1999).

Wilson, S. R. and A. W. Kunkel. 2000. Identity Implications of Influence Goals Similarities in Perceived Face Threats and Facework Across Sex and Close Relationships. *Journal of Language and Social Psychology* 19: 195—221.

Wilson, S. R., C. G. Aleman and G. B. Leatham. 1998. Identity Implications of Influence Goals: A Revised Analysis of Face-Threatening Acts and Application to Seeking Compliance with Same-Sex Friends. *Human Communication Research* 25: 64—96.

Wolfram, W. 2006. *Variation and Language, an Overview*. In Brown K. et al. (2006).

Wolfram, W. and R. Fasold. 1974. *The Study of Social Dialects in American English*. Englewood Cliffs, NJ: Prentice-Hall.

Wolfram, W. and N. Schilling-Estes (eds). 2006. *American English: Dialects and Variation* (2nd edition). Malden, MA: Blackwell.

Wong, A. D. 2005. The Reappropriation of Tongzhi. *Language in Society* 34 (5): 763—793.

Wright, S. 2004. *Language Policy and Language Planning: from Nationalism to Globalization*. New York: Palgrave Macmillan.

Wu, D. D. (ed). 2008. *Discourses of Cultural China in the Globalizing Age*. Hong Kong: Hong Kong University Press.

Xu, H. C. 2009. *Ethnic Minorities, Bilingual Education and Globalization*. In Lo Bianco, Orton, and Gao (2009).

Yan, J. X., Peikai Cheng, and Shen Yuan. 2009. *Chinese Culture, Identity and Language Anxiety*, 见郑培凯、鄢秀主编《文化认同与语言焦虑》(2009)。

Zhang, Hongming. et al. 2004. Speak mandarin Campaign(1979—1989)and Senior Citizens among Chinese Singaporeans: Linguistic Perspective. *The Journal of Chinese Sociolinguistics* 2: 26—44.

参考文献

Zhao, S. and R. B. J. Baldauf. 2008. *Planning Chinese Characters: Reaction, Evolution or Revolution?* Dordrecht: Springer.

Zhou, M. 2004. *Language Policy in the People's Republic of China: Theory and Practice since 1949.* New York: Kluwer.

Zhu, Wanjin and Chen Jianmin. 1991. Some Economic Aspects of the Language Situation in China. *Journal of Asian Pacific Communication* 2(1): 91—101.

安东尼·吉登斯著,文军、赵勇译(2000/2003)《社会理论与现代社会学》,社会科学文献出版社。

巴兹尔·伯恩斯坦著,姜望琪译(1964/1985)《复杂语码和局限语码:社会根源及影响》,见祝畹瑾编《社会语言学译文集》(1985)。

白寿彝、高敏、安作璋主编(1995)《中国通史》第四卷(中古时代·秦汉时期)(上),上海人民出版社。

白志红(2008)《女性主义人类学》,见招子明、陈刚主编《人类学》(2008)。

北京大学中国语言文学系语言学教研室(1995)《汉语方言词汇》(第二版),语文出版社。

北京语言学院语言教学研究所(1986)《现代汉语频率词典》,北京语言学院出版社。

布赖恩·特纳编,李康译(2000/2003)《Blackwell社会理论指南》(第2版),上海人民出版社。

蔡永良(2007)《美国的语言教育与语言政策》,上海三联书店。

曹德和(2011a)《如何界定普通话的内涵和外延——学习〈国家通用语言文字法〉的思考》,载《安徽大学学报》2011年第1期第21—27页。

曹德和、宣有大(2011)《〈通用规范汉字表〉研制中的三对关系》,载《安徽大学学报(人文社会科学版)》2011年第391卷第2期第208—214页。

曹志耘(2005)《汉语方言与中国地域文化的研究概论》,见张公瑾、丁石庆主编《混沌学与语言文化研究》(2005)。

曹志耘、周晨萌(2005)《北京话里的几种语音变异》,第三届社会语言学国际学术研讨会上的发言(广州)。

陈立平(2009)《双语社团语码转换研究——以常州话-普通话语码转换为例》,上海交通大学出版社。

陈松岑(1999)《语言变异研究》,广东教育出版社。

陈小燕(2010)《贺州不同族群成员语言掌握情况的计量研究——贺州多族群语言与族群认同关系研究之一》,载《百色学院学报》2010年第2期第30—38页。

陈新仁主编(2008)《全球化语境下的外语教育与民族认同》,高等教育出版社。

陈原(2000)《社会语言学》,商务印书馆。

陈原、许国璋、王宗炎(1988)"社会语言学",见《中国大百科全书·语言文字》第

336—337页,中国大百科全书出版社。

陈章太(2005a)《语言规划研究》,商务印书馆。

陈章太(2005b)《当代中国的语言规划》,载《语言文字应用》2005年第1期第2—12页。

陈忠华、刘心全、杨春苑(2004)《知识与语篇理解——话语分析认知科学方法论》,外语教学与研究出版社。

戴庆厦(2006)《濒危语言研究在语言学中的地位》,载《长江学术》2006年第1期第97—101页。

戴庆厦主编(2004)《中国濒危语言个案研究》,民族出版社。

戴庆厦主编(2008)《阿昌族语言使用现状及其演变》,商务印书馆。

戴昭铭(1998)《规范语言学探索》,上海三联书店。

道布(1998)《中国的语言政策和语言规划》,载《民族研究》1998年第6期第42—52页。

德博拉·坦嫩著,周红、祝畹瑾译(1990/2000)《你误会了我——交谈中的女人和男人》,北京大学出版社。

丁声树、李荣《汉语音韵学讲义》,载《方言》1981年第4期第241—274页。

丁信善(1998)《后哥本哈根语言学派的发展综论》,载《当代语言学》1998年第3期第22—32页。

段成钢(2008)《汉语礼貌语言使用的性别与年龄差异研究》,载《语言教学与研究》2008年第3期第57—60页。

方传余(2007)《"同志"一词的社会语言学研究》,载《语言教学与研究》2007年第1期第28—33页。

费尔迪南·德·索绪尔著,高名凯译(1916/1999)《普通语言学教程》,商务印书馆。

费锦昌主编《中国语文现代化百年记事(1892—1995)》,语文出版社,1997。

费孝通著,戴可景译(1939/1986)《江村经济——中国农民的生活》,江苏人民出版社。

风笑天(2001)《社会学研究方法》,中国人民大学出版社。

冯汉骥著,徐志诚译(1937/1989)《中国亲属称谓指南》,上海文艺出版社。

高天如(1993)《中国现代语言计划的理论和实践》,复旦大学出版社。

高一虹(2008)《外语学习与认同研究在我国情境中的必要性——回应曲卫国教授》,载《外语教学理论与实践》2008年第2期第72—77页。

高一虹、李玉霞、边永卫(2008)《从结构观到建构观:语言与认同研究综观》,载《语言教学与研究》第1期第19—26页。

高一虹、周燕(2009)《二语习得社会心理研究:心理学派与社会文化学派》,载《外语学刊》2009年第1期第123—128页。

高一虹等(2004)《中国大学生英语学习社会心理——学习动机与自我认同研究》,外语教学与研究出版社。

顾曰国(1994a)《John Searle 的言语行为理论与心智哲学》，载《国外语言学》1994 年第 2 期第 1—8 页。

顾曰国(1994b)《John Searle 的言语行为理论：评判与借鉴》，载《国外语言学》1994 年第 3 期第 10—16 页。

郭风岚(2007)《宣化方言及其时空变异研究》，语文出版社。

郭风岚、松原恭子(2000)《日本留学生对汉语部分称谓的适应与认同》，载《语言教学与研究》2000 年第 4 期第 45—50 页。

郭俊(2005)《溧水"街上话"[u]元音变异分析》，载《中国社会语言学》2005 年第 1 期第 72—81 页。

郭龙生(2007)《论中国当代语言规划的方法》，载《北华大学学报》2007 年第 4 期第 73—82 页。

郭龙生(2008)《中国当代语言规划的理论与实践》，广东教育出版社。

郭熙(2003)《马来西亚槟城华人社会的语言生活》，载《中国社会语言学》2003 年第 1 期第 107—114 页。

郭熙(2004)《中国社会语言学》，浙江大学出版社。

郭熙(2008)《多元语言文化背景下母语维持的若干问题：新加坡个案》，载《语言文字应用》2008 年第 4 期第 2—11 页。

韩宝成(1995)《Lyle F. Bachman 的语言测试理论模式》，载《外语教学与研究》1995 年第 1 期第 55—60 页。

韩琦(2000)《简论拉丁美洲的一致性和差异性》，载《拉丁美洲研究》2000 年第 3 期第 45—51页。

洪惟仁(2003)《台湾泉州腔央元音的崩溃与语音标记性》，载《中国社会语言学》2003 年第 1 期第 34—56 页。

胡开宝(2006)《汉外研究接触研究近百年：回顾与展望》，载《外语与外语教学》2006 年第 5 期第 53—57 页。

胡明扬主编(1999)《西方语言学名著选读》(第二版)，中国人民大学出版社。

胡文仲 (1994)《文化与交际》，外语教学与研究出版社。

胡壮麟、朱永生、张德禄(2005)《系统功能语言学概论》，北京大学出版社。

黄淑娉、龚佩华(2004)《文化人类学——理论方法研究》，广东高等教育出版社。

黄行(2002)《我国的语言和语言群体》，载《民族研究》2002 年第 1 期第 59—64 页。

黄衍(1987)《话轮替换系统》，载《外语教学与研究》1987 年第 1 期第 16—23 页。

黄衍(1987)《英语日常会话的毗邻双部结构及内嵌序列》，载《外语学刊》1987 年第 2 期第 36—45 页。

教育部语用所社会语言学与媒体语言研究室编(2006)《语言规划的理论与实践》，语文出版社。

卡尔·波普尔著,查汝强、邱仁宗、万木春译(1934/2008)《科学发现的逻辑》,中国美术学院出版社。

雷红波(2008)《上海新移民的语言社会学调查》,复旦大学博士论文。

李丹(2008)《长春市街头用字不规范现象研究》,吉林大学硕士论文。

李经伟(2001)《西方语言与性别研究述评》,载《解放军外国语学院学报》2001年第1期第11—15页。

李经伟(2002a)《多维视野中的语言与性别研究》,载《四川外语学院学报》2002年第1期第81—83页。

李经伟(2002b)《从斯科顿的标记模式看语码转换研究的新进展》,载《解放军外国语学院学报》2002年第2期第12—16页。

李经伟、陈立平(2004)《多维视角中的语码转换研究》,载《外语教学与研究》2005年第5期第337—344页。

李霞、兰英(2007)《基于社会文化学派理论的第二语言学习观及其述评》,载《国外外语教学》2007年第2期第54—61页。

李银河编译(1987)《社会研究方法》,四川人民出版社。

李宇明(2004)《汉字规范》,华中师范大学出版社。

李宇明(2005)《中国语言规划论》,东北师范大学出版社。

李宇明(2007)《构建和谐的语言生活》,见《中国语言生活状况报告(2006)》上编第19—26页,商务印书馆。

李宇明(2010)《中国语言规划续论》,商务印书馆。

李玉霞(2007)《外语学习与反思性自我认同——以中国大学英语学习"差生"为例》,载《中国社会语言学》2007年第1期第107—117页。

李战子等(2007)《跨文化自传与英语教学》,高等教育出版社。

刘海涛(2006)《国外濒危语言研究概述》,载《长江学术》2006年第3期第46—51页。

刘海涛(2006)《欧洲联盟语言状况及语言政策》,见《中国语言生活状况报告(2005)》上编第374—389页,商务印书馆。

刘海涛(2006)《语言规划和语言政策——从定义发展看学科变迁》,见教育部语用所社会语言学与媒体语言研究室编《语言规划的理论与实践》第55—60页,语文出版社。

刘虹(2004)《会话结构分析》,北京大学出版社。

刘庆伟(2009)《国外语言与性别关系研究述评》,载《理论界》2009年第3期第165—166页。

刘汝山、郭璐宁(2004)《国外濒危语言研究扫描》,载《当代语言学》2004年第4期第328—333页。

刘熠(2010)《隐喻中的大学公共英语教师认同》,载《外语与外语教学》2010年第3期第 35—39 页。

刘永厚(2007)《商贩称呼语的调查分析报告》,载《语言教学与研究》2007 年第 5 期第 90—96 页。

刘永厚(2008)《〈称呼语系统的历时观〉述评》,载《国外社会科学》2008 年第 1 期第 106—111 页。

刘永厚(2010)《汉语称呼语的研究路向综观》,载《语言文字应用》2010 年第 3 期第 89—97 页。

刘玉屏(2010)《农民工语言再社会化实证研究——以浙江省义乌市为个案》,载《语言文字应用》2010 年第 2 期第 63—72 页。

龙玫(2005)《合江话鼻韵尾变异调查研究》,载《中国社会语言学》2005 年第 2 期第 207—213 页。

陆学艺(2002)《当代中国社会阶层研究报告》,社会科学文献出版社。

吕冀平(2000)《当前我国语言文字的规范问题》,上海教育出版社。

罗常培(1950/1989)《语言与文化》,北京大学出版部,语文出版社。

罗美珍(2002)《论族群互动中的语言接触》,载《语言研究》2002 年第 3 期第 1—20 页。

马林诺夫斯基著,费孝通等译(1923/1947)《文化论》,商务印书馆。

马伟华(2010)《青海卡力岗回族语言认同的调查报告——以化隆县德恒隆乡德一村为例》,载《青海民族大学学报》(社会科学版)2010 年第 2 期第 48—51 页。

毛力群(2009)《语言资源的价值——以浙江义乌的语言生活为例》,载《云南师范大学学报》2009 年第 4 期第 15—21 页。

莫红霞(2010)《城市化进程中农民工语言接触与语言认同研究》,载《文教资料》2010 年 5 月号中旬刊第 41—45 页。

欧阳护华、唐适宜(2006)《中国大学生英语议论文写作中的作者身份》,载《解放军外国语学院学报》2006 年第 2 期第 49—53 页。

钱乃荣(1988)《上海方言词汇的年龄差异和青少年新词》,载《上海大学学报》(社会科学版)1988 年第 1 期第 44—50 页。

钱曾怡等(2001)《山东方言研究》,齐鲁书社。

乔纳森·卡勒著,张景智译(1976/1989)《索绪尔》,中国社会科学出版社。

乔纳森·瑞泽尔著,杨淑娇译(2003/2005)《当代社会学理论及其古典根源》,北京大学出版社。

萨丕尔著,高一虹等译(2011)《萨丕尔论语言、文化与人格》,商务印书馆。

邵朝阳(2003)《澳门粤方言[ŋ]音节渐变研究》,载《中国社会语言学》2003 年第 1 期第 71—77 页。

施栋琴(2007)《语言与性别差异研究综述》,载《外语研究》2007 年第 5 期第 38—42 页。

石定栩、朱志瑜(1999)《英语对香港书面汉语句法的影响》,载《外国语》1999 年第 4 期第 2—11 页。

苏金智(1994)《台港和大陆词语差异的原因、模式及其对策》,载《语言文字应用》1994年第 4 期第 90—96 页。

苏金智(2002)《中国语言文字使用情况调查中的双语双言问题》,载《语言文字应用》2002 年 2 月第 1 期第 49—54 页。

孙宏开(2001)《关于濒危语言问题》,载《语言教学与研究》2001 年第 1 期第 1—7 页。

孙汝建(1996)《性别语言研究的回顾与展望》,载《云梦学刊》1996 年第 2 期第 77—80 页。

万明钢、王亚鹏、李继利(2002)《藏族大学生民族与文化认同调查研究》,载《西北师范大学学报》(社会科学版)2002 年第 5 期第 14—18 页。

王初明(2004)《自我概念与外语语音学习假设》,载《外语教学与研究》2004 年第 1 期第 56—63 页。

王得杏(1988)《会话研究的进展》,载《外语教学与研究》1988 年第 4 期第 41—46 页。

王得杏(1998)《英语话语分析与跨文化交际》,北京语言文化大学出版社。

王德春(1997)《论双语社会香港的语言问题》,载《外国语》1997 年第 3 期第 1—6 页。

王福堂(1999)《汉语方言语音的演变和层次》,语文出版社。

王辉(2006)《背景、问题与思考——全球化时代面对英语扩散的中国语言规划研究》,载《北华大学学报》2006 年第 5 期第 53—58 页。

王均主编(1995)《当代中国的文字改革》,当代中国出版社。

王莉、崔凤霞(2009)《我国少数民族聚居区内的汉语言认同问题研究——以新疆维吾尔族聚居区为例》,载《甘肃社会科学》2009 年第 5 期第 266—270 页。

王立(2009)《城市语言生活与语言变异研究》,中国社会科学出版社。

王玲(2009)《言语社区内的语言认同与语言使用——以厦门、南京、阜阳三个"言语社区"为例》,载《南京社会科学》2009 年第 2 期第 124—130 页。

王玲(2010)《农民工语言与认同与语言使用的关系及机制分析》,载《北华大学学报》(社会科学版)2010 年第 3 期第 47—52 页。

王培光(2004)《社会语言环境与语言规划的六个方向——以香港的语言环境为例》,载《中国社会语言学》2004 年第 1 期第 81—87 页。

王远新(2009)《青海同仁土族的语言认同和民族认同》,载《中央民族大学学报》(哲学社会科学版)2010 年第 5 期第 106—112 页。

威廉·拉波夫著,祝畹瑾译(1972/1985)《纽约市百货公司(r)的社会分层》,见祝畹瑾编《社会语言学译文集》(1985)。

文秋芳(2008)《评析二语习得认知派与社会派 20 年的论战》,载《中国外语》2008 年第 3 期第 3—20 页。

吴东英(2002)《再论英语借词对现代汉语词法的影响》,载《当代语言学》2002 年第 2

期第81—89页。

吴英成(2008)《全球华语的崛起与挑战》,中国论文下载中心,http://www.studa.net/hanyuyan/080803/09284018-2.html。

谢耀基(2001)《汉语语法欧化综述》,载《语文研究》2001年第1期第17—22页。

徐大明主编(2006)《语言变异与变化》,上海教育出版社。

徐大明(2006)《中国社会语言学的新发展》,载《南京社会科学》2006年第2期第123—129页。

徐大明、付义荣(2005)《南京"问路"调查》,载《中国社会语言学》2005年第2期第143—150页。

徐大明、陶红印、谢天蔚(1997)《当代社会语言学》,中国社会科学出版社。

徐大明、王晓梅(2009)《全球华语社区说略》,载《吉林大学社会科学学报》2009年第2期第132—137页。

徐杰舜、徐桂兰、韦树关(2002)《贺州族群语言认同论述》,载《广西右江民族师专学报》2002年第4期第4—6页。

徐世璇(2002)《语言濒危原因探析——兼论语言转用的多种因素》,载《民族语言》2002年第4期第56—65页。

徐世璇、廖乔婧(2003)《濒危语言问题研究综述》,载《当代语言学》2003年第2期第133—148页。

徐通锵(2001)《历史语言学》,商务印书馆。

许宝华等(1982)《上海方音的共时差异》,载《中国语文》1982年第4期第265—272页。

许国璋(1983)《关于索绪尔的两本书》,载《国外语言学》1983年第1期第1—18页。

许国璋(1985)《社会语言学和唯理语言学在理论上的分歧》,见祝畹瑾编《社会语言学译文集》(1985)。

许宏晨(2010)《中国大学生英语学习动机自我系统的构成——结构方程模型研究》,载《中国社会语言学》2010年第1期第130—141页。

薛才德(2009)《上海市民语言生活状况调查》,载《语言文字应用》2009年第2期第74—84页。

雅可布逊著,顾明华译(1985)《二十世纪欧美语言学:趋向和沿革》,载《国外语言学》1985年第3期第1—7页。

晏小平(2004)《从"同志"看社会的变化》,载《语言科学》2004年第3卷第2期第106—111页。

杨荣华(2010)《语言认同与方言濒危:以辰州话方言岛为例》,载《语言科学》2010年第4期第394—401页。

杨永林(2004)《社会语言学研究:功能·称谓·性别篇》,上海外语教育出版社。

姚亚平（1995）《现代汉语称谓系统变化的两大基本趋势》，载《语言文字应用》1995 年第 3 期第 94－99 页。
姚亚平（2005）《中国语言规划研究》，商务印书馆。
游汝杰（2000）《汉语方言学导论》，上海教育出版社。
游汝杰（2004）《汉语方言学和社会语言学》，载《中国社会语言学》2004 年第 1 期第 29－36 页。
游汝杰（2006）《方言和普通话的社会功能与和谐发展》，载《修辞学习》2006 年第 6 期第 1－8 页。
游汝杰、邹嘉彦（2004）《社会语言学教程》，复旦大学出版社。
俞玮奇（2008）《语言态度调查方法的比较研究》，载《中国社会语言学》2008 年第 1 期第 128－137 页。
约翰·甘柏兹著，徐大明、高海洋译（1982/2001）《会话策略》，社会科学文献出版社。
曾子凡（2000）《"港式普通话"剖析》，载《方言》2000 年第 3 期第 278－283 页。
张东波、李柳（2010）《社会心理因素与美国华人社团的语言维护和变迁》，载《语言文字应用》2010 年第 1 期第 42－51 页。
张公瑾、丁石庆主编（2005）《混沌学与语言文化研究》，中央民族大学出版社。
张积家、陈俊（2007）《汉语称呼语概念结构的研究》，载《语言文字应用》2007 年第 2 期第 41－49 页。
张若兰（2009）《英语语言中的性别差异及其成因研究》，载《四川外语学院学报》2009 年第 1 期第 97－100 页。
招子明、陈刚主编（2008）《人类学》，中国人民大学出版社。
赵丽明、宫哲兵（1990）《女书——一个惊人的发现》，华中师范大学出版社。
赵蓉晖（2003）《语言与性别：口语的社会语言学研究》，上海外语教育出版社。
赵蓉晖（2004）《语言与社会性别——俄语研究的新方向》，载《外语研究》2004 年第 4 期第 19－20 页。
赵世开（1989）《美国语言学简史》，上海外语教育出版社。
赵元任（1982）*The dialectal nature of two types of tone sandhi in the Kiangsu Changchow dialect*，载《清华学报》（纪念李方桂先生八十岁生日特刊）1982 年新 14 卷第 33－34 页。
珍·莱夫、埃蒂尼·温格著（1991/2004），王文静译《情景学习：合法的边缘性参与》，华中师范大学出版社。
郑定欧（1998）《语言变异——香港粤语与广州粤语比较研究》，载《中国语文》1998 年第 1 期第 56－65 页。
郑军（2008）《国内语言认同研究述评》，载《中国社会语言学》2008 年第 1 期第 15－21 页。

郑梦娟(2006)《当代商业店名的社会语言学分析》,载《语言文字应用》2006年第3期第11—19页。

郑培凯、鄢秀主编(2009)《文化认同与语言焦虑》,广西师范大学出版社。

郑素娟(2007)《个案研究:夫妻间的语言认同》,载《现代语文》2007年第5期第25—26页。

中国社会科学院语言研究所词典编辑室编(2006)《现代汉语词典》(第5版),商务印书馆。

"中国语言生活状况报告"课题组(2007)《中国语言生活状况报告》,商务印书馆。

周庆生主编(2001)《国外语言政策与语言规划进程》,语文出版社。

周庆生主编(2003)《国家、民族与语言——语言政策国别研究》,语文出版社。

周庆生(2005)《中国语言、民族与认同:民族识别研究》,载《中国社会语言学》2005年第2期第84—92页。

周有光(1992)《新语文的建设》,语文出版社。

周玉忠、王辉(2004)《语言规划与语言政策:理论与国别研究》,中国社会科学出版社。

周振鹤(2009)《从方言认同、民族语言认同到共通语认同》,见郑培凯、鄢秀主编《文化认同与语言焦虑》(2009)。

朱永生、严世清(2001)《系统功能语言学多维思考》,上海外语教育出版社。

祝畹瑾(1984)《"师傅"用法调查》,载《语文研究》1984年第1期第44—47页。

祝畹瑾编(1985)《社会语言学译文集》,北京大学出版社。

祝畹瑾(1990)《汉语称呼研究——一张社会语言学的称呼系统图》,载1990年《北京大学学报》(英语语言文学专刊)第71—73页。

祝畹瑾(1992)《社会语言学概论》,湖南教育出版社。

祝畹瑾(2005)《谈谈社会语言学术语译名的统一问题》,载《修辞学习》2005年第4期第53—55页。

祝畹瑾(2007)《社会语言学理论方法论》,载《中国社会语言学》2007年第1期第21—30页。

祝畹瑾、王润经(1997)《家庭谈话语码转换剖析》,载《语言文字应用》1997年第3期第55—62页。

邹嘉彦、游汝杰(2003)《当代汉语新词的多元化趋向和地区竞争》,载《语言教学与研究》2003年第2期第12—21页。

《现代汉语规范问题学术会议文件汇编》,科学出版社,1956年。

《建国以来文字改革工作编年记事》,文字改革出版社,1985年。

《新时期的语言文字工作——全国语言文字工作会议文件汇编》,语文出版社,1987年。

《中国大百科全书·语言文字》,中国大百科全书出版社,1988年。

附录1

汉英术语对照

B

傍层语言 adstratum language
本地化 localization
本体规划 corpus planning
本土化语言 localized language
变体 variety
变项/变量/变数 variable
变项规则分析法 variable rule analysis（VARBRUL）
变异 variation
变异形式/变式 variant
变异性 variability
变异性原理 axiom of variability
标记项 marker
标记性模式 markedness model
标准话 standard dialect
标准语 standard language
表层语言 superstratum language
表演 performance
濒危语言 endangered language
波浪模式 wave theory
补偿行为 redressive action

C

参与观察法 participation observation
参与者 participant
参照者设计 referee design
差异/差别 difference
插入序列 insertion sequence
常人方法学 ethnomethodology
场合 setting/occasion
场域/领域 domain
超地缘语言 translocal language
超越模式 crossover pattern
陈述 statement
称呼语/称谓 address term
成见项 stereotype
城市方言 urban dialect
城市方言学 urban dialectology
程序 procedure
抽象 abstraction
创新形式 innovations
垂死语言 moribund language
词汇扩散 lexical diffusion

D

得体性 appropriateness
低变体 low variety（L）
底层结构同一性 identity of underlying structure

汉英术语对照

底层语言 substratum language
地理扩散 geographical diffusion
地理语言学 geographical linguistics
地位/状态 status
地位规划 status planning
地域方言 regional dialect
定量分析 quantitative analysis
定性分析 qualitative analysis
动机/动因 motivation
动态 dynamic
读短文语体 passage reading style
读写能力 literacy
多样性 diversity
多因素原则 principle of multiple causes
多语现象 multilingualism
多元论 pluralism
多元性 plurality

E

二语动机自我系统 L2 motivational self system
二元论 dualism
二元化 dualization

F

发音合作人 informant
范畴 category
范畴性原理 axiom of categoricity
范式 paradigm
方法学 methodology
方式准则 maxim of manner
方言 dialect
方言岛 dialect island

方言地理学 dialect geography
方言地图 dialect map
方言地图集 dialect atlas
方言分区 dialect grouping
方言区划 dialect division
方言学 dialectology
访谈 interview
非合意序列 dispreferred sequence
非正式语体 informal style
非洲裔美国人英语方言 African-American Vernacular English（AAVE）
分布性社会语言学 sociolinguistics of distribution
分叉序列 side sequence
符号系统 symbolic system
符号资本 symbolic capital
附加性双语现象 additive bilingualism
复合度 multiplexity
复杂语码 elaborated code
副语言 paralanguage

G

概括 generalization
概率 probability
概念 concept
高变体 high variety（H）
高度投入风格 high-involvement style
高置变体 superposed variety
个人方言 idiolect
个体变异 intraspeaker variation
工具性动机 instrumental motivation
功能变体 functional variety
共变 covariation

共变性 covariance
共同语 common language
构念 construct
关联准则 maxim of relevance
观察者悖论 observer's paradox
惯习 habitus
归纳 induction
规范 norm
过渡 transition
过正模式 hypercorrection pattern

H

合作原则 cooperative principle(CP)
合意序列 preferred sequence
宏观社会语言学 macro-sociolinguistics
弧线模式/曲线模式 curvilinear pattern
互动/交往 interaction
互动社会语言学 interactional sociolinguistics
话轮 turn
话轮分配部分 turn-allocation component
话轮构建部分 turn-constructional component
话轮过渡关联位置 turn transition relevant place
话轮转换 turn-taking
话轮转换体系 turn-taking system
话语 utterance/discourse
话语标记 discourse marker
话语分析 discourse analysis
会话策略 conversational strategy/discourse strategy
会话分析 conversational analysis

会话分析学 conversation analysis(CA)
会话风格 conversational style
会话含义 conversational implicature
会话结构 conversational structure
会话推断 conversational inference
混合语 mixed language

J

机构/制度 institution
机制/机理 mechanism
积极礼貌 positive politeness
积极面子 positive face
极端变式 extreme variant
即时语境 local context
集体/集团 group
假定 assumption
假说/假设 hypothesis
间接言语行为理论 indirect speech act theory
建构论 constructivism
交叉学科领域 interdisciplinary field
交换结构 exchange structure
交际场景 communicative situation
交际密度 communicative density
交际民族志学 ethnography of communication
交际能力 communicative competence
交际事件 communicative event
交际顺应理论 communication accommodation theory(CAT)
交往/相遇 encounter
交织语码 interwined code
脚本 script

汉英术语对照

结构单位 structural unit
解释力 explanatory power
借词 loanword
借用 borrowing
进行中变化 change in progress
经验性学科 empirical discipline
经验研究/实证研究 empirical research
经验主义 empiricism
敬语 honorific
局限语码 restricted code
聚合圈 cluster
聚焦式互动 focused interaction

K

可靠性 credibility
可择性规则 optional rule
克里奥耳化 creolization
克里奥耳语 creole
跨文化流变 transcultural flow
快速隐匿观察法 rapid and anonymous observation
框架 framework/frame
扩展式双言制 extended diglossia

L

礼貌策略 politeness strategy
礼貌原则 politeness principle
理论 theory
理性 rationality
历史语言学 historical linguistics
连续体 continuum
邻接对 adjacency pair
临时借用 nonce borrowing

流动性/移动性 mobility
路径/路向 approach

M

密度 density
面子 face
面子行为理论 face-work theory
民族认同 ethnic identity
民族语言认同理论 ethnolinguistic identity theory
民族语言生命力 ethnolinguistic vitality
民族语言学 ethnolinguistics
民族志学 ethnography
民族志学者 ethnographer
命题 proposition
模仿原则 imitation principle
模式 pattern
模型 model
目标语 target language

N

内部制约 internal constraint
内化 internalization
内嵌序列 embedding sequence
内群体 in-group
内省法 introspection
拟剧理论 dramaturgical theory
拟亲属称呼语 pseudo-kinship term
逆向语言转用 reversing language shift
年龄分层 age stratification
年龄级差 age grade
念词表语体 word-list reading style
念最小对辨音词 minimal pair test

女权运动 feminist movement
女书 female script
女性语体 female register
女性主义 feminism

O

偶遇取样 anecdotal sample

P

配对变语法 matched-disguise technique
批判性话语分析/批评话语分析 critical discourse analysis
批评语言学 critical linguistics
皮钦化 pidginization
皮钦语 pidgin
篇章分析 text analysis
频率 frequency
评价 evaluation
评价测验 evaluation test
普查 survey
谱系树模型 family-tree model

Q

起始 actuation
迁移 transfer
前设 presupposition
潜在声望/隐性声望 covert prestige
嵌入语言 embedded language
嵌入 embedding
强加程度 rank of imposition
强势语言 prestige language
强制性规则 obligatory rule
亲属称谓语 kinship address term

情景 situation
情景型语码转换 situational code-switching
情景意义 situated meaning
求异 divergence
区别性特征 distinguishing feature
趋同 convergence
去克里奥耳化 decreolization
全球化社会语言学 sociolinguistics of globalization
全球性语言 world language
全球英语 global English
权势/权力 power
缺陷论 deficit hypothesis
群际模式 intergroup model
群体/共同体 community

R

人际变异 interspeaker variation
人际修辞 interpersonal rhetoric
人类学语言学 anthropological linguistics
认同/身份/同一性 identity
认同行为 act of identity
认知 cognition
融合性动机 integrative motivation

S

萨丕尔-沃夫假说 Sapir-Whorf hypothesis
闪避词 hedge
社会变项 social variable
社会范畴 social category

汉英术语对照

社会方言 social dialect/ sociolect
社会分层 social stratification
社会符号 social semiotic
社会化 socialization
社会阶层 social class
社会结构 social structure
社会经济地位 socioeconomic status
社会距离 social distance
社会流动性 social mobility
社会人类学 social anthropology
社会认同理论 social identity theory
社会实践 social practice
社会属性 social attribute
社会双语 societal bilingualism
社会网络 social network
社会现象 social phenomenon
社会心理学 social psychology
社会行动 social action
社会行为 social behavior
社会性别 gender
社会意义 social significance/social meaning
社会因素 social factor
社会语境 social context
社会语言学 sociolinguistics
社会制度 social institution
社会秩序 social order
生产性双语现象 productive bilingualism
生理性别 sex
声望规划 prestige planning
省力原则 principle of least effort
施事语力 illocutionary force
实践共同体 community of practice

实证论 positivism
世界英语 world Englishes
世俗语言学 secular linguistics
试点研究 pilot study
视角/角度 perspective
释义/解读 interpretation
释义框架/解读框架 interpretative frame
受威胁语言 threatened language
数量准则 maxim of quantity
双言制 diglossia
双语现象 bilingualism
说话/言谈 speaking
说话方式 fashion of speaking/mode of speaking
思想意识 ideology
随机取样 random sample
索引性/指示性 indexicality

T

他方码 they-code
天律不变说 uniformitarianism
田野工作/实地调查 field work
听众设计 audience design
通用语/交际语 lingua franca
同等关系 solidarity
同言线/等言线 isogloss
同言线束 bundle of isoglosses
同源词 cognate words
同质 homogeneity
土语 vernacular
图式 schema
推理 reasoning

W

外部语言学 external linguistics
外部制约 external constraint
外群体 out-group
网络强度尺度 network strength scale
威胁面子行为 face-threatening act
微观社会语言学 micro-sociolinguistics
未意识变化 change from below（consciousness）
文化人类学 cultural anthropology
文化认同 cultural identity
我方码 we-code
无标记选择 unmarked choice

X

系统功能语法 systemic functional grammar
细微分化 fine stratification
显现项/指示项 indicator
显像时间 apparent time
显性声望 overt prestige
显著分化 sharp stratification
相关关系 correlation
想象共同体 imagined community
消极礼貌 negative politeness
消极面子 negative face
心理语言学 psycholinguistics
心智活动 mental activity
新语法学派 neogrammarians
性别悖论 gender paradox
性情倾向 disposition
修正系统 repair system

序列分析 sequential analysis
学得规划 acquisition planning
削减性双语现象 subtractive bilingualism

Y

言谈民族志学 ethnography of speaking
言语 speech/parole
言语场景 speech situation
言语冲突 verbal conflict
言语共同体/社群/社团/社区 speech community
言语活动 speech activity
言语交际 verbal communication
言语事件 speech event
言语顺应理论 speech accommodation theory
言语行为 speech act/verbal behavior
言语行为理论 speech act theory
演绎 deduction
验证/证实 verification
一般标准欧洲语言 Standard Average European（SAE）
依变项 dependent variable
移动性社会语言学 sociolinguistics of mobility
异质有序 ordered heterogeneity
意识变化 change from above（consciousness）
意向/意图 intent
音变 sound change
音链变化 chain shift
有标记选择 marked choice
有效性 validity

诱说法 elicitation technique
语场/领域 field
语境 context
语境化提示 contextualization cue
语库 linguistic repertoire
语码混合 code-mixing
语码转换 code-switching
语篇 text/discourse
语篇修辞 textual rhetoric
语式 mode
语体/风格 style
语体转换 style shifting
语文学 philology
语言保持/语言维护 language maintenance
语言变项 linguistic variable
语言变异 language variation
语言标准化 language standardization
语言不安全感 linguistic insecurity
语言传播 language diffusion/language spread
语言纯洁 language purification
语言代码/语码 linguistic code
语言单位 linguistic unit
语言地理学 linguistic geography
语言帝国主义 linguistic imperialism
语言多样性 language diversity
语言分离 language diversion
语言改革 language reform
语言官能 language faculty
语言管理 language management
语言规划 language planning
语言环境 linguistic environment

语言教育规划 language-in-education planning
语言接触 language contact
语言结构 linguistic structure
语言联盟 language union
语言模式 linguistic pattern
语言培植 language cultivation
语言权利 language right
语言人权 language human rights
语言融合 language conversion
语言社会心理学 social psychology of language
语言社会学 sociology of language
语言社团 language community
语言生存 language survival
语言生态 language ecology
语言市场 linguistic markert
语言态度 language attitude
语言同化 language assimilation
语言推广 language promotion
语言现象 linguistic phenomenon
语言项目/语项 linguistic item
语言消亡 language death
语言演变/语言变化 language change
语言再生 language revival
语言政策 language policy
语言忠诚 language loyalty
语言转用/语言替换 language shift
语义对等性 semantic equivalency
语用学 pragmatics
语旨 tenor
喻意型语码转换 metaphorical code-switching

源语言 source language
蕴含阶梯 implicational hierarchy

Z

真实时间 real time
正词法 orthography
正式语体 formal style
证据 evidence
证伪 falsification
直觉/语感 intuition
制度化 institutionalization
制度化场合 institutionalized setting
制约 constraint
质量准则 maxim of quality
稚语 baby talk
主导 dominance
主体语言框架模式 matrix language frame model
自变项 independent variable
自我不一致 self-discrepancy
自我导向 self-guide
自我评价测验 self-evaluation test
自我认同 self-identity
自我转换 self-translation
自由变异 free variation
族群/少数民族 ethnic group
祖语 proto-language

附录 2

英汉术语对照

A

abstraction 抽象
acquisition planning 学得规划
act of identity 认同行为
actuation 起始
additive bilingualism 附加性双语现象
address term 称呼语/称谓
adjacency pair 邻接对
adstratum language 傍层语言
African-American Vernacular English（AAVE）非洲裔美国人英语方言
age grade 年龄级差
age stratification 年龄分层
anecdotal sample 偶遇取样
anthropological linguistics 人类语言学
apparent time 显像时间
approach 路径/路向
appropriateness 得体性
assumption 假定
audience design 听众设计
axiom of categoricity 范畴性原理
axiom of variability 变异性原理

B

baby talk 稚语
bilingualism 双语现象
borrowing 借用
bundle of isoglosses 同言线束

C

category 范畴
chain shift 音链变化
change from above（consciousness）意识变化
change from below（consciousness）未意识变化
change in progress 进行中变化
cluster 聚合圈
code-switching 语码转换
code-mixing 语码混合
cognate words 同源词
cognition 认知
common language 共同语
communicative competence 交际能力
communicative density 交际密度
communicative event 交际事件
communicative situation 交际场景
communication accommodation theory（CAT）交际顺应理论
community 群体/共同体

community of practice 实践共同体
concept 概念
constraint 制约
construct 构念
constructivism 建构论
context 语境
contextualization cue 语境化提示
continuum 连续体
convergence 趋同
conversation analysis (CA) 会话分析学
conversational analysis 会话分析
conversational implicature 会话含义
conversational inference 会话推断
conversational strategy/discourse strategy
　　会话策略
conversational structure 会话结构
conversational style 会话风格
cooperative principle (CP) 合作原则
corpus planning 本体规划
correlation 相关关系
covariance 共变性
covariation 共变
covert prestige 潜在声望/隐性声望
credibility 可靠性
creole 克里奥耳语
creolization 克里奥耳化
critical discourse analysis 批判性话语分
　　析/批评话语分析
critical linguistics 批评语言学
crossover pattern 超越模式
cultural anthropology 文化人类学
cultural identity 文化认同
curvilinear pattern 弧线模式/曲线模式

D

decreolization 去克里奥耳化
deduction 演绎
deficit hypothesis 缺陷论
density 密度
dependent variable 依变项
dialect 方言
dialect atlas 方言地图集
dialect division 方言区划
dialect geography 方言地理学
dialect grouping 方言分区
dialect island 方言岛
dialect map 方言地图
dialectology 方言学
difference 差异/差别
diglossia 双言制
discourse analysis 话语分析
discourse marker 话语标记
disposition 性情倾向
dispreferred sequence 非合意序列
distinguishing feature 区别性特征
divergence 求异
diversity 多样性
domain 场域/领域
dominance 主导
dramaturgical theory 拟剧理论
dualism 二元论
dualization 二元化
dynamic 动态

E

elaborated code 复杂语码

elicitation technique 诱说法
embedded language 嵌入语言
embedding 嵌入
embedding sequence 内嵌序列
empirical discipline 经验性学科
empirical research 经验研究/实证研究
empiricism 经验主义
encounter 交往/相遇
endangered language 濒危语言
ethnic group 族群/少数民族
ethnic identity 民族认同
ethnographer 民族志学者
ethnography 民族志学
ethnography of communication 交际民族志学
ethnography of speaking 言谈民族志学
ethnolinguistic identity theory 民族语言认同理论
ethnolinguistic vitality 民族语言生命力
ethnolinguistics 民族语言学
ethnomethodology 常人方法学
evaluation 评价
evaluation test 评价测验
evidence 证据
exchange structure 交换结构
explanatory power 解释力
extended diglossia 扩展式双言制
external constraint 外部制约
external linguistics 外部语言学
extreme variant 极端变式

F

face 面子

face-threatening act 威胁面子行为
face-work theory 面子行为理论
falsification 证伪
family-tree model 谱系树模型
fashion of speaking/mode of speaking 说话方式
female register 女性语体
female script 女书
feminism 女性主义
feminist movement 女权运动
field 语场/领域
field work 田野工作/实地调查
fine stratification 细微分化
focused interaction 聚焦式互动
formal style 正式语体
framework/frame 框架
free variation 自由变异
frequency 频率
functional variety 功能变体

G

gender paradox 性别悖论
generalization 概括
geographical diffusion 地理扩散
geographical linguistics 地理语言学
global English 全球英语
group 集体/集团

H

habitus 惯习
hedge 闪避词
high-involvement style 高度投入风格
high variety（H）高变体

historical linguistics 历史语言学
homogeneity 同质
honorific 敬语
hypercorrection pattern 过正模式
hypothesis 假说/假设

I

identity 认同/身份/同一性
identity of underlying structure 底层结构同一性
ideology 思想意识
idiolect 个人方言
illocutionary force 施事语力
imagined community 想象共同体
imitation principle 模仿原则
implicational hierarchy 蕴含阶梯
independent variable 自变项
indexicality 索引性/指示性
indicator 显现项/指示项
indirect speech act theory 间接言语行为理论
induction 归纳
informal style 非正式语体
informant 发音合作人
in-group 内群体
innovation 创新形式
insertion sequence 插入序列
institution 机构/制度
institutionalization 制度化
institutionalized setting 制度化场合
instrumental motivation 工具性动机
integrative motivation 融合性动机
intent 意向/意图

interaction 互动/交往
interactional sociolinguistics 互动社会语言学
interdisciplinary field 交叉学科领域
intergroup model 群际模式
internal constraint 内部制约
internalization 内化
interpersonal rhetoric 人际修辞
interpretation 释义/解读
interpretative frame 释义框架/解读框架
interspeaker variation 人际变异
interview 访谈
interwined code 交织语码
intraspeaker variation 个体变异
introspection 内省法
intuition 直觉/语感
isogloss 同言线/等言线

K

kinship address term 亲属称谓语

L

L2 motivational self system 二语动机自我系统
language assimilation 语言同化
language attitude 语言态度
language change 语言演变/语言变化
language community 语言社团
language contact 语言接触
language conversion 语言融合
language cultivation 语言培植
language death 语言消亡

language diffusion/language spread 语言传播
language diversion 语言分离
language diversity 语言多样性
language ecology 语言生态
language faculty 语言官能
language human rights 语言人权
language-in-education planning 语言教育规划
language loyalty 语言忠诚
language maintenance 语言保持/语言维护
language management 语言管理
language planning 语言规划
language policy 语言政策
language promotion 语言推广
language purification 语言纯洁
language reform 语言改革
language regulation 语言再生
language right 语言权利
language shift 语言转用/语言替换
language standardization 语言标准化
language survival 语言生存
language treatment 语言变异
language union 语言联盟
lexical diffusion 词汇扩散
lingua franca 通用语/交际语
linguistic code 语言代码/语码
linguistic competence 语言能力
linguistic environment 语言环境
linguistic geography 语言地理学
linguistic imperialism 语言帝国主义
linguistic insecurity 语言不安全感

linguistic item 语言项目/语项
linguistic markert 语言市场
linguistic pattern 语言模式
linguistic phenomenon 语言现象
linguistic repertoire 语库
linguistic structure 语言结构
linguistic unit 语言单位
linguistic variable 语言变项
linguistics 语言学
literacy 读写能力
loanword 借词
local context 即时语境
localization 本地化
localized language 本土化语言
low variety（L）低变体

M

macro-sociolinguistics 宏观社会语言学
marked choice 有标记选择
markedness model 标记性模式
marker 标记项
matched-disguise technique 配对变语法
matrix language frame model 主体语言框架模式
maxim of manner 方式准则
maxim of quality 质量准则
maxim of quantity 数量准则
maxim of relevance 关联准则
mechanism 机制/机理
mental activity 心智活动
metaphorical code-switching 喻意型语码转换
methodology 方法学

micro-sociolinguistics 微观社会语言学
minimal pair test 念最小对辨音词
mixed language 混合语
mobility 流动性/移动性
mode 语式
model 模型
moribund language 垂死语言
motivation 动机/动因
multilingualism 多语现象
multiplexity 复合度

N

negative face 消极面子
negative politeness 消极礼貌
neogrammarians 新语法学派
network strength scale 网络强度尺度
nonce borrowing 临时借用
norm 规范

O

obligatory rule 强制性规则
observer's paradox 观察者悖论
optional rule 可择性规则
ordered heterogeneity 异质有序
orientation 取向
orthography 正词法
out-group 外群体
overt prestige 显性声望

P

paradigm 范式
paralanguage 副语言
participant 参与者

participation observation 参与观察法
passage reading style 读短文语体
pattern 模式
performance 表演
perspective 视角/角度
philology 语文学
pidgin 皮钦语
pidginization 皮钦化
pilot study 试点研究
politeness principle 礼貌原则
politeness strategy 礼貌策略
positive face 积极面子
positive politeness 积极礼貌
positivism 实证论
power 权势/权力
pragmatics 语用学
preferred sequence 合意序列
prestige language 强势语言
prestige planning 声望规划
presupposition 前设
principle of least effort 省力原则
principle of multiple causes 多因素原则
probability 概率
procedure 程序
productive bilingualism 生产性双语现象
proposition 命题
proto-language 祖语
pseudo-kinship term 拟亲属称呼语
psycholinguistics 心理语言学

Q

qualitative analysis 定性分析
quantitative analysis 定量分析

R

random sample 随机取样
rank of imposition 强加程度
rapid and anonymous observation 快速隐匿观察法
rationality 理性
real time 真实时间
redressive action 补偿行为
referee design 参照者设计
regional dialect 地域方言
repair system 修正系统
restricted code 局限语码
reversing language shift 逆向语言转用

S

Sapir-Whorf hypothesis 萨丕尔-沃夫假说
schema 图式
script 脚本
secular linguistics 世俗语言学
self-discrepancy 自我不一致
self-evaluation test 自我评价测验
self-guide 自我导向
self-identity 自我认同
self-translation 自我转换
semantic equivalency 语义对等性
sequential analysis 序列分析
setting/occasion 场合
sex 生理性别
sharp stratification 显著分化
side sequence 分叉序列
situated meaning 情景意义
situation 情景
situational code-switching 情景型语码转换
social action 社会行动
social anthropology 社会人类学
social attribute 社会属性
social behavior 社会行为
social category 社会范畴
social class 社会阶层
social context 社会语境
social dialect/ sociolect 社会方言
social distance 社会距离
social factor 社会因素
social identity theory 社会认同理论
social institution 社会制度
social mobility 社会流动性
social network 社会网络
social order 社会秩序
social phenomenon 社会现象
social psychology of language 语言社会心理学
social practice 社会实践
social psychology 社会心理学
social semiotic 社会符号
social significance/social meaning 社会意义
social stratification 社会分层
social structure 社会结构
social variable 社会变项
socialization 社会化
societal bilingualism 社会双语
socioeconomic status 社会经济地位
sociolinguistics 社会语言学

sociolinguistics of distribution 分布性社会语言学
sociolinguistics of globalization 全球化社会语言学
sociolinguistics of mobility 移动性社会语言学
sociology of language 语言社会学
solidarity 同等关系
sound change 音变
source language 源语言
speaking 说话/言谈
speech/parole 言语
speech accommodation theory 言语顺应理论
speech act theory 言语行为理论
speech act/verbal behavior 言语行为
speech activity 言语活动
speech community 言语共同体/社群/社团/社区
speech event 言语事件
speech situation 言语场景
Standard Average European (SAE) 一般标准欧洲语言
standard dialect 标准话
standard language 标准语
statement 陈述
status 地位/状态
status planning 地位规划
stereotype 成见项
stratification 分层
structural unit 结构单位
style 语体/风格
style shifting 语体转换

subjective reaction test 主观反应测试
substratum language 底层语言
subtractive bilingualism 削减性双语现象
superposed variety 高置变体
superstratum language 表层语言
survey 普查
symbolic capital 符号资本
symbolic system 符号系统
systemic functional grammar 系统功能语法

T

target language 目标语
tenor 语旨
text analysis 篇章分析
text/discourse 语篇
textual rhetoric 语篇修辞
theory 理论
theory of face-work 面子行为理论
they-code 他方码
threatened language 受威胁语言
transcultural flow 跨文化流变
transfer 迁移
transition problem 过渡问题
translocal language 超地缘语言
turn 话轮
turn transition relevant place 话轮过渡关联位置
turn-allocation component 话轮分配部分
turn-constructional component 话轮构建部分
turn-taking 话轮转换
turn-taking system 话轮转换体系

U

uniformitarianism 天律不变说
unmarked choice 无标记选择
urban dialect 城市方言
urban dialectology 城市方言学
utterance/discourse 话语

V

variable rule analysis（VARBRUL）变项规则分析法
variability 变异性
variable 变项/变量/变数
variant 变异形式/变式
variation 变异
variety 变体
verbal communication 言语交际
verbal conflict 言语冲突
verification 验证/证实
vernacular 土语

W

wave theory 波浪模式
we-code 我方码
word-list reading style 念词表语体
world Englishes 世界英语
world language 全球性语言

附录 3

索 引

常人方法学/加芬克尔 25－26,39,58,68
 会话秩序 26,38
 索引性 26,69
场域 58,253－255
称呼语研究 41－42,216－220,226－227
 称代模式 T/V 212－214
 称呼语词义变化 42,221－222
 美语称呼语使用模式 216－218
 美语称呼语系统 222－225
 现代汉语称呼系统 220－223,225
 中国亲属称谓 210－211,225
词汇扩散 66,122－126
 S形曲线模式 31,66,125
 波状扩散/波浪模式 126,131
 跳跃式 129
二语学习研究 290－299
 二语投资/诺顿 285－287
 二语学习动机自我系统/多尼叶 290－292
 自我建构和自我转换 289－290
范式 54－55
方法学 55－57
方言/地域方言 10－11,73－74,75－76
 城市方言 85－88
 方言岛 75,78

方言地图 10,79－81
方言区 77－79
年龄差异 81－82
同言线 16,78－79,121
性别差异 83－85
符号互动论/布鲁默 24－26
复杂语码和局限语码/伯恩斯坦 4,50－52,272
共同语 74－75,229－230,238
互动社会语言学/甘柏兹 3,22,39－41,67－70,72,163－164,177－178
 会话策略 177－179
 会话风格/坦嫩 40,184－188
 会话推断 178,182－184
 释义框架/框架 27,40,52,68,180
 语境化提示 39－40,68－70,179－182
会话分析/话语分析 37－40
 话语标记/希夫林 39,188－193
 解析方法 69－70
会话分析学 26－27,37－39,68－69,163－164,169,177
 合意结构和非合意结构 163,267
 话论转换 169－172,176－177,192－193,267
 会话录音转写符号 169 注1

索引

邻接对 38,169,172－177,263－267
　修正 163,267
　序列 38,174－176,260－267
会话含义和合作原则/格赖斯 38,68,263
混合语 252－253,269
建构主义/建构论 59－60,104,272,275,280－281,284－285,287－288,290,292,298
结构主义建构论和建构主义结构论/布迪厄35,281－283,295
　惯习 29,104,282－283
　市场 281－283
　投资 282－283
　资本 35,281,295
经验研究/实证研究 21,28－29,49,53,64－66
聚焦式互动/戈夫曼 2,26－27,40,68,195,203,285
克里奥耳语 251－253,278－280
礼貌普遍性特征/布朗和莱文森 27,38,59
　积极礼貌和消极礼貌/礼貌策略 195－200
　威胁面子行为 195－196,200－203
礼貌原则 38,194－195,201
民族语言认同理论/贾尔斯 44,273－275
　民族语言活力 274－275,326
　内群体和外群体 44,273－275
　群际模式 44,273,275,304
女性主义 33,59,147,155,297
　英语性别歧视 59,156－161
　语言改革 46,161－162
批判性话语分析/费尔克拉夫 27－28,28注2
皮钦语 251－253
全球化社会语言学/布鲁马特 60,295
全球英语和跨文化流变/潘尼库克 295,300
认同行为理论/勒佩奇和塔布雷凯勒 34,59,278－280
萨丕尔－沃夫假说 2
社会变项 32,33,36,64,86
　地区 94,96－97,105,110－111
　年龄 114－122
　社会阶层/社会经济阶层 32,62,74,89,93－94,100,113－114
　受教育程度 89,98,100
　性别 96－97,100－103,114－115,118
社会阶层语言变异研究/拉波夫 13,88－94
　常态模式 113
　超越模式 113
　概然率 94
社会认同理论/泰弗尔 272－274
社会网络语言变异研究/米尔罗伊 62,94－98
　复合度 95－96
　密度 95－96
　网络强度尺度 96
社会心理学/米德 2,24－25,273
社会语言学 1－2,58
　定义 6－9
　核心思想 28－30
　基本内容 30－31
　理论 23,57－61
　学科地位 9,16－17

377

社会语言学和人类学/博厄斯/萨丕尔/马林诺夫斯基 1—2,13,17—20,213
社会语言学和社会学/帕森斯 2,23—25
社会语言学和语言社会学/菲什曼 2—3,5—8,43
社会语言学和语言学 14—17
实践共同体/莱夫和温格 102—104,283—284,287,296,298
实践共同体语言变异研究/埃克特 29,32,98—104
 Jocks 和 Burnouts 99—103
 课外活动参与指数 101—102
世界英语/卡特鲁 293—295,300
双言制/弗格森 3,15—16,43,246—247,249—251
 高变体和低变体 248—249
 扩展式双言制/菲什曼 43,247—249
双语现象/多语现象 42—43,228—230,234—235
 濒危语言 44—45,244—246,312
 官方语言 42,75,229—233,243
 强势语言和弱势语言 43,45,229,235
 社会双语 43,228—229
 双语或多语国家 42
 双语社会 42,111,130
 语库 67,258
 语言保持 43—44,241—243
 语言消亡 44—45,244
 语言忠诚 3,44,112,242,301
 语言转用/语言替换 43—45,241—244
听众设计模式和参照者模式/贝尔 59,276—277
通用语/交际语 2,231,234—236

想象共同体 44,283—285,287—288,290,300
言谈民族志学/交际民族志学/海姆斯 3—4,6,21—22,41,58,163—165
 SPEAKING 描写框架 166—169
 交际能力 57—58,164—166
 言语场景 41
 言语活动 21—22
 言语事件/交际事件 22,153,178,256
 言语行为 37,37 注2,41,64—65,201—203,206
言语共同体/言语社团/言语社区 29—32,53,142—143,164,218,269,303—304,308—309,314
言语顺应理论/交际顺应理论 33,59,273—276
 趋同和求异 53,109—110,274,276
言语行为理论 37,163,202
语境 22,26,28—29,34
 即时语境 29,39,68
 社会语境 31,37,41,45,258
语码转换 253,255—256
 情景型语码转换和喻意型语码转换 58,67,255—256
 "我方码"和"他方码" 256
 语码转换标记性模式/司珂腾 59,257—259,263—264
 语码转换会话分析模式 260—268
 主体语言框架模式 259—260
语体 13,15—16,32—34,89—91,93—94
语言变化 10,14—17,33—36
 进行中变化 36,119,121
 社会动因 110—113

索 引

外部制约和内部制约 65
显像时间和真实时间 36,120—122,126
限制条件 105—107
性别悖论 35—36
意识变化和未意识变化 62
自由变异 64
语言变体 29—30,32,34—35,111—112,282,295
民族共同语 74,229
普通话 74,233,238,324—327
社会方言 32,73—75
语言变项 32,61—62,64—65,93,97,100—101,103,117—118,276
变异形式/变式 7,64,145
标记变项 34—35,61—62
成见变项 61
极端变式 100—101
显现变项 34,61—62
语言变异研究的理论意义 63—67
变异性 15,66—67
变异性原理 67
范畴性原理 67
语言变异研究方法 57,61注2
参与观察 62—63
抽样调查 62
访谈 52—53,57,63,91,99,102
观察者悖论 57,63
搜集语料方法 63
语言帝国主义/菲利普森 293—295,300,313,316
语言规划 45—48,308—310
本体规划 46,311,316—317,322—324

传播规划 46
地位规划 46,315—317,320
教育规划/语言学得规划 46,314,317
声望规划 313,317
语言规划的理论模型 313—315
语言规划研究 310—313
语言管理/库珀、颜诺和诺伊施塔普尼 46—47,310,314,316
语言生态规划/米尔豪斯勒 48,318—320
语言接触 228—229
汉语普通话与粤港方言接触现象 238—241
借词 236—238,268—269,316
借用 108—109,237—238,253,268—270
迁移 270—271
英汉语言接触现象 236—237
语码混合 269—270
语言权利和语言人权 243,312—313,318—319
语言态度/社会心理 16,30,34—35,110—113
显性声望和潜在声望/特鲁吉尔 112,115
语言性别差异研究/语言与性别研究 32,135—136,141—147
女性语体 136—140,148—149,152,156
生理性别和社会性别 33
语言性别差异缘由 147—148
缺陷论 148—149
社会建构论 151—155

文化差异论 150—151
主导论 149—150
语言研究发展回顾 9—14
　方言地理学 10—11
　功能语言学/韩礼德 12—13,16,51
　结构语言学/索绪尔 11—12,14—16,
　　56,76
　历史比较语言学 9—10
　生成语言学/乔姆斯基 3,13—15,56
　　—58,67,164

语文学 14
语言政策 45—47,238,295,308—310,
　320,325
蕴含阶梯表格/蕴含阶梯模型 131
中国的语言规划 321—327
　汉语规范化 324—326
　汉语拼音方案 325—326
　汉字简化方案 324—325,327
　少数民族语言规划 325—326
　推广普通话 324—327

北京大学出版社语言学教材方阵

博雅 21 世纪汉语言专业规划教材：专业基础教材系列

现代汉语（上）　黄伯荣、李炜主编

现代汉语（下）　黄伯荣、李炜主编

现代汉语学习参考　黄伯荣、李炜主编

语言学纲要（修订版）　叶蜚声、徐通锵著，王洪君、李娟修订

语言学纲要（修订版）学习指导书　王洪君等编著

古代汉语　邵永海主编（即出）

古代汉语阅读文选　邵永海主编（即出）

古代汉语常识　邵永海主编（即出）

博雅 21 世纪汉语言专业规划教材：专业方向基础教材系列

语音学教程（修订版）　林焘、王理嘉著，王韫佳、王理嘉增订（即出）

词汇学教程　周荐著（即出）

当代语法学教程　熊仲儒著（即出）

汉语修辞学教程（修订版）　陈汝东著（即出）

汉语方言学基础教程　李小凡、项梦冰编著

新编语义学概要（修订版）　伍谦光编著

语用学教程（修订版）　索振羽编著（即出）

新编社会语言学概论　祝畹瑾主编

计算语言学教程　詹卫东编著（即出）

音韵学教程（第四版）　唐作藩著

音韵学教程学习指导书　唐作藩、邱克威编著

训诂学教程（第三版）　许威汉著

校勘学教程　管锡华著
文字学教程　喻遂生著（即出）
文化语言学教程　戴昭铭著（即出）
实验语音学基础教程　孔江平编著（即出）

博雅21世纪汉语言专业规划教材：专题研究教材系列
现代汉语语法研究教程（增订版）　陆俭明著
汉语语法专题研究（增订版）　邵敬敏等著
现代汉语词汇（增订版）　符淮青著（即出）
新编语用学概论　何自然、冉永平编著
现代实用汉语修辞（修订版）　李庆荣编著
汉语语音史教程　唐作藩著
近代汉语研究概要　蒋绍愚著
实验语音学概要（增订版）　鲍怀翘主编（即出）
外国语言学简史　李娟编著（即出）